从"心"理解学生

中学生心理
评估与干预策略

华东师范大学出版社
·上海·

金 颖 曾盼盼◎主 编

刘晓柳 程 锦 薛 野◎副主编

图书在版编目(CIP)数据

从"心"理解学生：中学生心理评估与干预策略/
金颖，曾盼盼主编. —上海：华东师范大学出版社，
2024. —ISBN 978 - 7 - 5760 - 5654 - 9

Ⅰ. G449

中国国家版本馆 CIP 数据核字第 20251TZ346 号

从"心"理解学生——中学生心理评估与干预策略

主　　编　金　颖　曾盼盼
副 主 编　刘晓柳　程　锦　薛　野
责任编辑　王丹丹
责任校对　黄　亮　时东明
装帧设计　卢晓红

出版发行　华东师范大学出版社
社　　址　上海市中山北路 3663 号　邮编 200062
网　　址　www.ecnupress.com.cn
电　　话　021 - 60821666　行政传真 021 - 62572105
客服电话　021 - 62865537　门市(邮购)电话 021 - 62869887
地　　址　上海市中山北路 3663 号华东师范大学校内先锋路口
网　　店　http://hdsdcbs.tmall.com

印 刷 者　上海商务联西印刷有限公司
开　　本　787 毫米×1092 毫米　1/16
印　　张　23.75
字　　数　421 千字
版　　次　2025 年 6 月第 1 版
印　　次　2025 年 6 月第 1 次
书　　号　ISBN 978 - 7 - 5760 - 5654 - 9
定　　价　88.00 元

出 版 人　王　焰

(如发现本版图书有印订质量问题，请寄回本社客服中心调换或电话 021 - 62865537 联系)

前　言

近年来,学生在抑郁、焦虑、学业倦怠、网络成瘾、自伤行为等方面的比例呈现上升趋势,学生心理健康问题呈现出高发、多发、低龄化的态势。"厌学门诊"和"学习困难门诊"也随着社会需求应运而生。2021年,由首都医科大学附属北京安定医院牵头的"中国儿童青少年精神障碍流行病学调查"结果公布,这项历时近9年的研究覆盖了全国73 000多名6—16岁的儿童青少年,是中国第一个全国性的儿童青少年精神障碍流行病学调查。结果显示,我国儿童青少年整体发病率为17.5%。[①] 假设一个班有40名学生,那么就意味着这个班可能会有7名左右的学生出现心理健康问题。

安定医院的调查结果反映的是我国儿童青少年患有精神疾病的情况,但是在普通中小学,有很多学生是处于"灰色地带"的,他们由于各种原因没有去看过精神科医生,或者症状还没有达到精神疾病的诊断标准,但这些学生的心理健康问题已经影响到他们日常的学习和生活了。中国人民大学的俞国良教授带领其团队对我国2010—2020年大中小学生的心理健康问题进行了元分析,研究发现:我国学生心理健康问题总体检出率为18.9%,内化问题总体检出率为20.0%,外化问题总体检出率为11.7%。其中,初中生心理健康问题检出率由高到低依次为焦虑(27%)、抑郁(24%)、自我伤害(22%)、睡眠问题(17%)、自杀意

[①] Li F, Cui Y, Li Y, et al. Prevalence of mental disorders in school children and adolescents in China: diagnostic data from detailed clinical assessments of 17 524 individuals[J]. Journal of Child Psychology and Psychiatry, 2022, 63(01):34-46.

念(17%);高中生心理健康问题检出率由高到低依次是抑郁(28.0%)、焦虑(26.3%)、睡眠问题(23.0%)、自我伤害(22.8%)、自杀意念(17.1%)、躯体化(9.8%)。[①] 可以看出,中学生心理健康问题不仅涵盖了焦虑、抑郁等常见情绪问题,还涉及自我伤害、自杀意念等严重心理行为问题。这些问题不仅影响学生的心理健康,还可能对他们的学业、人际关系和未来成长产生深远的负面影响。

心理健康是动态发展的连续体,学生的发展性问题、亚健康问题、障碍类问题会互相转化,不同心理问题还经常伴随共患,这给教师的识别和干预都带来了更大的挑战。2023 年,《全面加强和改进新时代学生心理健康工作专项行动计划(2023—2025 年)》提到:"要加强学生心理健康工作体系建设,全方位强化学生心理健康教育,健全心理问题预防和监测机制,主动干预,增强学生心理健康工作科学性、针对性和有效性。"为提升全体教师的心理健康教育素养,助力教师从心理学角度更全面、客观、科学地理解学生,我们特撰写此书。本书的读者群是全体中学教师,不仅适用于心理健康教育教师,也适合班主任、德育干部以及普通任课教师阅读。它是一本兼具工具性和科普性的书籍,旨在帮助教师掌握针对全体学生的心理健康评估与干预方法。

本书在结构和内容设计上充分考虑了教师的实际需求和中学生心理发展的特点。在第一章中,我们详细介绍了中学生心理评估的基本概念与实施策略,旨在帮助教师梳理学校心理筛查的基本流程,并针对教师在实际工作中常见的困惑和问题提供清晰的解答和指导。从第二章到第五章,本书分别围绕中学生心理发展过程中的四个关键领域展开深入探讨:自我发展、学习心理、社会交往和情绪发展。这四个领域不仅涵盖了中学生心理成长的核心内容,也是教师在日常教育工作中最为关注的方面。

在写作风格上,本书力求通俗易懂、贴近实际,以"接地气"的方式讲解复杂的心理学知识。我们通过结合大量中学生成长过程中的真实案例,以科普的形式帮助教师更好地理解学生心理发展的规律和特点。同时,本书的体例设计也注重实用性,每一章均以生动的案例导入,引发读者的兴趣和思考。随后,我们会简明扼要地介绍该章节的核心概念、教师可使用的评估工具以及具体的干预策略,确保教师能够快速掌握并应用于实际教学工作中。通过这种结构安排和内容呈现方式,我们希望本书不仅能为教师提供系统的理论支持,更能成为他们在日常工作中解决学生心理问题的实用手

---

① 俞国良.中国学生心理健康问题的检出率及其教育启示[J].清华大学教育研究,2022,43(04):20-32.

册。由于篇幅所限,本书将重点聚焦"评估"部分,希望通过系统地介绍基本概念和评估方法,帮助教师从心理学的角度更深入地理解学生,从而为后续的教育实践奠定坚实的基础。在"干预"部分,我们不追求内容的面面俱到,而是注重其实用性和可操作性。我们将从教师的不同角色出发,提供一系列具体的、可落地的建议,以确保这些策略能够真正应用于实际教学场景中,帮助教师更好地应对学生心理健康问题。

本书是北京教育学院"中学心理特级教师工作室"的重要培训成果。2022—2024年,该工作室以"中学生心理评估与干预"为主题,开展了为期两年的教师培训。工作室的学员均为北京市各区的心理骨干教师和教研员,他们不仅具备扎实的专业心理学素养,还具有丰富的学校一线实践经验。本书的指导教师团队由北京教育学院心理教育系的金颖、曾盼盼、刘晓柳、程锦和薛野老师组成。大家凭借深厚的专业背景和丰富的教师培训经验,为本书的撰写提供了坚实的学术支持。

在此,我们特别感谢曹新美教授。在项目筹备初期,她精心设计了培训课程框架并给予了专业指导,正是在她的悉心鼓励与支持下,项目组才得以凝聚信心,高质量地完成本书的撰写工作。同时,我们也衷心感谢北京市石景山区心理教研员张景芳老师和丰台区心理教研员程忠智老师。在本书的撰写过程中,他们提出了诸多专业建议,使本书能够更加贴近教师的实际需求,更具实用性和针对性。最后,我们还要向华东师范大学出版社教育心理分社社长彭呈军先生和责任编辑王丹丹女士致以诚挚的感谢。他们对本书的出版价值给予了高度认可,并在出版过程中提供了悉心的指导与支持。正是因为他们的专业眼光和敬业精神,本书才能得以顺利面世。

以下附本书各章节作者一览表。

本书作者一览表

	内容	作者	单位
第一章	第一、二节	刘晓柳	北京教育学院
	第三、四节	程锦	北京教育学院
第二章	第一节	白晔	北京教育学院石景山分院
	第二节	林翔宇	北京市第一零九中学
	第三节	刘爱萍	北京市顺义区教育研究和教师研修中心
	第四节	李婷婷	北京第五实验学校
	第五节	张星	清华大学附属中学上地学校

	内容	作者	单位
第三章	第一、二节	杨红	北京市朝阳区教师发展学院
	导读、第三、四节	李响	北京交通大学附属中学
	第五节	王侠	北京市海淀区教育科学研究院
	第六节	谢庆红	北京市第二十中学
	第七节	彭勃	北京师范大学附属实验中学
第四章	第一节	李春花	北京市第十二中学
	第二节	王瑞	北京市海淀区教育科学研究院
	第三节	周玉莹	首都师范大学附属第二中学
	第四节	赵艳霞	北京交通大学附属中学
	第五、六节	张馨尹	北京师范大学附属实验中学朝阳学校分校
	第七节	邵红云	北京市通州区教师研修中心
	第八节	郭丽娜	北京第二外国语学院附属中学
第五章	第一节	李保松、江翠红	北京市第十九中学
	第二节	单洪雪	北京市朝阳区教师发展学院
	第三、五节	刘亚茵	北京市通州区潞河中学
	第四、六节	王燕	北京教育学院石景山分院
	第七节	姚瑶	北京市第五十中学

金 颖

2025 年 3 月 3 日

目　录

第一章

中学生心理评估的基本概念与实施策略

第一节 学校心理评估的基本概念：从"是什么"到"为什么"

一、什么是学校心理评估?

▨ 案例 1-1
想学却不知道如何学习的小明

小明是一名初中二年级的学生,他在日常的学习中是一个表现得很努力、很上进的孩子,但在学习成绩上却一直表现平平,在课堂上好像总是心不在焉。这引起了班主任的注意,班主任在小明的同意下预约了学校的心理老师。

学校心理老师与小明进行了多次一对一的辅导,并在辅导中对他的学习动机、学习策略、学习风格进行了评估。心理老师了解到他其实对数学和物理等学科有浓厚的兴趣,但课堂上的教学方式未能激发他的兴趣,导致他在课堂上常常走神。心理老师还通过与小明的家长沟通,了解到家长对他的学习期望很高,这使得小明在面对学习时感到很有压力。心理评估结果显示小明并非没有学习动力,而是需要更合适的学习方式和环境。因此,心理老师建议小明的家长帮助小明调整学习方法,进行更多实践和探究式学习,以激发学习兴趣。同时,家长也需要减少给小明施加学习压力,给予他更多的鼓励和支持。

经过一段时间的调整,小明在数学和物理课上表现出了显著的进步和兴趣。他开始主动参与课堂讨论,并与同学建立了更好的关系。心理评估不仅帮助小明找到了适合自己的学习方式,还促进了他的社交发展和积极情绪。

■ 案例 1-2

为什么让我做这个问卷?

小敏是一名刚入学的初中一年级学生。最近,学校决定对所有学生进行心理健康评估,希望能够提前发现并解决潜在的心理健康问题。然而,在选择评估工具时,学校使用了原本设计给有心理危机的成年人群使用的自杀风险评估问卷。这份问卷包含了许多直接涉及自杀想法和计划的问题。对于年纪尚小的小敏来说,这些问题不仅难以理解,而且词汇和概念令她感到困惑和不安。小敏及其他一些同学在填写问卷后表现出焦虑和不适的情绪。

回到家之后,小敏和父母聊起了今天在学校进行的心理健康评估,并询问父母为什么老师要问她是否有自杀计划。父母听到后感到非常困惑且愤怒,对学校的这一行为表示了强烈的不满,认为学校未能考虑到孩子们的年龄特点和心理承受能力,并向市教委举报了学校的这一行为。

在这两个案例中,同样是心理评估,却起到了不同的作用。在第一个案例中,合适的心理评估可以帮助小明同学找到自己学业成绩平平的原因,并且改善学习方法,提高小明的学习兴趣。而在第二个案例中,学校的出发点是希望提前发现学生潜在的心理健康问题,预警学生的心理危机以便及时干预,但是不合适的评估工具,导致了小敏同学的困惑和不安情绪。这样看来,心理评估是一柄双刃剑,需要在合适的时间和情境下、由合适的人组织、对合适的人使用才能发挥其应有的价值。

那么,到底什么是心理评估、什么是学校心理评估呢? 心理评估是运用心理评估技术对人的心理特征和行为表现进行评估,将所获信息加以整合,对评估对象形成一个评价、建议或分类诊断,其实质是一个决策过程。[1] 而学校心理评估,则是在学校的情境中,对学生的心理和行为进行调查,再根据调查的结果来推测学生的某种心理品质,也可以确定学生某种问题的性质和原因。下面,就让我们一起来了解学校心理评

① 刘世宏,高湘萍,徐欣颖. 心理评估与诊断[M]. 上海:上海教育出版社,2017:2.

估能帮助教师做什么,都在哪些方面可以应用学校心理评估。

二、为什么要进行学校心理评估?

教育的目的是培养学生的创新精神和实践能力,造就"有理想,有道德,有文化,有纪律"的德智体美劳全面发展的社会主义事业的建设者和接班人,而学校心理评估也是为这一目的服务的。为了提高教育、教学效果,实行因材施教,使每个人的潜能都得到充分的发挥,也为了保护学生心理健康、促进学生全面发展,我们需要心理评估这一工具来帮助教育者进行决策。在学校情境中,心理评估主要包括以下目的。

(1)了解学生的心理状态和需求。心理评估的首要目的是深入了解学生的个性、情绪、行为模式以及社交能力等。这种了解可以帮助我们更好地识别学生的心理问题,包括他们可能面临的压力、焦虑或其他情绪问题,也包括他们的积极品质和优势资源。当我们想了解学生,却不知道从何开始时,心理评估这一工具就可以帮助我们。

(2)尽早发现心理健康问题。通过定期的心理评估,学校可以及时发现学生可能遇到的心理健康问题,如抑郁、焦虑、社交恐惧等。早期识别这些问题是预防更严重的心理疾病和行为问题的关键。这就如同我们要进行定期的体检,越早发现生理疾病的症状就可以尽快进行治疗和干预。所以学校也要对学生进行定期的心理体检,第二个案例中的小敏所在的学校,就是使用问卷对学生进行心理体检,只是选择了不恰当的工具。在教育部等十七部门印发的《全面加强和改进新时代学生心理健康工作专项行动计划(2023—2025 年)》中特别强调,每学年面向小学高年级、初中、高中、中等职业学校等学生开展至少一次心理健康测评。

(3)促进学生的学业发展并提供个性化的教育支持。心理评估还可以促进学生的学业发展,让教师能够根据每个学生的心理特征和需求制订个性化的教育计划。通过了解学生的心理特点,教师和家长可以更好地帮助学生的学习过程,支持他们克服学习困难,提高学业成绩。比如第一个案例中的小明,在了解了小明的学习风格之后,心理老师帮助小明找到了更合适的学习方法,进而提高了小明的学习成绩。尤其是对于一些有特殊教育需要的学生,比如有学习障碍、行为问题或是有天赋的学生,深入的心理评估可以帮助制订更有针对性的教育计划。

(4)增强学生的自我意识和自我管理能力。心理评估过程本身可以帮助学生更好地理解自己,提高他们的自我意识和自我管理能力。在回答心理评估相关问题的时候,学生也对自己进行反思,然后根据自己的实际情况,给出最适合自己的答案。通过这种自我探索,学生可以学习如何有效地应对压力和情绪,以及如何在社交环境中更有效地交流和互动。

(5)促进学校环境的整体健康。最后,通过实施心理评估,学校可以创建一个更加关注学生幸福感的环境,从而促进整个学校社区的心理健康。在进行心理评估的过程中,学生能够感受到来自学校和教师的关心和关注,这会让他产生一种被重视的感觉。学生可以感觉到,学校和教师关心的不只是他的学业成绩,而是全面地关心他这个个体。

一般认为,心理评估的意义在于确定问题、探索问题的可能原因以及制订干预计划并对干预的效果进行评估①。但是学校心理评估的意义远远超出了单纯的问题识别和解决,教师、家长还可以看到学生的积极心理品质,发现学生的潜能和优势,它是一个综合性的工具,不仅有利于促进学生的个人成长,还有助于创建一个更加健康、包容和支持的教育环境。通过心理评估,学校能够更好地满足学生的需求,为他们的未来打下坚实的基础。

三、学校心理评估分为几类?

在学校环境中进行的心理评估可以根据其目的分为不同的类型。下面是一些主要的类型及其作用的概述。

(一) 与自我相关的心理评估

这类评估主要关注学生的个人身份和自我感知。它涵盖了个性特质、价值观、自尊以及自我效能等方面。它的目的在于帮助学生更好地了解自己,提高自我认识和自我接纳能力。当学生对于自我的了解更加深入之后,他们可以在学业选择、生涯规划和个人发展中作出更明智、更适合自己的决策。这部分内容将在本书的第二章进行介绍。

---

① 刘世宏,高湘萍,徐欣颖. 心理评估与诊断[M]. 上海:上海教育出版社,2017:5—9.

（二）与学习相关的心理评估

此类评估关注学生的学业动机、学业情绪、认知能力和学习策略等方面。它旨在识别学生最有效的学习方法，激发他们对学习的兴趣，以及帮助他们建立积极的学习态度。在案例1-1中，心理老师对小明同学进行的心理评估就是关于学习内容的。这对于提高学生的学业成绩和学习效率非常重要，这部分内容将在本书的第三章进行介绍。

（三）与社会交往相关的心理评估

这类评估专注于学生的社交技能、同伴关系以及在群体中的互动行为。它的目的是帮助学生发展有效的社交技巧，理解和管理人际关系，以及提高团队合作能力。这对于学生的社会适应和长期的人际关系建立至关重要。这部分内容将在本书的第四章进行介绍。

（四）与情绪相关的心理评估

这部分评估集中于学生的情绪智力、情绪状态和情感反应。它的目标是帮助学生识别和管理自己的情绪，以及理解他人的情感。这对于提高学生的情绪调节能力、减少心理压力和防止情绪相关问题的发展具有重要意义。这部分内容将在本书的第五章进行介绍。

除了上述内容之外，学校心理评估中还有以危机预防、危机筛查为目的的心理评估，但是这种类型的心理评估需要有资质的心理专业工作人员进行操作，将不在本书中进行重点介绍。

不同类型的心理评估针对学生发展的不同方面，它们共同构成了一个全面的评估体系。这个体系能够帮助学校和家长更好地理解和支持学生的全面发展。通过这些评估，学校能够为学生提供更有针对性的支持和干预，以促进学生在学业和个人生活中的成功。

第二节　学校心理评估的基本模式：如何实施心理评估？

一、学校心理评估有哪些方法？

在学校实施心理评估时，可以根据对象和情境，选择不同的方法。不同的方法在操作难度、应用范围、有效性等方面都略有不同。一般来讲，心理评估的方法包括观察法、访谈法、问卷法、个案法和心理测验法等[①]，在本节内容中，将重点介绍几种在学校情境中常见的方法。

（1）观察法

观察法是指在自然状态下有目的、有计划地对学生的心理和行为表现进行考察和研究，记录他们的社交互动、情绪反应、课堂参与度等，然后作出评估的方法。这里所说的自然状态，是指观察者对观察对象不加以控制，不施以人为的影响，比如教师在课堂上、课间中和集体活动中采用观察法，根据特定的指标，观察学生的表现。这种方法提供了直接和实时的行为数据，有助于捕捉学生自然状态下的表现。该方法具有运用广泛、全面自然、简单易行等优点，教师在应用这种方法的时候不需要使用特定的工具，不需要进行特殊的设定，可以随时随地进行。但是这种方法仅能观察到表面的行为，并不能深入内在的本质，比如两个学生的行为相似，但是可能内心的想法和感受是不同的。同时，如果学生伪装自己的想法，观察法就可能无法了解到真实的情况。并且，这种方法可能受到观察者主观偏差的影响，也可能在某些情况下侵犯学生的隐私。

（2）访谈法

访谈法是指访谈者通过与学生或其家长、老师、同学详细面谈，通过对话来探索被访谈者的感受、想法和行为，了解问题产生的原因、背景、性质、状况等，然后作出评估的方法。根据是否预先设置访谈提纲，访谈可以分为结构化访谈、半结构化访谈和非

---

① 陈家麟.学校心理健康教育：原理、操作与实务（修订版）[M].北京：教育科学出版社，2010：324.

结构化访谈。结构化访谈是指访谈者在访谈之前编制出确定的问题提纲,在访谈时严格根据提纲的问题内容和顺序进行提问,要求被访谈者逐一回答。半结构化访谈是指访谈者在访谈之前大致确认访谈内容,也简要列出了问题提纲,但是在访谈过程中可能会随着访谈进程进行调整,并不一定严格执行提纲的内容。非结构化访谈是指事先不预定访谈提纲和标准程序,访谈者与被访谈者自由地进行交流,让被访谈者在自然状态下表露自己的想法。访谈结构化越弱,对访谈者的能力要求越高,需要访谈者能够建立良好的关系、把握访谈方向、善于觉察被访谈者的情绪变化等。访谈法的优点在于,可以直接、深入、聚焦地了解学生的心理、行为特点,及时得到学生的反馈信息,包括言语信息和非言语信息。有时候,表情、动作、说话的语气语调等非言语信息传递出的内容,会比说出来的言语信息更能表达真实的想法。但是访谈法也在一些情况下受到限制,比如被访谈者比较内向、警惕、不愿与人交流,或者访谈者的能力和技巧不足,无法灵活提问等,访谈就很容易卡在一个节点无法深入进行。同时,访谈法通常在一对一的情境下进行,也就是说,一位老师在一段时间内只能访谈一名学生,比较耗时耗力,不利于大规模地开展。

(3)问卷法

问卷法是用书面形式来收集资料的一种方法,这种方法通常包括标准化的问卷或量表,学生需要回答一系列关于自己心理或行为的问题,然后收回问卷或量表并对其加以整理、统计与研究。问卷法可以快速、高效地收集大量数据,便于量化分析和比较。在实施问卷法时,可以使用匿名的形式,消除被调查者的顾虑,以便更好地获取真实的数据。但是这种方法由于缺乏深入的个人互动,可能无法获得学生情感和行为的深层次理解。而且数据收集之后的统计和整理需要一定的心理统计学、心理测量学技术,在操作上不便于所有教师使用。另外,如果学生有意隐瞒真实情况,在填答问卷时采用盲选或连选等方式,教师将无法了解真实情况。一般为了避免这种情况的发生,可以在问卷中设计测谎题或陷阱题,来判断填答者的认真程度。

这些方法可以单独使用,也可以结合使用以获得更全面的评估结果。选择合适的评估方法取决于评估的目的、学生的特点和实际的操作条件。每种方法都有自己的优势和局限性,正确应用这些方法对于获得有效和可靠的评估结果至关重要。老师可以根据自己的需要、目的和实际的可操作性,选择合适的评估方法。比如,当学校希望了解学生的心理健康状况时,可以首先使用问卷法以大量、快速地了解整个群体的基本情况,然后通过特定标准筛选出重点人群,进行访谈,以便深入了解学生的情况。再比如,如果科任老师想了解某个学生的学习情况,可以先进行课堂观察,结合对作业、考试试卷的分析,形成一个初步的判断,然后再与学生进行有针对性的访谈,这样就可以更加深入地了解学生的情况了。

二、如何实施学校心理评估?

学校心理评估的实施过程是一个结构化和分阶段的程序,这样做可以确保评估的有效性和适用性。简单来说,在实施评估之前,需要确认目标和对象,并根据目标和对象选择合适的评估工具,还需要确认评估的时间、地点和评估人员,并且需要得到学生及其监护人的知情同意,然后才能正式实施评估,最后需要注意评估结果的解读和保密问题。具体的流程和步骤如图1-1所示。

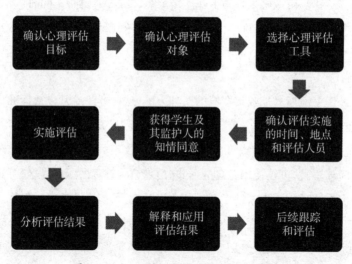

图1-1 心理评估具体的流程和步骤

(1)确认心理评估目标:这是评估过程的起点,涉及确定评估的具体目标和预期结果。老师在评估之前可能会在心里有一个疑问,比如"某某同学复学后的情绪状态如何?""某班级最近数学学习成绩下滑是为什么呢"等,这些问题,就是我们的评估目标。评估目标包括了解学生的心理健康状况、评估学生的学习需求或识别学生的行为问题等,明确的目标有助于指导后续评估工具的选择和评估计划的设计。

(2)确认心理评估对象:在这一步骤中,确定哪些学生将参与评估。选择的范围可能基于老师、家长或学生自己的关注点,或者直接选择全校范围作常规评估。比如在案例1-1中,因为班主任的转介,心理教师将小明作为评估对象,而在案例1-2中,学校针对全校学生进行了心理体检的评估。需要注意的是,参与的学生越多,肯定会耗费更多的人力和更长的时间,在实际实施评估时,需要考虑人力和时间成本。

(3)选择心理评估工具:依据评估目标和对象选择合适的评估工具,例如问卷、观察表格、访谈提纲或标准化量表。选择时需考虑工具的适用性,也就是说工具要适合评估对象使用,需要注意评估对象的年龄、认知水平是否可以理解评估工具。另外还要考虑工具的有效性和可靠性,也就是说工具必须是科学的、准确的,确保它们能准确捕捉所需信息,一般可以通过学术期刊网站获得工具。在案例1-2中,评估工具的选择是不适当的,针对未成年人却使用了成年人使用的工具。

(4)确认评估实施的时间、地点和评估人员:在评估时要考虑学生的身心状态,尽量不要在节假日前后、重大考试前后和体育活动后实施评估,不同的情绪、生理状态可能会影响评估的准确性。尤其是关于情绪和心理健康的评估,更加需要考虑评估的时间节点,比如在重大考试前后,学生普遍会感受到学业压力、考试焦虑等,这时评估会影响结果的准确性。评估的地点应该选择安静的、放松的、比较熟悉的场所,比如教室、机房、心理辅导室等。评估人员可以是班主任老师、任课老师或心理老师,如果是学生不熟悉的外来人员,则需要进行明确的自我介绍。

(5)获得学生及其监护人的知情同意:首先需要向学生及其监护人讲清楚评估的目的,使他们正确认识心理评估的目的和意义,消除心理上的疑虑和紧张,提高他们对心理评估的认可度,以正确的态度积极参加评估。对于未成年学生,在获取学生及其监护人的知情同意后才可进行评估。有很多老师认为这一步在实践时非常困难,因为家长不愿意配合,害怕在学校留下学生心理健康问题的档案。在这种情况下,需要向家长说明,学校有责任监护学生的心理健康,心理评估的目的不是给学生贴标签,而是更好地帮助学生,而且评估的结果将严格保密。

(6)实施评估:在正式实施评估之前,向被评估的学生讲解清楚评估实施的流程及注意事项,可以由评估人员统一朗读指导语并发放文字版供学生自行阅读。在正式实施评估过程中,需要按照预定计划进行实际评估。同时需要考虑学生在评估过程中的提问,并准备好统一的回答用语。在实施过程中,确保评估环境的安全性和舒适性,尊重学生的隐私和自愿性。

(7)分析评估结果:对收集到的数据进行分析,解读学生的心理状态和需求。这可能涉及量化数据的统计分析或定性数据的内容分析。分析应由具备相应专业知识的人员进行,以确保结果的准确性和合理性。

(8)解释和应用评估结果:将评估结果转化为可操作的信息,为学生提供个性化的支持和干预措施。结果的解释一方面要考虑数据分析的结果,另一方面也要考虑学生的实际情况。有时候如果仅仅查看数据分析的结果,会有误导性的解读。比如在重大考试前进行学生焦虑水平的心理评估,可能会发现所有学生的焦虑水平都比较高,但这并不能说明学生的心理健康出现问题,而是说明在考试前学生对考试比较重视。在结果分享时,需要注意对学生隐私的保护,在尽可能小的范围内分享尽可能少且必要的结果,必要时应该注意隐去学生的个人信息。

(9)后续跟踪和评估:实施干预措施后,应该进行定期的跟踪和复评,以评估干预的有效性并随时调整策略。后续评估有助于确保学生获得持续的帮助,并且在遇到新问题、新挑战时及时调整策略。

通过这一系列的步骤,学校心理评估可以为学生的个人成长和教育提供有价值的依据,进而制订针对学生的帮助和支持计划。正确实施整个过程对于确保评估结果的有效性和对学生的积极影响至关重要。

三、学校心理评估工作有哪些基本原则?

进行学校心理评估时,一方面要保证心理评估的有效性和准确性,另一方面也要保证评估符合伦理道德的要求。为了符合这些要求,在进行心理评估时,应该遵循一些特定的基本原则。

(1)标准化原则:心理评估应该采用专业标准化的工具,实测的方法和流程要严格根据评估工具的指导手册进行。要有固定的评估流程、标准的指导语、统一的结果解读方案。

(2)专业化原则:进行评估的专业人员应具备相应的资质和专业知识,或者在专业人员的指导下完成评估。专业的评估人员能确保评估的准确性和有效性,减少误解和错误。

(3)客观性原则:对评估结果进行解读时要遵循客观性原则,要符合被评估者的实际情况。为了保证结果的客观性,可以从多个角度进行评估,或者多次、持续地进行评估,综合多项评估结果以保证客观性。

（4）去标签化原则：需要用发展的眼光看待学校心理评估的结果，一次的结果仅仅表明学生当下的心理状态，不能作出诊断性的标签化结论，更不能根据评估的结果随意给学生贴标签。

（5）以学生为中心原则：心理评估的最终目标应该是促进学生的发展，需要将学生的需要和利益置于首位，确保评估和随后的干预措施真正符合学生的最大利益。

（6）保密性原则：评估过程中收集的所有信息必须保密，只有授权人员才能访问这些信息。保护学生隐私能增强学生和家长对评估过程的信任，确保学生在后续评估中的认真态度和安全感。

（7）自愿性原则：学生和家长应在明确了解评估目的和过程后，自愿同意参与。确保参与的自愿性和知情同意是尊重学生和家长的基本权利，有助于提高评估的合法性和道德性。

教育部办公厅在 2015 年 7 月印发的《中小学心理辅导室建设指南》中明确要求：谨慎使用心理测评量表或其他测试手段，并在学生及其监护人知情自愿基础上进行，禁止强迫学生接受心理测试，禁止给学生贴上"心理疾病"标签。遵循这些原则对于在学校环境中进行有效、合理、合法的心理评估至关重要。这些原则不仅保障了评估的质量，而且维护了学生、家长和教育工作者的权利和利益。

四、学校心理评估有哪些常见误区及注意事项？

为了帮助老师更好地理解心理评估的正确做法、避免犯错，下面将列出一些常见的误区，并解释其错误之处，以及相应的注意事项。

误区一：心理评估可以诊断所有问题。

心理评估是了解学生行为和心理状态的工具，但并非万能的。心理评估也不能替代专业的心理诊断。心理诊断是由精神科医生在医院场景中为了确认患者的疾病所作出的，与心理评估有本质上的区别。

误区二：所有学生都应接受相同的评估。

心理评估应根据学生的个别需要和情况进行个性化评估。不同的学生可能需要不同的评估工具和方法。比如需要考虑学生的识字量、长语句理解能力、复杂词汇和专有名词的理解能力等，就像案例 1-2 中的小敏同学，因为无法理解词汇和句子的意思而产生困惑。

误区三：评估结果是不变的。

一个信度良好的评估工具，在短时间之内的评估结果确实应该是比较接近的。但是学生的心理状态和行为是动态变化的，评估结果反映的是某一特定时期的状况，随着时间和环境的变化，评估结果也可能发生变化。这也是为什么我们不能使用一次评估的结果给学生贴上标签，因为某一次的结果只是暂时的，学生的状态会发生改变。

误区四：可以直接使用网络上搜索到的心理量表。

网络上确实有一些心理量表可以直接查到条目和计分方法，并附有一些对结果的解读。但是这些条目的用词是否准确，是不是直接翻译外文而没有进行中文样本的校对，计分方法是否有依据、是否有对应的常模，结果的解读是否科学、是否过度推论，这些问题都需要专业人士的判断。所以不建议老师直接在网站上搜索评估工具并直接使用。老师一方面可以查询专业的学术期刊网站确认评估工具信息，另一方面可以咨询心理专业工作者，使用心理专家推荐的评估工具。

误区五：家长无需参与评估过程。

家长作为学生的监护人，需要在评估前被告知心理评估的目的。在征得家长同意后，学校才可以对学生进行心理评估。比如案例1-2中小敏的家长，就没有得到学校要进行心理评估的通知。而学生作为被评估者，也需要自愿参与心理评估。在评估的过程中和过程后，学生对于参与评估的感受和反馈也非常重要，需要确认他们是否真的理解了评估的问题。尤其是使用问卷法时，如果学生没有完全理解题目，那么评估结果可能就不准确。

第三节　学校心理评估者的条件：资质、伦理与法律

案例1-3

找个量表测一下

某心理老师问其他老师："有没有人有与学生自杀自伤意图

相关的评估问卷?"原因是这位老师在做学生心理辅导时发现一名初中二年级的学生有自伤行为,也有自杀的想法,经了解其家里有家暴情况,于是上报学校领导。学校领导跟心理老师说:"找个量表测一下,了解下情况。"心理老师第一反应是找个自杀自伤相关的量表测一下。

这个案例看似正常,也是目前许多学校的现状。但是还有一个暗含的问题:自杀自伤意图类量表是否可以随意拿来使用呢?互联网时代,获取信息变得很容易,网上几乎可以搜索到任何我们想要的量表信息,但是我们是否能随意拿来测一测呢?

心理评估作为一项专业活动,其执行流程及施测环节(前文所述)均需依托于评估者的专业能力和素养。因此,从事心理评估的专业人员必须具备相应的资质和能力。随着心理评估的发展,越来越多的个人和组织开始认可并使用心理评估手段辅助其作出决策。但是,心理评估评价的是人,会呈现人与人的差距、人的优缺点等,因而可能会带来不公平、歧视等方面的道德问题或法律问题。心理评估的结果还有可能被拿去作别的用处,如法律用途;或被恶意利用,如贴标签、人身攻击、散播谣言等。互联网时代心理评估很容易被滥用,我们打开搜索引擎随便搜索"问卷"关键词就能找到完整的问卷及使用说明,这使得任何一个不具备心理评估资质的人都能够获得问卷,给自己或他人随意使用。事实上,心理评估工作是一项专业工种,需要专业能力,需要谨慎对待,并不是拿个问卷测一测的简单事情,而且心理评估也不只有问卷法一种。

为顺利开展心理评估工作,国内外学术界对相关资质要求与职业道德作出了相应的规定。此外,中小学生属于未成年人,学校教师开展心理评估工作时还需要遵守相关法律与伦理。

一、学校心理评估者需要具备哪些资质?

2007年第一版、2018年第二版《中国心理学会临床与咨询心理学工作伦理守则》都有关于"心理测量与评估"相关伦理要求的描述,其中包含对心理评估专业胜任力的要求,指出"心理师应在接受相关培训并具备适当专业知识和技能后,实施相关测量或评估工作"①。

具体来说,不同的心理测验可能会涉及不同的专业领域、操作难度等,因此使用不同的心理测验对心理评估者的能力要求并不一致。中国心理学会颁布的《心理测验管理条例》②中,强调了心理测验工作者必须具备中国心理学会心理测验专业委员会认可的心理测验使用资格。测验使用人员的资格证书分为甲、乙、丙三种。甲种证书仅授予主要从事心理测量研究与教学工作的高级专业人员,持此种证书者具有心理测验的培训资格。乙种证书授予经过心理测量系统理论培训并通过考试,具有一定使用经验的人。丙种证书为特定心理测验的使用资格证书,此种证书需注明所培训的测验名称,只证明持有者具有使用该测验的资格。每种证书的核发也有相应不同的要求,其中甲种证书要求最高。事实上,目前没有人查验心理测验使用资格证。

另一个被广泛接纳的专业胜任力标准是美国心理学伦理标准委员会在 1954 年的一份关于心理测量与诊断的专项报告中提到的,其将测验及对应的能力要求分为 3 种类别,具体如下:③

A 级测验是那些可以由责任感强的非心理学者实施、评分和解释的测试。这些测验实施者必须仔细阅读测验手册并熟悉整个测验目的。主要是教育测验,如考试成绩测验就属于这类测验。

B 级测验要求使用者具备测验编制与使用的技术知识,以及心理学和相关学科领域的高级资质。主要是个体差异性、咨询类的测验,如人格测验、职业兴趣测验等就属于这类测验。

C 级测验要求具有心理学高级学位,或者具有心理学相关资格证书以及特定测验的培训/监管经验。主要指临床诊断类测验、智力测验、投射测验等。

具体来讲,具有学士学位、对评估有所了解、熟练掌握测验手册的人可以使用 A 级测验,在一定条件下,甚至可以使用 B 级测验。例如,学校教师可以实施大多数成就测验。学习过测验和测量基础课程的硕士可以进行 B 级测验。例如,咨询室可以使用多种人格测验,包括大多数兴趣调查表和客观人格测验。但是他们不能实施需具备其

---

① 钱铭怡.《中国心理学会临床与咨询心理学工作伦理守则》解读[M].北京:北京大学出版社,2021:96—99.
② 中国心理学会.心理测验管理条例[J].心理学报,2015,47(11):1415—1417.
③ 爱德华·诺库格,查尔斯·福希特.实用心理测验与评估[M].李原,等译.北京:机械工业出版社,2013:17—18.

他培训经历的测验,如个体智力测验、大多数投射测验以及很多诊断类测验。C级测验要求实施者至少具有硕士学位,学习过基础测验课程,并接受过专业测验高级培训(例如,学校的心理学研究者、学习障碍专员、临床和咨询心理从业者,以及接受过其他培训的硕士理疗师)。

总之,国内外对心理测量工作者的资质都有明确的要求,而且要求不低。使用一般心理健康类量表需要乙类证书,或至少达到A级测验要求,最好达到B级测验要求。这里我们需要对心理测量与心理评估进行简单区分。心理测量往往是采用经过严格的研究设计生成的量表对个体心理进行测量,并以数据为主要形式的测量方式。心理评估的范畴则更大,学校心理评估不限于使用科学化的量表,也可以是使用根据实际工作需要自编的问卷去搜集学生信息的过程。相比之下,心理测量更强调科学化、规范化和抽象化,一般使用具有良好信效度的量表。而学校心理评估更强调应用性、针对性,心理教师可以使用已有的量表,也可以根据实际工作需求自编问卷。因此,一般对于心理评估工作者的要求低于对心理测量工作者的要求。但是具体有哪些条件,目前没有明确的表述。我们依然可以将国内外对心理测量工作者的资质要求作为一个参考。也就是说,这些标准让我们有一个谨慎的态度:心理评估不是随意弄个问卷就能做的,它需要有一定的专业/知识背景。

目前一些学校倾向于请第三方机构进行学生心理健康体检,我们也需要对第三方机构的资质与胜任力进行审查,并对实施流程与结果解释进行把关,力求满足学校实际需求,也避免对学生、家长、学校等造成不良影响。案例1-3中提到的自杀自伤意图类量表是要考虑使用资质的,一般学校心理老师作为专业从业者可以将其用来对学生进行评估并作出恰当的解释。但如果是非专业也缺乏受训经验的老师,对这个量表不了解,那么不建议擅自使用,以防解释不当,从而对学生、学校和自己造成不良影响。此外,学校心理老师如果对学生的某项心理评估不是很有把握,除了委托第三方机构,也可以寻找校外专家的支持。

二、学校心理评估者需要注意哪些伦理道德?

由于心理评估与其他测量不一样,不能拿着尺子进行精确度量,而分数在每个人心中的意义也不同,受测者相互比较,可能会造成不良后果;心理评估的对象是人,评估内容是看不见摸不着的心理状态或能力特征,对人的评价很容易受表述等因素的影响而被曲解或歧视。为了避免诸如此类的不良后果,心理评估者需要遵守相关职业道德与伦理守则。

(一) 心理评估及结果解释会产生怎样的影响?

隐私暴露的问题。心理评估及其结果可能会暴露被评估者的隐私,例如家庭状况、特殊的经历、心理健康状况等,给被评估者造成不良影响。因此,评估需要保密。一般要征得被评估者的同意,比如评估者与被评估者签署知情同意书(见示例 1-1),也可以口头形式取得同意。中小学心理教师的工作对象主要是未成年学生,对于未成年人:是否需要取得父母或合法监护人的同意? 评估结果如何向家长报告? 一般来说,未成年人不能单独决定是否接受心理评估,必须获得父母或合法监护人的允许。向父母或合法监护人汇报评估结果时,也应征得学生的同意,尽量解释学生的心理状态,而不报告具体的事情、想法、分数等。

■ 示例 1-1
知情同意书

我知道我即将参加一项由 XX 进行的心理评估,且自愿参加该项心理评估。我了解关于这项心理评估的目的以及需要评估的理由和完整的解释。

我知道评估者不可能向我解释评估结果的所有方面。我知道如果我不愿意参加调查可以随时退出,且不会造成任何损失。我也了解,我将被告知结果,未经我的允许不向任何其他人报告结果。这一次,我同意将检查结果送交_____。

被评估者签名:　　　　　　　　评估者签名:

日期:　　　　　　　　　　　　日期:

贴标签或偏见的产生。除了知情同意和隐私外,还要注意贴标签的现象。标签对一个人可能会产生很大的不良影响,例如智力低下。谁都不愿意被贴一个智力低下的标签,当被贴上标签时,仿佛学习也没有了希望。因此在报告某些心理症状或其他情况的时候,要注意使用"最少污名的标签",尽可能以发展的眼光和建设性的语言方式进行结果报告。例如,对于同样的评估结果,采用"青少年适应反应"便比"心理病态人格"较少有羞辱意味;"智力受损"比"智力低下""白痴"更合适。教师也有可能对评估结果进行过度解读、误解,随之对学生产生一些偏见。比如,教师无意间说道:"就是你们班抑郁的那个小孩。"教师这样说时,已经用标签定义了学生,同时也暴露了学生的隐私。

污名化的消极影响。在我国精神和情绪障碍被普遍污名化的情况下,一个正式的诊断会给家长带来痛苦(现在的学生好像更容易接受自己的真实情况),诊断本身就可能会产生强大的心理影响。家长可能会感到羞耻、尴尬,或者会担心被歧视,很多时候会抗拒这样的诊断。即便获得了明确的诊断,也不能接受孩子因为精神类的疾病而吃药。例如,2023 年 2 月,据报道,一名初三学生的母亲擅自让孩子停掉了需要定期服用的抗抑郁药物,给她换成了维生素片。网友说家长不负责任,但家长有可能只是不了解、不接受。所以,心理知识科普的任务还很重。

确定感与包容感。有一些老师、家长和学生可能更容易接受,会有一些积极的反应。学生可能会觉得自己混乱的思绪、不好的感觉终于找到了一个原因,可以更多地了解自己,了解如何变得好起来。就像发烧、咳嗽让人不舒服,但确定是流感或肺炎之后,就知道怎么回事儿,从哪入手了,这会在一定程度上减轻焦虑。有些家长也会因危机,去反思孩子确实承受不了一些压力,或者家庭环境不利于孩子的心理健康,从而做出努力,帮助减少孩子的心理健康风险。老师也可能在认识到学生的情绪困扰后,对学生的学习状态更加包容,从而更有利于学生的身心健康。

(二) 心理评估的职业道德准则和伦理守则作了哪些要求?

为了避免心理测验滥用,规范心理评估专业人员的行为和保护被评估者的利益,各个国家的相关机构大多定制了职业伦理守则。1992 年,中国心理学会发布了《心理测验工作者的道德准则》[①],共 9 条:

第一,心理测验工作者应知道自己承担的重大社会责任,对待测验工作须持有科学、严谨、谦虚的态度。

第二,心理测验工作者应自觉遵守国家的各项法令和法规,遵守《心理测验管理

---

① 中国心理学会.关于公布"心理测验管理条例(试行)"与"心理测验工作者的道德准则"的说明[J].心理学报,1993(02):221—222.

条例》。

第三,心理测验工作者在介绍测验的效能与结果时,必须提供真实和准确的信息,避免感情用事、虚假的断言和曲解。

第四,心理测验工作者应尊重被测者的人格,对测量中获得的个人信息要加以保密,除非对个人或社会造成危害的情况,才能告知有关方面。

第五,心理测验工作者应保证以专业的要求和社会的需求来使用心理测验,不得滥用和单纯追求经济利益。

第六,为维护心理测验的有效性,凡规定不宜公开的心理测验内容、器材、评分标准以及常模等,均应保密。

第七,心理测验工作者应以正确的方式将所测结果告知被测者或有关人员,并提供有益的帮助与建议。一般情况下,只告诉测验的解释,不要告诉测验的具体分数。

第八,心理测验工作者及心理测验机构之间在业务交流中,应以诚相待,互相学习,团结协作。

第九,在编制、修订或出售、使用心理测验时,应考虑可能带来的利益冲突,避免有损于心理测量工作的健康发展。

中国心理学会 2015 年发布的《心理测验工作者职业道德规范》中增加至 13 条[①]。学校学生心理评估工作也可能会涉及保密及保密例外的情况,例如自伤、自杀、伤害他人等。《中国心理学会临床与咨询心理学工作伦理守则》中的规定更加全面,相关条款如下[②]:

3.1 专业服务开始时,心理师有责任向寻求专业服务者说明工作的保密原则及其应用的限度、保密例外情况并签署知情同意书。

3.2 心理师应清楚地了解保密原则的应用有其限度,下列情况为保密原则的例外。(1)心理师发现寻求专业服务者有伤害自身或他人的严重危险;(2)不具备完全民事行为能力的未成年人等受到性侵犯或虐待;(3)法律规定需要披露的其他情况。

3.3 遇到3.2(1)和(2)的情况,心理师有责任向寻求专业服务者的合法监护人、

---

① 中国心理学会.心理测验工作者职业道德规范[J].心理学报,2015,47(11):1418.

② 钱铭怡.《中国心理学会临床与咨询心理学工作伦理守则》解读[M].北京:北京大学出版社,2021:56—57.

可确认的潜在受害者或相关部门预警;遇到 3.2(3)的情况,心理师有义务遵守法律法规,并按照最低限度原则披露有关信息,但须要求法庭及相关人员出示合法的正式文书,并要求法庭及相关人员注意对专业服务相关信息的披露范围。

以上条款比较简略,而实际遇到的情况要复杂很多,需要老师灵活把握。可以通过进一步深入阅读相关资料获得更详细的的了解。

最后,我们也要清楚伦理守则与职业道德的条款不仅是保护被评估人员,对评估者也是一种保护。保护心理工作者避免受到道德指责或误触法律。工作中,有可能会遇到非常复杂的情况,需要综合考虑学生、家长、学校和教师的利益。

三、学校心理评估所涉及的法律法规有哪些?

心理评估工作中涉及法律的主要有两个方面:诊断和保密例外的情况。

前面提到一般学校心理老师不能给学生进行诊断,因为不具备这样的资格。假如教师给学生下了明确的诊断,不仅有违职业道德,也违法。根据我国《精神卫生法》的明确规定,精神疾病的诊断权仅限于精神科医生,而心理咨询人员则仅限于进行评估,并不拥有诊断权。心理咨询人员发现接受咨询的人员可能患有精神障碍时,应当建议其到符合本法规定的医疗机构就诊。

《精神卫生法》中还规定,心理咨询人员应当尊重接受咨询人员的隐私,并为其保守秘密。而学校心理工作比较特殊的部分是:工作对象是未成年人(我国《民法典》中对未成年人及其监护人有明确规定),对其评估需经监护人同意,评估结果也需告知监护人。这对心理工作者就提出了一定的要求,尽可能地在保密学生透露的隐私的情况下,向家长进行汇报。

我国传统观念中认为对孩子的打骂都是家事,与外人无关,更谈不上犯法。这种观念是错误的,我国《刑法》明确规定了虐待罪是指经常以打骂、禁闭、捆绑、冻饿、有病不给治疗、强迫过度体力劳动等方式,对共同生活的家庭成员实施肉体上、精神上的摧残、折磨,情节恶劣,从而构成的犯罪。

心理评估工作中,学生出于对心理老师的信任,会在问卷上或口头报告隐私的情况。近年来,在学校心理工作被重视的情况下,越来越多的学生被发现遭受了严重家暴、侵害等较为复杂的情况。在最大可能地维护学生利益的情况下做好心理工作是不容易的。心理老师在得知违法犯罪的情况时应该怎么做?

目前,我国出台的多项法律与意见中都涉及未成年人保护,并规定了发现未成年人遭遇家暴、侵害的情况时须"强制报告",否则相关单位将承担责任。具体如下:

我国《未成年人保护法》规定:任何组织或者个人发现不利于未成年人身心健康或者侵犯未成年人合法权益的情形,都有权劝阻、制止或者向公安、民政、教育等有关部门提出检举、控告。

我国《反家庭暴力法》规定:学校、幼儿园、医疗机构、居民委员会、村民委员会、社会工作服务机构、救助管理机构、福利机构及其工作人员在工作中发现无民事行为能力人、限制民事行为能力人遭受或者疑似遭受家庭暴力的,应当及时向公安机关报案。

2020年5月九部委联合下发的《关于建立侵害未成年人案件强制报告制度的意见(试行)》中也规定了侵害未成年人案件强制报告,是指国家机关、法律法规授权行使公权力的各类组织及法律规定的公职人员,密切接触未成年人行业的各类组织及其从业人员,在工作中发现未成年人遭受或者疑似遭受不法侵害以及面临不法侵害危险的,应当立即向公安机关报案或举报。意见中还列举了9条未成年人遭受或者疑似遭受不法侵害以及面临不法侵害危险的情况。

《关于依法惩治性侵害未成年人犯罪的意见》中明确要求:对未成年人负有监护、教育、训练、救助、看护、医疗等特殊职责的人员以及其他公民和单位,发现未成年人受到性侵害的,有权利也有义务向公安机关、人民检察院、人民法院报案或者举报。

《关于做好预防少年儿童遭受性侵工作的意见》中要求定期开展隐患摸底排查。各地教育部门要定期组织力量对中小学校进行拉网式排查,全面检查学校日常安全管理制度是否存在漏洞,重点检查教职工、学生是否有异常情况,特别是要关注班级内学生尤其是女学生有无学习成绩突然下滑、精神恍惚、无故旷课等异常表现及产生的原因。要加强对边远地区、山区学校、教学点的排查,切实做到县不漏校,校不漏人。对排查中发现的安全隐患要及时整改,发现的性侵犯事件线索和苗头要认真核实,涉及违法犯罪的要及时报警并报告上级部门。

在具体工作中,我们应注意的是:首先要科学、客观、谨慎进行评估,确定学生目前所处的具体情况,切忌加入个人强烈的主观色彩。其次在需要打破保密原则时,最好告知学生采取这一行动的用意,并尽量征得学生的同意。在学校工作中,还要注意学校的立场,要联合其他老师一起进行家校工作。

■ **案例1-4**

量表结果可以相信吗？

　　一次筛查结合访谈之后，某校心理老师发现，量表得分预警高的学生好像并没有严重的心理问题，心生疑惑："量表的结果还可以相信吗？需要换一种量表重新测一测吗？"

■ **案例1-5**

评估结果出来怎么做呢？

　　某年11月份，一名初中心理老师小何找到我，急切地说："上学期找公司给学生做的心理健康筛查结果出来了，我要怎么做呢？直接让班主任去找他们谈吗？但是我担心班主任不一定愿意配合呀。"

■ **案例1-6**

是否可以直接用心理普查反馈表？

　　有一位心理老师在群里问："大家有没有学生心理普查结果反馈表（家长版）？"结果不仅没有拿到这样一个反馈表，反而引发大家心里的疑问：心理普查结果要直接以反馈表的形式给家长吗？有没有风险？

案例 1-7

看看孩子有什么心理疾病

在学校,有时班主任、年级主任对一个学生很头疼,感觉他/她好像有心理问题,就把学生带到心理老师这里,说:"您给诊断诊断,看看这孩子是不是有什么心理疾病。"作为心理老师,该如何回应?

(注意:案例仅客观呈现目前的一些现象。案例中可能存在一些领导、老师的语言或行为很不专业,主要是由于他们缺乏专业的经验。)

量表结果靠谱吗?拿到筛查结果之后,要怎么做?如何向家长,以及其他人解释结果?

一、如何正确看待学校心理评估结果?

案例 1-4 中心理老师对量表的可靠性提出了疑问:有的学生从量表得分上看可能存在心理问题的风险,但经进一步核实发现该学生并不存在严重心理问题,是否需要重新测?接下来我们从量表的特点来谈谈我们如何看待学校心理评估结果比较恰当。

首先,我们要理解量表测量到的结果和绝对真实的结果是有差异的,也就是说,量表本身的结果不是百分之百可靠的,存在误差。因为一方面量表的题目不一定百分之百准确地描述了想要测量的内容,每个人对自己的情绪感受赋予的分值也是主观的。另一方面,同一个人不同时间做同一个量表,即使相隔几秒钟,所得分数也不一定完全一样。此外,学生也可能会说谎。这涉及测量学上讲的信度和效度问题。因此,不能完全相信量表的分数结果。但这并不是说量表就不可靠,每个量表都会报告信度和效度。一般公开使用的量表都具有良好的信效度,也就是说可靠程度很高,因此我们可以放心使用,特别是在大规模排查学生心理健康风险时,使用合适的量表进行筛查是最为便捷可行的办法。通常,对评估为高风险的学生需要进一步确定。而其他低风险的学生也是有可能有高风险的,但这种情况出现的概率很低。

其次,结果的可靠性还得看测量的时间。比如案例 1-5,上学期的结果下学期才出,可靠性就大打折扣。因为人的心理状态是处于动态变化中的,因此,量表评估的只是某一段时间内的情绪,例如一周、两周、一个月、三个月内的情绪感受。量表的指导语或说明中一般会写明评估的是多长时间以内的感受。一般受测者填写量表时,也主要受当下情绪的影响。在给受测者进行解释时要说明,例如近两周内或近一个月内,你感受到……可以进一步询问什么时候开始的,持续时长,等等。有时,可能是近期发生了重大事件,导致情绪低落或能力发挥不稳定。面向个体解释时,要考虑到这一层情况,可以问问是否发生了什么事情,以便给出更合理的解释。

第三,评价/评估成绩好坏或心理状态如何,一定是有参照系的。例如,当我们说抑郁水平高或低时,参照系是什么? 一般分为常模参照(相同群体内进行比较)和标准参照(与预先设定的标准进行比较)两种标准。一般来说,我们日常考试的分数属于评价性的,分数的高低是根据班级同学对比出来的,这种比较就是常模参照。比如数学90分听起来是一个很高的分数,但是一个年级的同学90%都考了95分以上,只有5%的同学在90分以下,那么90分就不是高分了。智力测验的评价标准就属于常模参照,当人类的智商普遍提高之后,常模就会发生变化。有的学科是达标性的、非评价性的,达到预先设定的标准或者基本要求,就可以得满分,这种就属于标准参照。例如体育考试中,学生的体重指数在合格的范围内就可以获得此项的满分,这个标准是根据普遍的客观的健康体魄的标准而定的,不会随着肥胖比例的增加而发生变化。

一般抑郁、焦虑类情绪问题的量表结果是标准参照,不会随着人们普遍的焦虑情绪增加或减少而调整诊断标准。能力类的测试采用常模参照的更多,也就是现在说的"卷",大家都努力,标准就会提高。因此,在进行结果解释时,要提供参照系,如加上"根据量表的分数界定或标准"。例如,"根据 XX 焦虑量表标准,多少分为重度焦虑,发现有多少学生的得分为重度焦虑";"根据 XX 焦虑量表标准,发现你的焦虑水平……"。

此外,还有的参照系是自己以往的情况,也就是个体内的比较。例如,通过多次评估,可以对学生的现在与过去进行比较,这样更有意义,有助于发现学生的变化,也可以对学生进行追踪对比。这种评估不一定要用标准化的量表,也可以直接用1—10进行评分。学校日常心理健康筛查也可以建立心理档案,进行个体内的纵向比较。

第四,要在量表测量的范围内理解评估的结果。有的量表比较短,只涉及一个维度,例如抑郁,那么评估结果仅仅解释抑郁水平的高低,可以仔细研究每个条目的得分情况,但不能衍生出抑郁情绪以外的内容。有的量表有两个或以上的维度,例如青少年乐观量表,包含积极心态、积极面对、悦纳现实、积极期望和豁达心胸五个维度,其解释范围应限制在乐观概念内,具体的分析也应该限制在五个维度内,不能扩大结果的解释范围。

第五,量表评估的是受测者本人,因此评估的结果仅涉及学生本人的心理解释。有的量表中可能提到了家人或朋友,比如社会支持量表中,涉及朋友或家人提供支持的程度,那么在解释时需要加上"你感觉"这三个字。例如"根据量表发现,你感觉到来自家人/朋友的支持较少",而不能说"发现你家人很少给你提供支持"或者"你的朋友都不喜欢你",诸如此类,这些对受测者以外他人的描述都不恰当。

最后,且最重要的是,评估结果本身并不具备诊断性质,学校心理教师普遍未被授予诊断资质。通常,心理老师可能会被学校领导、班主任或者其他老师问到说:"你看这孩子是不是有抑郁症、强迫症。"或者领导希望从心理老师那里得到一个确切的答案。我们在面对这样的问题时,是不能直接给出答案的,需要耐心地向他们解释心理老师和精神科医生的区别。任何时候,我们都要记住:关于各类神经症或精神类疾病,学生或家长想要明确的诊断结果只能去医院找精神科医生进行诊断;量表评估只作为参考,不具有诊断意义,不能下诊断的结论。因此,只能说 XX 情绪多,或得分较高,有 XX 风险,无论他人多想知道一个确定的诊断,都只能建议其去医院进行诊断。

二、如何解释评估结果?

当问卷的各项分数出来之后,根据上文提到的量表测量范围、参照系等,就能得知大体情况。那么拿到结果之后,要干什么? 根据心理评估的意义,我们要好好利用心理评估的结果,为心理健康教育工作服务。此外,心理评估工作的实施需要学校的批准、家长的允许、学生本人的允许,需要进行一部分的解释工作。自然,需要对这些人负责,需要向学生本人进行结果解释,向家长解释他们未成年子女的情况。最后,我们可能还要考虑是否需要跟班主任、任课老师进行解释,考虑是否需要以及如何向学校领导或上级汇报等情况。

直接向受测者提供问卷分数结果是否恰当? 以及是否应对不同群体提供统一的反馈? 答案是否定的。中国心理学会发布的《心理测验工作者的道德准则》(1992 年)中明确指出:心理测验工作者在介绍测验的效能与结果时,必须提供真实和准确的信息,避免感情用事、虚假的断言和曲解。心理测验工作者应以正确的方式将所测结果告知被测者或有关人员,并提供有益的帮助与建议。一般情况下,只告诉测验的解释,不要告诉测验的具体分数。曾有一位心理老师在交流群里问:"大家有没有学生心理普查结果反馈表(家长版)?"结果不仅没有拿到这样一个反馈表,反而引发大家心里的疑问:心理普查结果要直接以反馈表的形式给家长吗? 有没有风险? 有一些老师认为:家长不一定看得懂,学生不一定认真填,徒增家长焦虑,还会给学校带来风险,家长可能会误解结果并觉得学校认为孩子有问题。考虑到现在家长很关注孩子的发展、成长,一些家长更是焦虑到害怕出任何差错,所以直接给家长一封反馈信不合适。

因此,要仔细斟酌具体反馈的方式方法,让非专业人士都听得懂,尽量减少负面影响,产生积极效应。要站在学生、家长、老师和学校不同的角度,认真负责地描述评估情况,而且最好是更多地帮助他们认识到需要如何建设性地应对。

(一) 如何给学生反馈评估结果?

对学生进行个体评估,通常发生在咨询室里,第一次心理辅导时需要进行初步评估,一般采用访谈的形式,偶尔也会用量表。此时,一般直接现场反馈,建议着重强调学生需要在哪些方面进行努力、改善,不单纯强调负面问题。有时,也可能是在班主任或任课老师的邀请下,心理老师在课堂或课外活动期间对某个学生进行观察评估。这种情况下,一般将结果直接单独反馈给相关老师,同样需注意更多的是提供正面的建议。

在学校最常见的是对学生进行集体心理评估。在学校中进行的集体心理评估的核心目的在于识别那些可能面临较高心理风险的学生群体。当筛查出高风险学生时,心理老师一般都会考虑是不是要请班主任对学生进行访谈了解,但是班主任愿意配合吗? 对于通过问卷结果发现的一些高风险学生,一定要进行一对一访谈吗? 答案是否定的。可以直接向班主任了解学生情况,为了避免班主任可能存在偏见,建议不要主动提学生姓名,而是请班主任谈一谈班里学生的情况。也可以向心理委员或其他班委客观了解学生情况,注意尽量避免谈论自己的看法,只是倾听他们的描述。心理老师如果刚好给这些学生上课,还可以通过课堂活动进行观察。通过以上各种方式进一步了解,可以确定哪些学生是可能存在风险且需要心理老师帮助的,哪些学生的情况是需要联合班主任、领导等进一步向家长进行反馈的。确认之后再向这部分学生进行进一步的反馈以及做相应的工作。

（二）如何向家长反馈评估结果？

心理老师在与学生进行面对面个体评估时，就要考虑到可能需要向班主任、家长反馈学生来做心理辅导的情况。对于如何向家长、班主任反馈，要征得学生同意，否则很有可能会失去学生的信任。

对于学生心理健康评估的结果，可以以班会的形式向家长反馈了解到的情况。注意不暴露学生个人信息，也不能暴露全部的学生数据，而是分享通过数据统计得到的一些结论。同样，更重要的是建设性的建议，提示家长需要注意什么，可以做些什么。对于高风险的学生，特别是深入了解后，发现学生存在严重心理问题或精神类疾病的风险时，需要单独联系家长。此时，必须树立团队合作的意识，面对学生的心理问题，与家长的协作是实现家校合作的重要组成部分，这需要包括班主任、学校领导在内的多方支持与协作。商定后再决定如何做工作，避免给学生、家长、学校带来不良影响。

（三）如何向班主任或其他任课老师提供评估解释？

一般来说，学生的心理状况对班主任以及其他任课老师是保密的，以免造成偏见或歧视。

但是有的学生可能会有令人困扰的外显行为（例如坐不住、打架等），因而班主任或其他任课老师建议对其进行心理辅导。他们会询问情况。对于一些存在问题行为的学生，有时任课老师和班主任也会有很多困扰，不知道如何对待，这时心理老师客观的解释，会对他们的工作产生积极的影响。例如，对于一个多动症的孩子，班主任当知道是因为客观的大脑发育特点时，不仅会对学生多一点包容，对自己能力的怀疑也会少一些。心理老师在对班主任或其他任课老师进行反馈时，要注意解释学生的行为，倾向于促进老师对学生的理解和支持，避免贴标签。

对于学生心理健康的集体评估，学校应给老师一份学生心理体检整体结果的反馈报告。就像给家长的整体反馈一样，评估结果的反馈可以帮助老师了解学生的现状。心理老师或评估机构还应结合学生心理发展特点，恰当解释学生的心理体检整体结果，这有助于给老师提供一些工作思路，也有助于老师对心理工作的理解和支持。注意不要具体分享每个班的情况，更不要将不同的班级结果进行比较，避免因心理评估结果的差异影响老师对不同班级的态度。

(四) 如何向学校领导解释评估结果?

目前,受学校重视程度及心理老师工作经验等影响,一般发现个别高风险学生时,才会向领导进行汇报。

理论上,学校心理评估结果应以评估报告的形式汇报给学校,留存档案。评估报告中应包含具体实施的评估步骤、结果、解释、结论。在评估报告中既要呈现数据,同时又要有清楚的解释,让非专业人员都能看得懂。向学校领导进行汇报时,同样从学生整体情况出发,强调学生心理特点,年级变化趋势,为学校心理健康教育工作建设与发展提供思路。

参考文献

1. 安芹.心理咨询与治疗伦理[M].北京:中国人民大学出版社,2022.

第二章

|

中学生自我发展的评估与干预

第一节　中学生的自我认识：了解"我是什么样的人"

■ 案例2-1

描述你自己

在初二的心理课上，老师引出了"我是一个什么样的人"主题活动，给出 10 分钟时间，请同学们在学案上 20 个"我是一个＿＿＿＿的人"中横线处补充对自己的描述，有余力者可以多写，完成后另有 8 分钟时间小组内彼此交流。

同学们纷纷拿起笔，边思考边书写。只见有的同学书写流畅，2 分钟之内就已经完成了七八条对自己的描述；有的同学开始的三四条写得比较从容，但逐步陷入沉思，似乎没什么可写的了；有的同学则不知从何写起，左顾右盼，想看看身边同学是如何写的。

10 分钟的时间很快过去了，老师让大家先停下笔，从整体上统计了一下完成情况。班内约 50％ 的同学完成了 20 个及以上的描述，约 70％ 的同学完成了 15 个及以上的描述，约 90％ 的同学完成了 10 个及以上的描述。同学们纷纷表示刚听到要求时感觉很容易，完成起来又发现并不简单。老师让同学们利用接下来的 8 分钟时间进行组内分享，同伴之间借此机会可以相互借鉴，看看是不是能引发对自己更多的补充描述。

小组交流过程中，有的同学读到"我是一个高个子的人，我是一个与人为善的人，我是一个广交朋友的人"；有的同学谈到"我是一个喜欢做实验的人，我是一个有篮球天赋的人，我是一个容易急躁的人"；还有的同学提到"我是一个重视友谊的人，我是一个坚持不懈的人，我是一个尊敬父母的人，我是一个人缘好的人"。交流中，每个人都有思考，有的同学说："我只写了我喜欢做什么，没想到还可以写一些自己的外貌、性格。"有的同学补充道："其实自己的优势特长、家庭关系、同学关系等也可以写。"有的同学则谈道："其实好的方面、不理想的方面都可以写，都是自己的一部分。如果是写在日记上，可能还会多写一些只想自己看到的内容。"

从上面的案例中可见，关于"我是一个什么样的人"，中学生们普遍有一些认识。在对自己的认识上，不同的同学作出的探索和思考不同。有些同学作过较多的探索和思考，能从多方面描述自己且比较符合实际；有些同学较少关注自我，对自己的了解不够深入或不够准确。

结合上面的案例，大家不妨一起思考，老师为什么要引导学生思考"我是一个什么样的人"呢？如何分析和看待学生写下的对自己的描述呢？学生对自己的描述和认识与当下的学习生活、未来发展之间有什么联系呢？如何引领学生更好地了解和描述自己呢？让我们带着这些问题一起探讨下面的内容。

一、什么是学生的自我认识？

（一）自我认识的概念

自我认识是指人们将自己作为知觉的对象加以了解，从而获得的对自己的看法，包括对于自己、自己与他人、自己与外部世界关系的看法等。自我认识还经常被称为自我认知、自我概念。卡尔·罗杰斯(Carl Ransom Rogers)认为人们在与周围环境和他人的互动中形成自我认识，人们心中有两个自我，一个是"实际的我"，一个是"理想的我"①。我们在本书这部分内容中提到的自我认识是指对"实际的我"的了解和看法。案例中"我是一个什么样的人"活动正是展现了中学生的自我认识，中学生把自己作为探索的对象，结合以往对自己的了解以及了解后形成的对自己的看法，通过补全语句的方式把对"实际的我"的认识表达出来。而"理想的我"多指期待自己成为的样

---

① 赵敏，范春萍.初中生自我同一性与自我认知的关系研究[J].心理月刊,2022,17(02):25—28＋116.

子,是关于"我要成为什么样的人"的目标和理想。

　　一个人的自我认识涉及多个方面,不同的研究者得出的结论不尽相同,但一般都会涉及生理方面、心理方面和社会方面的自我认识。中学生的自我认识也不例外,一般而言,生理方面的自我认识包括对自己的身体外貌、生理特征、健康状况等的了解;心理方面的自我认识包括对自己的学业状况、情绪情感、兴趣、能力、性格特点、世界观、人生观、价值观、道德发展等的了解;社会方面的自我认识包括对自己的家庭关系、同伴关系、社会关系及适应状况等的了解。

(二) 中学生自我认识的发展情况

　　随着抽象逻辑思维能力的发展,中学生的自我认识已获得了一定程度的发展,且在中学阶段有待进一步提高。

　　从初中到高中,他们越来越能反思自己的许多不同方面,思考"我是谁""我是怎样的一个人"。他们能认识自我各种不一致的甚至是矛盾的表现并作出解释。例如,到了高中,学生可能会说:"我是一个健谈的人,当我和朋友在一起的时候,他们非常注意听我说的话,所以我打开的话匣子就盖不上了。但我在家很安静,因为家里人对我的话不感兴趣。"这反映了中学生对自我的认识形成了一个体系,从初中到高中,他们逐步懂得自我和他人在不同的场合可以以不同的面目出现,因此他们经常思考哪些表现能代表"真实的自我"或者"真实的他人"。中学生逐步认识到由于自己独特的经历、经验而形成了自己独特的个性,他们相信天下没有两个完全相同的人,"我就是我"成为他们理解自己行为的依据。初中后期到高中阶段,学生对理想、信念、价值观的认识逐步从观察与探索阶段向形成与发展阶段过渡。他们喜欢讨论理想、信念、价值观的话题,并从中认识和了解自己的理想、信念、价值观。此阶段他们的理想、信念、价值观在学校和家庭的双重作用下具有很强的可塑性,而形成的理想、信念、价值观将对他们未来的选择和追求产生重要作用。

　　近年来,人们发现,一方面,中学生的自我认识有所发展。有研究表明初中生开始产生"成人感"并不断增强,自我评价能力进一步发展。高中生能区分"理想的我"和"现实的我",自我评价呈现多面化[①]。另一方面,中学生的自我认识发展不平衡。有

---

① 郑羽清. 浅谈中学生的自我意识[J]. 科教导刊(下旬刊),2020(33):166—167.

研究发现,父母文化程度高以及与父母关系融洽的中学生自我认识发展相对较好①。一系列相关研究也指出,中学生的外在形象特点、认知程度、逻辑思维成熟度等个人因素;家庭社会地位、文化修养、教育方式等家庭因素;教师综合能力、教师教学态度、师生关系和谐度、学生学业成绩、同伴交流方式等学校因素都与中学生的自我认识关系密切。个人、家庭、学校、社会的积极因素可以促进中学生自我认识的发展。

(三) 促进中学生自我认识的意义

中学阶段,学生自我认识的不断深入不仅对当下的学习生活意义重大,更是为未来的可持续发展和毕生幸福奠定了基础。

首先,自我认识对学业发展和生涯发展具有重要意义。研究发现,自我认识准确的学生,学习目标和方向更为明确,愿意为了自己的目标主动付出努力②。还有的研究发现,一个学生如果自我认识程度较高,会更善于选择符合自身发展、能够带来挑战的学习目标。他们能明确自己的学习能力和潜力,在学习价值的理解、学习方式方法的选择、学业自我监控等层面都有良好的表现③。可见,良好的自我认识对形成积极的学习动机有促进作用,帮助学生设定适合自己的学习目标,激发内在学习动力,提高学习自主性。良好的自我认识也能促使学生根据个人的价值追求、兴趣、性格、能力、学习风格等选择适合的发展方式,特别是结合职业、专业方面的生涯规划,作出选课、选考决策,规划和管理中学阶段的学习与发展。

其次,自我认识对心理健康和人格健全具有重要意义。有研究表明拥有较好的自我认识的学生在学校里适应较好,而心理症状各因素与自我认识水平低具有相关性④。良好的自我认识为全面地看待自己、积极地悦纳自己奠定了基础,也为解决主观我和客观我的矛盾、理想我和现实我的矛盾奠定了基础。在良好的自我认识基础上发展起来的积极情感体验能帮助学生形成和发展乐观、包容、活力等积极心理品质。

---

① 葛爱荣,兰珍莉.中学生自我意识发展特点及其归因[J].才智,2012(29):197.
② 彭磊磊.从认知视角研究中亚留学生汉语学习动机[D].乌鲁木齐:新疆大学,2013:56—63.
③ 马洪旺.积极心理学视角下高职生学习动机的研究[J].当代经济,2012,304(16):110—112.
④ 龙昕.初中生心理韧性与学校适应现状的关系研究:自我概念的中介作用[D].桂林:广西师范大学,2017:22—25.

最后,自我认识对社会适应和社会参与具有重要意义。相关研究发现,中学生对自我与社会关系的认识与他们对社会和国家的归属感相关,影响着他们能否很好地适应社会①。可见,关于自己的社会关系方面的良好自我认识能帮助中学生增加归属感,适应家庭环境、社会环境,为承担家庭和社会责任奠定基础。其中对个人世界观、人生观、价值观的认识非常重要,如果中学阶段能形成积极的世界观、人生观、价值观,立志奉献社会,那么学生更有可能在积极的理想信念的引领下通过自己的努力成人、成才,实现个人价值,为他人和社会作出贡献。

二、如何评估学生的自我认识?

(一) 通过日常观察评估中学生的自我认识

日常观察评估具有随时性、经常性的特点,学校干部、心理教师、班主任老师、任课教师等经常接触学生的教职工在经过学习并掌握了日常观察评估的科学方法后,可以对学生进行初步的评估。

为保证观察评估的真实性、准确性,观察评估一般在学生不知情的真实情境下进行,比如主题班会、学科教学、实践活动、社团活动、课后服务、班级管理、午餐午休、课后休闲等过程中。表2-1"中学生自我认识观察评估工具"借鉴了我国方晓义等学者的研究②,从自我认识的清晰性、积极性、悦纳性、自我调节性四个角度评估自我认识情况,可供老师在观察评估时参考使用。

表2-1 中学生自我认识观察评估工具

评估维度	清晰性	积极性	悦纳性	自我调节性
	指学生对自身现状有清晰一致、客观准确的认识。	指学生对自身现状有积极正向的评价。	指学生对自身现状,特别是自身不足的接纳和认可程度。	指学生面对负面消极评价时的积极调节过程。

① 赵敏,范春萍.初中生自我同一性与自我认知的关系研究[J].心理月刊,2022,17(02):25—28.
② 方晓义,袁晓娇,曹洪健,等.心理健康素质测评系统·中国成年人一般自我概念量表的编制[J].心理与行为研究,2012,10(04):248—254.

（续表）

评估维度	清晰性	积极性	悦纳性	自我调节性
各维度具体表现举例	我清楚地了解自己的外貌特点。	我感到我的精神面貌和健康状况良好。	虽然我并不完美，但我喜欢自己本来的样子。	当有人说我不够漂亮时，我知道其实我有自己的优点和吸引力。
	我清楚地知道自己的特长和优势。	我感到自己是有能力的人。	虽然我在能力上有不足，但我仍然欣赏自己具备的一些才华。	当受到他人的负面评价时，我会换个角度想到自己那些好的方面。
	我清楚地知道自己对什么感兴趣。	我感到自己是一个有价值的人。	虽然我的兴趣不那么广泛，但我很喜欢热衷于篮球的自己。	当别人说我做得不够好时，我知道只是这件事暂时做得不够好，我有能力改进。
	我清楚地知道我和同伴相处得怎么样。	我感到自己具有良好的同伴关系。	虽然我的朋友圈不那么大，但我很满足现在有几个知心朋友的状态。	当别人说我和一些人处不好关系时，我会想到我是有要好的朋友和伙伴的。
	我清楚地知道我的家庭关系情况。	我感到我能适应周围的环境。	虽然我和父母之间有时会有矛盾，但我能感受到家给我的温暖。	当有人说我不善于合作时，我能想到我也有与人良好合作的时候。

（二）通过对话访谈评估中学生的自我认识

对话访谈评估具有个性化、直接性的特点，一般通过一系列的问答了解学生对自己多方面的了解和描述，可在心理辅导、班主任谈心谈话、家访、学业辅导等过程中较为自然地进行。

在对话访谈评估之前最好能列出访谈提纲，使得谈话内容聚焦重点、有的放矢。同时，有必要设计好如何记录对方的回答，可以用访谈记录表进行记录，也可以采用录音录像的方法，但都需要向学生说明并征得其同意，特别是录音录像，最好签订协议并保密性使用。对话访谈评估开始时往往要先建立良好的氛围和关系,可先通过一些学生感兴趣的话题引发学生愿意对话、有话可说。在良好的氛围和关系形成之后,对话访谈就可以进入主题,自然而然地进行下去了。表2-2"中学生自我认识对话访谈提纲"涉及中学生生理方面、心理方面和社会方面自我认识的相关问题,可供老师在对话访谈时参考使用。

表2-2 中学生自我认识对话访谈提纲

自我认识各维度	对话访谈提纲
生理方面	你的外在形象一般会给别人留下怎样的第一印象呢? 你的饮食睡眠状况如何? 有什么规律吗? 你认为自己的健康状况如何? 你认为自己的动作技能、身体灵活性和平衡度如何呢?
心理方面	你认为自己的学习情况、学习成绩、学习效果如何呢? 你为了什么而学习,又给自己制订了怎样的目标呢? 通常情况下你的情绪状态是怎样的? 你的情绪变化有什么样的规律吗? 你有什么兴趣爱好吗? 或者说通常情况下你对哪些学习科目、休闲活动等感兴趣呢? 你有什么优势和特长吗? 或者说通常情况下你认为自己擅长做什么事情呢? 你了解自己的性格特点吗? 你有哪些性格特点呢? 你的人生中有哪些志向和追求呢? 人生中对你来讲最重要的五个事物是什么呢? 你希望别人评价你是一个什么样的人呢?
社会方面	你认为自己的同伴关系如何? 哪些同伴是你的朋友呢? 你觉得自己在同伴中的受欢迎程度如何呢? 为什么? 你认为老师对你如何? 你和哪些老师有较多的交往呢? 你怎么看自己的家庭? 从家庭中你获得了什么? 你经常去哪些社会公共场所呢? 你适应各类社会公共场所和其中的交往活动吗? 你了解哪些社会交往的礼仪呢? 有何好的经验呢?

(三) 通过问卷评估中学生的自我认识

利用问卷评估中学生的自我认识具有可规模评估、可量化评估的优势,但需要注意的是避免僵化看待评估结果,避免给学生贴标签、下定论。事实上,问卷评估可以结合日常观察、对话访谈评估一起综合使用,共同起到参考作用。

这里给大家介绍一般网络搜索中可以找到的田纳西自我概念问卷(Tennessee Self-Concept Scale, TSCS)。该问卷由美国心理学家费茨(W. H. Fitts)于1965年编制①,中文版中较有代表性的是中国台湾学者林邦杰于1980年修订的②,该量表具有较好的信效度。该问卷包括生理自我、道德自我、心理自我、家庭自我、社会自我5个自我认识的维度,每个维度各12道题目,每题5点计分,正向计分的题目"完全不同"计1分、"大部分不同"计2分、"说不清"计3分、"大部分相同"计4分、"完全相同"计5分,得分越高,表示自我认识水平越好,适用于12岁及以上人群。

生理自我部分正向计分题目表述方式如"我的身体很健康""我对自己的外貌感到很满意"等。反向计分的题目表述方式如"我的动作时常显得很笨拙"等,越相同反而表示自己对生理状况越感到不满,因此反向计分。

道德自我部分正向计分题目表述方式如"我的举止端庄、行为规范""我为人诚实"等。反向计分的题目表述方式如"我觉得我不太值得别人信任"等,越相同反而表示对自己的行为越不够满意,因此反向计分。

心理自我部分正向计分题目表述方式如"我经常心情愉快""我对我自己现在的情形感到满意"等。反向计分的题目表述方式如"我经常心怀恨意"等,越相同反而表示对自己的某些心理特征印象越不好,因此反向计分。

家庭自我部分正向计分题目表述方式如"我的家庭幸福美满""我能尽力去孝顺我的父母"等。反向计分的题目表述方式如"我觉得家人不信任我"等,越相同反而表示对家庭成员之间的关系越不满意,因此反向计分。

社会自我部分正向计分题目表述方式如"我待人亲切友善""我很受别人欢迎"等。反向计分的题目表述方式如"我觉得我在社交方面不够理想"等,越相同反而表示对自己的社会交往与人际关系越不满意,因此反向计分。

生理自我、道德自我、心理自我、家庭自我、社会自我每个部分的得分即每部分12道题目得分之和。生理自我分数高(≥40)表示对自己的外貌和健康状况抱持正

---

① Fitts W H. Tennessee Self Concept Scale [M]. Nashville, Tennessee Counselor Recordings and Tests, 1965:1-31.

② 林邦杰. 田纳西自我概念量表的修订[J]. 中国测验年刊(中国台湾),1980,27(01):71—78.

向看法。分数低(<40)代表对自己的身体感到不满意,可能是实际身体状况不佳、对自我身体形象有所扭曲或对身体外貌和功能有不切实际的期望等。道德自我分数高(≥40)通常表示对自己的行为感到满意,个人理想的道德观和实际道德行为间无严重冲突。但如果分数非常高(≥58),则可能具有一定的防卫心,对他人表达强烈的忠诚感或厌恶感,很难原谅自己或他人的无心之过。分数低(<40)代表察觉自己的行为过于冲动,不符合自己的道德期望,可能在控制冲动上有实际困难,或者道德标准过高。心理自我分数高(≥40)反映出自我价值感及对自己性格和其他心理特征的印象较好。分数低(<40)反映出在自我定义和评估时,容易受当时所处的环境、他人的意见和行为的影响,对自己产生怀疑和不满。家庭自我分数高(≥40)表示对与家庭成员间关系感到满意,觉得在家中得到了支持和照顾。分数低(<40)则显示在家庭中有疏离感或失望感。社会自我分数高(≥40)代表相对来讲待人友善、容易相处,但如果分数非常高(≥58),则有可能过度膨胀或夸大,也许会主动逃避亲密关系的发展,避免遭遇人际冲突和可能的失落。分数低(<40)代表自认缺乏社交技巧,人际关系不理想,也许对社会互动抱有不切实际的期望,得分非常低(<30)往往在社会交往中表现出疏离、孤立、逃避,可能会严重影响日常生活作息与人际关系的维持。

三、如何帮助学生进行自我认识?

(一)加强提高自我认识水平的专项指导

中学阶段是自我认识向更加客观、具体、辩证发展的关键期,如果学校、家庭能就学生如何认识自我开展一些专项指导,帮助学生掌握认识自我的基本思路和方面,那么将起到事半功倍的促进作用。

心理教师可以利用心理课帮助学生学会认识自我,本节开始时介绍的心理课案例就是一节认识自我的起始课。"我是一个什么样的人"主题活动让学生对自我认识有所感悟,也让老师了解到大多数学生的自我认识发展现状。在此基础上,心理教师可以引导学生从生理的我、心理的我、社会的我三大方面和一些具体的侧面入手认识自我,还可以帮助学生学会运用自我反思、他人评价、心理问卷等方法多角度认识自我。

下面再介绍一种心理课上常用的认识自我的工具——周哈里窗,它能帮助学生不断探索和了解自己。周哈里窗这一工具假设自我认识存在四个区域——公开我、隐私我、背脊我、未知我。"公开我"是自己知道、别人也知道的部分;"隐私我"是自己知道、别人不知道的部分;"背脊我"是别人知道、自己却没有清楚意识到的部分,就像我们看不见的后背;"未知我"是自己和别人都不知道的潜在部分,像是一些未被发掘的潜力。

心理教师可以指导学生从他人的评价中了解"背脊我",将部分"隐私我"转化为"公开我",探索"未知我"并发现崭新的自己,从而加深对自己的认识。

表2-3 周哈里窗

各维度	自己知道	自己不知道
别人知道	公开我	背脊我
别人不知道	隐私我	未知我

班主任老师可以利用主题班会课渗透认识自我的内容,特别是在新班集体组建初期,自我介绍、相互结识的主题班会活动往往能实现帮助学生提高自我认识的目标。学期、学年不同时间节点的主题班会课程还可以帮助学生认识个人的学业发展情况、个性特点、同伴关系等。

学科任课教师可以在自己的学科教学中渗透认识学业发展情况和生涯发展规划的专项指导,帮助学生分析他们自己与学科相关的学习动机、学习兴趣、学习方式、学习潜能、专业愿景、职业志向等。

学生家长可以在家庭生活中注意指导学生认识自己的健康状况、情绪状况、家庭关系情况等。事实上,健康状况、情绪状况、家庭关系正是亲子之间增进沟通、改善关系的良好话题。对此,学校有必要在家庭教育指导过程中帮助家长学会促进学生认识自我。

(二) 提供有利于认识自我的实践平台

自我认识不是僵化不变的,自我认识在个人与环境的互动过程中逐步形成并不断添加、修正、完善。因此,学校、家庭、社会可以为中学生提供丰富的实践平台,帮助他们在实践中不断认识自我。

学校有必要为学生提供丰富的课程和活动,让学生有机会在多样可选的选修课、科学实践活动、社团活动、团队活动、课后服务、研究性学习活动、社会实践活动、社区服务活动中认识心理的我和社会的我。班主任老师可以创造民主和谐的班级管理文化,让学生参与班级事务、班级建设、班级决策,在自主管理、自我发展、奉献集体的过程中认识自我。学校其他教师可以通过学生会、团委、广播台、学生公司、课代表等竞选、招新活动帮助学生认识自我。

家庭有必要为学生兴趣、特长的发展提供空间,让学生有自主选择、自主调配时间的权利。家长还可以利用休闲时间开展博物馆参观、影视观赏、艺术赏析、园林游览、旅游度假等亲子活动,让学生在这些生活经历中认识自我。如果学生有需要,家长还可以在确保安全的前提下为他们创造岗位见习、实习的机会。

社会大课堂资源单位有责任为中学生提供认识自我的实践平台,将提高自我认识的目标纳入课程和活动设计中,与学校紧密合作,引导学生在真实的经历中反思和发现自我。

学生个人更要珍视学校、家庭、社会为自己提供的实践平台,在各类课程、活动中全情投入,努力完成既定任务,积极展现自我,通过反思回顾,不断添加、修正、完善自我认识。

(三) 构建自我认识形成的社会支持系统

来自他人的反馈是中学生自我认识的重要参考,不管中学生表面上如何表现,他们内心都非常关注同伴、老师、家长如何看待他们。良好的同伴关系、师生关系、亲子关系是他们自我认识形成的社会支持系统。

学校教师有必要帮助学生建立真诚、接纳、包容、互助的同伴关系。班主任老师有必要提高班级凝聚力,加深班级内同学间彼此的了解,创造班内同学合作共进的机会。班主任和任课教师可以通过课堂交流、谈话、评语等途径给予学生客观、积极的评价并表达期望,引导他们较全面地认识自我。学校所有教职工都需要给予学生必要的尊重、关注、鼓励,建立平等、民主、亲密的师生关系。

在家庭生活中,父母有必要深化彼此之间、亲子之间的亲密情感,加深对子女的理解与信任,营造温暖、民主、和谐的家庭氛围。父母可以从安全、卫生、健康、个人形象、情绪自控、交往礼仪、社会公德、人格品质等多方面给予子女一些必要的评价、建议。

（四）建立多元的学生发展评价体系

新时代，个人成长、成才的道路更加多样化，中学生生涯发展更具选择性和个性化的特点，相应的，多元的学生发展评价体系既适应时代特征，又能帮助学生形成健康的自我认识。

多元的学生发展评价体系应包括多元的评价观念、多元的评价主体、多元的评价方法。多元的评价观念是指学校、家庭、社会都应摒弃唯分数、唯学业的论调，认可学生按适合自己的方式成长、成才，发展不同的兴趣、专长。各学科教师应科学评估教育的效果和学生的发展，帮助学生科学看待考试升学，激发个性潜能，体验发展与进步。多元的评价主体指教师、家长、同伴、社会资源单位，甚至是学生自己，都可以参与到综合素质评价中。学生可以从更多的视角认识自己，也可以对他人的看法作出取舍。多元的评价方法指在标准化的考试、测验之外，引入更多过程性评价的方法，包括舞台展演、知识竞答、视频作品、文艺作品、感悟分享等评价方法。多元的评价方法让学生有机会以创造性的方式呈现个人的所学所获，积累更多的获得感、成就感，从而获得更加健康、积极的自我认识。

第二节　中学生的自尊：我足够喜欢自己吗？

■ 案例 2-2

雯雯的困扰：我该报名学科竞赛吗？

雯雯是大家眼中的好学生，待人和气、成绩良好，同学有了困难她也会伸出援手，不过雯雯并不喜欢现在的自己，比如，不喜欢自己的肤色，眼睛没有别人大，认为自己的成绩在年级里排名很差,等等。所以对于老师、同学日常的称赞,雯雯心里并不相信,她认为那都是简单的小事,谁都能干好,自己根本配不上这些赞美;对于自己的朋友,雯雯也挺心虚的,她觉得如果朋友了解了真实的自己,肯定会失望得不想和自己做朋友了。

对于是否报名参加临近的学科竞赛,雯雯心里非常纠结:如果想继续获得老师和同学的肯定,自己就要报名并且考出好成绩,可是如果考砸了呢?老师会不会对自己很失望?同学们会不会发现原来自己这么差劲?雯雯很羡慕那些报名竞赛和享受学习过程的同学,也很羡慕那些承认自己实力差、不报名又很坦然的同学。雯雯觉得自己还没报名就已经压力很大了,更让人心烦的是,老师在全班鼓励一些同学报名,其中就有自己的名字。雯雯觉得老师高估了自己,自己根本没那么好;而且如果自己考砸了,老师就不会再喜欢和看重自己了。所以思考再三,雯雯决定不报名了,毕竟少做少错,维持现状是最"安全"的选择。

对于雯雯的表现,老师一定不会陌生。在老师和同学眼中表现那么好的学生,为什么畏首畏尾、不能争取更大的进步呢?为什么别人越是夸赞他们,他们反而更羞愧和退缩了呢?再仔细想想,这些表现自己或是自己身边的人都会有,是什么决定了他们这样思考和决定呢?

其实这是"自尊"在发挥着作用。我们需要从"自尊"这个貌似很熟悉、细想却不知道如何定义的词开始。那么,什么是自尊呢?自尊越高越好吗?自尊低还有没有救?深入了解自尊,对老师自己和教书育人工作来说,又有什么作用呢?

一、什么是自尊

(一)自尊的概念

自尊是一个人对自我价值的整体评价,是相对稳定的自我认知,即在相对长的时间内,不同情境下,人们通常如何看待自己。方平等学者认为,作为个体同一性与确定性的重要来源,自尊具有跨时间与跨情境的稳定性,这也是自尊区别于其他自我相关概念的本质差异。①

自尊也可以简单地理解为"自我尊重",表示一个人基于自我评价,形成的对自己的观点、态度和自我尊重,认为自己是有价值的;同时也期待得到社会和他人的尊重。再简单点说,自尊就是人们怎么看待自己,是否喜欢自己眼中的自己,认为自己是不是个有价值的人,以及是否值得被爱。

需要留意和区分的是,自尊与人们常说的"自尊心"不同。自尊心更偏向于对自我价值感的维护,尤其是在面对外界评价或挑战时的反应。比如,自尊心强的人可能更在意别人的看法,容易感到被冒犯。

在案例中,看得出来雯雯不太喜欢自己,另一方面也显示出她的需要——渴望别人肯定自己的样貌、交往、学业,渴望获得爱和归属,同时也希望借助学科竞赛来感觉自己有能力。爱和能力这两大需求对人们的自尊来说是必不可少的,也是培养自尊必不可少的养分,因为自尊不是一次塑造、一劳永逸的,它是人们人格中不断变化的部分,需要不断获得滋养②。

(二) 自尊发展的主要影响因素

影响青少年自尊发展的因素有家庭、学校和社会环境。

有研究表明,家人经常陪伴子女,家庭功能良好,互相关心、温暖的家庭氛围,有助于子女形成高自尊;同时,学校同伴之间的接纳、同伴的正向评价,都会提升自尊水平③。积极的师生关系可以促进学生自尊水平的提高,而较高的自尊水平,可以促使个体在学业困难的时候采取积极的学业求助方式④;反之,则因自尊降低,不愿意求助他人。

在日常生活和学习中,孩子或学生达成父母或老师期待的行为,因此得到接纳或正向积极的评价,这往往比较容易接受和理解。可是在现实生活中,孩子或学生达不到期待的情况总是居多,这时候该如何应对呢? 比如一个高中女生声称自己总觉得自己什么都做不好、做不对,她说,"我的家人总帮我作决定,那样他们才满意;轮到我自

① 方平,马焱,朱文龙,等. 自尊研究的现状与问题[J]. 心理科学进展,2016,24(09):1427—1434.
② 克里斯托夫·安德烈,弗朗索瓦·勒洛尔. 恰如其分的自尊[M]周行,译. 北京:生活书店出版有限公司,2015:16.
③ 包淑雅. 中学生家庭关怀度、同伴关系与自尊的研究[D]. 济南:山东大学,2019:32—35.
④ 李田田. 高中生师生关系、自尊与学业求助的关系[D]. 济南:山东师范大学,2015:24—27.

己作决定时,哪怕只是午饭给自己点餐,他们都会说我不该点这个不该点那个……我做什么都是错的。"大人的这种想要用自己的成功经验来"影响"和"引导"孩子的做法,常常传递出"你不行、你不好"的信息,孩子也会内化形成对自己的否定,不利于自尊的建立。善于观察和思考的老师会发现,如果多跟学生说"你说得对""这么做挺好的""你还能想到……真是太厉害了",得到积极反馈和期待的学生不仅会很开心,还会重复这些老师肯定和期待的行为,久而久之学生会变得更加喜欢自己,更有自信。

青少年从父母、师长、同伴那里得到的反馈和评价,会影响他们如何看待自己,比如自己好不好,值不值得被爱等;青少年在参与的一些活动中如果有了成功的体验,而这些活动又被他们认为是重要的,那么这些成功的体验就会促进自尊的提升。

(三)自尊的四种类型

自尊的起源与自我意识的出现有很大关联,并且自我意识还是自尊的一大组成部分。根据自尊的高低水平和稳定程度,可以将其分为四种类型,这些分类能更好地解释我们自己、学生以及其他人的行为表现。

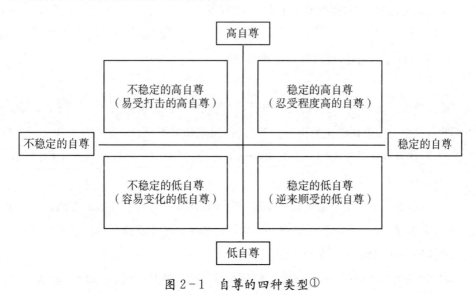

图 2-1　自尊的四种类型①

———————

① 克里斯托夫·安德烈,弗朗索瓦·勒洛尔.恰如其分的自尊[M]周行,译.北京:生活书店出版有限公司,2015:65.

自尊水平高且稳定的学生，通常比较稳定地喜欢自己，学校日常的上课发言、作业、考试、交往事件不太会影响他们对自己的评价。面对老师或同学的批评，他们也能仔细倾听对方的发言内容再作出回应，因为他们能客观看待别人对于事情的反馈，不会认为自己受到了挑战和质疑，因此不会攻击提出批评的人。

自尊水平高且不稳定的学生，尽管他们总体来说是喜欢和肯定自己的，但是在受到打击（比如考试考差了，或是在其他竞争中失利了）的情况下，会对批评或失败作出激烈的反应，比如害怕因为表现不佳而低人一等或是受到蔑视，因此表现得生气或愤怒，为自己辩白，或是攻击质疑的老师或同学。虽然自尊水平高，但不稳定性和易受到情绪的影响，让这类学生比较紧张和脆弱。

自尊水平低且稳定的学生，也不太容易受到外界事物的影响，即使发生的是有利于他们的"好事"，比如考出了好成绩或是投出一记三分球，他们也会认为，这只是偶然罢了，自己最终肯定会失败和被人厌弃。他们会表现得逆来顺受，也会认为自己"不值得"或是"不配"拥有爱与肯定，因为改变的意愿和行动非常微弱，他们中的有些人会有抑郁的倾向。

自尊水平低且不稳定的学生，很容易受到外界因素的影响，他们的自尊会因为成功而提高，因为失败而降低。他们一边怀疑自己一边想把事情做好，会注意尽量避免失败或被人否定，因此看起来非常谦虚，小心翼翼。

（四）高自尊一定好，低自尊一定坏吗？

高自尊的人更喜欢自己，更接纳自己，也更倾向于挑战有难度的学习任务。不过过高的自尊也有可能让学生变得自满和自负，忽略和听不见别人的意见，导致自己的失败；有时候高自尊的学生倾向于放大自己的能力，从而做一些冒险或危险的运动和尝试，给自己带来伤害。

同时，低自尊也不是完全糟糕的事情。老师如果知道有些学生是因为低自尊而谦让，不与人为敌，那么就要意识到，这些学生可能需要更多的支持和看见。老师的主动关心和鼓励，能激发学生改变的动力。

案例中的雯雯是不是更像"不稳定的低自尊"这个类型？她总是倾向于看低自己，渴望得到赞许但又不能接受别人的积极评价；处于积极和消极参半的情绪状态中，受外界环境影响较大；面对挑战的时候想要通过努力改变，却又害怕失败以至于放弃努力的机会。

　　对于像雯雯这样的学生来说,每一次学校活动都是他们可以重新认识自己和评价自己的机会,也是自尊水平可能提升的机会。老师如果了解当下他们行为背后的原因,就可以帮助他们建立健康的自尊——帮助他们客观评价自己的能力;帮助他们看到自己的长处,也接受自己的不足,并愿意用行动去完善;帮助他们纠正自己在与他人的比较时过分自卑消沉的想法。

二、怎么评估自尊?

　　在日常工作中,老师可以运用以下几种方法评估自尊,来帮助自己全面了解学生,或是帮助学生更深入地了解自己。

(一) 观察法

老师可以观察学生的行为,了解学生的想法,综合评价其自尊。

表2-4　观察法评估自尊

可观察的方面	高自尊者的想法和做法	低自尊者的想法和做法
自我形象	用肯定而明确的方式谈论自己,用积极的方式描述自己,形象鲜明确定　　☆☆☆☆☆	对自己的评判不稳定,易受到环境和谈话对象的影响,而用消极的方式描述自己　　☆☆☆☆☆
作决策	作决策比较容易,他们会用高效行动来保证自己的选择成功　　☆☆☆☆☆	作决策非常艰难或需要很长时间,会为自己的选择可能造成的结果担心　　☆☆☆☆☆

可观察的方面	高自尊者的想法和做法	低自尊者的想法和做法
	在决策中主要考虑的是自己的想法，遇到困难时也能坚持自己的决定 ☆☆☆☆☆	在决策时太在意周围人的看法，在个人决策中遇到困难时很快就放弃 ☆☆☆☆☆
	如果发现与自己的利益相悖，会拒绝外界强加的选择 ☆☆☆☆☆	有时会迫于压力而选择，同时又因为不得不坚持决定而执着 ☆☆☆☆☆
面对失败	失败时也会悲伤或情绪激动，但失败不会对其情绪造成持久伤害 ☆☆☆☆☆	悲伤、情绪激动或是受到持续影响，对尚未发生的事情过度焦虑 ☆☆☆☆☆
	失败只不过意味着自己不能做好某些事情或者缺乏某些能力，更可以接受失败，不需要找理由 ☆☆☆☆☆	失败意味着整体不胜任，给自己带来很大的打击，认为自己是个差劲的人，感到丢脸或羞耻 ☆☆☆☆☆
	失败后倾向于夸大自己知觉到的社交技能来弥补失败，比如觉得自己热情友好 ☆☆☆☆☆	失败后倾向于轻视自己的社交品质，认为自己不够友好，更容易有社交焦虑 ☆☆☆☆☆
面对成功和赞美	喜欢成功，成功会让他们再一次肯定自己 ☆☆☆☆☆	喜欢成功，但成功之后会喜忧参半，因为担心之后不能继续保持成功 ☆☆☆☆☆
	接受别人的赞美时会坦然并享受喜悦，不太担心下一次"能否成功" ☆☆☆☆☆	接收到别人的欣赏或赞美时，常会表现得不好意思或尴尬，弱化自己的贡献、贬低自己的成绩或干脆否定，有时甚至会对提出赞赏的人表示愤怒，认为自己不值得这样被肯定 ☆☆☆☆☆
	动机会得到加强，但有时会依赖他人的奖励 ☆☆☆☆☆	面对成功和赞美无法享受，更多的是焦虑；为人谦虚低调 ☆☆☆☆☆

（二）访谈法

1. 老师可以用下列问题帮助学生澄清自己的自尊状态，尤其可以结合图2-1"自尊的四种类型"，和学生一起判断他们在每个条目上自尊情况的高低水平和稳定程度，也让学生看到自己在哪些问题上可以调整想法，从而提升自尊水平。

表2-5　访谈法评估自尊方法1

可以询问和对话的问题	学生的回答
对于自己的容貌、性格、情绪有什么看法？	
自己是否大多数时候能接受自己？还是总觉得不满意？	
觉得自己是个怎样的人？有哪些优点和缺点？能做什么？	
在自己、伙伴、同学、老师、家长、亲友眼里，自己的价值是什么？	
自己是否值得被人欣赏和关爱？	
与人交往时，是否过于在意别人对自己的看法和评价？	
是否按照自己的意愿生活和行事？如果不是，是什么阻碍了自己？	
自己的行动是否与自己的愿望和观点一致？	
最近一次对自己感到骄傲、快乐和满意的事情是什么？	
最近一次对自己感到失望、不满和难过的事情是什么？	

　　比如，学生说自己大多数的时候能够接受自己，觉得自己很不错，但当家长、老师不能接受自己的考试成绩时，自己就会觉得自己很差劲，对此老师要意识到两点：(1)师长的评价影响学生的自尊水平；(2)学生目前处于"不稳定的高自尊"状态，可以帮学生澄清"成绩不理想不够好"不等于"人不理想不够好"，希望学生可以以"提高成绩"作为自己下一阶段的目标。

　　这样的评估对学生觉察自己的自尊状况很有帮助，也会对老师教书育人能力的提升很有帮助。自尊是会因经历的事件而变化的；自尊也会因关注、思考、改变而提升。

2. 老师可以结合平常的观察和记录,从中抽取出有代表性的事件,通过个别询问或课堂讨论、班会上的辩论等活动,收集学生的看法和意见。

表2-6 访谈法评估自尊方法2

	事件1:同学A路过同学B的书桌时,不小心碰倒了同学B书桌上的水杯,同学B勃然大怒	事件2:年级要举行诗词达人赛,同学C纠结自己要不要参赛
如果我是当事人		
如果我是旁观者		

比如,在事件1中,如果学生作为当事人,可以承受自己的无心之失,或是能接受他人的失误,不会因为此事而担心害怕,或是过于责备自己或他人,那么学生的自尊水平就比较高和稳定;如果学生作为旁观者,把碰倒水杯看成是一件会发生的平常事,既能接受A同学的无心之失,也能理解B同学受惊吓的反应,还能去安抚或调停,那么学生的自尊水平比较高和稳定。

但如果学生作为当事人,对碰倒水杯反应过度,或情绪激动;作为旁观者,认为A同学犯了大错或是有意针对,那么学生的自尊水平可能较低或很不稳定。

因此,不论事件是什么,透过对事件的访谈,去了解学生对于事件的态度、观点,进而帮助学生看到其对自我的深层次的看法,将有助于学生对自尊进行思考。老师也要留意在访谈中须客观中立地提问和引导,这个过程对于老师审视自身的自尊水平也是很好的练习。

(三) 调查法

心理学上有一个非常著名的自尊量表,叫罗森伯格自尊量表。这是一个有着10道题的小量表,参与测试的人根据每道题符合自己的程度进行评分。总分范围是10—40分,分值越高,自尊程度越高。这个量表已被广泛应用,它简明、易于评分,是对自己的积极或消极感受的直接评估。

表 2-7　罗森伯格自尊量表

序号	题目	非常符合	符合	不符合	很不符合
1	我感到我是一个有价值的人,至少与其他人在同一水平上。	4	3	2	1
2	我感到我有许多好的品质。	4	3	2	1
3	归根结底,我倾向于觉得自己是一个失败者。	1	2	3	4
4	我能像大多数人一样把事情做好。	4	3	2	1
5	我感到自己值得自豪的地方不多。	1	2	3	4
6	我对自己持肯定态度。	4	3	2	1
7	总的来说,我对自己是满意的。	4	3	2	1
8	我希望我能为自己赢得更多尊重。	4	3	2	1
9	我确实时常感到自己毫无用处。	1	2	3	4
10	我时常认为自己一无是处。	1	2	3	4

对于 3、5、9、10 四道题来说,越同意反而表示自己越认为自己没有价值,因此是反向计分的。这些题目不仅可以用来评估当下学生的自尊水平,更可以用来引导学生看到高自尊的思维和评价方式,并以此为榜样进行模仿和学习。

三、怎么帮助学生提高自尊?

一个人的自尊水平高低还会变化吗?它会不会像性格或某些心理特征一样,一旦定型就不会改变了呢?很多人会对这样的问题感到好奇。事实上,心理学家发现,在一个人的一生中,自尊水平会有变化。低自尊的人通过认知的改变、人际关系的调整、职业地位的改善等,可以实现自尊的提升。

老师可以从自身、学生、家长三方面开展工作,帮助学生建立健康的自尊。

(一) 老师在日常教育教学中可以怎么做?

1. 接纳学生现在的样子。学生现在的样子,就是他/她经过努力后最好的样子,老师可以定期对学生的表现给与肯定的评价,尤其对学生主动、自发做出的事情进行鼓励。

2. 容忍学生所犯的错误。老师可以树立这样的观念,"偶尔失败或没有达到要求和标准是正常的",进而和学生探讨"从这次的失败中能吸取什么教训"。如果需要批评,要对事不对人。

3. 以身作则,给学生树立榜样。老师用肯定的语言描述自己和欣赏自己,会让学生看到和模仿,进而提升自尊水平。

(二) 老师可以指导学生怎么做?

1. 改变对自己的看法

(1) 认清优势:老师可以鼓励学生通过上一节的"周哈里窗",认识更多自己的优势,并发展优势,这是提高自尊的有效途径。

(2) 接受自己:认识自己是自尊的第一步,面对已经确定的缺点和不足,老师可以鼓励学生学会接受现实并改善现状。

(3) 对自己诚实:老师鼓励学生坦诚地面对自己的负面感受,如害怕、生气、伤心等,唯有诚实面对,才能更深入地了解真实的自己。

2. 行动带来良性的循环

老师可以发现和帮助学生停止自我否定。当学生说"我有什么用""我太差了""我又做错了"这样具有自我批评性的话语时,老师可以用更正向的话语告诉学生:有时候困难更多单纯来自任务,不要一开始就想把它做得完美。

老师也可以鼓励学生付诸行动。鼓励学生去计划并实施一些微小的行动,因为小的行动更可能带来成功,有了成功的激励,学生会对自己更满意,自尊水平也会更高,这样会促成新的行动发生。

老师还可以鼓励学生接受失败。如果在行动中失败了,要抱着"失败是小小的成功"这样的信念,把失败当成一个必经的阶段,一种必然的可能性,一个可以挽回不良后果的机会。

3. 调整与他人的关系

老师可以鼓励学生在表达自己的想法、愿望、感受的同时，又尊重别人的想法、愿望和感受；可以帮助学生练习"换位思考"，虽然不一定能认同别人的观点，却可以努力去倾听、感受、理解和尊重；可以提醒学生留意"系统的支持力量"，意识到我们的身边永远有一整个功能良好的系统，随时为我们提供尊重的支持（我是个不错的人）、情感的支持（有人陪着我和爱我）、工具性的支持（有人会帮我）和信息的支持（这条信息对我有用）。寻求支持的时候不要犹豫或害羞，但要理解人们不能马上给予自己所想要的帮助；经常性地使用人脉，也为他人所使用；不止和最亲近的人发生沟通和交流，还要善于在不同圈层中与他人联结。

（三）老师可以建议家长怎么做？

1. 向孩子表达自己"无条件的支持"，同时也要进行"有条件的支持"。对于孩子大多数合理的需求，家长可以毫不犹豫地满足，这会让孩子感受到父母重视自己，不管怎样都爱自己；对于希望孩子要做到的部分，比如需要遵守的社会、家庭规范，孩子要达成的任务，家长可以明确表示"按照我们的意思做"，这会让孩子有更高的标准和充分的发展。家长要避免用爱"威胁"孩子，比如"如果你做不到，我们就不爱你了"。

2. 当孩子评判自己并表现出怀疑和抱怨时，要认真对待而不忽视。首先，家长可以表现出兴趣，倾听孩子的疑虑，这给了孩子一个通道表达自己，也等于告诉孩子他们是被接纳的；其次，家长可以通过经验分享和建议，帮助孩子客观看待自己所担忧的事情；最后，记住不要插手干预每一个问题，也不要打探孩子不想说的内容，如果强迫孩子，会破坏其自主性和完整人格，甚至降低其自尊。

3. 注重与孩子的沟通，不要等问题出现再解决。家长应该每天都和孩子说些看似对直接解决问题"无用"，却能增进亲子关系或积极情感体验的话，比如"你笑起来真好看""像你发怵上学一样，爸爸也发怵上班啊""帮妈妈看看这样搭配行不行"。不要小看这些，它们是亲子沟通的情感情绪纽带。家长还可以把自己在工作和生活中遇到的难题向孩子讲讲，听取孩子的建议。当老师向家长反馈一些关于孩子的好消息时，家长也要及时和由衷地赞美孩子。

案例 2-3

谁的效能感更高

　　在日常教学中，数学学科高老师除了布置基础作业外还会额外布置两道更高难度的选做题，同学们可以选做这两道题，做对的话可以额外加分，做错的话不扣分。小明对于老师额外布置的作业感到十分兴奋，跃跃欲试，因此他在完成了基础作业后，兴奋且自信地去挑战了这两道选做题。而与其相邻的小红则感到十分为难，自从进入中学后，数学学科的学习开始变得吃力，她认为自己没有能力解答出更高难度的题目，并且对于老师额外布置的作业感到困扰，她觉得只要完成基础作业就足够了，没必要也不愿意去尝试和挑战难题。

　　很快就到了期中考，小明满心期待，默默地对自己说："明天就要数学考试了，我平时的成绩一直都很稳定，不拿高分算我输！"而小红在考试前的一周就开始焦虑，担心自己考不好，也不知道该怎么复习，一些知识点似懂非懂，似乎有一个声音在对自己说："马上就要数学考试了，平时我只能勉强完成基础作业，这次考试要是能及格的话算我赢。"

　　类似的现象在很多学生中存在，我们经常会听到学生说自己对学习或者对某个学科没有了兴趣，自我效能感其实在其中发挥了一定的作用。自我效能感高的学生会有较强的学习动机，他们相信自己有能力驾驭学习任务，敢于选择具有挑战性的目标，即使在学习过程中遇到了困难，也能用积极的态度面对挑战，并在解决问题的过程中不断付出努力并坚持到底。而自我效能感低的学生,他们会对自己的能力产生怀疑,不愿意尝试有难度的学习任务,在遇到困难时会轻言放弃,以消极的情绪面对挑战,并不断怀疑自己的学习能力,形成恶性循环,久而久之,便丧失了对学习的兴趣。

上述案例中的两位同学谁的自我效能感更高呢? 没错,是小明。当然,这只是数学学科学习中的表现,或许在其他学科或者文体活动中小红的自我效能感更高。大家可能很好奇,到底什么是自我效能感? 它对我们有哪些影响? 自我效能感能否提高? 如何提高?

一、什么是自我效能感

(一)自我效能感的概念

"自我效能感"一词最初由阿尔伯特·班杜拉(Albert Bandura)于 1977 年提出,他将自我效能感定义为"个体对自己具有组织和执行达到特定成就的能力的信念"[1]。通俗的理解就是个体是否相信自己有能力做到某件事,即"我能不能行"。无数的事实证明,不仅不同个体的自我效能感千差万别,同一个体在不同时间或不同情境下的自我效能感也是有差异的。之后,班杜拉更新了这一概念的内涵,指出个体面对不同领域的任务时会表现出不同的自信程度。例如,有的学生在学习英语时自我效能感很高,但是在体育学科中自我效能感很低;有的学生在动手操作任务中自我效能感很高,但在记忆任务中自我效能感很低。

此后,国内的一些学者对自我效能感给出了不同的界定。综合众多专家学者的观点,在本书中,自我效能感界定为:个体对自己能够完成特定任务或达到特定目标的信心和信念。简单来说,自我效能感就是人们对自己"行不行"的信念。

(二)自我效能感的种类

班杜拉认为,由于不同活动领域之间的差异性,它们所需要的能力、技能也千差万

---

[1] Bandura A. Self-efficacy: Toward a unifying theory of behavioral change [J]. Psychological Review, 1977,84(02):191-215.

别。一个人在不同的领域中，其自我效能感是不同的，也即自我效能感有领域特殊性。例如，案例中的小明对数学很感兴趣，基础也非常扎实，在数学竞赛中多次获奖，但是他可能不喜欢记英语单词和语法，英语成绩一直不太理想，因此，尽管小明在数学上的自我效能感很高，但在英语上却较低。

但是，一些学者并不同意这一观点，如拉尔夫·施瓦泽（Ralf Schwarzer）认为存在一般性的自我效能感，它指的是个体在面对不同环境或新事物时的整体自信心[①]，也即个体在某种领域中所建立起的自我效能感会向另外一个任务领域进行迁移，并且随着时间的推移会变得相对稳定。根据这个观点，可以根据中学生的一般性自我效能感预测他在学习方面的成就。例如，案例中的小明在数学上的成功体验，使得他形成了较高的一般性自我效能感。当小明学习英语时，他的一般性自我效能感使他相信自己也能够在英语上取得成功。因此，在学习英语的过程中，小明会积极参与课堂讨论、主动寻求帮助、寻找有效的学习策略，通过这些积极的学习行为，小明的英语成绩逐渐提高，最终在英语科目上也取得了优异的成绩。

(三) 自我效能感的作用

首先，自我效能感影响中学生的行为选择。自我效能感高的中学生相信自己具备完成复杂任务的能力，会选择更有挑战性的任务，为自己确定较高的目标，自我效能感低的学生则倾向于选择难度低一些的任务，经常回避那些他们认为超过其能力所及的任务和情境。

其次，自我效能感决定着中学生将付出多大的努力以及在遇到困难时将坚持多久。自我效能感越强，越愿意付出努力，越能够坚持下去。当被困难缠绕时，那些怀疑自己能力的中学生会减少努力，或完全放弃；而具有很强自我效能感的中学生则以更大的努力去迎接挑战。

第三，自我效能感影响中学生的思维模式和情感反应模式。例如案例中的小明和小红，他们即将参加一个数学竞赛。小红的自我效能感较低，她可能会过多地关注自己数学能力的不足，认为自己不可能在竞赛中取得好成绩；她可能会感到焦虑和不安，

---

① Schwarzer R, Aristi B. Optimistic self-beliefs: Assessment of general perceived self-efficacy in thirteen cultures [J]. World Psychology, 1997,3(01):177-190.

担心自己失败,这种担忧可能会让她在准备的过程中分心;将来在竞赛过程中遇到困难她可能会说:"我做不到,这对我来说太难了。"而自我效能感高的小明则相信自己有能力在竞赛中取得好成绩;他专注于如何提高自己的数学技能,以及如何有效地准备比赛;面对困难时,他保持积极和乐观的态度,相信自己有能力克服挑战;遇到不懂的问题时会主动寻求帮助,并且在竞赛中全力以赴,遇到难题时可能会说:"这个难题很有趣。"

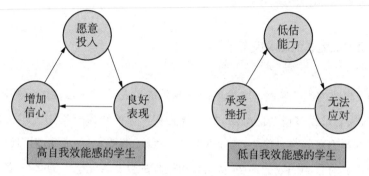

图 2-2 不同自我效能感学生的思维模式

(四) 自我效能感的发展

有研究者提出,自我效能感在孩子非常小的时候就开始形成了。但它并不是恒定的,它会因为个体不同的经历而变化一生。在孩子小的时候,父母的自我效能感对孩子的影响尤为重要。[①] 有研究表明,父母如果拥有较高的育儿自我效能感,孩子就会觉得他们的父母更能够回应他们的需求,自我效能感也会提高[②]。

也有研究者认为,在 12 到 16 岁之间,同伴成为影响青少年自我效能感的重要因素。如果同伴们的学习动机都不强烈,青少年的学业自我效能感也很有可能下滑[③]。而那些目睹学业水平与自己相近的同伴们取得学业成功的青少年,也会相应地经历学

① Jones T L, Prinz R J. Potential roles of parental self-efficacy in parent and child adjustment: A review [J]. Clinical Psychology Review, 2005,25(03):341-363.
② Gondoli D M, Silverberg S B. Maternal emotional distress and diminished responsiveness: The mediating role of parenting efficacy and parental perspective taking [J]. Developmental Psychology, 1997,33(05):861-868.
③ Wentzel K R, Barry C M, Caldwell K A. Friendships in middle school: Influences on motivation and school adjustment [J]. Journal of Educational Psychology, 2004,96(02):195-203.

业自我效能感的上升,这就是替代性经验的影响①。

中学时期形成的自我效能感是比较持久的,有研究发现在 14 至 18 岁之间,社交自我效能感与学业自我效能感较强的青少年,在五年后也有较高的自我效能感并拥有较高的生活满意度②。

然而,自我效能感的发展并没有在青年时期结束,而是随着我们获得新的技能、经验和认识而在一生中不断发展。

(五) 自我效能感的影响因素

1. 个人自身的成败经验。中学生的自我效能感是建立在以往经验基础之上的。学生如果过去有过很多成功的经历,那么就会在反馈的积累过程中变得更加相信自己,并不断提高自尊心与自信心,感知到自己受重视、有能力、能成功,对自己的未来充满希望,也即具有较高的效能预期,从而获得较高的自我效能感。例如,一名中学生在前几次考试中取得了优异成绩,他会相信在下一次考试中仍旧能够取得成功。但倘若失败过多次,那很有可能极大地打击学生的信心,使其逐步陷入自我怀疑,久而久之会形成习得性无助。

2. 他人经验或榜样的影响。心理学家明确告诉我们,个体的很大一部分自我效能感源于观察他人的经验,也就是榜样的作用或同伴的影响。中学生看到或听到与自己水平差不多的人在某方面获得成功时,会萌生"他都行我为什么不行"的强烈意愿,由此推动自己去完成同样的任务或行为。例如,当中学生在班级中看到某个与自己学习能力差不多的同学在某项数学竞赛中取得成功时,他就会认为自己也有能力在类似的比赛中取得成功。相反,如果看到他人虽然付出了艰辛的努力但还是屡屡失败,个体的行动就会受到抑制,自我怀疑"他都不行我怎么能行",自我效能感随之降低。

3. 言语说服。影响自我效能感的另一个因素是他人的鼓励、评价、建议、劝告等。一般而言,地位高、有权威的他人的劝说与暗示对个体自我效能感的建立影响较大。

① Schunk D H, Miller S D. Self-efficacy and adolescents' motivation [M]//Pajares F, Urdan T C, eds. Academic Motivation of Adolescents. Charlotte, NC: Information Age Publishing, 2002:29 - 52.

② Vecchio G M, Gerbino M, Pastorelli C, et al. Multi-faceted self-efficacy beliefs as predictors of life satisfaction in late adolescence [J]. Personality and Individual Differences, 2007, 43(07):1807 - 1818.

比如教师或者家长对学生说"我相信你可以做到"，能增加学生的动力和意愿，这是通过鼓励性的语言激励学生去尝试有挑战性的任务而间接起到的作用，这类富有挑战性的任务一旦成功了，就会增加自我效能感。而如果教师或家长对学生说"这个任务对你来说有难度"，学生就有可能怀疑自己能力不够，直接放弃。

4. 生理状态和情绪唤起。当个体处于良好的生理状态，并且情绪积极时，他们往往会感到精力充沛，食欲和睡眠质量提高，这种状态下的个体倾向于有更高的自我评价和更强的自我控制能力，从而促进了自我效能感的提升。例如，一个身体健康、心情愉快的学生可能会在课堂上更加专注，更积极参与讨论，并且更有可能完成具有挑战性的作业。相反，当个体的生理状态不佳或情绪低落时，他们可能会感到疲惫、无精打采，对日常活动失去兴趣，这种状态会导致自我怀疑和自我效能感的降低。例如，一个生病或情绪沮丧的学生可能会觉得学习变得困难，难以集中注意力，担心自己跟不上进度。要注意的是，无论是生理还是情绪状态，都需要保持在一个适宜的水平，避免极端的低落或高涨。

5. 归因方式。要关注的是，成败经验对自我效能感的影响也会受到个体归因方式的影响。根据韦纳的归因理论，影响成败的因素包括能力、努力程度、任务难度、运气、身心状况以及外界环境等。这些因素可以依据它们的来源（内部或外部）、稳定性（稳定或不稳定）以及可控性（可控或不可控）三个维度进行分类（见表2-8）。例如，小红的数学竞赛成绩不理想，她认为自己没考好是因为考试太难了，并且自己运气不好。由于小红将失败归因于外部的、不可控的因素，她可能不会对自己的数学能力产生怀疑，但这种归因方式不太可能增加她的自我效能感，因为她没有看到通过努力可以改变结果的可能性。而小明的数学竞赛成绩优秀，他认为自己之所以能够取得好成绩，是因为他非常努力地复习，且具备良好的数学理解能力。小明将成功归因于自己的内部因素，这种归因方式增强了他对自己能力的信心，从而提高了他的自我效能感。他认为自己能够通过努力在未来的考试中继续取得好成绩。

表2-8 韦纳成败归因理论的六因素与三维度

维度 因素	因素来源		稳定性		可控性	
	内部	外部	稳定	不稳定	可控	不可控
能力	√		√			√
努力程度	√			√	√	

因素 \ 维度	因素来源		稳定性		可控性	
	内部	外部	稳定	不稳定	可控	不可控
任务难度		√	√			√
运气		√		√		√
身心状况	√			√		√
外界环境		√	√			√

二、如何评估自我效能感

评价学生的自我效能感可以使用多种测评工具和方法。

(一) 观察和记录

观察学生在特定任务或领域中的行为和表现,以了解他们展示的自信心和自我评价。如果学生对自己的期望值比较高,遇到事情会理智处理,愿意接受挑战,能够控制不良情绪,能充分地调动资源和自我技能,可以推测他的自我效能感较高;如果学生对自己的期望值较低,完成任务时缩手缩脚,害怕压力,具有恐惧和恐慌类的心理,在执行中会出现情绪化,无法充分应用自己的技能,可以推测他的自我效能感较低。

(二) 学习日志

可以建议学生记录他们的学习过程和经历,描述他们面对困难和挑战时的态度和行为反应,以及对自身能力和自我效能感的思考。通过浏览学生的学习日志也能对他们的自我效能感有个基本的了解。

(三) 面谈和访谈

与学生进行面谈或访谈,深入了解他们对自己能力的评价、信心和期望。通过倾听学生的观点和思考，可以更全面地了解他们的自我效能感。

（四）问卷调查

通过自我效能感问卷评估学生对特定任务或领域的自我效能感。针对自我效能感的评估量表有两种类型。一种是针对一般自我效能感，即较为广泛的、一般性的和普遍性的自信心的测量。另一种是针对特殊领域特定任务的测量，比如运动自我效能感量表，考察个体在各种阻碍下，对自己开展锻炼活动的自信程度；学业自我效能感量表，评估个体对自身成功完成学业任务所具有能力的判断与自信（详见学习心理的评估与干预部分）；情绪调节自我效能感量表，评估个体对能有效调节自身情绪状态的自信程度；职业决策自我效能感量表，评估决策者在进行职业决策过程中对自己成功完成各项任务所必需的能力的自我评估或信心。这些量表测试的内容、范围和对象虽然不同，但从对题目内容的分析来看，均是考察在某个不确定情境中，一个人对自己实施某个行为的能力的确信程度。接下来，我们简要介绍其中三种量表。

1. 一般自我效能感量表

一般自我效能感量表（General Self-Efficacy Scale, GSES）的原始德文版由德国柏林大学的施瓦泽（R. Schwarzer）教授及其同事在 1981 年开发，该量表在国际上得到了广泛的使用。中文版的 GSES 最初于 1995 年由张建新与施瓦泽在中国香港对大一学生进行测试时使用[①]，2001 年王才康等人进行了翻译和修订[②]。此后，中文版 GSES 被证实具有很高的信度和效度。

GSES 共有 10 个题目，涉及个体遇到挫折或困难时的自信心，详细项目见表 2 - 9。GSES 采纳李克特 4 点量表形式，各项目均按 1—4 评分。对每个项目，被试依据自己的实际状况回答"完全不正确""有点正确""多数正确"或"完全正确"。评分时，"完全不正确"记 1 分，"有点正确"记 2 分，"多数正确"记 3 分，"完全正确"记 4 分。分值越高，自我效能感越高。

---

① Zhang J X, Schwarzer R. Measuring optimistic self-beliefs: A chinese adaptation of the general self-efficacy scale [J]. Psychologia, 1995,38(03):174 - 181.
② 王才康,胡中锋,刘勇.一般自我效能感量表的信度和效度研究[J].应用心理学,2001,7(01):37—40.

表2-9 一般自我效能感量表

题项	完全不正确	有点正确	多数正确	完全正确
1. 如果我尽力去做的话,我总是能够解决问题。	1	2	3	4
2. 即使别人反对我,我仍有办法取得我所要的。	1	2	3	4
3. 对我来说,坚持理想和达成目标是轻而易举的。	1	2	3	4
4. 我自信能有效地应付任何突如其来的事情。	1	2	3	4
5. 以我的才智,我定能应付意料之外的情况。	1	2	3	4
6. 如果我付出必要的努力,我一定能解决大多数的难题。	1	2	3	4
7. 我能冷静地面对困难,因为我信赖自己处理问题的能力。	1	2	3	4
8. 面对一个难题时,我通常能找到几个解决方法。	1	2	3	4
9. 有麻烦的时候,我通常能想到一些应付的方法。	1	2	3	4
10. 无论什么事在我身上发生,我都能够应付自如。	1	2	3	4

2. 运动自我效能感量表

运动自我效能感量表(Self-Efficacy for Exercise Scale, SEE)由芭芭拉·雷斯尼克(Barbara Resnick)和路易丝·詹金斯(Louise S. Jenkins)编制,由我国台湾学者李玲玲等人翻译成中文,张志英等人进行了进一步的修订[①]。该量表为单一维度量表,共9个条目,采用0—10分计分法,从"毫无信心"到"非常有信心",总分为90分,得分越高代表运动的自信心程度越高。

[①] 张志英,陈翠萍,李艳艳,等. 运动自我效能感量表用于脑卒中患者中的信效度验证[J].护士进修杂志,2016,31(09):836—838.

表 2-10 运动自我效能感量表

如果出现以下情况,你有多大信心每周锻炼三次,每次 20 分钟。

题项	毫无信心										非常有信心
1. 天气让你感到困扰的时候	0	1	2	3	4	5	6	7	8	9	10
2. 你对运动没有兴趣的时候	0	1	2	3	4	5	6	7	8	9	10
3. 运动时感觉疼痛的时候	0	1	2	3	4	5	6	7	8	9	10
4. 你一个人运动,没有人作伴的时候	0	1	2	3	4	5	6	7	8	9	10
5. 你觉得没有感受到运动乐趣的时候	0	1	2	3	4	5	6	7	8	9	10
6. 你忙于其他事情的时候	0	1	2	3	4	5	6	7	8	9	10
7. 你觉得疲惫的时候	0	1	2	3	4	5	6	7	8	9	10
8. 你觉得有压力的时候	0	1	2	3	4	5	6	7	8	9	10
9. 你觉得心情沮丧的时候	0	1	2	3	4	5	6	7	8	9	10

3. 情绪调节自我效能感量表

情绪调节自我效能感量表(Regulatory Emotional Self-Efficacy, RESE)最初由卡帕拉(Gian Vittorio Caprara)和班杜拉等人开发,2008 年卡帕拉进行了修订,文书锋等人最早将 RESE 翻译成中文版。[①] 该量表包含三个维度,共有 12 个题目,采取 5 点计分法(1=很不符合,5=完全符合)。三个维度分别是:表达积极情绪的自我效能感(第4、5、6、7 题)、调节沮丧/痛苦情绪的自我效能感(第8、9、10、11 题)和调节生气/易怒情绪的自我效能感(第 1、2、3、12 题)。所有项目的和(或平均分)代表情绪调节自我效能感的程度,得分越高,调节情绪自我效能感的自信心程度越高。

表 2-11 情绪调节自我效能感量表

下面是对情绪的一些描述,请根据你的实际情况,在相应的数字上打"√"。

题项	很不符合	不符合	不确定	符合	完全符合
1. 受到父母或其他重要人物斥责时,我能够控制自己的消极情绪。	1	2	3	4	5

---

① 文书锋,汤冬玲,俞国良. 情绪调节自我效能感的应用研究[J]. 心理科学,2009,32(03):666—668.

题项	很不符合	不符合	不确定	符合	完全符合
2. 碰到扫兴的事情后,我能够很快摆脱恼怒的情绪。	1	2	3	4	5
3. 当我生气时,我能避免勃然大怒。	1	2	3	4	5
4. 令人高兴的事情发生时,我会表达自己的愉悦之情。	1	2	3	4	5
5. 预期目标实现时,我会对自己感到满意。	1	2	3	4	5
6. 我会为自己的成功雀跃。	1	2	3	4	5
7. 参加聚会时我会尽情表达自己的快乐。	1	2	3	4	5
8. 孤独时我能够让自己远离沮丧。	1	2	3	4	5
9. 面对尖锐的批评,我能够不气馁。	1	2	3	4	5
10. 未获应得的赞赏时,我能够减轻心中的失落感。	1	2	3	4	5
11. 面对困难,我能够不气馁。	1	2	3	4	5
12. 当有人故意找我麻烦时,我能避免恼火。	1	2	3	4	5

评定注意事项:

1. 要让学生理解指导语及有关问题。

2. 量表由学生自行填写,可进行个别测试,也可用于集体测试。

3. 一般来说,上述量表适用于大学生和中学生。

4. 一定要完整作答所有题目,不然无效。

值得注意的是,评价学生的自我效能感需要综合考虑不同方法和工具,并关注学生的个体差异和发展需求。与此同时,评价应该是有意义和有用的,以促进学生的成长和发展。无论使用哪种评价方法,都需要关注以下几点:

1. 确保评价工具的可靠性和有效性,通过适当的量表、问题和指标确保测量的准确性和一致性。

2. 提供积极的反馈和支持,帮助学生理解和发展自己的自我效能感。

3. 将评价结果与其他相关数据和信息综合考虑,以全面了解学生的学习情况和需求。

4. 尊重学生的隐私和个人观点,保持评价过程的保密性和互动性。

三、如何提升中学生的自我效能感

自我效能感对中学生的影响是多方面的,对他们未来的成长与发展有着重要的意义,如它可以影响学习动机和学业成绩、创造性、身体健康、幸福感以及将来的职业成就等。然而,中学生的自我效能感受到多种因素的影响,这些影响因素相互作用,并且能在不同的学生和情境中产生不同的影响。因此,理解和支持中学生的自我效能感需要综合考虑多个因素,并提供个性化和适应性的支持。

(一)引导学生设定合理目标,增加学生的成功经验

提高自我效能感最可靠的方法,是我们在完成某项任务的过程中,真正体验到了成功,而且可以反复体验到这种成功。心理学家爱德华·迪纳(Edward Diener)曾说:"幸福是在达成自己的目标和理想过程中所获得的满足感和感到的快乐。"因此,不管是教师还是家长,应让学生或者孩子能够有很多的机会去感受成功的快乐,多为学生或者孩子提供一些可以获得成就感的事情。

我们想象一下,假设案例中的小明和小红在这次期中考试中都获得 80 分,对小红来说这可能是增强自我效能感的进步表现,但对小明来说却可能是减弱自我效能感的重大打击。因此,提升自我效能感的前提是行动前设定合理的目标。

那么,设定什么样的目标才算合理?苏联心理学家维果茨基认为,人的发展和学习应该发生在"最近发展区"。最近发展区是指孩子现有的发展水平和孩子可能达到的发展水平之间的距离,即目前自己无法独立做到,但是在他人的帮助或者指导下,能够做得到的发展范围。心理学博士陈忻在此基础上提出舒适区(现有发展区)、挑战区(最近发展区)和恐慌区[①],教师应该让学生勇敢地走出舒适区,接受合适的挑战,进入挑战区,让他在现有水平上逐步提高。当然,在挑战区当中,学生可能会遇到一些挫折,但只要引导得当,如"失败是暂时的,从挫折中你可以学到什么,哪里可以提高,怎么提高",学生就能够突破自己现有的水平,做到符合自己能力的最好结果。与此同时,不能因为学生取得一些进步就立刻加压加码,否则容易将学生逼进恐慌区,而学生

---

① 陈忻.整体养育[M].北京:中信出版社,2020:49.

甚至会因为受不了压力而退回舒适区。简言之,我们要找到学生发展的三个区,尽量让学生在挑战区里发挥最大的潜力,逐渐将挑战区转变为舒适区。

如果设定的目标比较大,也可以引导学生进行目标分解,把一个大目标分成一个个小目标,降低学生不能达到目标的沮丧感。当分成小目标后,学生通过努力做到了,往往能体验到成功的喜悦,并增强信心,也会越来越愿意接受一些新的挑战。

(二) 引导学生借鉴他人经验,从榜样中得到激励

教师通过树立榜样的方法,可以让学生参照他人的表现来判断自己是否能完成这个任务,同时从他人的表现中学习解决问题的方法,降低完成任务的畏难心理,从而增强学习的信心和自我效能感。教师不妨请部分已毕业的学长学姐回校分享经验,特别是面对困难时的真实心路历程。告诉学弟学妹们,他们曾经也经历过痛苦与彷徨。比如,有一些学生不确定自己能否考取某所学校,总觉得自己能力不足或者会失败,但是正巧分享经验的学长或学姐考进了这个学校,该生会不会产生一种信心:他/她跟我身份、年龄、处境都差不多,他/她成功了,我会不会也可以成功呢? 所以,学生看到和自己差不多的人也能做到时,会激发出他强大的信心和动力。这就是榜样的力量,跟着前辈一起进步。

但要注意榜样不是对比,不是让学生和别的学生比较,这样反而会适得其反,让学生产生自卑、低自尊、消极的想法。我们要让学生感受到的是榜样的力量,因此要有一个合适的榜样。比如,这个榜样可以是学生自己喜欢的明星,或者和学生能力差不多但学习习惯很好的同学,也可以是学生的家长。

(三) 学会积极肯定和评价学生,恰如其分地激励和奖赏

鼓励学生表现出积极、成功的样子。任何成功,都需要正向的体验和经验的积累,因此我们平时要多鼓励学生,让学生的言谈举止向那些积极、成功的人看齐。比如,让学生走路时步伐快一些,走出虎虎生风的气势,可以显得更有朝气。如果步履缓慢沉重,会显得很颓废,很没精神,人也比较消极。再如,听讲座时尽量坐在第一排,并且第一个举手回答问题,这些都可以展现学生的自信和活力。一般来说,学生为了回答正确,获得老师和同学的肯定,会更加主动地思考和展现自己。

学会用积极的语言激励学生。每个人都深深渴望自己的特质被看见,每个人都希望得到别人的肯定,当我们听到别人坚定地对我们说"你能够做到""你一定可以""你做得非常好"时,尤其是重要的人对我们说这些话时,我们会被激发出强大无比的自信心。因此,教师如果想提高学生的自我效能感,无论是课堂上还是课堂外,尽量多给予学生积极的、肯定性的评价,同时也要多引导和鼓励学生进行积极的自我评价。虽然表扬和鼓励很重要,但需要做到真诚且可信。当学生完成一项任务或者一个挑战,教师对其进行表扬时,要避免过分夸张,不能让学生对自己产生错误的认识。同时在学生无法顺利完成任务时,教师应该给予适当的鼓励,帮助学生减少自我怀疑,并提供恰当的引导,允许学生逐步接近目标。

当然,激励和奖赏学生也需要把握好分寸,这样才能增加学生的自我效能感。否则,对学生的成长不利。在我们所有的激励和赞赏过程中,一定要多强调学生努力和行动的过程,少强调结果。此外,为激发学生的内在动力,我们还可以寻求学校中其他老师、学生家长及其他长辈、同学等的帮助,从不同角度、层面激励学生,形成合力。

(四) 鼓励学生强身健体,帮助学生调节情绪

一个拥有强健体魄的人,在体力和精力上都处于一种高效状态,一般都会有一定的自我效能感。充满活力和动力的学生,无论是在学习还是生活中都有更好的精神面貌、更积极的生活状态。除了日常的体育活动,教师或家长可推荐学生每周规律运动,这不只是为了健康,也是为了提高自我效能感。

当然,稳定的情绪也很重要。一个可以自如控制情绪的人,就不容易被外界的刺激影响,能把能量和精力分配在能产生结果的事情上。教师或家长要让学生或者孩子学会调节自己的消极情绪,学会去平缓自己的情绪,面对挫折或困难时要能够积极应对,保持平稳的心态。强烈的情绪、焦虑、暴躁等会影响完成某件事情的能力,会降低自我效能感,而学会控制情绪有助于我们更好地完成任务。

因此,在课堂上教师要注重营造轻松的课堂氛围,降低学生对学习的焦虑感等消极情绪,允许学生犯错,让学生降低对出错的焦虑感,要善于激发学生的好奇心,创设丰富多样的课堂活动,吸引学生注意力,建立更为舒适积极的课堂环境,发现学生的兴趣并且支持他们发展这些兴趣。在生活中教师可以鼓励学生尝试在一段时间内,定期进行一些与自己独处、对话的活动,例如读书、写日记、收拾房间等,甚至只是发一会儿

呆,只要他能屏蔽外部杂音,坦然地和自己待在一起,就都是有利的。

(五) 培养学生成长型思维,引导学生合理归因

高申春认为,自我效能感其实是一种思维模式①。那么,什么样的思维模式有助于提升自我效能感呢? 在此,本书给大家推荐成长型思维,它是一种以智力可塑为核心信念的系统的思维。简单来说,就是坚信智力、能力都是可以通过努力学习和练习得到不断提高的。研究表明,成长型思维在人的学业成绩、情绪、态度、人际关系乃至健康方面,都有着重要的影响②。具有成长型思维的学生会寻求更有效的学习策略,在学习中愿意付出更多努力,面对挫折会坚持不懈,并最终收获更多进步和成长;拥有成长型思维的学生,更加不畏惧学业挑战和失败,不仅如此,他们在困难面前还更容易保持专注和兴趣。成长型思维不仅有诸多积极意义和作用,更为可贵的一点是可以通过教育来培养。

因此,在教育教学过程中,教师可以有意识地培养学生的成长型思维。例如,当学生挑战失败时,应引导学生正确看待挫折和失败,鼓励其从失败中获得成长,如"虽然你现在没有做好,但这只是暂时的,通过努力,你一定能够达成目标","挫折就像一块磨刀石,磨练着我们的意志";当学生被批评时,可以引导学生珍视他人的反馈,如"这些话对我一定有帮助或启发";当学生面对他人的成功时,可以鼓励学生向他人看齐,如"我一定能从他人的成功中学习到什么";当学生陷入困境时,可以激励学生积极寻找解决办法,如"一定有很多办法和资源可以解决问题,我只需要努力寻找"。

此外,韦纳的成就归因理论认为,个体会利用各种前提信息对自己的行为成败进行归因,推断其行为成败结果的原因,这种归因会引起成功期望和情绪情感方面的心理变化,影响其行为动机,进而影响其后续的成就行为。学生对成败持有的不同归因信念会影响学生的成就期待、情绪情感,从而影响学生的学业成就。如果把成功归因于能力、努力等因素,则会提高学生的满意感、自我效能感和成就期待,提高学生的学习动机水平,提高学生的学习成绩。尤其是把成功归因于能力,会增强学生的自尊和

---

① 高申春.自我效能理论评述[J].心理发展与教育,2000(01):60—63.
② 安妮·布洛克,希瑟·亨得利.成长型思维训练:12个月改变学生思维模式指导手册[M].张健,译.上海:上海社会科学院出版社,2018:2.

成功期望,学生预期还会成功并感到自豪,高自尊、高成功期望则会增强学生争取学业成就的动机与兴趣,促进学生学习。如果把失败归因于努力不够,尽管学生会感到内疚或羞愧,影响其自尊,但成功期望和成就动机会继续维持。如果把失败归因于能力缺乏,则会降低学生学习的成就期待,任务完成的胜任感和坚持性都会降低,减弱学业成就动机,降低学业追求。因此,帮助学生了解自己的归因类型,引导他们合理归因是很重要的。

第四节　中学生的自我控制:如何抵挡"棉花糖"的诱惑?

▓ **案例2-4**

拿得起放不下的手机

近期,班主任注意到了学生小辰在手机使用方面的问题。课余时间,小辰常常偷偷躲在教学楼的角落玩手机,已经多次被值班老师发现并批评。小辰的行为已经违反了学校手机管理的相关规定,班主任也联系了小辰的家长,得知他在家中也存在过度使用手机的问题。平时放学回到家,小辰就会将自己锁在房间里,沉迷于手机游戏直至深夜。周末和假期,除了吃饭时间外,他几乎不出房门。父母对此很着急,多次尝试限制他使用手机的时间,但是小辰每次都会异常激动,父母只好作罢。

为了帮助小辰,心理老师与他进行了深入的沟通。心理老师了解到小辰在小学时期成绩优异,总是名列前茅,也不存在手机使用的问题。升入初中后,新的学习节奏和环境让他感到不适应。期中考试成绩的不理想让他感到挫败,开始自我怀疑。这时候,小辰接触到网络游戏,游戏中的成就感和同伴的认可让他暂时逃离了现实的不如意。小辰越来越感到迷茫和焦虑,不知道是应该勇敢面对学业压力,努力追赶,还是继续在虚拟世界中寻找快乐。

案例中的小辰难以控制自己使用手机的时间,一旦被限制使用手机,他便会感到不安和烦躁,这对他的学习、日常生活和社交活动产生了严重的负面影响。小辰正面临着手机依赖的问题,这一问题行为主要源于心理因素和环境因素的共同作用。

从心理因素来看,小辰可能因为现实生活中的挫折而感到焦虑和有压力。例如,学业成绩的下降可能导致他不自信和缺乏成就感。在这种情况下,手机成了他的"避风港",他通过沉迷于手机来逃避现实生活。此外,游戏中的成功体验和社交认可让他感受到了久违的成就感,这进一步加剧了他对手机的依赖。与手机游戏带来的即时满足不同,学习需要长期的投入和努力,而回报并不总是立竿见影,这种长期的投入与不确定的回报使得小辰难以保持持续学习的动力。环境因素也对小辰的行为产生了影响。对于小辰这一代青少年而言,他们从小就接触智能手机,手机提供了各种新奇刺激的内容,这使得他们对深入学习知识缺少兴趣。

从根本上,小辰缺乏的是自我控制能力,即抑制短期冲动以实现长期目标的能力。在日常生活中,我们经常会遇到各种诱惑,如美味的高热量食物、吸引人的社交软件等。这些诱惑因其能带来即时的满足感而具有很强的吸引力,它们能够快速带来快乐和满足,但却不利于我们的长期健康和发展。我们知道理性选择更有益,但在冲动面前却常常败下阵来。我们下定决心要培养良好的习惯,却总是难以持之以恒。

一、什么是自我控制?

(一)自我控制的概念

自我控制这一概念最早被广泛认识是通过著名的"棉花糖实验"。20 世纪 70 年代,斯坦福大学心理学家沃尔特·米歇尔(Walter Mischel)博士带领团队在幼儿园进行了这项经典实验。实验初始,研究者给每个 4—5 岁的孩子一颗棉花糖,并告诉他们可以选择马上吃掉,但如果他们能等待 15 分钟后再吃,就可以得到两颗棉花糖。在这15 分钟时间里,研究者会离开房间,通过单向玻璃观察孩子们的行为。他们看到,有些孩子会忍不住诱惑,直接吃掉棉花糖;但也有些孩子用各种方法抵抗诱惑,比如唱歌、蒙眼睛等,坚持 15 分钟并得到了两块棉花糖的奖励。大约 30 年后,米歇尔对这些孩子进行了追踪研究,发现当年那些能够抵制诱惑的孩子在成年后往往有更出色的表现,包括更好的学业成绩、更高的教育水平和更健康的身体状态。

"棉花糖实验"揭示了自我控制中的一个重要方面——延迟满足能力。这种能力是指个体能够抵制眼前的诱惑,为了长远的目标而等待。具有这种能力的人在自我控制方面表现出色,他们能够更好地管理自己的思想和情绪,抑制冲动行为,从而在学业、人际关系和身心健康等方面取得更好的成果。

自我控制是个体自我意识发展到一定阶段的产物,是我们为了使行为与个人目标和社会期望相符而进行的自我调节。这一过程包括抑制冲动行为、抵制诱惑、延迟满足、制订和执行行为计划以及采取适应社会情境的行为方式。在自我控制的过程中,我们首先需要明确内在自我需求和外部环境状况,然后设定并调整目标。我们还需要付出意志力,克服困难和诱惑,确保计划得以实施[1]。

自我控制能力的核心在于抑制冲动性的心理和行为反应,这是一种可以通过实践和学习获得的技能。在成长过程中,儿童和青少年在生理成熟的同时,在成人的指导和与外界环境的互动中,逐渐学会控制冲动,管理自己的行为[2]。掌握了自我控制能力的人能够更好地管理自己的想法和情感,调整行为,使其更符合社会期望,从而更有效地实现目标[3]。

随着时间的推移,自我控制会逐渐发展成为个体在不同情境中都能积极调控心理和行为的稳定的人格特质。具有高自我控制能力的个体在追求目标的过程中表现出更强的责任感,更能控制冲动行为,并能积极进行心理调适,减少出现心理问题的风险[4]。研究表明,青少年的自我控制能力与他们的亲社会行为、学业成绩和情绪调节等方面存在显著的正相关关系。这意味着具有高自我控制能力的青少年更可能展现出积极的行为模式,取得优异的学业成绩,并有效地管理自己的情绪[5]。此外,自我控制还有助于提升青少年的主观幸福感,使他们能够更好地应对生活中的挑战和压力,

① 张颖群,杨丽珠,沈悦,等. 初中生自我控制发展特点及脑电特征研究[C]//中国心理学会. 心理学与创新能力提升——第十六届全国心理学学术会议论文集,2013:4.
② 但菲. 儿童自我控制能力研究综述[J]. 沈阳师范学院学报(社会科学版),2001(01):68—72.
③ 李琼,黄希庭. 自我控制:内涵及其机制与展望[J]. 西南大学学报(社会科学版),2012,38(02):41—52.
④ 王红姣. 中学生自我控制能力及其与学业成绩的相关研究[D]. 上海:上海师范大学,2003:36—41.
⑤ 沈莉,向燕辉,沃建中. 高中生主观幸福感与自我控制、人际交往及心理健康关系[J]. 中国健康心理学杂志,2010,18(07):837—841.

积极适应环境,享受更高的生活满足度①。

(二) 自我控制的特点

我们理解了自我控制的结构和特点,就可以更好地把握儿童青少年自我控制的发展规律,并采取积极的教育干预措施,帮助他们减少问题行为,全面发展个性。

首先,自我控制受冲动系统和控制系统的共同影响。在面对诱惑时,冲动系统迅速响应,推动个体采取即时行为,而控制系统则倾向于深思熟虑,抵制即时冲动。为了有效利用控制系统,我们应学会调控思维和情绪,进行理性思考,采用深呼吸、冥想、避免直接接触诱惑等技巧缓解冲动反应②。我们还要重视控制系统的作用,通过转变对诱惑的认知、制订计划和目标、坚守价值观和原则来增强自制力③。

其次,自我控制是一个对冲动进行动态调节的过程。冲动是在特定情境下随时间逐渐产生的,自我控制同样是一个随情境变化而不断调整的过程。例如,一个人可能面临诱惑(如减肥者面对美食),注意到诱惑的特征(食物的外观和香味),对情境进行评价(认识到吃下这些食物违背了自己的减肥目标),并最终产生行为反应(决定不吃食物,而是喝水来缓解饥饿)。在这一过程中,自我控制可以在冲动产生的各个阶段发挥作用,通过选择有利的情境、修正不利因素、调整注意力和认知等策略来调节行为。

我们还要认识到,自我控制的资源是有限的。在抑制冲动的过程中,人们会消耗自我控制资源,一旦资源耗尽,就会进入"自我耗竭"状态,难以继续抑制冲动。这就解释了为何在过度工作、疲劳或压力等情况下,人们更容易表现出冲动行为和情绪失控。然而,就像肌肉力量在使用后会下降但在休息后能恢复一样,自我控制资源也可以通过睡眠、放松、冥想等方式得到恢复。

我们要做的就是帮助学生在冲动系统和控制系统之间找到平衡,培养他们面对诱

---

① 王红姣,卢家楣. 中学生自我控制能力问卷的编制及其调查[J]. 心理科学,2004,27(06):1477—1482.

② Tangney J P, Baumeister R F, Boone A L. High self-control predicts good adjustment, less pathology, better grades, and interpersonal success [J]. Journal of Personality, 2004, 72(02): 271 - 324.

③ Fujita K. On conceptualizing self-control as more than the effortful inhibition of impulses [J]. Personality & Social Psychology Review, 2011, 15(04):352 - 366.

感时的自我调节能力,强化他们的自我控制资源,从而帮助他们在学习和生活中取得更好的成就。

二、如何评估自我控制?

(一) 观察法

观察法是一种常用的心理评估方法,可以在模拟实验情境中应用,例如著名的棉花糖实验,也可以在日常生活中进行。对学生在日常生活中自控能力的观察,不仅能够用来评估他们在该领域的发展水平,还能够根据观察结果为他们提供适当的指导和支持。

以下是自我控制能力的观察要点。

1. 情绪管理能力

观察学生在遇到挫折、失望或人际冲突时,是否能够保持冷静和理智。包括他们是否能够有效地识别和表达情绪,以及他们如何采取措施来管理和缓解负面情绪。

2. 冲动控制能力

观察学生在面对诱惑或冲动时的行为表现。包括他们是否能够抑制立即反应的冲动,是否能够思考后果、作出更合理的选择。

3. 延迟满足能力

观察学生是否愿意为了实现长期目标而放弃短期的满足或娱乐。包括他们是否能够专注于学业或其他长期任务,而不是轻易被周围的诱惑分散注意力。

4. 理性决策能力

观察学生在面临困难或挑战时的决策过程。包括他们是否能够全面分析问题,考虑各种可能的选择及其后果,并在此基础上作出明智的决策。

5. 规则遵守能力

观察学生是否理解和尊重学校、家庭和公共场合的规则。涉及他们是否能够自觉遵守这些规则,而不是出于冲动或便利而违反它们。

6. 自我调节能力

观察学生在面对压力、逆境或疲劳时的自我调节技巧。包括他们是否能够调整自己的情绪和行为,以保持积极的态度和适应性,从而有效地应对各种挑战。

(二) 访谈法

访谈法的优势在于它能够提供个性化的信息,帮助我们更好地理解每个学生的独特情况。在访谈之前,我们要整合已有的观察记录和学生的历史信息,以便在访谈中针对性地提问。访谈内容可以是探讨学生在面对挑战时的内在情绪反应,了解他们如何处理挫败感、焦虑或其他负面情绪,以及这些情绪如何影响他们的自我控制能力。访谈内容还可以关注学生在特定情境下的具体行为,以及他们如何从一次经历中学习并应用到其他情境。在访谈中,我们可以使用开放式问题来促进学生自由表达自己的想法和感受,适当给予学生积极的反馈和支持,讨论他们的优点和改进空间,并提供具体的建议和策略,帮助他们提高自我控制能力。

以下是一个可以参考使用的访谈提纲:

1. 引言

-简短介绍访谈的目的和重要性。

-确认访谈的保密性和非评判性,以鼓励坦诚地分享。

2. 情绪管理能力

-请描述一个你感到非常沮丧或愤怒的情况,并解释你是如何处理这种情绪的。

-当你遇到压力或负面情绪时,你通常采取哪些策略来管理自己的情绪?

3. 冲动控制能力

-回想一个你面临强烈冲动或诱惑的时刻,你是如何抵制这种冲动的?

-你有没有遇到过难以控制自己行为的情况? 当时发生了什么,你是如何应对的?

4. 延迟满足能力

-请举例说明你如何为了长期目标而放弃即时满足?

-当你面对可能分散你注意力的诱惑时,你是如何保持专注的?

5. 决策能力

-描述一个你需要在多个选项之间作出选择的情境,你是如何权衡各个因素的?

-当面临困难决策时,你通常如何分析问题并作出决定?

6. 规则遵守能力

-你认为遵守规则和纪律对自我控制有多重要?

-请分享一个你不得不在遵守规则和追求个人利益之间作出选择的经历。

7. 自我调节能力

-在面对挑战或逆境时,你通常如何调整自己的行为和情绪?

-你有哪些方法或技巧来帮助自己在压力下保持冷静和专注?

8. 结尾

-你认为自己目前在自我控制方面有哪些优势和需要改进的地方?

-有没有什么其他关于自我控制的经验和想法想要分享?

-感谢参与访谈,并讨论后续步骤或可能的反馈机会。

这个提纲旨在通过一系列开放式问题来探索受访者的自我控制能力。每个问题都旨在深入了解受访者在特定情境下的行为和反应,以及他们如何管理和调节自己的情绪和行为。通过这种方式,访谈者可以收集到有关受访者自我控制能力的详细信息,并据此提供个性化的反馈和建议。

访谈中,我们还可以提出具体的假设情境,引导学生深入思考他们在实际生活中可能遇到的挑战,以及他们如何运用自我控制能力来应对这些挑战。这种方法不仅能够帮助学生更好地理解自我控制的重要性,还能够激发他们对自身行为的反思和分析。

以下是一个基于情境的访谈示例:

老师:假设你有一个重要的作业需要在明天之前完成,但是你今天感觉身体不适,而且还有其他一些琐碎的事情分散了你的注意力。在这种情况下,你需要有足够的自我控制能力来克服这些挑战。首先,你会如何评估每件事情的优先级?

学生:我首先会尝试识别哪些事情是最紧迫的,比如完成作业的截止日期。然后,我会考虑自己的身体状况,决定是否有足够的精力去完成作业。

老师:很好,那么在确定了优先级之后,你会采取哪些具体行动来确保作业能够按时完成呢?

学生:我可能会先休息一会儿,以便恢复一些精力。然后,我会尽量找一个安静的地方写作业,关闭所有可能的干扰源,比如手机和电脑的通知。我还会设定小目标,比如每完成一个部分就休息几分钟,这样可以帮助我保持专注。

老师:非常棒,你提到了设定小目标和休息,这些都是很好的自我控制策略。在实施这些策略的过程中,你如何监控自己的进度和专注度?

学生:我会定期检查自己的作业进度,确保我还按照计划进行。如果我发现自己开始分心,我会尝试做一些短暂的放松活动,比如深呼吸或短暂的散步,然后再回到作业中。

老师:很好,这种自我监控和调整的能力对于自我控制非常重要。最后,如果你发现自己无法按时完成作业,你会如何应对这种情况?

学生:如果我真的无法按时完成,我会尽早和老师沟通,解释我的情况,并请求延期。同时,我也会反思这次经历,分析原因,并思考如何在未来的类似情况下更好地管理时间和健康。

通过这样的对话,老师可以帮助学生探索他们在面对挑战时的自我控制策略,并提供反馈和建议来帮助他们进一步提高。这种方法不仅有助于学生在当前情境中作出更好的决策,还能够培养他们在未来遇到类似挑战时的应对能力。

(三) 问卷法

问卷法是一种广泛使用的心理学研究方法,它通过让参与者回答一系列设计精良的问题或陈述来收集数据。这种方法特别适用于那些具有较强自我意识和良好表达能力的学生,因为它依赖于个体对自己行为、想法和情感状态的主观报告。

自我控制能力问卷通常包括两类,一类是直接测量自我控制的问卷,这类问卷专注于评估个体的自控能力,包括他们如何管理自己的行为、情绪和决策过程。另一类是测量自我控制的反面——冲动性的问卷,这类问卷旨在评估个体在行动前缺乏深思熟虑的倾向,探讨个体在没有充分考虑后果的情况下作出决策的频率和情境。

问卷法评估自我控制能力的关键是确保所使用的量表具有高信度和效度。信度是指量表的一致性和稳定性,而效度则是指量表测量的目标特质的准确性。我们要优先选择已经在学术研究中被广泛使用并验证过的量表,这些量表通常经过了严格的心理测量学检验,可以确保其信度和效度。

以下问卷是自我控制研究领域经过信度和效度检验的常用问卷。

1. 自我控制量表

自我控制量表(Self Control Scale, SCS)测量抵制诱惑、健康习惯、节制娱乐和冲动控制四个维度。这些维度涵盖了认知和行为两个方面,使 SCS 成为一个评估自我控制的多维度工具。量表采用 5 点计分,1 分表示"完全不符合",2 分表示"不符合",3 分表示"不确定",4 分表示"符合",5 分表示"完全符合"。反向条目,如样题中的"对我来说改掉坏习惯是困难的""我是懒惰的""我会做一些能给自己带来快乐但对自己有害的事情",完全符合说明自我控制能力弱,需反向计分为 1 分,以此类推。所有条目得分相加,分数越高表明自我控制能力越好。SCS 的题目较少,测评方式简单,适合在教育环境中使用,可以帮助教师和学校心理咨询师了解学生的自我控制能力水平。[①]

表 2-12　自我控制量表(样题)

题项	完全不符合	不符合	不确定	符合	完全符合
我能很好地抵制诱惑	1	2	3	4	5
对我来说改掉坏习惯是困难的(R)	5	4	3	2	1
我是懒惰的(R)	5	4	3	2	1
我会做一些能给自己带来快乐但对自己有害的事情(R)	5	4	3	2	1
人们相信我能坚持行动计划	1	2	3	4	5

2. UPPS 冲动行为量表

UPPS 冲动行为量表(UPPS Impulsive Behavior Scale, UPPS)是一种评估个体冲动行为倾向的心理学工具,它通过测量四个与冲动性相关的人格维度来揭示个体的冲动行为特征,即缺乏预先考虑、急迫性、快感寻求、缺乏毅力。量表采用 4 点计分,1 分表示"非常不符合",2 分表示"比较不符合",3 分表示"比较符合",4 分表示"非常符合"。不计算全量表总分,各维度得分越高,表明该冲动特质越强。部分条目需反向计分,如样题中的"我通常做事之前都要深思熟虑",非常符合说明冲动性低,计为 1 分。UPPS 量表的应用非常广泛,它不仅可以用于评估学生的冲动行为倾向,还可以用于预测学生在面对诱惑和挑战时的行为模式。[②] 老师可以通过了解学生的冲动行为特征,更好地设计干预措施。

① 胡凤姣,陈贵,蔡太生. 自我控制量表在中学生中的试用[J]. 中国健康心理学杂志,2012,20(08):1183—1184.
② 吕锐,张英俊,钟杰. UPPS 冲动行为量表在中国大学生人群中的初步修订[J]. 中国临床心理学杂志,2014,22(03):480—484.

表 2 - 13　冲动行为量表(样题)

题项	非常不符合	比较不符合	比较符合	非常符合
我一般喜欢做事情坚持到底	1	2	3	4
我的想法通常谨慎而有目的	1	2	3	4
当我情绪高涨时,往往会使自己陷入惹是生非的境地	1	2	3	4
未完成的任务让我心神不安,时时牵挂	1	2	3	4
我通常做事之前都要深思熟虑(R)	4	3	2	1

3. 自我控制双系统量表

自我控制双系统量表(the Dual-Mode of Self-Control Scale, DMSC - S)中文版是一个专门设计用来评估青少年自我控制能力的心理测量工具。该量表基于双系统理论,将自我控制分为控制系统和冲动系统两个维度,每个维度下又包含更具体的因子。控制系统包括问题解决、未来时间观两个因子,冲动系统包括冲动性、易分心、低延迟满足三个因子。量表采用 5 点计分,1 分表示"完全不符合",2 分表示"比较不符合",3 分表示"不确定",4 分表示"比较符合",5 分表示"完全符合"。反向条目需反向计分,如样题中的"我经常无法坚持完成计划"属于控制系统反向条目,需按反向转换分数。控制系统得分越高,表明个体更倾向于理性决策、目标导向行为和延迟满足。冲动系统得分越高,反映个体有易冲动、分心或追求即时奖励的倾向。通常不计算全量表总分,而是分别分析两系统得分,对测试者的行为和思维模式进行评估。该量表的结构效度和信度都得到了验证,表明它能够有效地测量青少年的自我控制能力。[1]

表 2 - 14　自我控制双系统量表(样题)

系统	因子	条目	完全不符合	比较不符合	不确定	比较符合	完全符合
控制系统	问题解决	遇到困难时,我会冷静思考解决办法	1	2	3	4	5
	未来时间观	我经常无法坚持完成计划(R)	5	4	3	2	1

---

[1] 谢东杰,王利刚,陶婷,等.青少年自我控制双系统量表中文版的效度和信度[J].中国心理卫生杂志,2014,28(05):386—391.

系统	因子	条目	完全不符合	比较不符合	不确定	比较符合	完全符合
冲动系统	冲动型	我常常不思考就作出决定	1	2	3	4	5
	易分心	学习时，我很容易被周围事物干扰	1	2	3	4	5
	低延迟满足	我宁愿现在得到少量奖励，也不愿等待更长时间	1	2	3	4	5

4. 中学生自我控制能力问卷

中学生自我控制能力问卷是由王红姣等人开发的一种评估工具，旨在从行为、情绪和思维活动三个维度综合评估中学生的自我控制能力。这个问卷的设计考虑到了中学生在学习、娱乐和社会生活中的实际表现，通过具体的题目来反映他们在这些不同领域中的自控水平。问卷包含的 36 个题目涵盖了各种情境，例如上课时的注意力集中、娱乐活动的自我控制以及对个人行为的自我评价等。这些题目使用 5 点评分法，从"完全不符合"到"完全符合"，分别对应 1—5 分，部分题目采用反向计分。总分的范围在 36—180 分之间，得分越高表示学生的自我控制能力越好[①]。

表 2-15　中学生自我控制能力问卷(样题)

题项	完全不符合	不太符合	有点符合	比较符合	完全符合
学习时我能排除一切杂念一心一意学习	1	2	3	4	5
对于他人过激言语，我一般能心平气和地对待	1	2	3	4	5
有我喜欢的电视我就会忍不住看而不做作业（R）	5	4	3	2	1
做事前我往往会先想一想，然后再采取行动	1	2	3	4	5

---

① 王红姣,卢家楣.中学生自我控制能力问卷的编制及其调查[J].心理科学,2004(06):1477—1482.

题项	完全不符合	不太符合	有点符合	比较符合	完全符合
上课我极少走神,即使上我不喜欢的课也是这样	1	2	3	4	5

这些问卷为教育工作者、家长和学生本人提供了有用的工具,以识别和理解学生在自我控制方面的强项和需要改进的地方。通过这些信息,老师可以设计出针对性的干预措施和支持策略,帮助学生提高自我控制能力。然而,需要注意的是,任何心理评估工具的使用都应该在专业指导下进行,并且评估结果应该结合其他信息和观察来综合理解。此外,评估过程中应当保护学生的隐私和权益,确保评估的伦理性和合法性。通过这些措施,我们可以确保评估结果的准确性和有效性,同时尊重和保护学生的个人权利。

三、如何帮助学生做好自我控制?

研究者发现中学生在日常生活中实现自我控制时,最常采用的策略包括认知改变、抑制冲动反应和转移注意力等①。这些策略的使用表明,成功的自我控制不仅仅是一种意志力的体现,更是个体在面对挑战时主动调整自己的认知、动机、情感和行为反应的能力②。老师可以将以下策略传授给学生,帮助他们更好地实现自我控制。

(一) 创设有利环境,抵御外部干扰

1. 选择适宜环境

我们在完成重要或紧急的任务时,寻找一个能够减少外部干扰的环境对于集中注意力至关重要。比如,我们如果想要专心学习,可以选择去图书馆这样的安静且光线适宜的地方,那里的氛围有助于我们更快地进入学习状态。

---

① Duckworth A L, Taxer J L, Eskreis-Winkler L, et al. Self-control and academic achievement [J]. Annual Review of Psychology, 2019,70(01):373-399.

② 陈雪飞,利振华,聂衍刚.不只是努力抑制——自我控制策略及其使用机制[J].心理科学进展, 2023,31(08):1528—1540.

2. 改善当前情境

当无法选择环境时,我们可以尝试改善当前环境的某些元素来减少干扰。例如,在学习时,我们可以将手机设置为飞行模式,以避免通知和消息的打扰,从而帮助我们更好地专注于手头的任务。

3. 调整注意分配

面对无法改变的环境时,我们可以通过集中注意力来提高自我控制。比如,在课堂上,我们要求自己专注于老师的讲解和课本内容,将注意力集中在学习活动上,可以有效提高学习效率。

4. 改变认知评价

我们无法改变外部环境或诱惑时,还可以尝试改变对这些事物的认知。例如,认真学习数学是为未来从事科学研究工作打下重要基础,而不是一项枯燥无味的任务,这样的想法可以增强我们学习的动力和积极性。

(二) 明确期望反应,减少资源消耗

1. 事先制订计划

通过提前规划行动,我们可以在面对选择时更加果断。例如,如果我们决定周六上午先完成数学作业,那么一旦到了既定时间,我们就可以立即开展行动,而不需要再次权衡选择。这样的计划性行动有助于我们避免分心和拖延,保持对目标的专注。

2. 建立个人规则

通过为自己设定一些行为准则,我们可以在内心构建一个积极的自我形象,并依据这些规则来指导自己的行为。例如,我们将自己视为一个爱学习的人,并以此为准则来优先完成作业。这种内在的规则还有助于我们在面临不同的情境时保持一致性,避免因一时的冲动而偏离目标。

3. 培养习惯反应

通过培养习惯,我们可以在相同的情境中自然而然地展现出期望的行为,而无需额外的思考和自我控制。例如,每次回家后自动开始做作业,这样的习惯形成后,我们就会在到家后不假思索地开始学习。

这三种策略的共同之处在于,它们都能够帮助我们绕过复杂的冲动过程,直接达

到期望的行为反应。这样不仅提高了行动的效率,还减少了自我控制资源的消耗。这些策略能够有效缩短冲动产生的周期,一旦进入一定的情境中,我们就会自然而然地采取期望的行动,减少了自我控制资源的消耗①。

(三) 降低冲动水平,激活控制系统

自我控制涉及冲动系统和自我控制系统的相互作用。冲动系统通常是自动的、快速响应的,而自我控制系统则需要更多的认知努力和深思熟虑。为了有效提高自我控制能力,我们需要考虑这两个系统的特点,并采取相应的策略。

1. 建立清晰目标

在每天或每周的开始,设定具体、可衡量的目标和实现步骤,有助于我们专注于目标,减少因目标模糊不清而产生的困扰。明确的目标可以引导我们的行为,使我们更有动力去实现它们。

2. 降低冲动强度

当意识到冲动出现时,我们可以采取一些暂停冲动的策略,通过深呼吸、冥想或其他放松技巧来平息冲动。此外,保持规律的作息,健康的生活方式,定期进行有氧运动,如散步、慢跑或瑜伽,也有助于提高我们对冲动的控制能力。

3. 理性看待诱惑

了解自我控制系统的运作方式,认识自己在面对诱惑时的情绪和反应。在诱惑面前,尝试冷静评估行为的长期后果和与个人目标的一致性。通过深思熟虑,我们可以更准确地评估诱惑的价值,从而增强自我控制。

在培养自我控制能力的实践中,没有一成不变的方法。我们需要根据具体的情境和环境,从策略库中选择最合适的策略,并根据需要灵活地进行调整。在日常生活中,我们应该不断练习和完善这些策略,以便在面对各种挑战时能够灵活应对,从而更好地实现个人目标和提升生活质量。

---

① Duckworth A L, Gendler T S, Gross J J. Situational strategies for self-control [J]. Perspectives on Psychological Science, 2016,11(01):35-55.

第五节 中学生的自我同一性：我将何去何从？

■ 案例 2-5

他们有什么不同？

　　八年级的小杰请假了两个星期没有来学校，他说在学校里找不到跟他志同道合的朋友。在家的两个星期里，他有时候自己画画，有时候玩音乐游戏。当他被问到将来打算怎么办，是要努力学习文化课，还是打算走某个特长方向，或者想从事什么职业时，他说这些对他来说都差不多，他没有了解太多，暂时也不太想考虑这些。

　　高一年级的小雷从小学习编程，参加过不少科技类比赛，也获得过一些奖项。爸爸妈妈期待他将来成为一名软件工程师，他自己也觉得这个工作很棒，体面又赚钱。不同于同龄人的迷茫，他坚信自己只需要好好学习，考上一个好大学的计算机专业，未来就不用愁了。

　　高一年级的小琳成绩不错，但她发现自己好像没有什么特别擅长的。要说感兴趣的学科，她喜欢生物，地理知识也很好玩，不过学这两个专业将来不知道能做什么工作，要去做科研吗？最近看了个综艺，她觉得做律师也不错，虽然自己不太擅长背东西，但对分析案例和辩论还是很喜欢的。究竟该如何选择、要付出怎样的努力，才能过上自己想要的生活？她打算利用最近学校活动的机会，去跟法学、生物和地理专业毕业的学长学姐好好聊聊，看看他们都在做怎样的工作，自己适不适合。

　　小新今年上大二，中学时她曾经非常想学刑侦专业，影视作品中的刑侦专家真的太厉害了,她也想成为那样的人。小新的妈妈带她到公安大学参观并且跟刑侦学教授聊了自己的想法,了解到真实的刑侦人的工作特点和发展路径后,小新发现自己想得太简单了,刑侦专业很酷,但确实不适合自己;基于自己逻辑思维能力强、有较高的文学素养、擅于观察生活等特点,她在高二下学期重新作出了选择,最终成功考入中央戏剧学院编剧系。现在的她很喜欢自己的专业,她非常清楚自己将来会做什么,并且坚定不移。

从上面的案例中我们可以发现,中学阶段的学生都会或多或少开始去思考这样一个问题:"我究竟会(想要)成为什么样的人,过上怎样的生活?"对这个问题的思考和探索程度代表着一个人的自我同一性的发展水平。我们很容易发现,案例中的四名同学关于个人未来思考的"成熟度"有很明显的差距,他们代表着几种不同的自我同一性发展状态。什么是自我同一性?自我同一性为何重要?如何判断和测量一个人自我同一性的发展状态?作为老师,怎样帮助那些比较"迷茫"的学生?通过阅读本章,你可能会找到一些答案。

一、什么是自我同一性?

(一) 自我同一性的概念

美国心理学家埃里克·埃里克森(Erik H. Erikson)提出了人格的社会心理发展理论,把心理发展划分为八个阶段,在每个阶段个体都需要完成一项关键的发展性任务,才能实现人格的健康发展。其中个体在青春期阶段(12—18 岁)的心理发展任务是克服同一性混乱,获得自我同一性(也叫自我认同感)。自我同一性是在作出许多选择的过程中形成的:我是个什么样的人?我想从事什么样的职业?我该持有哪种价值观?青少年在思考这些问题时会感到混乱甚至焦虑,埃里克森认为这种感受和状态就是"认同感危机",直到明确找到这些问题的答案,认同感危机才会消除。自我同一性的形成和发展是一个持续一生的过程,但由于青少年面临身体、心理和社会角色三方面的重大变化,青少年期成为个体自我同一性的第一次整合时期,也是自我同一性形成最重要的阶段。

　　埃里克森经过临床实践对自我同一性进行了多角度、多使用场景的阐述,从主观感受、功能层面和社会文化历史环境等角度作出不同的界定,其概念的内涵并不清晰。[①] 我国学者张日昇对同一性概念的界定更容易理解,也更符合中国文化和语境,即自我同一性是指个体在寻求自我的发展中,对自我的确认和对自我发展相关的一些重大问题(诸如理想、职业、价值观、人生观等)的思考和选择。自我同一性的形成,意味着个体对自身有充分的了解,能够将自我的过去、现在和将来组合成一个有机的整体,确立自己的理想与价值观念,并对未来自我的发展作出自己的思考。[②]

　　埃里克森认为自我同一性是在自我与社会环境交互作用的过程中产生的,是时代发展的产物,与社会变迁相适应。在农耕社会和早期工业社会,由于缺乏选择或者社会角色相对稳定单一,自我认同危机并未得到凸显;而在科技飞速迭代的信息时代,多元文化对人们的生活方式和价值观产生着巨大的冲击,社会发展带来的物质和精神的丰富给青少年提供了更多选择的空间,也对青少年同一性的发展带来新的挑战。

(二)自我同一性状态的分类

　　基于埃里克森的自我同一性理论,加拿大心理学家詹姆斯·玛西亚(James E. Marcia)依据探索和承诺两个维度,将自我同一性状态划分为四种类型。[③] "探索"指一个人主动地对与自己有关的各种可能性进行考察和尝试,通常涉及对不同角色、价值观、职业选择等进行思考和试验,以寻找适合自己的目标和方向;"承诺"指一个人为认识自己、实现自我并达到某一目标所投入时间、精力和毅力的程度。该理论注重一个人在职业、意识形态及人际关系领域的自我探索,表 2-16 以职业领域为例对这四种同一性状态进行了更详细的介绍。

---

① 韩晓峰,郭金山. 论自我同一性概念的整合[J]. 心理学探新,2004(02):7—11.
② 张日昇,陈香. 青少年的发展课题与自我同一性——自我同一性的形成及其影响因素[J]. 河北大学学报(哲学社会科学版),2001(01):11—16.
③ Marcia J E. Development and validation of ego-identity status [J]. Journal of personality and social psychology, 1966,3(05):551-558.

表 2 - 16　自我同一性状态四分类

同一性状态	描述	举例
同一性获得	经过探索和选择,确立了自己的价值观和目标,并坚定地付诸行动。他们建立了稳定且健康的自我认知,行为具有跨时间的一致性。获得状态是一种最成熟、最高级的自我同一性状态。	"选择当律师这件事儿我想了很久,我确定它适合我,也不会轻易改变。"
同一性延缓	延缓意味着延迟或原地踏步,他们仍处在持续探索的过程中,参加各种活动、积累信息,期待着确立自己的价值观和目标,还没有决定诉诸行动。延缓未必是坏事,积极的探索是一种相对成熟的状态。	"我还在纠结要不要走美术特长生的道路,要不要把喜欢的事变成工作。"
同一性早闭	没有经过探索和选择就确定了行动方向。通常不是基于自己的思考和判断作出的选择,而是过早地关闭了尝试人生可能性的通道,直接进入他人(父母或其他权威人物)为自己安排好的人生道路,将他人的期待当成了自己的目标。	"不需要再多作考虑,我和我的家人都觉得在省会城市考个公务员或者进事业单位很好。"
同一性扩散	缺乏明确的方向,既没有进行积极的探索,也没有付诸行动。他们可能从来没有探索过,也可能曾经试过,但发现过程太困难而放弃。扩散状态是最不成熟、最低级的自我同一性状态。	"我也不了解,对我来说干啥都一样,没什么区别,我也懒得想。"

按照这一模型,案例 2 - 5 中的小新经历过探索,并且正在坚定地付诸行动,是典型的同一性获得状态;小雷几乎没经历过什么探索,就受父母的影响确定了自己的目标方向,属于同一性早闭状态;小琳没有明确的目标,仍在苦苦思索着,属于同一性延缓状态;而小杰既没有进行探索,也没有确定目标并为之努力,属于同一性扩散状态。

但上面的四分类不足以完全概括青少年的自我同一性状态。比如有些青春期早期(初一、初二)的学生,并未开始深入思考自己想成为什么样的人、想从事什么样的职业、想过什么样的生活,也就是说他们压根没有开始自己的探索,从未经历过真正意义上的"同一性危机",也尚未对某一种方向真正作出承诺并为之付出努力,在他们眼里,只要成绩好、受同伴欢迎就足够了。按照探索和承诺两个维度,这类学生应该属于同一性扩散的类型,但他们在行为表现和心理健康水平上又区别于那些社会功能受损

（比如不能上学），对未来也没有期待、不愿付出努力的群体，就像案例中的小杰。实际上，前者只是尚未开始思考，一旦进入探索过程，就会作出方向上的选择并开始付诸努力，是一种相对比较健康和积极的状态；但后者很可能是停滞不前的，是一种无法实现良好的心理功能的、更危险的情形。因此，有学者将这两种情形作了更细致的区分，认为前者其实不是完全的同一性扩散状态，而是一种介于同一性扩散和同一性延缓的中间状态①。不仅如此，该学者还提出了另外一种介于同一性早闭和同一性获得的中间状态，也就是某些学生已经作出了选择并为之努力，但又不单纯是迎合父母、听从权威的安排而承诺，而是自己也作出了一定程度的思考，也经历了一定程度的危机。尽管玛西亚的四分类模型广为运用，但这两种中间状态的提出更符合东方文化和中国国情，中国教育体制对学业成绩的过分关注促成了扩散—延缓中间状态的产生，而个人与权威的冲突和磨合则促成了早闭—获得中间状态的产生。

（三）青少年自我同一性的发展趋势

埃里克森最初提出自我同一性概念时，认为自我认同的危机在青春期早期出现，大约在 15—18 岁得到解决，但他对于年龄阶段的估计过于乐观。实际上青春期早期的个体大部分处于同一性扩散、早闭和延缓状态，很少有人达到同一性获得状态，自我同一性最重要的变化主要发生在青少年中期或晚期②。尽管青少年在身体、心理方面都有独立的倾向，他们也开始对自身产生更多关注，会思考"我是谁""我想成为什么样的人"等问题，但他们仍然没有足够的能力持久地承担各种义务和责任，因而青春期其实是一段合法的心理延缓期。

在我国的国情下，初高中阶段学生不仅没有足够的承担成人义务的能力，他们还不得不承担很大的升学压力，几乎没有时间去充分思考和探索自我，因此一般要到大学阶段才能真正专心探索自我、确立自我同一性。案例 2-5 中的小新在高二下学期就形成自我同一性，这样的发展进程是超出大部分同龄人的，这可能跟她有着民主和支持性的家庭环境有关；而像小琳这样十六七岁的年纪尚未形成自我同一性是合情合

---

① 张日昇. 同一性与青年期同一性地位的研究——同一性地位的构成及其自我测定[J]. 心理科学，2000(04)：430—434+510.
② 王树青，陈会昌，石猛. 青少年自我同一性状态的发展及其与父母教养权威性、同一性风格的关系[J]. 心理发展与教育，2008(02)：65—72.

理的,这符合她的年龄阶段特征。

自我同一性的发展有多种路径。一般来说,随着年龄增长青少年会由不成熟的同一性状态(同一性扩散、早闭状态)向成熟的同一性状态(同一性延缓、获得状态)转变①,但不同个体也会有较大的差异,有些个体停留在某一个状态,有些也会经历相反的发展趋势。

自我同一性的发展是个动态变化的过程,在人的一生中会呈现"探索"和"承诺"反复出现的连续过程。尤其是青少年期容易摇摆不定,可能随着成长经历的增加作出更深入的思考,在作出选择之后也可能会犹豫反复,甚至完全推翻自己原来的想法,彻底改变自己的目标,就像案例2-5中小新经历的过程。这也符合研究者普遍认可的积极的同一性发展模式——MAMA循环,即"延缓—获得—延缓—获得"模式。因此,我们除了了解学生在当下时间点的自我同一性状态(水平),也要用发展的眼光看待学生同一性发展的波动,理解有时学生的自我同一性水平可能会出现"倒退"的情况。

(四) 自我同一性对学生的影响

1. 自我同一性对学业的影响

整体而言,自我同一性发展越成熟的青少年,学习成绩也会相对越好,自我同一性发展水平会通过学生的学习动机、学业自我效能感、学习策略等影响学生的学业表现。自我同一性成熟度高的青少年更清楚自己想要什么、该做什么,在明确的目标驱动下有着较强的学习动机,学习有更强的自主性,也更容易掌握恰当的学习策略,在学习过程中更容易获得自信和成就感,这些都会使他们更容易取得好成绩。

近几年青少年拒学问题愈发凸显,一些学生无法正常进入学校参加学习活动,给家长和老师都带来极大的困扰。这一问题背后的成因非常复杂,其中最核心的个人因素可能是青少年自我同一性形成过程中带来的存在价值危机。青春期的孩子会逐渐萌生"我是谁""我该成为一个什么样的人"这样的想法,如果无法在家庭和学校教育中得到充分的自我探索,只是被告知"上学就是你现在该做的事",一些孩子不愿为了不清晰的目标努力,为了对抗父母和老师在学习上的要求,就可能出现拒学行为。

---

① Marcia J E. Development and validation of ego-identity status [J]. Journal of personality and social psychology, 1966,3(05):551-558.

2. 自我同一性对心理健康状况的影响

埃里克森的自我同一性理论是在了解和关注心理健康功能的过程中诞生的，某种意义上可以说，形成了自我同一性的人拥有最健康的心理功能。大量研究证明，同一性获得和同一性延缓是通往成熟的自我认知、更健康的心理状态的途径，而长期处于同一性早闭和同一性扩散状态则会导致适应不良。

同一性获得状态的人心理状况最健康，同一性早闭的群体心理健康水平相对来说也较高，这在各类研究中得到的结论是一致的。同一性早闭的群体没有经历过探索的痛苦，因为目标明确，他们在面临重要选择时也较少感到焦虑，对生活的满意度也较高；但由于他们是非自主作出的抉择，在认知方式上通常是僵化、教条的，也有可能会在经历重大事件时对个人承诺（目标）产生怀疑，从而完全推翻自己长期以来的坚持和"信仰"，导致内心失衡，陷入巨大的痛苦和危机中。

西方有研究者发现同一性延缓的个体心理健康水平最低，这可能是因为他们进行反复探索时面对巨大的不确定性会产生焦虑。这也解释了为什么青少年期自我同一性形成的过程是一种"危机"，绝大多数青少年都会经历一个比较痛苦的探索过程，这个过程中可能饱含对自己的否定、质疑、纠结、茫然，等等。不过延缓状态的青少年在作决定和解决问题时会采用积极的认知方式，他们会寻找相关信息、认真思考评估，并进行批判性的反思[1]。同一性延缓的群体更可能诉诸心理咨询，只要有人帮忙梳理思路、修正认知、提供资讯和方向，帮助他们顺利完成探索的过程，得到确定的答案并安心投入，就能脱离痛苦，因此他们的心理健康水平低通常是暂时的。但也要警惕"沉浸探索"[2]——有些人会过度关注选择正确与否，却始终无法作出决定，这种情况可能会导致巨大的痛苦。

长期处于同一性扩散状态的人是同一性发展最不成熟的，他们倾向于采用消极回避的认知方式，选择用"躺平"的方式逃避现实、保护自己，即便如此，他们也难免会在学习和生活中遇到困难而受打击，更容易抑郁，也最容易出现其他心理障碍。值得注意的是，中学生处于同一性扩散状态有可能是认知水平没有达到，或者经历

---

[1] Berzonsky M D. A social-cognitive perspective on identity construction [M]//Handbook of identity theory and research. New York, NY: Springer New York, 2011:55-76.

[2] Beyers W, Luyckx K. Ruminative exploration and reconsideration of commitment as risk factors for suboptimal identity development in adolescence and emerging adulthood [J]. Journal of adolescence, 2016,47:169-178.

了一些打击后的"倒退"和短暂逃避状态,那些长期处于扩散状态的群体最危险,也更需要关注。

3. 自我同一性对生涯发展的影响

唐纳德·舒伯(Donald E. Super)的生涯发展理论[①]认为人一生都在主观动态发展过程中寻找最佳的职业选择,其中中学阶段处于探究期,中学生会考虑个人的发展需求、兴趣、能力和机会以及可能的职业与工作,并考虑人生的发展选择。这个过程与自我同一性的发展基本是一致的,形成自我同一性的过程中非常关键的部分是选择自己的职业目标并积极投入,因此生涯发展与自我同一性的发展密切相关。

自我同一性的确立和形成会促进个人的职业探索,自我同一性发展水平也与生涯发展有密切关联。自我同一性的发展水平越高,人们对自身的认识会越清晰,在思考未来时对自己的职业生涯规划也更加明确,生涯(职业)成熟度就越高,这也意味着其个人成长和职业生涯规划会更加顺利。

4. 自我同一性对生命意义感的影响

自我同一性的提出源于个体对自我意识及生命意义的深层次追问。自我同一性发展水平高的人,对自身认识清晰,他们倾向于关注生活中积极的情感体验,生活满意度更高,也会有较高的生命意义感[②]。有些学生埋头苦读十余年,凭借优异的成绩考入名牌大学之后,却因为不知道自己想要什么、为什么而活而陷入迷茫和抑郁之中,对自己的人生方向毫无头绪,转而靠游戏、追剧等来消磨时光,这就是我们现在所说的"空心病",其核心是没有经历过健康的自我探索形成自我同一性而导致的生命意义感的缺失。

近些年来"空心病"逐渐低龄化,相当一部分青少年陷入学业成绩的"内卷"中,没有精力与自己感兴趣的人和事接触与交流,在父母的过分关注和管控下,也几乎丧失了自我探索的可能性。中学阶段本就是探索自我的关键阶段,也是个体心理状态变化剧烈、心理冲突最多的阶段,他们在形成自我同一性的过程中逐渐明确"我是谁",并构建出一套连贯的世界观和价值体系,也在这个过程中明确自己存在的价值,获得生命意义感,找到自己人生的发展方向。这样的发展规律,应该被尊重和顺应。

---

① Super D E, Hall D T. Career development: Exploration and planning [J]. Annual review of psychology, 1978, 29(01):333-372.

② 刘素素.初中生自我同一性与生命意义感的关系及其课程设计[D].武汉:华中师范大学,2022:33—34.

二、怎么评估自我同一性?

(一)访谈法

自我同一性的内涵非常广,其中最重要的是人的主观意识体验,即内心是否产生"自我同一感",所以对自我同一性的评估并不适合用观察法。

玛西亚的自我同一性状态四分类模型最先对自我同一性进行了操作化定义,他采用句子补全和半结构化访谈法对青少年的自我同一性状态进行测量并分类①。半结构化访谈内容涉及职业、宗教和政治三个领域,但在我国文化背景下宗教和政治领域对中学生并不适用。表 2-17 的访谈提纲可以结合本节第一部分对自我同一性状态四分类的阐述理解来使用。

表 2-17 中学生自我同一性访谈提纲(以职业领域为例)

访 谈 题 目	提问目的
1. 你对自己未来想从事什么样的职业有明确的打算吗? 如果有——你什么时候决定想要做这个的? 这个职业(工作)有哪些吸引你的点? 有考虑过其他的职业吗? 什么时候? 如果没有——有没有自己喜欢的、感兴趣的工作? 关于未来的职业有过哪些方面的考虑? 为什么会考虑这个(这些)工作? 知道自己适合做什么吗? 2. 你知道这份(些)职业有哪些方面的要求吗?	了解探索的过程
3. 大多数父母都会给孩子计划他们的将来,希望孩子能够从事他们期待孩子去做的工作,你的父母是怎么为你打算的? 对此你如何看待? 你的家人和老师、朋友支持你的决定吗?	了解权威人物的影响
4. 为了能从事这份职业,你现在正在做哪些努力呢?	
5. 如果有一个更好的选择或机会,你会改变你的目标吗? (如果被访谈者问:"什么是更好的选择或机会。"访谈者可以追问:"在你看来什么是更好的选择或机会?")	了解投入的程度

注意:需要结合访谈过程中学生的实际回答来对下一个访谈问题作出调整。

---

① Marcia J E. Determination and construct validity of ego identity status [D]. Ohio: The Ohio State University, 1964:23-38.

同一性获得：有明确的目标，经历了对多种职业的思考和探索，最终作出了当前的决定，且不会轻易改变自己的目标。

同一性早闭：有明确的职业目标，但不是基于自己的想法作决定，而是为了满足他人（父母或其他权威人物）的期待或者服从他人的安排。

同一性延缓：暂时没有明确目标，正在思考和探索的过程中，乐于去收集和了解更多职业信息，乐于对自己的性格、兴趣、价值观作深入探索。

同一性扩散：没有明确的职业目标，也不愿去考虑这些问题。

(二) 问卷法

问卷法能够在短时间内快速获得可靠的数据，有较高信度和效度，适合批量测试。已有的测量工具主要从以下两方面对青少年的自我同一性进行测量。

1. 对自我同一性状态进行分类

(1) 四分类法

基于玛西亚的自我同一性状态模型，研究者创立了许多测量方法和工具，其中被同一性研究者广泛应用的是本尼恩(Bennion)和亚当斯(Adams)编制的自我同一性状态客观性测量量表(EOM‐ELS‐2)[①]，适合于测量整个青少年期个体的自我同一性状态，被玛西亚称为"评定自我同一性状态的最完善、最有效的工具"。该问卷扩展了同一性的研究领域，包括意识形态和人际关系两大内容领域，共 64 个项目，每个题目从"非常不符合"到"非常符合"分别对应 1—6 分，反向计分题则分别对应 6—1 分。问卷共有 4 个分量表：同一性获得、同一性延缓、同一性早闭和同一性扩散。每个分量表包括意识形态和人际关系两个领域，共 8 个子量表。每个领域又包括 4 个小领域，意识形态领域为政治、职业、宗教和生活方式，人际关系领域为性别角色、友谊、娱乐和约会。每个子量表包括 8 个项目，每 2 个项目测量个体在同一个领域上所处的一种同一性状态。

王树青等人对该问卷进行了修订和本土化，将其中不符合我国实际情况的项目

---

① Bennion L D, Adams G R. A revision of the extended objective measure of ego-identity status: An identity instrument for use with late adolescents [J]. Journal of Adolescent Research, 1986, 1: 183 - 198.

（如宗教内容）做了修改,使问卷题目更接近于我国青少年的实际生活情况,该修订版问卷被证实在结构上与原问卷一致,项目有合适的相关性和较高区分度,信效度都达到一定标准①。

（2）六分类法

日本学者加藤厚在"过去的危机(探索)""现在的自我投入(承诺)"两个维度的基础上追加"将来自我投入的愿望"维度,构成了三个维度12个题目的量表。张日昇针对我国社会现状以及青少年发展特点,修订了相关内容并验证了信效度,形成了符合中国青少年发展特点的自我同一性形成度的自我测定量表及测定方法②,样题见表2-18。这一量表并没有对内容领域(如职业、人际关系等)进行细分,而是将青少年整体的自我同一性状态划分为六个类别,新增了两个中间状态。六分类法比起四分类法更为复杂也更为精确,新增的"将来自我投入的愿望"维度对于理解青少年当下的心理状态非常重要,更便于解释中学生的不同表现。

该量表采用6点计分方式,从"完全不是"到"完全是"分别对应1—6分。根据以下公式算出"现在的自我投入""过去的危机""将来自我投入的愿望"的得分。

(a)−(b)+(c)−(d)+14="现在的自我投入"

(h)−(g)+(f)−(e)+14="过去的危机"

(i)−(j)+(k)−(l)+14="将来自我投入的愿望"

表2-18　自我同一性形成度的自我测定量表(样题)

题目	完全不是	相当不是	大体不是	大体是	相当是	完全是
a. 我正在为实现自己的目标而努力。	1	2	3	4	5	6
e. 我至今没有自主地对有关自己的事作出过重大决断。	1	2	3	4	5	6
i. 我正在努力探求我所能投身的事情。	1	2	3	4	5	6

---

① 王树青,张文新,纪林芹,等.青少年自我同一性状态问卷的修订[J].中国临床心理学杂志,2006(03):221—223+226.

② 张日昇.同一性与青年期同一性地位的研究——同一性地位的构成及其自我测定[J].心理科学,2000(04):430—434+510.

- 同一性形成状态("现在的自我投入"≥20,且"过去的危机"≥20)

- 同一性形成—权威接纳中间状态("现在的自我投入"≤20,且 15≤"过去的危机"≤19)

- 权威接纳状态("现在的自我投入"≥20,且"过去的危机"≤14,代表几乎没有经历过危机,并非自己决定,而是迎合或接纳父母选定的投入目标)

- 积极延缓状态("现在的自我投入"≤19,且"将来自我投入的愿望"≥20)

- 同一性扩散状态("现在的自我投入"≤12,且"将来自我投入的愿望"≤14)

- 同一性扩散—积极延缓中间状态(以上条件皆不满足)

2. 用同一性危机程度反映自我同一性发展水平

中国台湾学者江南发编制了青少年自我同一危机量表,共 28 个条目,包括时间透视、自我疑虑、角色尝试、工作无力、自我确信、权威混淆和价值定向 7 个分量表。采用 5 点计分,"特别不符合"计 1 分,"比较不符合"计 2 分,"无法确定"计 3 分,"比较符合"计 4 分,"特别符合"计 5 分。对积极层面的题目进行反向计分,总分越高代表同一性危机的程度越高。该量表由张青方、郑日昌引进并修订[1],信效度和区分度良好,适合研究青少年自我同一性危机的严重程度,可以用于从发展性特征的角度理解青少年的心理健康,样题见表 2-19。

表 2-19 青少年自我同一危机量表(样题)

题目	特别不符合	比较不符合	无法确定	比较符合	特别符合
1. 我觉得自己将来的生活可以过得很愉快。(R)	5	4	3	2	1
2. 对一个人来说,未来实在太难确定了,所以做任何事情都没有必要那么认真。	1	2	3	4	5
3. 我觉得自己在许多方面不如别人。	1	2	3	4	5
4. 我在十几岁的年纪时,并不喜欢试探和尝试新的事情。	1	2	3	4	5

[1] 张青方,郑日昌. 青少年自我同一危机量表的信度、效度检验[J]. 中国心理卫生杂志,2002(05): 304—307.

三、怎么帮助学生提高自我同一性水平？

自我同一性的形成是一个贯穿一生的动态过程，其中青少年期是同一性形成最重要的阶段。多种个人和环境因素影响着自我同一性的发展，家长、学校、老师都能够为提高学生的同一性水平做出许多努力。

（一）家长为孩子提供民主、安全、沟通顺畅、支持性的家庭环境

家庭环境（包括亲子关系、父母教养方式等）与中学生的自我同一性发展状况有密切关系。温暖民主且不过分压抑或溺爱的教养方式下，青少年的自我同一性发展是最积极健康的。同一性扩散的青少年在家里得到的温暖、开放的交流最少，他们更容易感受到父母的忽略和拒绝，也更容易与父母疏远。同一性早闭的青少年的父母通常有较强的操纵意识，对孩子的想法和行动都有过分控制和干涉的倾向。如果家庭能够作为孩子的"安全基地"，让青少年能够自信地走出家门，接触更广阔的世界，他们就更可能为了其价值观和目标而做出努力，其同一性会更顺利地发展。

首先，家长应该不断更新和修正个人的观念，拥抱变化，重视孩子个性的发展。如果家长只关注成绩，必然也会培养出功利、目光短浅的学生；如果父母乐于探索和尝试、不故步自封，孩子也会更勇敢、积极地追求自我。

其次，家长应该适当放手，给孩子独立成长的空间。比如可以让孩子多参与到家庭事务的决策中，作一次出行策划、节日安排或者采购规划，等等。让孩子有机会在各种生活事件中尝试和体验作计划和决策、执行和反思，自己去发现自己的爱好与擅长。凡事大包大揽，"替"孩子计划好，"替"孩子作决定，也许能帮孩子规避自己探索的痛苦和曲折，但被过分保护和控制的孩子就不具备自己抵抗风雨的能力了。只有自己去完成探索过程的青少年，才能形成更完整的价值观和人生观，坚定付诸行动，有能力承担自己的人生。

再次，家长应与孩子进行亲切而开诚布公的交流，鼓励并解答孩子对自我产生的疑问。在孩子遇到困惑时，父母可以先在情感上给到孩子关心和支持，鼓励和倾听孩子表达自己的观点；父母作为有经验的人，可以表达自己的观点和看法，如果孩子需要也可以给一些建议，但切勿将自己的意愿强加于孩子身上。为了创造更多的交流机

会,家长也可以与孩子共读时事新闻,让孩子认识到真实世界的多元复杂,并就各方立场和观点进行探讨——这种探讨能够促进未成年人思维的高水平发展,鼓励孩子根据不同的视角作出理性而深思熟虑的选择。

最后,家长应该鼓励和带领孩子多参加社会实践活动,也可以合理运用自己的人脉资源,帮助孩子进行更充分的职业和社会角色探索。比如孩子对律师职业感兴趣,单纯是觉得律师"很酷""赚钱多",这是不成熟的决策理由,这时如果父母能找到渠道,让孩子去相关行业参观、与业内人士对话访谈、通过实习体验这个行业的生活状态,更有助于孩子了解一个行业与自己的匹配度,从而确立适合自己的目标。

(二) 学校通过集体活动和课程设置为学生提供同一性发展的平台

青少年通常是在集体生活中学会为人处世的,团体动力和同伴的影响对青少年的个人成长至关重要。在集体活动中,学生与同伴进行互动,彼此承担不同的角色,有助于发现和发挥个人的潜能,同时反思自己的个性、兴趣和价值观,为自我同一性的发展奠定基础。在集体生活中建立起友谊的同伴,能为青少年提供情感支持和帮助,并可能成为同一性发展的榜样。因此,学校应该通过精心设计集体活动和有针对性的课程设置,为学生搭建促进同一性发展的平台。

在集体活动方面,学校可以组织校内的生涯教育活动,如生涯发展讲座、职业故事分享、行业人物访谈(提供榜样,能够对怎样解决同一性问题提出建议)、生涯游园会、模拟法庭、模拟招聘会等;可以组织丰富多彩的校内外实践活动,如围绕价值观和人生观主题的辩论赛、职业培训(可以体验成人真实的职业环境)、志愿服务活动、拓展视野的研学旅行,等等。

在课程设置上,学校应将生涯教育纳入中学课程体系,或专门开设系列生涯课程,促进学生的自我探索和环境探索,推动学生的生涯发展,从而促进其自我同一性发展;配备足够数量的心理老师,开展足够的心理课程和团体心理辅导活动,在学生遇到关于自我的发展性议题时,可以利用心理剧、叙事团体辅导帮助他们应对同一性危机。

此外,也应当注重对班主任老师和一线教师的生涯教育和心育能力培训,塑造教师群体的科学育人观念。

（三）学科老师和班主任利用学科课堂、班会和团队活动促进自我同一性发展

高水平思维的课堂能够促进学生的自我探索，学科教师(尤其是语文、政治等学科教师)可以在本学科课堂上通过精心设计教学活动(如角色扮演等)加深学生的情感体验，促进学生关于自我和人生的深度思考；也可以开设选修课或专题系列课等，为学生提供更多探索自我的机会，帮助学生找到自己的兴趣和才能。

班主任在组织集体活动方面有着天然优势，在进行团队建设时，可以通过班会和团队活动的主题设计(如"学习的意义""价值拍卖"等主题)，引导学生内省反思，促进其自我探索。一些优秀的网络视频素材也可以为老师确定活动主题和形式提供思路，可以在设计班会时作为参考，更容易激发学生自我探索、确立人生目标的愿望。

老师也可以在学生中经常开展有关人生观和人生理想的讨论和对话，充分了解学生的思想动态，并不失时机地对其进行教育引导，帮助他们修正不正确、不切实际的想法，鼓励他们形成积极的人生追求。也可以创造机会请家长或学长学姐进行分享，让学生有机会与经历过同一性危机的成人和同伴交流，引导他们在人生对话中探索自我，基于自己的价值观、兴趣和能力作出人生方向的选择。

（四）针对不同同一性状态的学生给予不同的帮助

同一性形成和同一性延缓的青少年都有相对积极正向的状态，对于这两个群体，在教育层面需要提供新的领悟和探索机会，创设既能够适应学生和社会需求的变化又能够提供挑战和冲突情境的课程，容许和鼓励学生追求与自己的兴趣和能力相一致的课程，让同一性形成者有机会表现自己的才能，引领他们走向真实的社会角色；最大限度地帮助同一性延缓的青少年探索其职业方向和意识形态等方面，包括性格、兴趣、能力、价值观等；也可以通过讲座、访谈、活动等方式提供更多资讯，增进学生对各种职业人的生活状态的了解，帮助处于积极延缓状态的学生克服焦虑感、找到确定的掌控感。

对于同一性早闭的青少年，由于这一群体本身的同一性状态已经确立已久很难改变，且他们很少会彷徨或者质疑，因此状态通常都比较稳定。应该为他们提供允许在职业方向及意识形态方面进行开放式探索的教育环境，让他们能看到和接纳更多可能性，允许他们产生怀疑和探索改变。

对于同一性扩散的青少年,由于这一群体本身具有"不投入、无向往"的特点,存在消极对待生活/生命的态度,因此需要结合个人偏好和能力,帮助他们意识到自己独特的特质和经验、发现自己擅长与感兴趣的地方,给予他们希望,这些能够改善这一群体的消极应对方式。

参考文献

1. 韩晓峰,郭金山.论自我同一性概念的整合[J].心理学探新,2004,24(02):7-11.

2. 张日昇.同一性与青年期同一性地位的研究——同一性地位的构成及其自我测定[J].心理科学,2000,23(04):430-434+510.

3. 埃里克·H·埃里克森.同一性:青少年与危机[M].孙名之,译.杭州:浙江教育出版社,1998.

4. Marcia J E. Development and validation of ego-identity status [J]. Journal of personality and social psychology, 1966,3(05):551-558.

5. 卡罗尔·德韦克.终身成长[M].楚祎楠,译.南昌:江西人民出版社,2017.

6. 伯纳德·韦纳.归因动机论[M].周玉婷,译.北京:中国人民大学出版社,2020.

第三章

中学生学习心理的评估与干预

■ **案例 3-1**

"卷"趴下的"优等生"与"卷"不动的"潜能生"

　　"这孩子很聪明,可就是不肯干……""某某学生脑子很够用,就是不努力,总马虎。"从一些教师或家长的嘴里,是不是总能听到这样一类学生?好像对于日常表现伶俐反应快、但是学业成绩不精的学生而言,"眼高手低""不努力""马虎敷衍"就成为了解释这种现象的代名词。面对这些学生,教师或家长往往很无力。就好比一辆各方面性能优良的高级车,它自身的发动机就是不启动,只能靠人推,让人干着急。这个时候的你有没有想过,也许是启动这台发动机的方式不合理,又或是这台发动机和这辆车的其他配置不匹配?仅仅强调努力、勤奋,或拉长学习的时间,也许并不能有效地激发学生对学习的兴趣或提升其学业成就。

　　在一线的咨询工作中,笔者整理出某中学 2017—2021 年期间学生咨询议题的类别占比(见图 3-1),发现在疫情居家学习期间,

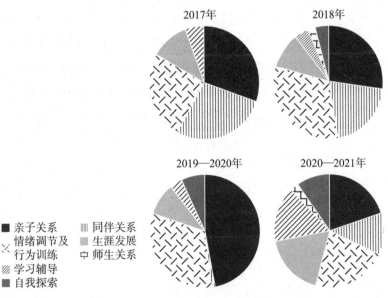

图 3-1　某中学 2017—2021 年学生咨询议题的类别占比

学生在学业心理、学业指导等方面的议题数量明显增加。而亲子矛盾、师生矛盾、情绪冲突等，也有很大一部分原因跟学习状态、学业成就有关。

小杰从小学起，就一直是老师、家长口中"别人家的孩子"，学习积极努力，上课专注听讲，课下认真完成作业，学习成绩一直名列前茅。但这种状态到了高中却发生了巨大转折。凭借中考优异的成绩，小杰从远郊区县考入海淀区一所重点中学的重点班。刚一进班，小杰就发现身边高手林立，每个同学都很优秀。大家都对学习表现出超高的热情，课上投入，课下三五成群研讨，小杰在享受这种学习氛围的同时，也感受到莫大的压力。用小杰自己的话讲，"在卷的氛围中痛并快乐着"。第一次大考，小杰自信满满却出乎意料失利了。看着自己的分数和名次，再对比他人的答题思路，小杰开始对自己有些动摇和怀疑。他觉得也许是自己努力得还不够，为自己平时玩手机、聊天感到懊悔，于是他决定延长学习时间，下课除了去厕所，其他时间全部用来学习，回到家吃完饭就一直学习到深夜。在他看来，只要学的时间比别人长，就是更努力的表现，就会有更好的成绩。但是很遗憾，在这种模式下，小杰期末的考试成绩更差了。如此大的退步使小杰受到了巨大的打击，他开始听不进去课，情绪低落，甚至怀疑自己本就不属于这个班。

强子是和小杰完全不一样的学生。他活力满满，对很多事情都表现出极大的好奇，很少能看到强子安静下来的时候。即使上课，他也总是坐不住，教室外的任何一点风吹草动都能吸引强子的注意。这样的强子，学业成绩一直保持在班级的中等水平。可每次考试，单单因为马虎丢的分就能占比将近一半。家长和老师都觉得强子聪明有潜力，总是提醒强子要再仔细一点，上课再认真一些，课下好好复习，认真做作业，可强子每次被谈话后，总是三分钟热度，坚持两三天后又打回原形了。每个教过强子的老师，都对他恨铁不成钢。

面对小杰、强子这样的学生，你会用什么样的方法给予指导呢？从这两名学生身上,我们能看到,传统意义上的"智商差异"并不能解释上述现象。除了老师挂在嘴边的"多努力""调整学习方法""再认真仔细、不马虎"以外,还可以从哪些方面来辅导学生? 在具体开展学业辅导之前,我们可以先从哪些方面进行评估? 还有哪些因素在影响着学生的学习状态和学业成就呢?

这一章将带领大家一起来探讨,抛开传统意义上的"智商差异",老师还可以从哪些角度来看待学生的学业水平差异? 我们将从学生的学习动机、学业情绪、学业投入、自我效能感、认知能力、学习策略等方面,向大家提供评估的思路和方法,同时增加了一些对于典型学习障碍的介绍。

评估得当才有助于未来开展更有针对性、更有效的干预措施和辅导方案。这也是本章的意义所在。

第一节 中学生的学习动机:从"不想学"到"想要学"

■ 案例 3‑2

优秀教师"教不好"自己的孩子?

> 王老师是一所中学的优秀教师,他年年带初三,每年班上学生的中考成绩在区里都是数一数二。可是每次一提到自己的儿子小王,王老师都愁眉不展。王老师特别看重孩子的成绩,所以从小对小王要求非常的严格,采用了很多方法去激励孩子学习。在上一年级的时候,小王就会背诵《三字经》《弟子规》《百家姓》以及三百多首唐诗宋词。小学时,小王是学校里的小明星。课堂上,他总是积极举手回答问题、思维活跃,各科老师都对他赞不绝口。在课余时间,他总是拉着同学一起讨论题目,分享自己学到的新知识。在家里,也总是要求王老师能再给他安排一些学习任务。小王经常说的一句话就是,学习给我带来乐趣。小学六年级的时候,小王就

被提前招到了王老师所在的初中,王老师当时特别自豪,觉得自己在教育孩子上颇有心得,还经常跟其他老师讲他的教育光辉历史。可是,当孩子上了初中后,好像一切开始有了变化,小王的学习成绩每况愈下。在初二时,小王的成绩已经稳居末位,各科考试分数都惨不忍睹。他开始沉迷电子游戏,把游戏当成宝贝,对学习完全提不起兴趣。上课时也频繁逃课,在校园里闲逛,有时候甚至一整天都找不到他人影。各科老师都对小王的行为感到费解,小王和王老师成为了学校的议论对象。王老师感觉颜面扫地,也没有了前些年的"意气风发"。

在这个案例中,小王同学在升入初中后,学习动机急剧下降,甚至出现了厌学、拒学等问题。什么是学习动机?为什么会缺乏学习动机?如何评估学生的学习动机?以及有什么方法可以提升学生的学习动机呢?本节将与大家一起探讨学习动机的相关知识。

一、什么是学习动机?

(一) 学习动机的基本概念

学习动机是学生追求学习目标的内在因素,是促进学生学习行为的内在动力源泉。通常学习动机分为两大类,一类是学习的内部动机,一类是学习的外部动机。学习的内部动机主要体现在学生参与学习是因为对学习本身的兴趣,这一兴趣主要体现在以下方面:学会知识时会产生学习成就感,学习新知识本身就是一件快乐的事情,通过学习能探索新知识,满足自身好奇心等。学习的外部动机主要体现在学生学习是为了获得某种奖励或者他人的认可,比如学生学习的主要动机来源于考个高分,考个好学校,考进年级前几名,获得父母、老师的认可等。这些都属于外部动机。

可能有老师会有疑问,外部动机和内部动机哪个更重要一些,要注重培养学生的哪一种动机?要回答这个问题,我们需要明确几点内容。首先,无论是外部还是内部的学习动机,两者均可以促进学生学习。例如,老师的一句表扬、父母的高期待、考进理想的高中,这些尽管是外部动机,但是都能激发学生的学习行为。同理,学生对学习本身的兴趣,也能激发学生的学习行为。因此,外部动机和内部动机同等重要。

外部动机主要依靠外部的反馈发挥作用,内部动机主要依靠个人对知识的热爱发挥作用。因此,对于外部动机而言,如果反馈没有了,那么学习动机就会受到影响。例如,如果老师的表扬是激发学生学习动机的重要因素,一旦老师不再对学生进行表扬,学生的学习行为将会减少。而内部动机对学习的促进作用是持久的,具有更长期、更稳定的影响。从小王的案例中,我们可以看出,小王在上小学的时候,是存在比较强烈的学习动机的,因此他才能在小学阶段取得优异的学业成绩,获得提前招生的机会。在升入初中后,升学压力加剧、父母更加严格,这些因素会进一步提升外部动机,但现实却是小王出现了学习动机不足的问题。这也提示我们外部的压力转化为动机是有条件的,要想提升学生的学习动机,不能完全依靠外部的力量,促进压力真正转化为动力才是关键。过度的、不当的压力可能会适得其反。因此,需要促进学生将外部动机转化为内部动机。

(二) 为什么会缺乏学习动机?

■ **案例 3-3**
痛苦的小王

面对小王的情况,王老师束手无策,他带着小王求助到了学校的心理老师。在与小王进行多次谈话后,心理老师了解到小王学习动机缺失的原因。在小学的时候,小王学习成绩特别优异,几乎每次考试都是年级第一,还曾经获得过市优秀学生的称号。当升入到初中后,初中的学习负担相比小学更重。在初一的各项考试中,小王再也没有获得过年级第一,甚至在初一上学期的期末考试中,数学只考了 70 多分,年级排名一百多。

为了提高小王的学习成绩,在初一下学期,王老师给小王报了多个补习班。而小王觉得自己压力太大了,甚至"觉得自己的生活很无力,自己就像是一台学习机器"。在初一下学期,小王的学习成绩并没有太大的好转,甚至在他与其他同学发生矛盾的时候,有同学会拿学习成绩攻击他，"你有什么了不起，小学成绩好，初中就露馅了吧"，这些话加重了小王的痛苦。回到家，父母对他的学习成绩也总是嗤之以鼻，没有和颜悦色的时候，小王觉得"一切都变了，父母根本不爱自己，只爱学习成绩优秀的孩子"。

通过心理老师与小王的谈话，我们逐步了解到小王动机缺失的原因。首先，初中学业变难，学习负担变重，小王的学习成绩不再是遥遥领先，这让小王在学业上的成就感不足，甚至缺乏胜任感。正因为在学习上收获不了预期的成就，觉得自己难以胜任学习任务，小王的学习动机才下降。其次，在父母的"高控制"下，小王觉得自己没有决定权，没有自由，认为"自己是台学习机器"，这种自主感的缺失也会降低学习动机。最后，同学的奚落，父母对学习的过分关注、对"人"本身的忽略，让小王陷入"关系危机"，这也会进一步降低小王的学习动机。通过上述分析，我们不难发现，在小王学习动机缺失的背后，是心理需要的不被满足。只有真正理解了学生背后的深层次心理需要，才能从根本上解决学生学习动机不足的问题。

那么，有哪些心理需要会影响学生的学习动机呢？根据自我决定理论，个体有三种重要的心理需要，分别是自主、胜任和关系。自主需要强调个体能控制自己作出决定，而不是"受制于人"。胜任需要强调个体完成的事情使他们有成就感，个体有能力完成好当前的任务。关系需要强调个体在集体中建立很好的归属感，与他人有较好的联结。当这三种心理需要得到满足后，会促进个体的内部动机。教师在分析学生学习动机时，也可以从这三种心理需要入手，判断学生的哪一种需要是未得到满足的，从而采取措施进行积极干预，最终提升其学习动机。

在上述关于小王的案例中，能清晰地看到小王在这三种需要上的缺失。同时在此提醒教师，在上述案例中，父母的控制、亲子关系的僵化是导致小王学习动机缺失的重要原因，而在教育教学中，教师则是重要的影响因素。比如，恶劣的师生关系会导致学生学习动机的缺失，甚至产生拒学的现象；教师"专制型"的教育方式也会影响学生"自主"需要的满足。因此，在对问题进行分析的时候，要从多角度去分析，这样才能更加准确地理解到学生行为背后的动机。

除此以外，还有哪些常见因素会影响学生的学习动机呢？

1. 学生的成就目标会影响学习动机

成就目标反映了个体对成就的普遍态度和观点。研究者认为成就目标包括两个维度,分别是:掌握目标与成绩目标,趋近目标与回避目标。掌握目标表现为个体看中对知识的理解和掌握,看中自身能力的增长;成绩目标表现为个体关注如何充分展示自己的能力,得到他人的赞扬。趋近目标表现为努力去达成某一结果;回避目标表现为努力避免某一结果的达成。最终,个体的成就目标包括四个类别,分别是掌握趋近目标、掌握回避目标、成绩趋近目标和成绩回避目标。持有不同成就目标的同学,在学习行为上会有不同的表现,具体见表3-1。

表3-1　不同类别成就目标在学习行为上的主要表现

	趋近目标	回避目标
掌握目标	个体关注的是在自我比较的基础上自身知识的掌握、能力的发展。成功会带来满足感,失败则更加努力地去完成任务。	个体关注的是在自我比较的基础上如何不出错地完成任务,担心做错事情或知识无法掌握。积极的一面是对自身要求较高,愿意付出努力,消极的一面是为避免错误而回避挑战,出现焦虑等负性情绪或完美主义倾向。
成绩目标	个体关注的是如何超越他人,展示自我能力。常表现出与掌握趋近目标相似的积极行为,但当成绩不够理想时,坚持性可能受到影响。	个体关注的是如何不让自己显得笨,避免在与他人比较的过程中发现自己的不足,回避对自身能力的消极判断。一般产生消极行为结果,不利于成绩改善。

　　对于学生来说,在学习这件事情上,可能既存在掌握目标,也存在成绩目标,难以进行完全的区分。无论是掌握目标还是成绩目标,都有其重要的价值和意义。当前比较一致的结论是:持有掌握趋近目标的学生,学业焦虑和学业倦怠会更少,更有利于个体的发展,因此要引导、鼓励学生建立掌握趋近目标,鼓励学生与自身进行比较,用知识的掌握去衡量学习效果,而不是用排名去衡量学习效果。要相信,学业成绩的重要基础是对知识的全面掌握,学业成绩只是掌握知识的一个表现,是掌握知识所带来的必然结果。

2. 学生的归因风格会影响学习动机

　　归因方式的偏好容易影响学生在学习行为中的倾向。当学生把学习结果的产生归因在个人努力程度和学习能力上时,更有助于激发学生的学习动机,促进学习行为。当学生把学习结果的产生归因在运气、题目难易上时,将不会对激发学习动机有帮助。

因此,教师要尽可能帮助学生建立科学合理的归因习惯,将学习上的成功尽可能归因在可改变的、个人所付出的努力上。

3. 教师、父母对学生学习结果的反馈会影响学习动机

当学生通过学习获得了积极、愉快的刺激,那么学习行为会增加。例如,学生在考试中取得了好的成绩,受到了家长和老师的表扬,这都会促进学生继续认真学习,提高学习动机。同时,如果学生的学习行为能够回避消极的、厌恶的刺激,那么学习行为也会增加。例如,当学生考好了,老师承诺可以免交一次作业,这也会激励学生的学习。在心理学上,这一方式运用了动机的强化理论。动机的强化理论强调可以通过正强化和负强化来提升学生的学习动机。正强化强调运用积极的刺激,负强化强调回避消极或厌恶的刺激。表扬就是积极的刺激,交作业就是厌恶的刺激。因此,教师、家长要学会运用正确的反馈方式,帮助学生增强学习动机。当然,强化理论主要作用在外部动机的提升上,要想提升内部动机,还需要从心理需要的满足、学习目标的构建等方面入手。

二、如何评估学习动机?

关于学习动机的评估,心理学研究中往往采用专业的学习动机量表来测量。在日常的教育教学中,教师也可以通过观察、谈话等方式初步了解学生的学习动机。

(一) 运用观察法和访谈法了解学生的学习动机

一般来说,教师可以从内部动机和外部动机两个维度去观察学生的学习动机。

在内部动机上,可以通过这几个指标进行观察:喜欢挑战、好奇心和兴趣、自主性、投入度、目标导向、情感投入等。内部动机强的个体偏爱挑战,倾向于选择和解决复杂的问题,对学习内容有浓厚的兴趣,能积极参与学习活动,且在学习活动中非常投入,并能体会到乐趣。

在外部动机上,可以通过这几个指标进行观察:奖励反应、避免惩罚、同伴比较、外在压力源、焦虑表现等。外部动机强的个体期待在竞争中更易获得成功,得到他人的认可和积极的评价。

表 3-2　学习动机观察指标

核心指标	观察指标	具体表现
内部动机	喜欢挑战	愿意尝试解决困难的问题,能够持续投入,不轻易放弃
	好奇心和兴趣	对学习内容表现出浓厚的兴趣,能主动提出问题,对未知充满好奇
	自主性	在没有外部压力的情况下,能够自主学习,独立完成学习任务
	投入度	积极参与课堂讨论等活动,且对学习内容有深入的思考和理解
	目标导向	有明确的学习目标,且有为实现目标而做的努力,能够调整学习策略以促进目标达成
	情感投入	在学习过程中表现出积极的情感态度,如快乐、兴奋、满足等。即使没有外在奖励,在学习中也有积极的情绪体验
外部动机	奖励反应	会因为奖励,如成绩、表扬而努力学习
	避免惩罚	会为了避免惩罚,如低分、批评、惩罚而学习
	同伴比较	在学习上与同学进行比较,因为想要超越他人或者获得认可而学习
	外在压力源	会因为家长、老师、学校的压力而学习
	焦虑表现	容易出现焦虑情绪,担心成绩被评价
	对失败过度反应	对失败会有过度的反应,如自责、过度焦虑等
	学习依赖性	如果只有外部动机驱使学习,学生不太会独立规划学习

　　特别要强调的是,教师在评估学生学习动机时,不要将外部动机和内部动机对立起来。无论是外部动机还是内部动机,它们都是学习动机的重要成分,往往兼而有之,而不是必然的此消彼长的关系。每个人的动机系统都不能单纯区分为外部动机或内部动机,而是内、外动机共同存在的。一个学习动机强烈的学生,他的内部学习动机和外部学习动机可能都很强烈。我们总是在强调要将外部动机转化为内部动机,而忽略了外部动机本身就具有极其重要的意义。如果学生能够因为外界的期待和评价,对学业成绩的追求,避免失败等而努力学习,这也是非常值得肯定的。同时,也需要注意,如果学生过分关注外界的评价和期待,甚至因为过强的外部动机而影响了自己的身心健康(如焦虑、抑郁等),教师需要及时引导,帮助其顺利

度过。

　　除了通过上述指标观察学生的学习行为外,教师也可以结合这些观察指标,通过谈话的方式深层次了解学生的学习动机情况。

　　【谈话提纲】

- 你觉得自己的学习动机强吗? 用1—10进行评分,可以得多少分?
- 你为什么学习?
- 你对学习的兴趣,主要表现在哪些方面?
- 在学习过程中,你是否享受学习?
- 你喜欢学习的哪些部分?
- 学业上的成功对你来说意味着什么?
- 学业上的失败对你来说意味着什么?

　　除此之外,结合前面讲解的关于学习动机的影响因素,教师还可以从学生的自主性、胜任感、人际关系、归因风格、成就目标等方面间接地评估学生的学习动机情况,以便于对学习动机有一个全方位的了解。

(二) 运用问卷法了解学生的学习动机

　　在心理学研究中,有很多测量学生学习动机的问卷,不同问卷的侧重点不同,测量的具体维度也不同。教师可以根据研究目的选择不同的量表。下面简单介绍几个常用的量表。

　　第一个常见量表是辛自强和池丽萍于2006年修订的学习动机量表①,该量表由阿马比莱(Amabile)、希尔(Hill)、亨尼西(Hennessey)和蒂格(Tighe)编制,将学习动机量表分成了内生动机和外生动机两个分量表,内生动机包括挑战性和热衷性两个维度,外生动机包括依赖他人评价、选择简单任务、关注人际竞争和追求回报四个维度,共30道题目。每道题目按照"完全不符合"到"完全符合"的顺序,进行1—4点评分,得分越高,表明动机越强。

---

① 池丽萍,辛自强. 大学生学习动机的测量及其与自我效能感的关系[J]. 心理发展与教育,2006,22
　　(02):64—70.

表3-3 学习动机量表一(样题)

题目	完全不符合	大部分不符合	大部分符合	完全符合
我并不那么在乎别人对我的学业表现有什么看法	1	2	3	4
我比较喜欢在工作中有人替我设定清楚的目标(R)	1	2	3	4

第二个常见的学习动机量表将学习动机分为内部动机和外部动机,题目数量较少,一共13道,内部动机6道,外部动机7道,采用的是5点计分法,得分越高,表明动机越强。[1]

表3-4 学习动机量表二(样题)

题目	非常不同意	不同意	不确定	同意	非常同意
我非常喜欢学习	1	2	3	4	5
要不是为了考试能通过,我不愿去学习	1	2	3	4	5

成就目标定向是学习动机的重要因素,当前也有关于成就目标定向的问卷,主要采用的是刘惠军和郭德俊编制的成就目标定向量表(2003)[2],该量表基于前面讲到的成就目标定向四因素论,将成就目标分为四个维度:掌握趋近目标(9个项目)、成绩趋近目标(9个项目)、掌握回避目标(5个项目)、成绩回避目标(6个项目)。量表采用5点计分法,1为"完全不符合",5为"完全符合"。各个分量表的得分采用其平均值,分数越高,说明该类型的成就目标倾向越明显。

表3-5 成就目标定向量表(样题)

题目	完全不符合	基本不符合	不大确定	基本符合	完全符合
学习时,我总是有愉快的感觉	1	2	3	4	5

---

① 张露. 初中生学习动机、自我控制与学业拖延的关系及干预研究[D]. 重庆:西南大学,2022:27.
② 刘惠军,郭德俊. 考前焦虑、成就目标和考试成绩关系的研究[J]. 心理发展与教育,2003(02):64—68.

题目	完全不符合	基本不符合	不大确定	基本符合	完全符合
遇到难题，我很少问同学，主要是怕同学笑话	1	2	3	4	5
别人羡慕我的学习成绩，我会非常高兴	1	2	3	4	5

尽管当前关于学习动机的量表并不完全统一，但无论何种量表都是基于相关学习动机理论编制的，教师要在教育教学中考察学生的学习动机情况，并不完全需要通过科学、精准的数据测量才能实现，根据量表中的相关维度，或者依据相关学习动机理论去观察、访谈，就能得出一个相对可靠的结果。

三、如何提高学习动机？

当前，已经有很多从心理学视角面向中学生学习动机的干预研究。在这些研究中，都呈现出一种特点，那就是依据学习动机的相关理论，制订综合性干预方案，从全方位发力去提升学习动机。例如，在前文关于小王的案例中，可以从"自主感""胜任感""关系"三方面入手，帮助其一一进行梳理、澄清、重构，最终将会再次提升其学习动机。除了这些宏观的视角外，在具体实践中还可以从如下方面入手。

（一）进行学习上的归因训练，促进形成"成长型思维"

近年来，成长型思维在学校教育中得到广泛宣传和应用。成长型思维是指个体相信自己的某些特质是可以发展变化的，相信智力是可以塑造、增长和调控的。持有成长型思维的个体会通过不断努力来"成长"他们的智力、能力，他们会勇于面对挑战，在挑战中成长。在教育教学中，教师可以通过归因训练，帮助学生形成成长型思维。教师要引导学生将学业成功的原因归因于自身的努力，同时不要因为学业失败而对自我整体产生怀疑，要让学生明白，失败只是暂时的，通过努力可以取得成功。

学校心理老师以"归因""成长型思维"为课题，设计活动开展教学，帮助学生认识到归因、成长型思维的重要意义及具体内容。对于学科老师来说，首先需要规范自己的教育教学语言,多使用"成长型"的语言,对学生进行积极、正向的评价。例如,在夸奖学生的时候,夸奖学生的努力,让学生看到"努力是学业成功的关键";在批评学生的时候,要避免否定学生的个人能力、人格,做到就事论事,不要夸大事情的影响,极端化事件的结果。其次,学科教师需要加强对考试的分析。在进行考试分析时,不仅针对试题本身进行分析,分析错题、难题等,还要帮助学生分析失败的原因,引导学生将失败归因为自身是否努力等可控的原因上。

(二) 引导学生树立正确的学习目标

树立不同的学习目标,会产生不同的学习动力,在面对成功或者失败时也会形成不同的归因。正确的学习目标应当是学习是自己的事情,学习的最终目的是掌握知识,而不是获得他人的表扬或外界的物质奖励。以掌握知识为学习目标会促进学生更加专注于学习本身,外界的表扬和奖励只是学会知识后的衍生产物,而不是学习的直接目的。

心理教师可以以"掌握目标与成绩目标"为主题设计相关课程内容。对于学科教师,首先,要减少自身对学生排名的关注,减少对学生进行横向比较,重点分析学生的成长和进步,以及知识的掌握和遗漏。其次,引导学生关注自己的进步和可能的发展空间,而不是关注名次、分数。最后,对于一些在学习上存在困难的学生,将其学习目标进行细化,促进学生阶段性实现"小"目标,以增加其在学习上的自信心,让其树立与自己进行比较的观念,不断提升和发展。

(三) 掌握有效的学习策略

有效的学习策略能够帮助学生更有效地掌握知识,获得成就感和面对学习的信心。学生拥有了学习的成就感和信心之后,就会进一步提升学习动机。

首先,教师要掌握认知心理学、学习心理学的相关知识,能够依据学生认知发展规律设计教育教学活动。例如,心理学研究表明,增加随堂测验次数会提升学生学习成绩;将知识进行深度加工和系统梳理,有助于知识的存储。其次,能够对不同学生进行个性化指导,制定适合其认知风格和特征的学习策略。最后,在课堂教学中,除了进行知识的传递外,还需要教会学生科学的学习方法。

(四) 构建生命的意义感

当前很多学生缺乏学习动机的内部原因是缺乏生命的意义感,也就是常说的"空心病"。面对这种情况,帮助中学生重新发现生活的意义,将有助于其学习动机的提升。

第二节　中学生的学业情绪:既要"开心学",也要"学开心"

案例 3-4
重新找回学习的热情

小杨是一个品学兼优的学生,从小担任班干部,在学习上有天赋且非常努力,所以学习成绩一直在年级名列前茅。尤其是数学,这是小杨最喜欢的科目,所以成绩在学校里经常是数一数二的。在小杨升入初三后,他们班数学老师因生病请假,学校临时换了一位数学老师。在更换老师后,她总觉得现在的数学老师教学能力不行,上课枯燥无味,特别无聊,因此她上数学课时经常走神,无精打采。在一次数学考试失利后,她更是讨厌这个数学老师。除了讨厌数学老师外,接下来每次数学考试的成绩她都不满意,甚至到了一上数学课就烦躁,一看到数学试题就焦虑的程度。结果,小杨在初三上学期期末考试中的数学成绩很不理想。

看到小杨的情况,班主任王老师很着急,想要帮助小杨,于是找数学老师了解情况。通过班主任和数学老师的分析,他们发现小杨出现这样的变化有几个原因:第一,初三的授课方式与初一、初二存在很大区别,小杨一时难以适应初三的节奏。第二,因为换了老师,没有了以前的熟悉感,加之上课节奏的变化,加剧了小杨的不适应。第三,当小杨在上课中表现不太好的时候,现在的数学老师因为对她的期望高,会很严厉地批评她,所以进一步加剧了她对数学老师的不喜欢。第四,考试的失利让小杨很受打击,为了心理平衡,她将矛头指向了新来的数学老师,而不是正视问题,积极调整,这导致了恶性循环。

为了帮助小杨,班主任和数学老师共同商议了一个解决方案。首先,数学老师跟小杨一对一交流初三数学教学的变化,并帮助小杨分析学习方法和策略。其次,数学老师和小杨一起制订了寒假学习计划,在寒假期间将初三上学期的知识进行查漏补缺。第三,在初三下学期上课的过程中,多关注小杨,让她多回答问题,让她能够更专注课堂,同时,让她再次感受到数学学习上的效能感。第四,在课后服务时间,小杨可以将不明白的知识与数学老师进行单独交流。

慢慢地,在下学期,小杨逐渐恢复了学习热情,能在课堂中全身心投入,在课后也刻苦钻研难题,最终在中考取得了接近满分的成绩。在拿到重点高中录取通知书后,小杨找到了数学老师,感谢她这一年来对自己的帮助。

从上述案例中我们可以发现,小杨在面对数学学习时产生出不同的情绪状态,有喜悦、无聊、烦躁、焦虑、厌烦等。这些情绪都属于学业情绪的范畴。什么是学业情绪?哪些因素会影响学生的学业情绪?如何评估学生的学业情绪?以及有什么方法能改善学生的学业情绪呢?在本部分,将与大家一起探讨学业情绪的相关知识。

一、什么是学业情绪?

(一)学业情绪的概念

我们对情绪的概念都很熟悉,那什么是学业情绪呢?简而言之,学业情绪是指直接和学习、上课、考试等相联系的情绪,不仅包括学生在获悉学业成功或者失败后所感受到的各种情绪体验，还包括在课堂、写作业、考试等学习活动中产生的情绪体验。在前文所述案例中，小杨同学在数学学习中产生了多种多样的情绪体验，如换老师后觉得课堂无聊，对老师产生厌烦，对数学学习产生焦虑，学业成功后的喜悦，这些都属于学业情绪。因此，面对同一个学科，同一个学生在不同的时间点、不同的情境下会产生不同的学业情绪。同时，不同的学生面对同一学科、同一情境，也会产生不同的情绪体验。

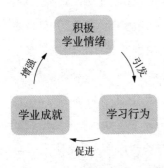

图 3-2 积极学业情绪与学业成就的反馈环路

学生的学业情绪是一种重要的学习动机因素。研究表明，初中生学业情绪与学习成绩高度相关，同时学习成绩也会反过来作用于学业情绪。有研究者提出，学业情绪—学习行为—学业成就—学业情绪，会形成一个反馈环路，对学习产生正向的强化作用或者负向的削弱作用。正如前文小杨的案例，小杨对待数学课的学业情绪是喜悦、兴奋时，会全身心投入到数学学习中，就会取得较好的学习成绩，进而进一步促进积极学业情绪的产生。反之，当小杨对待数学课的学业情绪是无聊、厌烦、焦虑时，她在数学课上就无精打采，提不起学习兴趣，学业成绩也就不理想，进一步产生更多消极的学业情绪。因此，积极的学业情绪会激发学习动机，长期的、持续的、消极的学业情绪会损坏学习动机，甚至会演化为厌学、拒学等行为。

(二) 学业情绪的类型

学业情绪的类型多种多样，例如自豪、高兴、心烦、无聊、焦虑、沮丧、厌倦、失望、无助等，这些都可能是某个学生在某学科上的学业情绪。研究者按照愉悦程度(包括积极情绪和消极情绪两方面)和唤醒程度(包括高唤醒和低唤醒两方面)将学业情绪分为：积极高唤醒学业情绪、积极低唤醒学业情绪、消极高唤醒学业情绪和消极低唤醒学业情绪(见图 3-3)。通常，我们会很容易关注到学生的消极高唤醒学业情绪，而忽视消极低唤醒学业情绪。

- 积极高唤醒情绪包括：兴奋、骄傲、激动、高兴、自豪、兴趣、感激等。
- 积极低唤醒情绪包括：放松、轻松、满意、舒心、希望等。

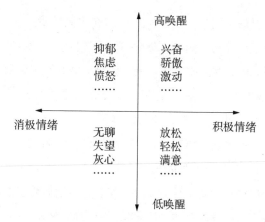

图 3-3 学业情绪的四象限图

- 消极高唤醒情绪包括：焦虑、抑郁、愤怒、羞愧、沮丧、难过、挫折感等。
- 消极低唤醒情绪包括：无聊、失望、灰心、厌倦、失落、无助、郁闷、无精打采等。

(三) 学业情绪是不断转换的

需要注意的是,学生的学业情绪并不是静态不变的,而是不断发展变化的。有研究者设计了学业情绪的转换模型(见图 3-4)。该模型认为典型的学习体验包括一系

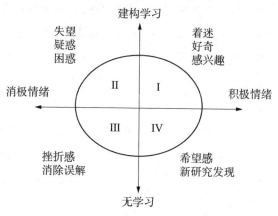

图 3-4 学业情绪的转换①

① 杨莹莹.情绪与学习:学业情绪的动态转换[J].成都师范学院学报,2014,30(10):47—51.

列的情绪变化,在学习的不同阶段中会产生不同的学业情绪。一般情况下,学业情绪从第一象限开始,逆时针移动。例如,在刚开始学习时,学习者可能对学习材料感到好奇或者感兴趣(第一象限),然后随着学习的深入会对新知识感到疑惑、失望和困惑,同时产生降低困惑的动机(第二象限)。这两种情况下学习者处于平面图的上半部,主要关注的是对知识的建构和检测。随着学习的持续深入,学业情绪的移动也在继续,在解决疑惑的过程中,学习者遇到障碍,可能感受到挫折感(第三象限),或者开始巩固新知识,体验的情绪是希望感(第四象限)。

可见,在学习过程中学习者体验到多种情绪,且这些情绪之间相互关联,并会相互进行转换。因此,教师在教学过程中,除了关注学生静态的学业情绪外,还需要分析当前的学业情绪是如何产生的,经历了何种转换,这样才能更好地解决问题,促进积极学业情绪的产生。

■ 案例 3-5
小杨同学的初三最后冲刺

在数学老师与小杨沟通后,小杨开始慢慢意识到了自己的问题,她下定决心一定要找回之前对数学的热情和兴趣。在初三的寒假期间她努力学习,不仅对初三上学期的知识进行了查漏补缺,也对下学期的学习内容进行了预习,因此在刚开学的时候,小杨就重新找到了对数学的兴趣,上课积极参加课堂活动,面对老师的问题总是第一个举手,课堂上非常专注。面对一些难题,小杨在课后积极思考,向数学老师请教,不断挑战自己,体验到了成就感。有时候面对非常难的题目,她也会感到很受挫,时不时怀疑自己,但最终在数学老师的帮助下,在自身的努力下,问题都得到了有效的解决。通过不懈努力,小杨不仅找回了之前在数学学习中的信心,而且进一步提升了自己的数学理解能力,她为自己的进步感到特别自豪。

通过小杨的案例,我们能够体会到学业情绪的转换。新学期伊始,小杨充满了对数学学习的兴趣,此时处于第一象限。随着学习的深入,在面对难题的时候,会觉得受挫,会对自己产生怀疑,此时处于第二象限。之后,在老师的帮助和自身努力下,克服困难,重新燃起希望,此时处于第四象限。

对于初中生来说,整体上积极学业情绪会高于消极学业情绪。随着年级的增长,初三年级学生的消极学业情绪会高于初一、初二年级。对于这一特征很好理解,初三会面临中考的压力,在强大的压力下,学生容易产生对学业的焦虑等问题。如果学业成绩难以提升,与预期或者升学要求有较大的差距,学生还会产生无助、恐惧、厌烦等消极情绪。因此,教师提高对学业情绪的认识,将有助于更好地把握学生的情绪状态,更好地结合学生个体差异、年级特征了解学生的学业情况,真正做到因材施教。

(四)最受关注的学业情绪——学习焦虑

■ 案例 3-6

不能去学校的学生

> 小陈是一名初三的学生,学习成绩优秀,在年级始终保持在前二十名,这个成绩完全能够考上市级重点高中。初三下学期开学,他连续几天不来学校,班主任联系家长,家长说他开学后,陆续出现呕吐、胃疼的症状,甚至有时候到了校门口也不能进学校,胃疼得受不了。家长对此也很着急,带着小陈去了医院,但是并没有发现肠胃的问题,可小陈一再表示自己是因为胃疼才上不了学。面对这样的情况,家长求助到学校心理老师。心理老师通过与小陈的沟通发现,他社会功能受损,情绪低落,初步评估可能存在学习焦虑的情况,建议家长带小陈到专科医院问诊。

在众多的学业情绪中,学习焦虑作为一种消极的、高唤醒的学业情绪,被广泛关注。学习焦虑是指学生在学习过程中,包括平时课堂学习、课后作业及考试等多个场景,所产生的对学习的一种焦虑状态。在日常教学中,我们会发现一些学习焦虑的现象,例如在写作业前会大哭一场;考前会失眠,反复在头脑中想关于考试的事情;在面对一些学习任务时会咬手指甲等。一般情况下,学习焦虑是一种正常的现象,但是如果过分焦虑,自身无法调节,就会产生多种多样的问题,例如在上述案例中，小陈可能因为过度的学习焦虑产生了躯体化的症状（胃疼、呕吐），并且出现了拒学行为。

当前研究者针对学习焦虑开展了大量的研究，研究结果呈现出了跨时间、跨地区的一致性，均显示出当前的中小学生存在着严重的学习焦虑现象，尤其是初三学生的学习焦虑问题最为严峻，检出率高达 57.89％。

关于学习焦虑的研究主要包括三个方面：语言学习焦虑、数学学习焦虑和考试焦虑。语言学习焦虑指个体在外语课堂上感到紧张与恐惧。数学学习焦虑通常被定义为干扰数学成绩的紧张感或恐惧感。考试焦虑则指在面对考试场景时产生的紧张感与恐惧感。由此可见，对学习的不安、紧张与恐惧是学习焦虑的核心。同时，考试焦虑是学习焦虑的最主要表现形式，已经成为了一种普遍的现象，在中国的发生率为21.80％—32.64％。

学习焦虑对学生的影响主要表现在对学业成绩和心理健康的影响上。如果学习焦虑特别严重势必会影响学业成绩。超出个体承受范围的焦虑会导致学生产生不良体验，如紧张、不安、孤独、无安全感等。

二、哪些因素会影响学业情绪?

影响学业情绪的因素很多，控制—价值理论强调影响学生学业情绪的核心要素是学生对学业的控制感和自身在学业上的价值感。

首先，如果学生在学业上有较强的控制感，认为能够控制自己的学习，学生就能够建立积极的学业情绪。例如，学生能够合理安排学习时间，有能力完成学习任务，能够使用有效的学习策略和方法，对自己有积极的期待，能够对学业成功或失败进行积极正确的归因等，这些都有助于学生产生积极的学业情绪。

其次，如果学生认识到学习的价值，也有利于产生积极学业情绪。学习的价值感包括内在价值感和外在价值感。内在价值感主要表现在认识到学习的知识能够帮助解决实际问题，对人类发展有重要作用。外在价值感主要表现在个体取得好的学业成绩能促进获得表扬和奖励。从长远来看，内在价值感更有助于产生积极的学业情绪。当然需要注意的是，对于初中学生来说，还难以建立起对知识的内在价值感，因此外在价值感也很重要。

根据上述控制—价值理论，从影响学生学业控制感和学业价值感入手，分析影响学生学业情绪的因素,可至少包括以下几方面。

1. 学习任务的难度。如果课堂上的学习内容,让学生觉得自己是能够完成的,那么学生就会产生积极的情绪体验。如果课堂学习内容太难,学生觉得自己学不会、学不懂,就会产生消极的情绪体验。同时,如果内容过于简单,学生也会觉得无趣、无聊。

2. 父母及老师的期待。如果父母和老师始终用积极、正向的语言表达对学生的鼓励,学生就会产生对学业较强的控制感。同时,在学生能力范围内,对学生适当的高期待,能够帮助学生建立学习的价值感。也需要注意,如果对学生期待过高,在表达期待的过程中,让学生产生较强的心理压力,学生难以缓解的话,那么可能会削弱学生对学业的控制感。因此,过高和过低的期待对学生学业情绪、学习行为都是不利的。

3. 学生的自主学习与规划。自主学习、规划对于培养学生的控制感具有重要的意义。当学生能自主规划自己的学习任务,外界因素(包括学校、家庭等方面)对其的控制和约束也较少时,会激发学生对学业的控制感。例如,某些家庭对学生具有较高的期待和较严格的要求,很多时候会对孩子的行为进行过多的限制和约束,孩子也许在一段时间内能够按照家长的要求完成学习任务,取得优秀的成绩,但代价可能是孩子失去了对学习的控制感和价值感,影响其积极学业情绪的形成,甚至导致厌学、拒学等较严重的心理行为问题。近些年,在学校里发现了越来越多类似的案例,在学校品学兼优的孩子,其学业生涯以拒学告终,让人唏嘘不已。因此,老师和家长需要明白,在履行监督、督促这一责任的同时,也需要适当放手,还给学生学习的自主权,不要一味包办、代替、控制,这会削弱学生对学习的控制感。

4. 对学习价值的认识。老师在实际教学中,会发现这样的案例,有些学生的家庭条件极其优越,家长对学习并不重视,认为孩子即使完全不学习,未来也能过上非常优渥的生活。对于这部分孩子,他们认同且内化了家长关于学习的观念,所以对学习并不重视。当然,将学习与未来富裕的生活画等号是一种不成熟的观念。一个人的圆满除了物质生活的丰富以外,精神世界的丰富也极为重要。学习的价值除了体现在实现富裕生活外,更重要的价值是通过学习建构更完备的价值体系、独立的人格、对世界的认识等。

当然,除了从控制—价值理论的视角分析学业情绪的影响因素之外,还可以从其他的视角进行分析。学业情绪是学习动机的重要内容,影响学习动机的因素同样会影响学业情绪。

三、如何评估学业情绪？

(一)一般性学业情绪的评估

在日常教育教学情境中,可以运用观察法、访谈法、问卷法了解学生的一般性学业情绪。

1. 观察法

可以通过观察学生在课堂内、外的行为表现来初步了解学生的学业情绪,具体的指标可包括课堂上是否专注,课堂中的表情,课堂中是否参与互动、听教师指令,课堂后与老师的互动情况,完成作业的情况,等等。

表3-6　学生学业情绪观察指标

观察指标	积极情绪	消极情绪
课堂参与度	积极参与课堂活动,对课堂内容表现出兴趣,课堂上很投入	课堂活动参与度不高,对课堂内容无兴趣,课堂上不专注、有各种小动作
作业完成度	对待作业态度端正,认真完成课堂、课后作业	不完成作业,完成部分作业,作业质量低
对学业成就的态度	学业进步时,表现出满意的情感状态;学业失败时,能直面问题,分析原因,积极应对	学业进步时,没有积极的情绪唤醒,觉得无所谓;学业失败时,感到愤怒、羞耻、无助等
对老师的态度	对老师友好,主动和老师打招呼,与老师有交流	态度冷漠,回避老师,对老师有敌意

需要提醒的是,情绪反应的是个体的内部心理特征,具有隐蔽性和掩饰性。仅仅通过观察法探究学生的学业情绪,并不一定全面。例如,有的学生对学业有无助的情绪,但他会花费更多的时间进行学习。或者有的学生即使对某一学科存在恐惧、厌恶等消极情绪,也会认真听讲。因此,在使用观察法的同时,需要同时运用其他方法进一步调查。

2. 访谈法

在观察法的基础上,当老师发现个别学生可能存在某些学业困扰,表现出了消极的学业情绪后,可以与学生进行一对一谈话,进一步了解情况。

表 3-7　学生学业情绪访谈提纲

访谈维度	问　题
学业情绪体验	● 在某个学科学习上,你常体验到的情绪是什么? ● 在考试临近时,你的主要情绪体验是什么? ● 近一个月,在学习上,你最强烈的情绪体验是什么? ● 你最喜欢的学科是什么? ● 你最不喜欢的学科是什么? 在该学科中,你常体验到什么情绪? ● 你觉得最难的学科是什么? 在该学科中,你常体验到什么情绪?
影响因素	● 你为什么会产生这些情绪体验? ● 有哪些因素会影响你的学习状况和情绪体验? ● 你最喜欢哪个老师? 为什么? ● 你希望哪位教师能够改变? 从哪些方面改变? ● 你如何看待父母对你的期待? 你觉得自己是否能满足他们的期待? ● 你是否期望父母有所改变,从哪些方面改变? ● 你是否有学习的主导权?

3. 问卷法

在国内,目前使用最广的是俞国良和董妍 2007 年编制的青少年学业情绪问卷。[1] 该问卷包含 72 个题目,共四个维度,每个维度下分别计分,得分越高,表明该维度上的情绪越明显。黄杰 2016 年对青少年学业情绪问卷进行了修订,将问卷简化为 39 个题目,简化结果符合心理测量学标准。[2]

表 3-8　青少年学业情绪问卷(样题)

题目	完全不符合	比较不符合	不大确定	基本符合	完全符合
在重要的考试中,我常有肠胃不适的感觉	1	2	3	4	5
当我不能理解学习的内容时,我会很苦恼	1	2	3	4	5
学习带给我很多快乐	1	2	3	4	5

---

[1] 董妍,俞国良.青少年学业情绪问卷的编制及应用[J].心理学报,2007(05):852—860.

[2] 黄杰.学校人际与群际情绪对高中生学业情绪的影响及其机制研究[D].西安:陕西师范大学,2016:40.

诚然,教师都期待学生拥有积极的学业情绪,但事实上消极学业情绪也是非常重要的部分。例如,适度的焦虑、羞愧也会激励学生的学习行为。因此,教师需要正确看待评估结果。那么,当学生的学业情绪出现哪些情况时,教师需要额外关注呢?

第一,如果学生在某一学科或者多个学科上出现了严重的学习焦虑情况,需要关注学生个体,了解其学习焦虑的成因,并制订个性化干预方案。

第二,如果班级里多位学生在某一学科或多个学科上出现了长时间的消极低唤醒情绪,教师需要思考当下的教育教学方式、师生关系等问题,分析原因。

第三,如果学生表现出突发性的学业焦虑、恐惧等高唤醒的消极情绪,教师需要及时介入,关注学生心理变化,快速提供解决办法。

(二) 考试焦虑的评估

考试焦虑是学习焦虑的重要内容,也是老师普遍关心的话题。因此,在本部分单独简述如何对考试焦虑进行评估。

1. 观察法

考试焦虑的个体可能会有如下表现:面对考试紧张不安,考前会因为过度担忧而表现出睡眠问题,在考试过程中注意力不集中,因过度紧张影响考试的发挥。即使考试结束,也依旧会担心考试结果。教师可以结合学生的下列表现进行判断。

表 3-9　考试焦虑的观察指标

维度	表　　现
考前	● 情绪表现:担忧、恐惧等 ● 生理反应:睡不着觉、失眠、做噩梦、早醒等睡眠问题;一想到考试就会手心出汗、身体紧张,严重时伴随胃疼、呕吐、头晕等症状 ● 认知行为:注意力难以集中,屡次想象考试失败的场景,学习效率下降
考试时	● 情绪表现:紧张、恐慌等 ● 生理反应:发呆、发抖、心慌、心跳加速、胃疼、头晕、频繁想上厕所等 ● 认知行为:考试时难以集中注意力、出现各种思绪打断作答进度,难以回忆曾经学会的知识,不能把控好考试节奏

维度	表　现
考试后	● 情绪表现:持续担忧、沮丧、自责等 ● 生理反应:因担心考试结果不理想出现睡眠问题,提到考试就容易紧张,难以放松下来 ● 认知行为:过度反思,不断回想考试中可能出现的错误;回避对本次考试的讨论;会因为本次考试对未来产生担忧

2. 问卷法

当前,国内外有很多关于考试焦虑的问卷和量表。在本部分主要介绍斯皮尔伯格 (Spielberger)于 1980 年编制的考试焦虑量表(Test Anxiety Inventory, TAI)。[①] 该量表属于自评量表,共 20 个题目,分为忧虑性和情绪性两个维度。忧虑性主要是指因为担忧考试而产生的一些想法和行为表现;情绪性主要是指个人面对考试的情绪感受。每个分量表包含 8 个项目,题目 3、4、5、6、7、14、17、20 测量忧虑性,题目 2、8、9、10、11、15、16、18 测量情绪性,剩余的四个项目不属于任何分量表。该量表计分方法采用四点记分法。1 表示"从不",2 表示"有时",3 表示"经常",4 表示"总是"。如果一个人的得分低于 35 分,则其考试焦虑偏低;如果其得分高于 50 分,则其考试焦虑偏高。

表 3-10　考试焦虑量表(样题)

序号	题目	从不	有时	经常	总是
1	在考试时,我感到心烦意乱。	1	2	3	4
2	在考试时,老想到考试的分数,妨碍了我答题。	1	2	3	4
3	遇到重要的考试时,我会发呆、愣住。	1	2	3	4
4	考试时,我发觉自己老想着我能否学成毕业。	1	2	3	4

———————

① Spielberger C D. Test anxiety inventory: Premiliary professional manual [M]. Palo Alto, CA: Consulting Psychologist Press, 1980.

四、如何提升学生积极的学业情绪?

(一) 学业情绪的干预

学业情绪并非指某一种情绪,其中包含多种多样的情绪。因此针对不同的学业情绪,理应采用不同的干预方法。从整体上看,首先需要明确干预思路。

1. 先评估再干预原则

不同的学业情绪带来的影响是不同的,学生产生消极学业情绪的原因也是不尽相同的。因此在干预之前,要做好评估工作,确定学生体验到了何种学业情绪,该学业情绪产生的原因,学业情绪带来何种影响,学生是否有资源去应对当下的情绪状态等。在评估之后,再制订干预方案。

2. 个别关注与整体关注相结合

一般情况下,教师更关注唤醒度较高的消极情绪,例如焦虑、厌烦等,会忽视唤醒度低的消极情绪。而很多时候,学生大部分的学业情绪唤醒度并不会太高,只有个别学生会有高唤醒度的学业情绪。因此,在现实情境下,教师会更容易关注个别学生而忽略全体学生。关注全体学生,帮助学生整体建立起积极的学业情绪,具有重要的意义。

3. 系统生态干预原则

学业情绪问题是一个复杂的问题,会涉及个体认知能力、情绪调节能力,教师教学能力、沟通能力,家长期待、互动模式等方方面面。因此学业情绪问题的干预需要建立一个系统视角,分别从学生个体、学校层面、家庭层面共同联手进行干预,才能起到更好的效果。

一般而言,教师可以通过如下方面去促进学生建立积极的学业情绪。

首先,在课堂教学中,教师要选择合适的学习内容,提供适合的学习材料,通过多种方式,调动积极的课堂氛围。同时,面对不同层次的学生,开展分层教学,满足不同学生的需求。

其次,在班级建设中,教师要鼓励学生之间的积极互动,促进学生之间良好关系的建立,形成积极的、互帮互助的人际氛围。

第三,教师要依据学生的特点,设置合理的学业期望。一般情况下,要设置比学生现有水平高一点点的目标,让他们"跳一跳就够得着"。对于一些学业成绩落后的学生,一定不要设置较难的目标,避免引起畏难情绪。

第四,教师在教学中规范言行,采用真诚的、鼓励的、正向的语言开展教育活动,不可使用讽刺、挖苦等方式来提出教学要求,不要过度进行同伴比较,以期激发学生的学习动力。

最后,教师可以探索在教学中引入一些促进学生自主学习的活动,例如可以通过"免写一次作业""自主选择完成哪种作业"等方式,提高学生的自主感。

(二) 考试焦虑的干预

当前关于学业焦虑的干预主要集中在对学生考试焦虑的干预上,主要可从三方面入手进行干预。

1. 从情绪入手,先帮助学生缓解焦虑的情绪

例如,可以通过让学生学习一些放松技巧,或者让学生通过合理的方式去表达、发泄焦虑情绪,以促进其焦虑情绪的缓解。当前,比较流行的方法是教会学生进行正念的练习,当学生出现焦虑情绪时,让学生通过关注呼吸的方式关注到当下,促进焦虑情绪缓解。肌肉渐进放松训练、冥想训练也是操作性强、便于掌握的放松训练方法。

2. 缓解焦虑情绪后,帮助学生转变认知

在情绪症状得到缓解后,可以在学生认知层面做工作。首先,教师要了解学生关于学习、自我、父母期待、教师教学方式等方面的想法,找到学生学习焦虑的内因,是学生头脑中的哪些认知想法导致了其焦虑的产生。其次,在找到焦虑原因后,帮助其分析这些认知想法的不合理性,促进其转变不合理的观念和想法。最后,帮助学生建立一种新的想法来替代原有的想法,以便从更深层次的角度解决考试焦虑这一问题。

3. 进行学习策略训练,提升学业成绩

依据期望—价值理论,学生产生学习焦虑的很大一部分原因是学业受挫。因此帮助学生掌握更优化的学习策略,促进其学业成绩的提升,也能够帮助学生改善学习焦虑的问题。

第三节　中学生的学业投入：看清低效努力

■ 案例 3-7

"一直在学"就是"学业投入"吗?

　　近年来,我们总会听到学生虽然持续学习,但学业投入不足的情况。这类问题的发生同样呈现逐年上升的趋势。学生可能表面上看起来在学习,但实际上对学习缺乏兴趣和深度参与,情感上的冷漠和行为上的敷衍,已经成为影响学生学业表现和学校生活的一个重要因素。

　　在我咨询的案例中,也不乏这类学生。我们以小明为例,因为他身上体现出许多学业投入不足中学生的特质和表现。

　　小明15岁,独生子,家庭环境良好。小学期间,小明学业成绩一直不错,能够轻松地保持在班级前列。小升初时,他顺利进入了一所市重点中学。进入初中后,小明的学习成绩一直保持在班级中上等水平,学业压力似乎并没有给他带来太大的挑战,他的心理波动较小,中考时发挥稳定,顺利升入了所在中学的高中部。

　　然而,高一上半学期,小明虽然每天都在学习,但对学习的兴趣明显减少,上课时注意力不集中,课后作业完成得也很敷衍,放学后虽然看似在学习,但实际上投入的时间和精力非常有限。他的学习效率并没有因为持续的学习而提高,学习成绩也没有显著进步。期中考试过后,小明对学习的热情进一步降低。

在这个案例中,我们能够很明显地看到,小明虽然一直在学习,但学业投入并不高,心理和行为上都表现出对学业的冷漠。学业投入不足,不仅影响了小明的学业成绩,也可能对他的学业情绪、他与父母的关系以及他对自我的认同产生负面影响,甚至可能影响到他的心理健康和情绪状态。

学生表面上的持续学习,并不总能代表他们对学业的真正投入。对于那些看似在学习,但学习成绩并不理想的学生,我们需要更深入地了解他们的学习状态和心理状况,以便提供更有效的帮助和指导。这就有必要对"学业投入"进行更细致和科学的评估,以识别和解决学生在学习过程中可能遇到的问题。

一、什么是学业投入?

(一) 学业投入的概念

对于学业投入的概念,国内外很多学者都给予了不同的理解。总体而言,学业投入是指学生在学习活动中,表现出的学习意愿、学习热情、愿意参与、积极思考和随之产生的积极情感。从一线教育教学工作的角度来看,我更认同弗雷德里克斯(Fredricks)等人的观点,他从认知、情绪和行为三个维度来看待学业投入①。

认知投入是指学生在学习活动中运用的认知策略、自我效能、集中注意力等心理资源的一种投入状态。比如听课的时候,是积极跟着老师的上课思路还是摸鱼? 学习的时候效率是否高? 有些认知投入好的学生,不仅心无旁骛,注意力集中,对同一道题还能举一反三,尝试用不同策略解决,并乐在其中。认知投入比较内隐,但是能从行为表现和学习质量、效率中体现出来。例如,在我们日常所接触的厌学学生中,常会听他们说"无论我花多少时间,学习都提高不了""努力也改变不了我的差成绩""在学习上花这么多时间没有意义"等,又或者学生在书桌前一坐就是好几个小时,但是大部分时间都在神游,没有投入学习,这些都是认知上没有投入的外显表现。

情绪投入则是指学生对学习的情感态度反应、对学校的归属感和意义感以及与学校的联结感。很明显,小明已经产生了对学习活动的排斥和反感,而厌学、拒学的行为也反映出他对学校的归属感较差。在关于学业心理咨询的案例中,我们经常看到,很多学业投入较低的学生,都在情感态度上表现出不同程度的对学习的低兴趣、低热情,

---

① Fredricks J A, Blumenfeld P C, Paris A H. School engagement: Potential of the concept, state of the evidence [J]. Review of Educational Research, 2004,74(01):59 - 109.

甚至排斥、讨厌、不抱希望,这些都是负面的学业情绪。

行为投入即学生指向学习的行为,包括积极参与课堂活动和完成学校任务,努力投入学习以及积极参加学校课外活动。其中,行为的投入度是最容易被老师观察到的,可以根据学生在课堂上的表现、参与学校活动的积极与否加以判断。

(二) 哪些因素会导致学业不投入?

大量研究显示,影响学业投入的因素主要包括三类,分别是个体因素、家庭因素和学校因素。

个体因素主要包括学生本人的学习动机、学习自我效能感以及成就目标。很多研究显示,学生的自我效能感越高,他们在学习的时候越投入。比如,有的老师天天批评学生,说他们这不行那不行,认为用激将法会让学生改变,其实这会导致他们自我效能感降低,反而更不努力。再比如,我们看到有些学生会阶段性地制订学习目标,当他把目标设置得特别清晰具体时,他会愿意花更多精力在学习上。

自我效能感高的学生在遇到困难时,会更积极面对,而学习动机越高,学生的学业投入也会越高。从这个角度来看,作为老师,要转变用传统激将法的方式,积极"赋能",避免过度打击学生的自信心。再者,还要在日常教学中调动学生的学习动机,这样才会让学生更投入,避免虚假学习和低效努力。

家庭因素对于学业投入的影响,主要依靠家长投入和参与、父母的教养方式、家庭成长环境等途径来实现。研究结果表明,父母愿意投入孩子的学业活动,监督孩子建立良好的学习习惯和自我管理能力,积极参与学校组织的家校活动,和老师保持积极互动并增加对于孩子的了解,都能够增加学生的学业动机和学习兴趣,促进学生的学业投入。所以,班主任老师在日常的班级管理和家长会上,可以提醒家长关注孩子的学习过程和状态,积极参与到家校活动中,从更多的方面增加对孩子的了解。家长在时间和情感上的投入都能够促进孩子重视学习,投入学习。

另外,家庭教育方式也会影响学生的学业投入。积极的父母教养方式,包括支持、赋能、鼓励、赞扬、参与等,能够促进学生学业投入的提升。反之,如果家庭教养方式中,更多地呈现出批评、惩罚、指责、忽视、控制、嫌弃等消极态度,学生的学业投入也会随之降低。

而学校因素,也是老师可以施展的关键点,主要是通过学校归属感、教师支持及对学生的态度、同伴影响、班级氛围等途径,完成对于学生学业投入的影响。调查显示,如果学生在学校中,能够获得老师和同学的更多认可,师生关系融洽,学生就会在学业中投入更多。学生感知到老师的鼓励和支持越多,就会越有信心面对学业困难并积极解决问题。

二、如何评估学业投入?

关于学业投入的评估,最常使用且信效度较高的方式就是问卷法。结合一线工作的现实条件,我们会提供一些观察维度,供老师作为日常教育教学的参考。

(一) 观察法

观察法作为老师日常教育教学的常用手段,可以结合课堂观察和工作日志(如学生作业、成长档案袋),来呈现学生的学业投入情况。

例如,在每次上课后或一段时间的教学活动后,老师可以根据表3-11所示维度,对学生在课堂上呈现的状态进行打分,以便动态地了解学生的学业投入情况。打分时,老师可以以班级学生的平均水平为基线标准,尽可能地避免过于主观。

表3-11　学生课堂状态观察维度及打分表

观察维度	视角分类	具体问题	打分标准(班级或年级学生平均水平为5分)
认知投入	策略使用	① 学生在学习过程中会使用各种学习策略,如总结、归纳、批判性思维 ② 学生在解决问题时表现出创造性和独创性	8—10分　优秀 5—7分　良好 5分以下　较弱
	深度加工	① 学生表现出对学习材料的深入理解和分析 ② 学生在讨论和作业中表现出对概念、定义、定理等的深度掌握	
	学习目标	① 学生会设定学习目标和计划 ② 学生对达成学习目标的努力程度和持续性	

观察维度	视角分类	具体问题	打分标准（班级或年级学生平均水平为5分）
情绪投入	学习兴趣	① 学生对学习内容的兴趣和好奇心 ② 学生在学习活动中表现出的愉悦和兴奋，如该生在活动中表现出明显的兴趣和热情；整堂课结束，该生情绪较为稳定或很愉悦	
	情绪反应	① 学生对学习挑战的情绪反应，如面对困难时的平静或焦虑 ② 学生在成功完成任务后的喜悦和满足感	
	自我效能感	① 学生对自己学习能力的信心和自我评价，如学生认为一段时间后，自己在该学科学习活动中有所提升 ② 学生在面对学业挑战时的自信和乐观态度	
行为投入	课堂参与	① 学生在课堂上的出勤率和守时情况 ② 学生在课堂上的发言频率和质量。如该生非常认真地参与每次课堂活动，能够在课堂教学中跟随思考	
	作业和项目	① 学生按时提交作业和完成项目的频率。如该生能够每天按时独立完成作业，对于每门学科每天都能通过课堂练习反馈和调整，较好掌握知识 ② 学生在作业和项目中表现出的努力程度和持续性	
	互动与合作	① 学生在小组活动和课堂讨论中的参与度 ② 学生与同学和教师之间的互动频率和质量	

（二）问卷法

国内外对于学业投入的问卷研究非常多。比较通用的测量维度是三维度或四维度。其中被广泛引用的是学业投入量表(UWES-S)。在我国,方来坛、时勘、张风华对此量表进行了修订,形成中文版,更符合我国青少年的心理发展特点。该量表从活力、奉献、专注三个维度,对学业投入进行评估,总共 17 个题目,得分越高,学业投入程度越高。在表 3-12 中,我们呈现了部分题目。

表 3-12 学业投入量表(样题)

以下是与你的学习相关的问题。请根据实际情况在相应的数字上画√,回答没有好坏、对错之分。
1=从来没有,2=几乎没有,3=经常没有,4=不确定,5=偶尔,6=经常,7=总是。

以下是关于你学习的描述	从来没有	几乎没有	经常没有	不确定	偶尔	经常	总是
1. 早晨一起床,我就乐意去学习	1	2	3	4	5	6	7
2. 学习时,我感到精力充沛	1	2	3	4	5	6	7
3. 即使学习不顺利,我也毫不气馁,能够坚持不懈	1	2	3	4	5	6	7
4. 我能持续学习很长时间,不需要休息	1	2	3	4	5	6	7
5. 学习时,即使精神疲劳,我也能很快恢复	1	2	3	4	5	6	7

三、怎样促进学生的学业投入,让学生"爱上"学习?

结合实际教育教学工作,我们就家庭和学校两方面的影响因素来提出相应的实践指导建议。

(一) 通过家校沟通,指导家长积极调整家庭教养方式

2022 年 1 月 1 日,《中华人民共和国家庭教育促进法》正式实施,该法案明确提出并倡导家校社协同工作,共同促进青少年儿童的心理健康成长。老师在日常与家长的沟通中,可以加入对于心理相关知识的普及,让家长了解中学生在不同阶段的心理发展特点,了解不同家庭教养方式的优劣,觉察和调整自家的教养方式。

家庭教养方式,指父母的教养风格,是父母的教养观念、教养行为以及对孩子情感表达的一种综合性表现方式。这种方式受到父母脾气性格、受教育程度、成长环境等因素的影响。主要类型有四种,分别是父母支配和控制较多的控制型,父母总是服从和无底线一味满足孩子的放纵型,父母拒绝、排斥、冷暴力的忽视型,以及父母接纳、尊重和信任的权威型。为了促进孩子的学业投入,我们鼓励家长调整为权威型教养方式,尤其对于正值青春期的中学生而言,温暖、支持、赋能、鼓励远比唠叨、忽视、指责、惩罚有效得多。当家庭氛围呈现一种温暖、联结、凝聚和放松的生态时,孩子反而能够提升自主性和行动力,增加对于学业的投入和热情。当孩子面对学习有困难时,有强大安全的家庭助力,他会更愿意尝试努力、积极面对和解决问题。

(二) 家长投入与参与

鼓励家长参与到孩子的学业与成长中,定期了解孩子的学业情况,及时发现学业困难,提供相应支持,包括情感性支持、方法性支持和资源性支持。如孩子遭遇学业困难时,家长要给予鼓励和信任;有能力辅导的家长可为孩子提供具体提升学业、克服困难的方法策略;家长如果在方法给予上有困难,也要及时找寻周围有效的资源、平台和助力,为孩子提供切实有效的支持。

(三) 提升学校归属感

加强班级文化建设和校园文化建设,创建和谐美好的人文环境。虽然学生在学校的大部分时间是在进行学科学习,但是不可让学习成绩成为评价学生的单一维度。学校或班级可以通过开展丰富多彩的校园活动(如体育活动、文艺活动、学科拓展性和兴趣性活动),鼓励和引导中学生参与到校园的建设中来,这样既增强了学生体验过程中的价值感、成就感,又让学生更喜欢学校,有利于形成和谐积极的校园氛围,提升学生在校期间的主观幸福感。

(四) 营造和谐友爱的师生关系

前述内容中,我们已经通过研究发现,当学生感知到老师对自己支持更多、情感联结更多时,学生也愿意提升对于学习的投入。所以无论是班主任老师,还是其他科任老师,都要关注学生的心理健康状况,注重培养学生的积极心理品质。除了课堂上关注到每个人的学习状态,还要在课下多与学生进行多话题的交流,不局限于学业,还可以探讨生活成长、人生规划、理想信念等。多视角地评价学生,用真诚、尊重、理解、信任、支持、鼓励等态度与学生建立关系,从而营造良好的师生氛围。如此,学生也会增加对于该学科学习以及学校生活的愉悦度和舒适度,从而愿意为学业投入更多。

第四节　中学生的学业自我效能感:我真的相信自己能学好吗?

■ **案例 3-8**
原来我也可以学得好

在一个阳光明媚的下午,小丁坐在他的书桌前,皱着眉头看着眼前的数学试卷。他的成绩一直不错,但自从升入初三,数学就成了他的软肋。这次的考试,他再次没能及格,这让他感到前所未有的挫败和焦虑。

小丁的家庭环境很温馨,父母都是知识分子,对他期望很高。他们注意到了小丁情绪的低落,但没有直接责备他,而是鼓励他:"数学只是一门科目,不要因为一时的挫折就放弃。我们相信你能行。"

数学老师也注意到了小丁的困境。在课后,老师找到小丁,耐心地对他说:"数学是需要时间和耐心的,不要急于求成。我们可以从简单的问题开始,一步步来。"

小丁听从了老师和父母的建议,开始制订学习计划,每天解决一个小问题。每当他解决了一个问题,父母和老师都会给予他积极的反馈,这让他感到一丝安慰。他开始意识到,虽然进步缓慢,但他确实在一点点变好。与此同时，小丁加入了学校的学习小组。在那里，他遇到了和他一样面临挑战的同学。他们互相鼓励，共同讨论问题，这让小丁感到不再孤单。他开始享受与同伴一起学习的过程，他们的支持给了他更多的动力。

每天晚上，小丁都会在日记本上记录自己的学习心得和感受。他写道："今天我又解决了一个难题，虽然花了很长时间，但我终于做到了。我感到非常自豪。"通过自我反思，小丁学会了欣赏自己的进步，即使是很小的一步。

随着时间的推移，小丁的数学成绩慢慢提高。他开始尝试更难的问题，甚至在数学竞赛中取得了不错的成绩。他的自信心逐渐增强，他相信自己能够克服任何困难。

在你的教育教学生涯中，是不是也遇到过类似的学生？面对这样有能力但信心不足的学生，你会想到哪些办法提升学生的学业自我效能感呢？或者依据你的经验，可以从哪些角度提升班级学生整体的学业自我效能感呢？

在实际学校生活中，我们会发现，学业问题是中学生心理辅导、心理咨询的常见议题，或是情绪问题的伴生话题。前来咨询的学生，大多数会表现出学业自我效能感不足的状态。比如，这类学生在认知方面，常说的句式有"我不行""我没有学习的天赋""我很笨"等；在学业情绪上，他们常常表现出畏难、害怕失败、高焦虑；在行为方面，他们上课经常无精打采、不愿付出努力、厌学甚至拒学。因此，在中学阶段，教师掌握一些对于学业自我效能感评估以及干预的方法和策略，是非常有必要的，而且直指学生的实际需求。当然，了解班级学生的学业自我效能感，也能够帮助教师及时掌握情况，为实际的教育教学提供更多的参考价值。

一、什么是学业自我效能感?

学业自我效能感又称为"学习自我效能感"，是指学习者是否相信自己具有学习能力，以及能够取得好成绩。一方面，体现在学生对自身能否顺利完成学业任务的主观判断，分别是对获得学业成就和避免学业失败的学习能力的评估与判断；另一方面，学业自我效能感还体现在学生对能否使用学习方法达到学业目标的评估与判断。例如有的学生,即使老师教给了科学的学习方法,他们也不愿尝试,否认这些方法的有效性。

在一线教学中,老师往往很容易关注到学生对于自己学业能力或者能够取得学业成就方面的信心,但除此以外,老师还要关注到学生对于避免学业失败的能力的评估,以及对于是否能使用学习方法达成目标的判断。

二、如何评估学业自我效能感?

学业自我效能感的评估一般可以分为观察法、访谈法和问卷法。

(一) 观察法

观察法即老师可以根据观察和了解到的学生的日常学习表现,包括在课堂活动中的表现、课下作业完成情况、从家长那里了解到的学生学业情况等,对学生的学业自我效能感进行综合评估。需要注意的是,通过观察法进行评估时,老师的教学经验可能会发挥较大优势。所以年轻教师可以和经验丰富的教师进行研讨,来更准确地评估学生的学业自我效能感。另外,为了尽可能避免主观,老师可以用所教班级学生的总体平均水平为基准,来评估学生的实际情况。表 3-13 为老师提供了一些可以参考和观察的维度。

表 3-13　学业自我效能感观察评分表

观察维度	具体表现	评估等级(1—2 分为较符合,3 分为符合,4—5 分为非常符合)
行为方面	上课无精打采、常常睡觉	1　2　3　4　5
	对于老师、家长提供的学习方法,不愿尝试	1　2　3　4　5
	更愿意选择挑战难度低或者没有挑战的学习任务	1　2　3　4　5
	只完成基本学业任务,拒绝任何提升性或拓展性训练	1　2　3　4　5
	不完成家庭作业或学习拖延	1　2　3　4　5
	学习投入时间和精力较低	1　2　3　4　5
	厌学、拒学	1　2　3　4　5

观察维度	具体表现	评估等级（1—2分为较符合，3分为符合，4—5分为非常符合）
情绪方面	很容易考试焦虑	1　2　3　4　5
	对学习沮丧、垂头丧气、没有热情	1　2　3　4　5
	很害怕老师提问	1　2　3　4　5
	在课堂上常表现出紧张、沮丧、无聊、烦躁等	1　2　3　4　5
	对谈论学习很反感、烦躁	1　2　3　4　5
认知方面	常认为"我不行，我没学习天赋，我就这样了，我没有希望了"	1　2　3　4　5
	不相信努力会有回报，对未来的学习不抱希望	1　2　3　4　5
	认为自己无法完成学业任务	1　2　3　4　5
	尽可能避免有挑战的学业活动	1　2　3　4　5

评分说明：按照发生频率，每天每节课都发生，则填写5分；如果80%的情况下发生，即为4分；如果60%的情况下发生，即为3分；如果40%的情况下发生，即为2分；如果20%及以下的情况下发生，则为1分。老师在对班级学生进行打分观察时，应统一标准，以提升观察的准确性。对于每一项得分，分数越高，说明该生在该项目中的表现越频繁，即出现负性行为、负性情绪或负性认知的概率越高。根据各个分量表的总分计算，分数越高，说明该生的效能感越低，学习信心越弱。由于该观察量表没有常模，因此老师可以根据自己所教年级学生的总体状态来进行横向比较。

（二）访谈法

在日常的教育教学中，访谈法既可以作为教师评估学生学业自我效能感的一种工具，也可以促进学生在被访谈和回答问题的过程中，对自己的学业自我效能感进行审视和思考，成为辅导学生、提升学生自我效能感的一种方式。这种方法，更适合一对一的师生对话。它可以结合日常学校生活中的具体情境，更准确地了解学生自我效能感水平的细节表现。访谈维度可以参考上述观察法中的维度，以下为老师提供一份访谈提纲作为参考。

问题：

1. 如果让你给自己在学业上的信心打分，你会给自己打几分？（满分 5 分）

2. 如果打分为 4—5 分，能否举例说说如何体现出你对自己的学业很有信心？

3. 如果打分低于 3 分，有没有具体的事能反映出你觉得自己学不好？

4. 接下来，我想了解一下你的一些学习行为。请根据以下情况，告诉我它们在你身上发生的频率：（总是、经常、偶尔、从不）

● 上课时感到无精打采或打瞌睡。

● 当老师或家长推荐学习方法时，你不愿意尝试。

● 你倾向于选择那些难度较低或没有挑战性的任务。

● 你只完成最基本的学业任务，不愿意参与任何额外的学习活动。

● 你会不完成家庭作业或推迟学习任务。

● 你在学业上的投入，无论是时间还是精力，都相对较少。

● 你会厌倦学习或拒绝学习。

5. 在情绪态度方面，你出现以下情况的频率如何？（总是、经常、偶尔、从不）

● 很容易考试焦虑。

● 对学习沮丧、垂头丧气、没有热情。

● 很害怕老师提问。

● 在课堂上常表现出紧张、沮丧、无聊、烦躁等。

● 对谈论学习很反感、烦躁。

6. 你是否出现过以下想法？（总是、经常、偶尔、从不）

● 认为自己做不到，缺乏学习天赋，对未来没有希望。

● 不相信努力会有回报，对未来的学习不抱希望。

● 认为自己无法完成学业任务。

● 尽可能避免有挑战性的学业活动。

7. 以上问题，能否举出具体的情境或事例？

（三）问卷法

目前，国内外测量学业自我效能感的工具主要分为两种类型：一种是一般性、普遍性的学业自我效能感量表，也就是对学生进行整体学业自我效能感水平的评估；另一种则是针对某个具体学科或具体领域，对学生学业自我效能感进行测评（如英语学业自我效能感量表、数学学业自我效能感量表等)。

我们以学业自我效能感量表(Academic Self-efficacy Scale, ASES)为例,该量表基于班杜拉的自我效能感理论,并结合学习领域的实际情况进行编制。[①] 通常包括一系列问题,旨在评估学生对自己学习能力的信心程度,以及他们相信自己能成功完成学业任务的信心程度。具体而言,它涵盖以下几个方面:

1. 学生对自己理解课本知识和老师所讲内容的信心;

2. 学生对自己学习能力的信心,无论学习成绩好坏;

3. 学生在学习时是否喜欢通过自问自答的方式来检验自己的学习成果;

4. 学生在思考问题时,是否能够将前后所学知识联系起来;

5. 学生在阅读时,是否能够将所阅读的内容与自己已掌握的知识联系起来。

量表的每个问题都提供五个等级的选项,1—5分别对应从"完全不符合"到"完全符合",以便学生根据自己的实际情况进行选择。

表 3-14 学业自我效能感量表(样题)

序号	题目	完全不符合	不太符合	有时符合	比较符合	完全符合
1	我相信自己有能力理解和掌握课堂上的知识。	1	2	3	4	5
2	当面对学习难题时,我相信自己有能力找到解决方法。	1	2	3	4	5
3	即使在考试压力下,我也相信自己能够发挥出最佳水平。	1	2	3	4	5
4	我相信自己的学习能力,无论学习成绩好坏。	1	2	3	4	5
5	在学习新知识时,我相信自己能够快速掌握并应用到实际中。	1	2	3	4	5

三、怎样帮助学生提升学业自我效能感?

有研究显示,中学生正值青春期,其思想、行为和心理发展尚未成熟,极易受到环

---

① Pintrich P R, De Groot E V. Motivational and self-regulated learning components of classroom academic performance [J]. Journal of Educational Psychology, 1990,82(01):33-40.

境的影响。其中,学校氛围、学校课余活动、同伴关系、师生关系都会影响学生的学业自我效能感。

(一) 学校氛围

学校是中学生活动的主要场所,其氛围和文化生态很大程度上影响着青少年的学习生活。有研究显示,组织性和纪律性更强的学校,学生往往会有更高的自我效能感,因为良好有序的学校氛围对学生能够起到熏陶和约束作用。所以对于班级管理而言,老师温和有度,对班级管理的组织性和纪律性有所要求,能够促进学生对于班级的归属感和安全感,从而提升其学业自我效能感。

(二) 学校课余活动

对于课余活动中的发展性活动,即能够发展学生某项能力的活动,如运动、艺术、阅读、技艺等,适度时长的训练和体验,能够有利于学生在其过程中增加成就体验,并将该过程中发展的能力迁移到学习活动中,从而促进学生的学业自我效能感。相比于发展性活动,上网、打游戏等纯娱乐的休闲性活动,其具有的即时满足性特点,会降低青少年的思维活跃度和思考深度,使学生产生依赖性,继而降低学生的自我效能感。所以在日常师生沟通及班级管理中,教师要强调和引导学生培养发展性课余活动,避免手机依赖、游戏成瘾等,也可以召开相关主题的班会或打卡行动,促进班级成员互相监督,形成积极促进的合力。

例如,教师可以通过优点轰炸、高光时刻的回忆与演讲、人际夸夸团等活动,引导学生认识到自己的优点和不足,这样的活动让学生既能看到自己的能力和价值,又能找到提升自我的方向和方法。教师也可以设置一些略有挑战难度的活动,基于对学生的了解,务必保证学生能够完成该任务,以此唤醒学生对于成功的体验和回味,以增加其自信和希望感。如此,学生在集体中能够建立积极的自我评价,增加成就体验。

(三) 同伴关系

有研究显示,同伴关系在中学生的学业自我效能感和抑郁症之间起到调节作用。

当个体与同伴关系良好时,其能够感受到情感与关系的连接,获得被支持、被理解、被认同的感觉。当个体遇到学业困难时,同伴的鼓励与陪伴,能够促进个体增强自信,相信自己有能力克服困难,进而促进自我效能感的提升。反之,糟糕的同伴关系,会使青少年产生孤独感,增加心理负担,进而影响对自我、对学业能力的积极判断。所以,对于老师而言,要及时关注班级同学关系和同伴交往氛围,通过举办丰富多彩的活动、小组建设,促进同学之间的情感联结,增进友谊,以营造出和谐积极的同伴相处氛围。比如,让每名同学找到一名和自己水平差不多,又在自己之上的同伴作为榜样,通过让学生观察榜样的行为、学习并尝试其好的学习方法,来增强学生的自我效能感。

(四)师生关系

有研究指出,相比于父母与同伴的支持,教师支持对于青少年学业自我效能感的影响更大。当学生感知到老师对他能力的认可、信任和支持后,他会表现出更高的自我效能感,也愿意在学习中投入更多。如果老师还能引导学生解决学业上遇到的实际问题,帮助其树立信心,降低学业上的感知困难,学生本人就会更相信自己有能力完成学业任务,并愿意通过努力克服困难,迎接更大的挑战。在日常与学生的沟通工作中,除了对学生行为方面的管理和指导,班主任或学科老师还可以教给学生科学制订计划和管理目标的方法,让学生合理评估实现目标的资源、方法和步骤,定期反馈,从而让学生对目标达成有可视化的体验,继而增强其自我效能感。

第五节　中学生认知能力的评估与干预:持续加"buff",带着学生边"筑基"边学习

案例 3-9
一直想"认真"学习的东东

　　东东,男生,12岁,初中一年级学生。他看起来聪明伶俐,能说会

道,喜欢表现,喜欢为班级做事,并且做事很有速度。他上课喜欢争着回答问题,却总是抢答错误。他的小学老师反应,东东粗心的缺点怎么也改不了,他在定时训练时交卷也很快,但是总不能得高分。东东每次考试失误的原因不是不会,而是考虑问题粗糙、草率,喜欢过早下结论。不是看错数字就是没读完题就下手做,写出的答案漏洞百出,老师用了很多方法提醒他,帮助他纠正这个问题,但总是不能达到理想的效果。无论是平时做作业还是大考、小考,东东的作业及卷面正确率总是不高,不是少写个小数点就是多写个零,不是看错了题就是抄错了已知数。考试时,各门功课都会因粗心而失分,所以尽管东东反应快、脑子灵活、接受能力强,但成绩总是不理想。

像东东这种情况,很多老师和家长都不陌生。在小学时,大家都认为这是"马虎",是学习态度不认真,以为告诉他认真看题、多多检查就行了。后来发现,苦口婆心没有用,他们还是会犯同样的错误,年级越高,越难以跟上学习进度。

影响学生成绩的因素有很多,学习动机、学习方法、学习习惯、家庭环境、父母受教育程度等都是影响因素,像东东这样的情况,是属于认知能力方面出现了小"bug"。那么,什么是认知能力?我们又如何对学生的认知能力进行评估与干预呢?

一、什么是认知能力?

(一) 认知能力的概念

认知是一种心理过程,认知能力是人脑加工、储存和提取信息的能力,是人们成功完成一项活动的关键心理要素。大家可以想象一下,大脑就像一个大型剧院,而认知能力就是那位才华横溢的总导演,负责指导和协调剧院中的每一个细节,确保整场演出——也就是我们的日常生活——能够流畅、有序地进行。

认知是人们理解世界、作出决策和解决问题的基础,涉及多种复杂的心理活动,科学家也在逐步研究过程之中,没有完全揭示其全貌。通常认为,认知能力包括感知觉、注意、记忆、思维、语言、想象、元认知、执行功能等不同方面。如果将认知能力比喻为总导演,那么知觉就是舞台设计师,负责创造舞台布景,让我们能够感知和理解周围的世界;注意是灯光师,决定哪些"信息"应该被照亮;记忆是道具管理者,负责存储和检索演出所需的各种道具;思维是编剧,负责创作剧情,也就是思考和解决问题;语言是演员,通过语言来表达剧情;想象是特效团队,能够在没有物理道具的情况下,创造出惊人的视觉效果,就像我们的想象力能够在没有直接感官输入的情况下创造出心理图像;元认知是执行制片人,监督整个制作,确保导演的愿景得以实现,也就是监控和调整自己的学习、操作过程;执行功能是舞台经理,确保所有元素按时就位,也就是组织和执行复杂的任务。

认知能力的每个方面都是戏剧演出中不可或缺的一部分,它们共同工作,让我们能够成功地在生活的舞台上扮演所需要的角色。如果某个角色(认知功能)遇到了困难,整个演出的流畅性就可能会受到影响,一直想"认真"学习的东东,就有可能是认知的某个环节出现了不协调,影响到了学习过程。要想帮助他成功完成整个演出(学习),就需要额外的练习或指导(训练、干预),以帮助他恢复功能,或者由别的功能加以代偿,完成任务。就像视觉受限的人听觉会更为灵敏一样,如果某些认知功能受到不可弥补的损伤,我们可以通过其他功能的扩展来弥补,从而完成认知任务。

在教学中,我们经常看到有些学生学习效率特别高,不用付出太多时间就可以取得好成绩;有些学生则需要付出更多的努力,才能达到同样的目标;有些学生即使付出努力,也不能取得好成绩。家长和老师通常认为这是他们的学习方法、学习态度不同造成的,其实还有一个更为基础的原因被忽略了,即认知能力。我们应该看到,每个学生有不同的认知特点,有些学生的认知特点是与现有的学习任务匹配的;有些学生的认知特点则不够匹配,还需要继续磨合,甚至需要专门的训练才能适应学习需求。作为老师,如果我们能够科学理解认知过程,学会评估学生的认知水平,了解提高认知能力的方法,就可以在教育教学中,帮助学生提高效率,减少学习困难。

(二) 认知能力的分类

认知能力是多维度的,并且每个维度都有其特定的功能和作用。本书重点介绍注意、记忆和创造性思维,这些是与我们日常的教育教学联系较为紧密的能力。

1. 注意

(1) 什么是注意

注意是心理活动对一定对象的指向和集中,是伴随着感知觉、记忆、思维、想象等心理过程的一种共同的心理特征。我们的大脑就像一个超级繁忙的机场,每天都有成千上万的飞机(信息)想要降落。但是,机场的跑道有限,不能让所有飞机同时降落,所以控制塔(你的注意力)需要决定哪些飞机可以先降落,哪些可以再等等。这就是"注意"——它是我们大脑的一种能力,用来选择哪些信息现在要关注,哪些可以暂时不管。

注意有两个特点:指向性与集中性。注意的指向性是指人在每一瞬间,他的心理活动或意识选择了某个对象而忽略了另一些对象。在课堂上,当老师讲解一个重要概念时,学生会将注意力指向老师,忽略教室外的噪音或其他同学的小动作。这种指向性帮助学生筛选出对学习最有价值的信息。注意的集中性是指当我们的心理活动或意识指向某个对象时,它们会在该对象上集中并全神贯注。指向性与集中性是相互关联的。指向性决定了我们的注意力将指向哪里,而集中性则关乎我们在那个方向上的专注程度。两者共同作用,决定了我们从外界接受和处理信息的效率。

(2) 注意的种类

① 无意注意、有意注意和有意后注意

依据是否需要意志努力,可以将注意分为无意注意、有意注意和有意后注意。

无意注意是指个体在没有预先设定目标的情况下,被某些刺激物的特性(如新奇性、显著性或情感价值)自动吸引了注意力。例如,学生在安静地写作业,突然外面传来了巨大的响声,这个响声由于其突出性,很可能会自动吸引学生的注意力,即使他们原本并没有打算关注外界的响动。

有意注意是指个体有意识地将注意力集中在某个特定的任务或目标上,这通常需要一定的心理努力。比如,学生需要为即将到来的考试复习时,尽管周围可能有各种干扰,如家长的谈话声、手机的通知声等,但学生有意识地将注意力集中在题目上,这就是有意注意。

有意后注意是有意注意的一种特殊形式,它发生在个体对某个任务或活动产生了兴趣之后。此时,尽管注意力的集中仍然是有目的的,但不再需要像有意注意那样付出额外的努力。例如,学生要完成一段阅读理解,本来是为了完成老师的要求,勉强自己去做的,但是里面的内容特别吸引人,越看越入迷,此时就不再需要刻意强迫自己集中注意力了,因为兴趣已经使得这项活动变得自然而然,这就是有意后注意。

② 选择性注意、持续性注意和分配性注意

根据对信息的选择,我们还可以将注意分为选择性注意、持续性注意和分配性注意。

选择性注意是个体在同时呈现的多种信息中选择一种进行注意而忽略其他信息，体现注意的指向性。就像是在一场大型聚会中，你只关注和你聊天的朋友，而忽略周围的其他对话。

持续性注意是指注意在一定时间内保持在某个客体或活动上。如学生在上课期间，要将注意力保持在教师讲授的内容上，而不是听一会儿就开始走神想别的事情。

分配性注意是个体在同一时间对两种或两种以上的刺激进行注意，或者将注意分配到不同的活动中。如学生在课堂上既要听老师讲课，又要忙着记笔记，同时还得思考老师提出的问题。

注意的各种品质都是随着年龄增长逐渐增强的，我们不能在学生还不具备某个能力的时候强行提要求。如小学低年级学生的注意力持续时间不到 20 分钟，小学一节课的设定是 40 分钟，教师就不能要求学生整堂课都全神贯注，必须安排放松的时间。教师也不能要求小学生边听课边记笔记，他们的注意分配能力还达不到。

学生的注意力除了受自己的生理特征、年龄特点的影响，也与需要注意的任务，以及学生当时的状态有关。教师上课的时候，如果呈现的内容或形式很有吸引力，学生注意的持续时间和集中程度就都会增加；如果学生前一天没休息好或者刚刚遇到一些事情影响了心情，这些也会影响他的专注力。

2. 记忆

（1）什么是记忆？

记忆是在头脑中积累和保存个体经验的心理过程，联结着人的心理活动的过去和现在，是人们学习、工作和生活的基本机能。我们可以把记忆想象成一个"时间胶囊"，它记录着我们从出生到现在的点点滴滴，包括我们学会的每一样技能、认识的每一个人、经历过的每一个重要时刻。

记忆不是静态的存储器，而是一个动态的、持续进行的过程，涉及信息的接收、处理和使用。记忆的过程有点像图书馆的运作。首先，新的书籍（信息）被购入并进行分类，这就像我们通过感官接收信息并进行初步的编码。然后，这些书籍被放到合适的书架上，这就像信息被存储在大脑的不同区域。当我们需要某本书时，我们就按照分类索引去找到它，这就像我们的回忆过程。

凭借记忆，人类才能保留经验，获得知识与技能，适应社会生活。离开了记忆，人们什么也学不会，只能由本能支配。所以，记忆对个体发展和人类社会的发展都具有重要的意义。

（2）记忆的类别

为了更好地理解人类记忆是如何工作的，研究者将记忆分成不同类型，研究它们在大脑中是如何被编码、存储和检索的。记忆的类别可以根据不同的标准进行分类，我们列举了一些常见的记忆类型。

① 瞬时记忆、短期记忆、长期记忆

根据记忆的持续时间，可以将记忆分为瞬时记忆、短期记忆、长期记忆。

表 3-15 瞬时记忆、短期记忆、长期记忆的区别

类别	持续时间	描述	例子
瞬时记忆(Sensory Memory)	几秒钟	非常短暂的记忆，是我们通过感官接收到的信息的初步印象。	学生在课堂上听到老师的讲解，但几秒后可能就忘记了具体内容。
短期记忆(Short-Term Memory)	几秒至几分钟	信息在大脑中保持的时间较短，容量有限，可以通过重复来延长记忆时间。	学生尝试记住老师口头布置的作业要点，但还是会忘记，直到记在笔记本上，才能保证不会遗漏。
长期记忆(Long-Term Memory)	几小时至一生	信息在大脑中存储的时间较长，容量几乎是无限的。	学生学习并记住了一学期的课程内容，准备期末考试。

② 陈述性记忆与非陈述性记忆

根据记忆的内容，可以将记忆分为陈述性记忆、非陈述性记忆。陈述性记忆又可以细分为语义记忆和情景记忆，非陈述性记忆也可细分为程序性记忆和条件性记忆。

表 3-16 陈述性记忆与非陈述性记忆的区别

类别	细分类别	描述	例子
陈述性记忆（Declarative Memory）：涉及事实和事件的记忆，可以被明确地表述出来。	1. 语义记忆（Semantic Memory）	关于世界的知识，如语言、概念和事实。	掌握数学课上学习的公式和概念。
	2. 情景记忆（Episodic Memory）	关于个人经历的记忆，包括时间、地点和情感。	回忆起在学校的毕业典礼上所发生的事情。

类别	细分类别	描述	例子
非陈述性记忆（Non-Declarative Memory）：不涉及可以明确表述的知识，而是通过行为表现出来的记忆。	1. 程序性记忆（Procedural Memory）	关于如何执行任务或技能的记忆。	学会骑自行车或弹钢琴；学习并记住了如何使用实验室的显微镜进行观察。
	2. 条件性记忆（Conditional Memory）	通过条件反射形成的记忆。	每当听到上课铃响，学生就会安静下来。

③ 内隐记忆与外显记忆

根据记忆的来源，可以将记忆分为内隐记忆和外显记忆。

表 3-17 内隐记忆和外显记忆的区别

类别	描述	例子
内隐记忆（Implicit Memory）	这种记忆不需要意识努力，通常与技能和习惯有关。	通过不断练习，无意识中提高了打字速度和准确性。
外显记忆（Explicit Memory）	这种记忆需要有意识的努力，可以被直接回忆和表述。	学生在历史课中，有意识地记忆并复述重要事件发生的日期和细节。

从上面的分类中我们可以看出，一个特定的记忆可能同时属于多个类别，了解记忆的不同类别有助于我们更好地理解记忆的复杂性和多样性。

（3）被忽视的记忆类型

在教育教学中，某些记忆类型如陈述性记忆、外显记忆、长期记忆，与学生的学术表现有明显的相关，老师如果对此十分熟悉，安排教学环节就会考虑这些记忆的特点。但是还有一些同样重要的记忆类型被大家忽视了，如工作记忆、程序性记忆和内隐记忆，这些记忆如果能够被老师理解，可以让教学更有实效性，也可以更好地提高学习效能。

① 工作记忆

工作记忆是一种容量有限的短期记忆系统，用于暂时存储和操作信息，是短期记忆的一个子集，可以被看作是大脑的一个临时信息处理系统。工作记忆不仅涉及信息的暂时存储,还包括对这些信息的操纵和控制,既存储信息,又加工信息,本质是"记忆+加工"。工作记忆的容量通常用"组块"(Chunks)来衡量,每个组块可以是数字、字母、单词或其他信息单元。想象一下,每个人的大脑里都有一个"思维桌面",这个桌面的大小代表了工作记忆的容量。年幼的孩子的桌面很小,只能放一本书(处理一条信息)。随着年龄的增长,这个桌面逐渐变大,可以同时放置几本书(处理多条信息)。但是,桌面也有极限,不能无限扩展。

工作记忆不仅有年龄差异,还有个休差异。也就是说,不同的学生可能拥有不同大小的"思维桌面"。有些学生可能天生具有更大的工作记忆容量,而有些学生会相对小一些。工作记忆好的学生,他们的"思维桌面"比较大,可以在听老师讲课的同时,做好笔记,甚至还能思考问题并提出疑问。这就像是他们能够在桌面上同时放置多本书,并且还能进行阅读和写作。工作记忆不太好的学生,他们的"思维桌面"可能比较小,只能专注于一件事情,比如只能专注于听讲而无法同时做笔记,或者在做笔记时无法跟上老师的讲解。这就像是他们的桌面上一次只能放一本书,而且翻页(处理信息)的速度可能比较慢。工作记忆无论好不好,都可以通过训练和练习得到增强。即使工作记忆比较差的学生,也可以通过其他方式补偿,从而达成学习目标。

如完成比较复杂的计算题:$(7+2)-(5+8)\times(10+9)\div(23+8)$,一个工作记忆好的同学,可以直接口算得出结论,工作记忆不太好的同学,可以使用纸笔辅助,逐步计算和记录四则运算的每一步,减少大脑需要同时处理的信息量。路径不同,但一样可以达成学习目标。

② 程序性记忆

程序性记忆是大脑中的一个"技能库",这个库中包含了我们通过练习学会的各种动作和技能,比如骑自行车、弹钢琴、打字。随着我们不断练习,这些技能逐渐从有意识的思考转化为无意识的反应,就像是变成了我们的一部分。如我们在开车之前会学习交通规则和车辆的基本知识,这就需要陈述性记忆;学会之后,通过不断练习,就可以自动化开车,这就需要程序性记忆。

我们经常将程序性记忆理解为对外显行为的记忆,其实解数学题、写作文等一样有程序性记忆的参与。如关于写作的程序性记忆就像是大脑中的一个"写作工具箱",这个工具箱里装满了我们通过学习和练习所掌握的写作技巧和规则,比如语法、拼写、句子结构和叙述技巧。当一个学生初次学习写作时,他需要有意识地思考每个句子的结构,如何选择词汇,以及如何组织段落。这时,他们的"写作工具箱"里的工具还非常有限,需要一步步地构建和完善。随着不断地阅读、进行写作练习,学生逐渐学会了更复杂的写作技巧,如使用隐喻、构建角色和创造情节。这些技能最终储存在程序性记忆中,使得学生能够更加自如和创造性地进行写作,而不需要过分依赖工作记忆去回忆每个细节。这是很多学生在中高考中可以快速写出高质量作文的原因,也是现在很多网络写手每天更新上万字的原因。"文不加点"的写作技能可以视为程序性记忆的一个高级体现,达成这个技能离不开平时的练习。

③ 内隐记忆

内隐记忆是大脑会自动存储和检索我们所经历的事件和学过的技能,不需要我们有意识地去思考或回忆。它就像一个巨大的、自动更新的数据库,我们的经验、技能和习惯被无声地记录和分类。想象一下,你走进了一个先进的图书馆,图书馆有一个自动索引系统,能够无声无息地记录每一本书的借阅和归还。当你需要找一本书时,系统会自动引导你到正确的书架。尽管你没有看到系统是如何工作的,但它已经根据你的历史借阅记录和偏好,为你准备好了推荐书籍。

内隐记忆的这种特性在语言学习中尤其重要,因为语言能力很大程度上依赖于对语法、词汇和表达方式的无意识掌握。通过不断地接触和使用,学习者能够在不知不觉中吸收和运用这些知识,从而提高语言能力。学生的学习过程中经常会有内隐学习的影子。如学生小华在英语学习过程中,并没有专门学习语法知识,然而,当他遇到一个语法选择题时,他发现自己能够迅速并准确地选出正确答案。这就像是图书馆的索引系统,虽然小华没有意识到,但他的大脑已经自动记录和分类了这些语法知识,当他需要时,这些知识就像被索引系统快速检索到的书籍一样,被准确地提取出来。

3. 创造性思维

创造性思维能使我们高效地生成、评估并改进想法,以形成创新且实用的解决方案。这种思维方式激发了想象力的深度表达,并能孕育出独特的产品、观点或策略。

创造性思维是我们大脑中的"想象力引擎",它让我们能够跳出常规,想出新点子,找到解决问题的新方法。这并不是科学家或者艺术家的专利,我们每个人都在日常生活和工作中运用创造性思维。如有的厨师不是按照传统菜谱做菜,而是发明一道全新的菜肴;有的学生把苹果不只是当作水果,还用来做装饰品或者游戏道具,这些体现的都是创造性思维。

创造性思维具有新颖性、灵活性、流畅性、开放性等特点。新颖性是指能够产生独特和创新的想法或解决方案;灵活性是指能够从不同的角度和视角看待问题;流畅性是在思考过程中能够产生大量的想法;开放性是指对新想法和不同观点持开放态度。创造性思维能力强的学生思维灵活,不墨守成规,勇于尝试新事物。

培养创造性思维就像是给大脑做"健身",让思维变得更加活跃和强健。老师和家长可以鼓励学生多尝试、多探索,即使有的想法看起来有点"离谱",但也正是创造性思维的显现。通过这样的锻炼,学生的大脑会变得更加灵活,能够更好地适应未来不断变化的世界。

二、如何评估认知能力?

认知过程十分复杂,是我们还不够了解、需要进一步研究的领域。已有研究发现,我们每个人在注意、记忆、思维等方面都有不同的特点,有不同的认知优势和不足,这样的不同造成我们在日常生活、学习和工作方面的不同表现,也影响了我们的喜好和择业。

中学阶段的学生,大脑和身体都处于快速发展的时期,认知能力也有很大的提升。但是,仍然有部分学生的认知过程存在问题,需要医疗或教育支持。教师和家长如果能甄别出学生的认知困难和认知优势,就可以帮助他们弥补不足,发挥优势,顺利完成学业。

(一)注意力的评估

1. 观察法

教师可以通过日常行为和作业、考试表现对学生的注意力水平进行初步评估。如果学生在课堂学习、作业与考试、行为管理、社会交往方面长期存在以下表现,就要考虑是否存在注意缺陷多动障碍,建议家长带孩子到正规机构加以检测。更专业的问卷评估方法可以参考本章第七节的内容。此外,也有些学生的注意力虽然没有达到诊断标准,但比大多数同学发展得慢一些,因此需要在教学中特殊关照。

● 课堂表现:在课堂上容易走神、眼神空洞,难以完成简单的任务;集中注意力听课的时间比别的同学短;对教师提出的问题反应迟钝,或者在讨论问题时容易跑题,在课堂上容易插话、打断别人发言,不善于等待和倾听;课堂任务转换时,很难跟上大家的节奏;难以完成需要分配注意力的任务,如一边听课、一边记笔记。

● 作业与考试情况:完成作业的速度较慢,容易出现遗漏和错误,对学习任务缺乏兴趣和积极性;做作业时磨蹭,容易被周围环境中的无关事物吸引,如手机、电视等;随着学习难度增加,考试成绩下降,考试时因马虎丢分严重。

● 组织性和计划性:缺乏条理性,不会整理物品,经常丢三落四;缺乏时间管理和计划执行的能力,难以合理安排学习和休闲时间,需要别人时时刻刻提醒;总是推迟开始和完成作业、任务,临时抱佛脚,影响学习效果。

● 社交和情绪问题:不会三思而后行,经常在不适当的时候打断别人,或者在没有充分思考的情况下回答问题或采取行动;有时控制不住情绪,经常和同学发生冲突。

2. 测验法

测验法通过测试完成注意任务的速度和准确度来评估学生的能力,这些测试通常包括多种任务,旨在测量注意力的不同方面,如稳定性、广度、分配和转移等。例如:

● **图形辨别测验**:需要在一组复杂的图形中找出特定的模式或图形,测试注意力的广度和分配能力。

● **视觉追踪测验**:视觉追踪一系列曲线,可以测试注意力的转移和持续性。

● **加减法测验**:学生需要交替进行加法和减法运算,可以评估注意力的分配能力。

以上测试可以是纸质的,也可以是电子的,如很多学生玩的电子游戏,都对注意力具有挑战性。教师可以跟学生一起设计注意力游戏,既是评估,也是训练的方法。如下面介绍的"舒尔特方格",就是比较方便有趣的集评估和训练于一体的小测试。

4	11	25	17	9
15	22	7	20	13
5	19	23	2	14
18	1	12	24	3
8	16	6	10	21

图 3-5 舒尔特方格

舒尔特方格由边长为1厘米的25个方格组成,格子内任意填写数字1—25。测试时要求被测者用手指按1—25的顺序依次指出位置,同时通读出声,施测者在一旁记录所用时间。数完 25 个数字所用时间越短,注意力水平越高。

(二) 记忆力的评估

1. 观察法

如果学生持续存在以下表现,就可以考虑存在记忆困难,建议家长带学生到正规机构进行检测。

- 遗忘速度快:学习新知识时,记不住或保持不了很长时间。
- 记忆混淆:将不同学科或场景中的信息混淆,导致在应用时出现错误。
- 复习效果差:即使进行了多次复习,仍然不能牢固掌握学过的知识。
- 学习效率低:花费大量时间在学习上,但成绩提升不明显。

2. 测验法

记忆能力的测验内容包括图形、言语、视觉和听觉等。但一般的评估方法往往只考察记忆的部分种类或部分特征,专门用于检测记忆能力的成套测验较少。国内当前常用的测验主要有两种:韦氏记忆量表(Wechsler Memory Scale, WMS)和临床记忆量表(Clinical Memory Scale, CMS)。

(1) 韦氏记忆量表

适用于 7 岁以上个体,包括 12 个分测验,分属于长时记忆、短时记忆和瞬时记忆。长时记忆测验包括:个人经历、时间地点的定向、顺数数序、倒数数序、累积计算。短时记忆测验包括:记忆实物图片后立即回忆;记忆实物图片后立即再认;记忆几何图形后立即默画;记忆成对词,立即从一词联想出配对词;手摸图板后立即回忆形状和位置;听故事后复述。瞬时记忆测验包括:顺背数字和倒背数字。

(2) 临床记忆量表

有结构相同、内容难度等值的甲、乙两套测验,可对同一被试在不同时间进行测量,以判定其记忆能力改变的程度。每套包含五个分测验:指向记忆、联想学习、图像自由回忆、无意义图形再认和人像特点联系学习。其中前两项主要评估听觉记忆,中间两项评估视觉记忆,最后一项结合听觉和视觉记忆进行评估。量表建立了不同年龄段的常模,分为有文化组和无文化组两部分,测量结果可以换算成量表分和记忆商。

(三）创造性思维的评估

1. 观察法

创造性思维每个人都具有,但存在能力差别,教师在教育教学过程中,可以从以下几个方面对其加以观察和评估。

表 3-18 学生创造性思维观察指标

观察维度	维度说明	举例子
新颖性	学生是否尝试用新方法解决问题,不拘泥于传统的思维模式	面对难题,不按常规解法,而是自创步骤解题。
灵活性	学生是否能够灵活地适应和整合不同的想法和信息	在团队合作中,能够快速理解队友的想法,并将其融入方案。
流畅性	学生在特定时间内能否产生大量的想法或解决方案	在快速写作练习中,能够连续不断地写出多个故事开头。
细化	学生是否能够对初步想法进行深入思考和完善	在科学课上,不仅提出实验想法,还能详细规划实验步骤和预期结果。
风险承担	学生是否愿意尝试新的学习方法或活动,哪怕可能面临失败	报名参加学校的辩论赛,尽管之前没有辩论经验。
开放性	学生是否愿意接受和考虑新的想法或不同的观点	在课堂讨论中,能够倾听并尊重同学的不同意见,并思考其合理性。
自我效能	学生是否对自己的创造能力和解决问题的能力有信心	确信自己能够独立完成一项研究性学习项目的调查和报告。

2. 测验法

衡量创造性思维被认为是一项具有挑战性的任务,因为不同研究人员对创造性思维定义的侧重点不同。我们从学生个体出发,以适用于教育领域为原则,可通过题测评估、量表评估和产品评估对创造性思维进行测量。

表 3 - 19　创造性思维的评估方法

评估方法	方法说明	评估内容	对应的常用评估工具
题测评估	通过测试题判断学生的创造性思维,注重创造性思维的形成过程	发散性思维测试与收敛性思维测试	托兰斯创造性思维测试(TTCT)远距离联想测试(RAT)
量表评估	通过量表进行自我报告或他人评估,对应创造性思维概念界定的能力观	创造性思维的能力品质	威廉斯创造性倾向量表(WCS)创造性思维量表(CTS)考夫曼领域创造力量表(K - DOCS)
产品评估	通过评估创造性成果来推断创造性思维,关注思维的结果	创造性成果的评价	同感评估技术(CAT)学生产品评估表(SPAF)

这些评估工具可以根据具体的教育目标和学生的需要进行选择和应用,在实际应用中,教师可根据学生的反馈和表现,结合多种工具及学生的日常学习、生活表现来获得更准确的评估结果。

三、如何提高学生的认知能力?

学生的认知能力既有先天遗传的基础,也是后天锻炼的结果。鉴于大脑的可塑性,这些基本能力都是可以通过训练提升的。因此,教师可以通过教学安排和学生活动设计,有意识地提升学生的认知能力。

(一) 提高学生的注意力

1. 基于注意特点设计教学环节

大脑的注意是有节律的,聚焦一会就会涣散,然后再聚焦。因此,教师在设计课堂教学内容和环节时,一定要适应这个特点。在刚开始上课,学生注意力最集中的时候讲授重点内容,之后安排一些可以放松的活动,在下课前总结提炼。有些教师,特别是班主任老师,习惯一上课就先处理班级事务或通报作业情况,这不仅浪费了师生双方注意力最好的时间,还会引发学生的负性情绪,影响课堂上的学习投入度。

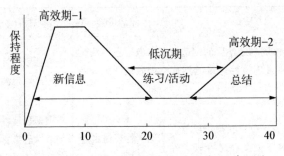

图 3-6 适应学生注意节律的课堂教学设计

我们的大脑追寻意义感,当跟自己有关系的、有趣的、有一定挑战的事务出现时,注意力最为集中。因此,教师的教学内容一定是能引发学生兴趣的,让学生觉得有意义、有挑战性。我们一直强调要让学生在最近发展区学习,学习内容能让学生跳一跳就够得着,一是为了避免学生觉得太容易,没有挑战性,没有成就感;二是为了避免学习内容超出学生的能力范围太多,致使学生产生"习得性无助",对学习没有信心。这两种情况都会让学生的注意力偏离学习内容,影响其学习效果。

2. 通过游戏训练学生的注意力

扑克牌游戏——锻炼注意的集中性和快速反应能力。

任选三张扑克牌放在桌子上,正面向上。让学生从中选取一张需要记住的牌,如方片 5。让学生看清这张牌的位置,然后老师把三张牌反扣过来,再随意调换一下三张牌的位置,结束后,让学生说说方片 5 现在在什么位置。学生熟悉游戏规则后,可以开展同桌互玩,看看谁猜对的次数最多。在这个过程中,双方都要集中注意力。

刚开始玩时,更换牌位的速度可慢些。后期根据学生具体情况可以适当增加游戏难度,比如增加牌的数量、提高变换位置的速度和次数等。

(二) 提高学生的记忆力

教师在教学过程中,如果能根据学生记忆的规律设计教学内容和教学过程,可在一定程度上降低学生的学习难度,让学生体会学习的乐趣。

1. 组织学习材料:优化记忆编码

将材料进行组织编码,可以减少信息进入长时记忆的难度。长时记忆主要采用语义编码的方式。教师在要求学生记忆学习内容时,可以先将学习内容加以整理。如将要记忆的单词归类,分为动物、物品,或者归类为都含有某个单词的组合,这样就比没规律地堆在一起更容易记忆。将一些没有关联的内容采用一些方法联系起来,也更容易记忆,如利用谐音背诵数字。

利用组块记忆。将信息划分为多个小组以便于记忆,这样的方法就叫作"组块化",这是一种非常重要的学习方法。如记忆没有关联的数字很难(853972641),如果像电话号码一样在它们中间加入连字符,那么这组数字就会变成如下形式,853-972-641,这样记起来就容易多了。在背诵课文时,将文章分割成具有不同关键词的小结,也可以提高记忆效果。

2. 组织有效的复习:对抗遗忘

记忆的保持需要与遗忘作斗争,复习是最好的对抗遗忘的方式。首先,复习要及时。间隔一个月以上的复习和学习新知识差别不大,我们的大脑可能会判断,不复习的知识是不重要的,因此不需要记忆。相反,如果在一个月以内多次复习相同的知识,大脑就会产生错觉并作出判断:"一个月内看到了这么多次! 这一定是非常重要的信息。"因此,关于复习的时机,最迟也要在一个月以内就开始。

另外,在首次复习中输送进海马体的信息越多,成功"欺骗"海马体的可能性就越大。也就是说,在复习时也要像初次学习那样用功,不仅要用眼看,还要动笔写、出声读,尽可能地调动自己的感官。这样一来,通过视觉、听觉、触觉等传达的信息都会对刺激海马体起到积极作用。

结合海马体的性质,建议老师带领学生按照如下计划展开复习。

第 1 次复习:学习后的第 2 天

第 2 次复习:第 1 次复习 1 周后

第 3 次复习:第 2 次复习 2 周后

第 4 次复习:第 3 次复习 1 个月后

以上计划将复习分为 4 次,每次复习之间都存在一定的时间差,整个计划在约两个月内完成。通过这样的复习方法,海马体会将信息判定为必要信息,并允许它们进入大脑皮质。这样做足以达到高效复习的目的,没有必要再复习更多次了。

3. 利用内隐记忆,减少记忆的启动负担

内隐记忆是个体在接触外界信息时自然而然存储下来的信息,虽然不易提取,但可以减轻正式学习的负担,且不易受到其他因素的干扰。因此,教师可以在教学中,引

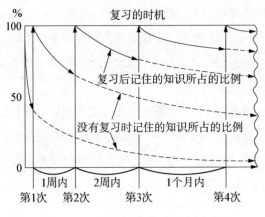

图 3-7　有组织的复习时间安排

导学生多接触不同的信息,不以考试为目的,不需要以有意记忆为目标,以休闲、欣赏的心态接触各种新信息,这样可以为以后的正式学习提供动力和支持,减少学习的阻力。

(三) 提高学生的创造性思维能力

1. 创设自主表达的环境:尊重与包容

学校和教师要努力创设尊重和包容的校园环境与班级氛围,让学生感到自己的想法和感受可以被接纳,不会因与众不同而被嘲笑或批评。教师在教学中要鼓励学生自由地探索和分享观点,提供积极的反馈;采用表现性任务等不同方式来巩固、检验学习内容,减少标准化测试带来的压力和限制。此外,通过提供心理支持和促进家长的参与,可以进一步增强环境的包容性,激励学生更自信地表达自己的独特性与创造力。

2. 激发内在热情:关注学生的兴趣与好奇心

儿童和青少年天生对世界有好奇心,通过将课程内容与学生已有的兴趣点相联系,比如探究他们所喜爱的科技产品背后的创新原理,可以极大地吸引他们的注意力和好奇心,让他们沉浸式学习。教师可以在教学中鼓励学生进行探索和实验,这不仅有助于培养他们的实践能力,也是在告诉他们,每一次尝试,无论成功与否,都是学习的一部分。例如,通过制作火山模型的科学实验,学生不仅能够学到地理知识,更能在实践中体验科学探索的乐趣,即使面临失败,也能从中吸取教训,培养解决问题的能力。这种教学方法能够有效地激发学生的积极态度,使他们更加主动地参与学习,享受学习带来的乐趣和成就感。

3. 创造互动机会:促进同伴间的合作与交流

通过组建学习小组、社团活动小组、项目研究小组等方式,创造同伴合作机会。在小组合作中,学生们相互交流想法,共同解决问题,这样的互动有助于激发新的思维火花。同伴之间的互动和讨论能够促进不同观点的碰撞,从而激发更多的创意和解决方案。此外,小组合作还能够帮助学生学会倾听、尊重他人意见,并在团队中发挥自己的长处,这些都是创造性思维发展的重要组成部分。通过这种方式,教师可以有效地培养学生在社交互动中的创造能力,同时也为他们将来在多样化的工作环境中进行团队合作,打下坚实的基础。

4. 运用头脑风暴法:培养创新思维与团队合作

团体头脑风暴是一种激发学生创造性思维的有效方法。通过设定一个明确的目标和创造一个无评判的安全环境,教师可以鼓励学生自由地提出各种想法,无论这些想法多么匪夷所思。在这一过程中,要重视数量,因为大量的创意可以增加产生创新解决方案的机会。要记录所有的想法,并鼓励学生在同伴的想法之上再思考,使大家的思考更加深入和有创意。使用思维导图等图形工具可以帮助学生更好地组织和可视化他们的想法。头脑风暴后,教师可以引导学生对这些想法进行评估和选择,考虑其可行性,并在实施后收集反馈,以便不断改进。最后,认可并庆祝每个学生的贡献,无论其想法是否被采纳,对于营造积极的创新氛围都至关重要。通过这种方式,教师不仅能够提高学生的创造性思维能力,还能培养他们的团队合作精神和沟通技巧。

5. 认可每个贡献:建立积极的创新文化

作为教师,认可和庆祝每个学生的贡献对于提高他们的创造性思维能力至关重要。通过公开表扬学生的学术成就和社交贡献,可以增强他们的自信心和归属感,从而激励他们在未来的学习中更加主动和创新。这种正面的反馈不仅肯定了学生的努力和成就,也传递了一个信息:每个人的贡献都是独特且有价值的。这种文化可以鼓励学生勇于尝试新事物,不畏惧失败,因为失败也是探索和创新过程的一部分。此外,庆祝每个学生的贡献还包括鼓励他们分享自己的想法和创意,即使这些想法可能尚未成熟或完美。这样的环境能够促进学生之间的相互尊重和支持,进一步激发他们的创造力和团队合作精神。通过这种方式,教师可以帮助学生建立起一种积极的自我形象,以及对学习和创新的持续热情。

(四) 另辟蹊径,帮助学生"跨界"提升认知能力

1. 运动与心智:通过体育锻炼增强认知功能

运动可以促进大脑神经元的生成和连接,从而提高大脑的认知功能;运动可以增加大脑血流量,改善大脑的氧气供应,提高大脑皮层的活力,有助于提高注意力,还可以提高人的反应速度和思维速度。想象一下,每周三次、每次二十分钟的间歇性运动,比如课间休息时的操场漫步,或是放学后的羽毛球对战。这些看似简单的运动,却能带来惊人的变化。资料显示,这样的运动训练能让学生的记忆力提高10%,仿佛是给大脑加了"记忆 buff"。无论是体育课上的竞技,还是课余的自我休闲运动、与小伙伴的周末约跑,这些都在间接助力着认知能力改善和学习效率提升。

总之,体育锻炼对认知功能有很大的促进作用,学生每天进行一个小时的体育锻炼,特别是群体性的体育锻炼,不仅可以提高注意力、记忆力、思维速度等认知能力,同时还有助于缓解压力、提高适应能力。

2. 睡眠与学习:充足睡眠巩固知识与记忆

在睡眠中,大脑会进行一系列的恢复活动,包括清除毒素、修复细胞以及重组神经网络,这些对于认知功能的维持和发展极为重要。研究表明,睡眠不足会影响注意力、记忆力和情绪调节,从而降低学习效率和创造性思维能力。相反,充足的睡眠能够帮助学生更好地吸收新知识,提高解决问题的能力,并在面对挑战时保持清晰的思维。睡眠时,大脑仍在默默工作,进行深度加工,那些睡前遇到的难题,或白天学习中被卡住的知识点,可能在这个时刻就得到了解决。这就好像在梦里解题,奇妙又神秘。保证充分的深度睡眠,就像是给学习加了"夜猫 buff",是助力学习的重要方法。

3. 正念与自我:内在觉察提升认知清晰度

正念是指个体的思想不再漫无目的地发散、妄想,而是把内在和外在的意识体验专注于当下的事物,主要特点有以下几个。

觉察:以冥想、静坐或者其他方式练习,让自己的意识关注在某个事情上,同时,有目的地关注自己的身体变化,认真觉察身体和意识的体验,注意自己身体和外界的联系。比如专注地走路,体会自己的脚接触大地、微风吹在脸上的感觉。

关注当下:通过关注自己的呼吸让意识和思绪回到当下。在关注呼吸时,觉察身

体和意识的体验,人们飘忽不定的意识和思绪就会不断回归到当下。

对意识和思绪不作任何判断:对脑海中涌现出的各种思绪和念头不作任何是非判断,而是不断接受这些思绪和念头,当接纳所有的想法和念头时,就不会因为一些念头而产生后悔和内疚的情绪。

在正念过程中,个体的认知能力会发生相应的变化,如感知觉更加敏感、注意力更加集中等。在经过较长时间的、结构化的正念训练以后,个体的神经生理活动会出现许多明显的变化,如呼吸延缓、心跳变慢、血压降低等。长期进行正念训练,会增强个体大脑活动左侧化,增厚海马体灰质,对前脑岛、前额叶和扣带回等大脑结构的皮层厚度以及灰质密度产生影响[1]。目前,一些中小学通过与瑜伽、太极拳等活动结合,对学生进行正念训练,取得了良好效果。

第六节　中学生的学习策略:从"学会"到"会学"

■ 案例 3 - 10
"会学"物理的大明

　　　　大明是一个对物理学科非常有热情的初二学生。他很清楚今天授课的内容是关于"电流实验"的,为此,他在昨晚就把电流实验涉及的几节教材内容都复习了,拿出了课堂笔记回顾相关知识点,在笔记上画了章节知识结构图,还简要预习了明天的实验。预备铃响起的时候,他拿出自己的笔记翻开章节知识结构图,专心等待上课。当老师开始授课的时候,他也开始记录笔记,但他很快就意识到他的笔记速度明显跟不上老师的节奏,于是他决定调整记笔记的策略,只记关键词、关键句,甚至可以用符号、图形的方式记

---

① 汪芬,黄宇霞.正念的心理和脑机制[J].心理科学进展,2011,19(11):1635—1644.

录,如此调整后,他基本跟上老师的进度了。但当老师开始边讲解操作步骤边做实验的时候,他又跟不上了,因为实验操作很多、讲解内容较少,而且听起来没有什么结构性。但是他清楚,老师是想让同学们画出该实验操作涉及的电路图。当他意识到这一点,他不再纠结于对老师每句话、每个动作的记录,而是按照老师的讲解和操作,结合前面的笔记内容画出电路图,完成了完整线路图的绘制,他感觉很有成就感。

下课后,他找到自己学习小组的伙伴大强,交流回顾课上的内容,并对照各自绘制的线路图,发现他俩画的完全一样,并且跟教材作了对照,只有一处(支路中忘记画开关)需要修改的地方,而这一处是他俩之前完全没意识到的。发现了这个漏洞后,两个人都很开心,也很期待明天课上老师的解答,于是他俩在此处作了标记,以提醒自己明天问老师。

第二天的课上,在课前回顾环节,大明主动举手询问了老师,老师作了明确解释。大明还询问老师他能否利用老师本堂课带过来的仪器再操作一遍实验,老师欣然答应。大明根据笔记上做的笔记将电线接好,灯泡发出稳定的光。大明和大强都开心满足地笑了,他们相信以后更多的物理问题都可以找到办法尝试解决。

在这个案例中,大明使用了哪些学习策略呢? 在平时的教育教学中,你在学习策略方面会给学生怎样的建议? 依照你的经验,你觉得哪些高效的学习策略是学生应该掌握并使用的? 如何评估学生的学习策略是否有效? 本节我们将一起走近学习策略的评估和运用。

一、什么是学习策略?

(一) 学习策略的概念

学习策略是指学习者为了提高学习效率、学习结果,而有目的、有意识地采用的有效学习的程序、规则、方法、技巧及调控方式等。学习策略既可以是学习者内隐的规则系统(比如上述案例中,大明为提升第二天的实验课效率做出计划;发现笔记记录跟不上课堂进度,会主动调整记录方式等),也可以是一套外显的操作步骤和程序(比如上述案例中,大明记录笔记、绘制知识结构图,在有疑问的地方进行标记等)。

从上面的案例中,我们可以看到学习策略的使用发生在学习过程中的很多环节,比如课前、课中、课后等。在上述案例中,大明使用到的学习策略依次是:保持学习兴趣和热情;有计划地提前复习、预习;做知识结构图;记录笔记;提炼关键点;使用结构图做记录;及时发现学习过程中的问题并调整学习方式;寻求伙伴支持;复盘反思;标记有疑问的知识点;及时向老师提问。以上是案例中呈现出来的常用学习策略,当然具体到每个学科,也有一些具有学科特色的学习策略。

(二) 学习策略的结构

学习策略的结构大致分为三种:认知策略、元认知策略和资源加工策略。我们可以把它们比喻成三个好朋友,这三个好朋友的密切合作,会帮助我们学习得更好、更高效。

1. 认知策略——探险家,开启未知世界的大门

认知策略就像勇敢的探险家,它帮助我们获取、加工和组织信息,探索和理解未知,扩展自己未知的学习领域。具体包括复述策略、精加工策略和组织策略。

● **复述策略**是在大脑中重复出现学习材料或刺激,以便将注意力维持在学习内容之上的学习策略,包括边写边背的多感官参与、尝试背诵、整体与分散相结合等方法,目的是帮助我们将学习材料从短时记忆区搬运到长时记忆区。比如对新单词的学习,通过不断反复朗读、抄写和使用这个单词,以加深对其含义和用法的记忆。

● **精加工策略**是通过深入思考将新知识与已有知识关联起来的学习策略,是将所学内容与个人经验、已知概念和情境联系在一起,从而加深理解,促进长期保持效果的方法。例如,在学习新的物理知识点时能结合自身实际举出实例并尝试用自己的语言输出(比如讲给他人听);在学习新的历史事件时,尝试将其与已经了解的相关历史事件作对比,找出它们之间的联系和区别,以便更深入地理解。精加工策略就好比我们将拼图中的每个碎片与整体图案进行匹配,力图建构出匹配已有知识经验的深度理解。

● **组织策略**是一种整理、分类、编排信息的学习策略,比如列提纲、画知识结构图等,它有助于将零散的信息组织成有条理的结构,使得学习者更容易理解和记忆。比如在西游记单元的学习中,绘制思维导图可以帮助学生对整个作品的故事情节、人物关系和主题内容有更清晰的把握。类似于整理书架上的图书,将它们按照不同类别和主题有序地排列起来,建立清晰的知识框架。

2. 元认知策略——舵手,引领学习的航向

元认知就像舵手一样,可以帮助我们通过具体的技巧和策略来监控和调整自己的学习过程,及时调整学习和思考的方向和方法,从而提高学习效果和表现,使我们成为自己学习的主导者。元认知可以视为学习的底层逻辑,很多学业表现好的同学自我反思能力也会比较强,他们会停下来反思,检查他的理解是否正确,方法是否有效,如果发现有误或者效率低下,他们会调整策略,他们的学习更多是主动适应和优化。具体来讲,元认知策略分为计划策略、监视策略和调节策略。

● **计划策略**指的是根据要进行的活动目标,在正式学习活动之前制订计划、预估结果、选择策略、想出解决问题的方法,并预估其有效性,包括设置学习目标、浏览相关阅读材料、产生待回答的问题以及分析如何完成学习任务。就像攀登一座高山,我们需要制订计划,确定攀登路线和所需装备。

● **监视策略**指的是随时关注自己学习过程的进展,比如考试时监视自己的答题速度和剩余时间,课堂上观察自己记笔记的节奏,及时关注自己的注意力状态,考后写反思日记等。这就好比在烹饪过程中不断尝试味道,从而检查是否需要增减调料或者改变火候一样。我们也需要主动地从更高位的"第三视角"来观察我们学习过程的进展。

● **调节策略**指的是学习者基于对自我学习过程的监控和观察作出进一步的调整,比如发现自己走神了就提醒自己回到注意目标,发现所剩时间不多就及时跳过暂时不会做的难题去做下一道题,发现笔记记录太慢就及时简化内容。就像驾驶车辆,我们会根据道路和交通情况调整速度和方向,以确保安全顺利到达目的地。

3. 资源管理策略——调度员,发挥和调动多方资源

资源管理策略就像一个资源调度员一样,它会有效地管理和分配各种有助于学习效果提升的资源。学习者根据学习目标和要求,调动人际支持资源,如与他人合作学习、寻求指导和反馈;利用时间管理资源,如合理安排学习时间和任务的优先级;增强精力管理资源,如保持集中注意力和高效学习能力;培养心态资源,如良好的学习态

度、积极心态、应对挫折的心理弹性;以及营造良好的学习环境,如减少干扰和创造有利于学习的空间。通过充分整合这些资源,学习者能够更有效地发挥认知和元认知的功能,提升学习表现。

从上面的描述看,认知、元认知、资源管理策略共同构成了我们学习和思考的关键要素,通过探险家、舵手和调度员的通力合作,我们能够启航,更加灵活、高效地获取知识,成为自己学习之路的船长。

作为教师,我们首先要了解并掌握关于学习策略的必备知识。有意识地观察我们在自我学习和教育教学过程中所使用的学习策略,这是我们必须完成的第一步。当我们了解并发现这些策略后,下一步就是思考和评估哪些策略是合适和高效的。那么,如何评估学习策略呢?有哪些工具可以帮助我们进行评估呢?

二、怎么评估学习策略?

学习策略的评估一般可以使用访谈法和问卷法。

(一)访谈法

访谈法的操作比较容易开展,但需要老师事先对学习策略的结构有所了解,以方便在访谈中对学生的学习策略进行有效归类。

比如,当我们想了解不同学习水平的学生在学习策略的使用上有什么不同时,我们可以选取学业成绩为优秀、中等、落后的学生各 10 名进行开放式访谈。先让他们思考在平时学习过程中,哪些行为有助于提高学习效率,哪些行为会对学习效率产生负面影响,要求每人至少写出 5 条关于这两类行为的具体表现。最后,老师对学生的访谈结果进行归纳总结。

当然,开放式访谈提纲的设计还可以根据老师的目的不断进行调整,比如加入学科属性,在英语学科学习中,你特别想掌握的学习策略有哪些?你观察到同学们经常使用的策略有哪些?等等。

访谈法的使用,其实一方面可以帮助教师了解到学生目前使用学习策略的现状和需求;另一方面,学生在回答访谈问题的过程中,其实也是对自身学习策略的审视和反思。在参考学者潘婷的《初中语文"课外古诗词诵读"学习策略运用的调查研究》的基础上,我们提供以下访谈指南。①

表 3-20 关于"初中语文'课外古诗词诵读'学习策略使用情况"的访谈指南

访谈维度	开放性问题示例	预设的关键策略
"课外古诗词诵读"的认知策略的运用	1. 在课外古诗词的学习中,有什么有效的记忆方法? 2. 哪些有效方法可以帮助你深度理解所学古诗词? ……	1. 学习这部分内容时,我会一边读一边勾画重要内容,做好标记。 2. 我经常用自己的语言梳理古诗词,并概括出古诗词的中心主旨。 3. 我会把学过的同类古诗放在一起比较,加深对古诗词的认识。 4. 我会根据创作背景和时代特征来推测诗人想表达的深层含义。 ……
"课外古诗词诵读"的元认知策略的运用	1. 在"课外古诗词诵读"学习中,你有遇到什么困难吗? 2. 当时是怎么解决这些困难的? ……	1. 在老师讲课之前,我会把每一首古诗词预习好。 2. 学习"课外古诗词诵读"时,我的注意力能高度集中,基本不走神。 3. 对于在"课外古诗词诵读"练习册中做错的题,我会分析错误的原因。 4. 我经常思考在"课外古诗词诵读"学习过程中做得好与不好的地方。 ……
"课外古诗词诵读"的资源管理策略的运用	1. 除了自己,你觉得还有哪些人会帮到你? 他们是怎么帮助你的? 2. 你常使用的课外学习资源有哪些? ……	1. 我几乎不去办公室请教老师。 2. 我参加过古诗词朗诵、知识竞赛等活动,它们有助于我自身的积累。 3. 我在公众号上和古诗词 App 上看过一些与诗词相关的小知识。 4. 我会搜集一些优秀的古诗词诵读音频、视频来模仿、学习。 ……

通过访谈不同学业水平的学生,我们可以大致整理出不同水平学生的学习策略使用情况:学业水平较高的学生在各方面表现得都比较出色,能够运用多种学习策略,并且积极利用课外资源。学业水平中等的学生在认知策略和元认知策略方面表现尚可,

---

① 潘婷. 初中语文"课外古诗词诵读"学习策略运用的调查研究[D].镇江:江苏大学,2023:21—46.

但在资源管理策略方面需要进一步提升。学业水平较低的学生在学习策略的运用上存在一些困难,需要老师的额外支持和鼓励。

表 3-21 不同学业水平学生在"初中语文'课外古诗词诵读'"中的学习策略使用情况

学业水平	认知策略示例	元认知策略示例	资源管理策略示例
较高	使用视觉联想、故事串联等记忆技巧;用自己的语言概括中心主旨;比较不同诗人的作品	有意识预习;调控注意力;深入分析错误原因;擅于自我反思	主动参加古诗词朗诵会、知识竞赛;利用公众号和 App 搜集优秀诵读资料
中等	依赖重复阅读和背诵;尝试比较不同作品,但需指导	预习和注意力集中尚可;错误分析和反思不够深入	偶尔参加课外活动;课外资源利用得不够广泛
较低	记忆困难;对深层含义和主旨的理解不够	预习和集中注意力存在挑战;缺乏对错误的分析和自我反思	很少利用课外资源;参与度不高

(二) 问卷法

使用问卷法来评估学生的策略使用情况是一种非常成熟的方法。这种方法借助稳定的测评工具,不仅可以了解学生策略使用的水平和特点,还可以通过大数据描绘出学习策略使用与更多因素之间的关系,如师生支持、学业成绩、压力等,这种方法为我们后续的干预提供了可行的方向。

在此,介绍学者周丽于 2015 年编制的中学生学习策略量表[1]。这个量表是由 60 个自我报告项目构成的,其中正向表述和反向表述题目各占一半。它采用了李克特等级评分方式,从"非常像我""大致像我""部分像我""大致不像我"到"完全不像我"共分为 5 个等级,按照 1—5 进行计分。对于正向题目,参与者的选择直接对应分数(如"非常像我"得 5 分,"完全不像我"得 1 分);而对于反向题目,则进行反向计分(如"非常像我"得 1 分,"完全不像我"得 5 分),在表 3-22 中题后有 R 标记的为反向计分题目,越

---

[1] 周丽. 初中生的成就动机、学习策略和数学学习成绩的关系研究[D]. 南京:南京师范大学,2015: 56—60.

同意代表该项策略应用得越差。该量表分为 10 个分量表,包括复述策略、精加工策略、组织策略、计划策略、监视策略、调节策略、时间管理策略、学习环境管理策略、努力管理策略、他人的支持策略。其中前三个分量表属于认知策略,中间三个分量表为元认知策略,最后四个分量表属于资源管理策略。每个分量表有 6 道题。分量表得分代表了学生在 10 种学习策略上的使用水平,得分高说明在策略使用上表现较好,反之则表现一般。

表 3-22　中学生学习策略量表(样题)

学习策略	分量表	题目举例
认知策略	复述策略	1. 在复习和预习时,我通常不做摘录或笔记。(R) 2. 我常把重要的、需要记住的东西反复记忆。
	精加工策略	1. 学习时我不仅要弄清各部分、各要点的知识,而且还要弄清各部分、各要点之间的关系。 2. 学习一种新知识或一种新事物时,我很少想到要把它与已有知识或其他事物进行比较。(R)
	组织策略	1. 复习时,我喜欢把繁复的材料变成简要的提纲,以便更好地记住。 2. 学过的知识我记住不少,只是在我头脑里比较乱,以至于要用时,一下子想不起来了。(R)
元认知策略	计划策略	1. 每天晚上和周末的学习时间,我都安排得井井有条。 2. 考试试卷下发后,我经常先浏览一遍试卷,以便安排作答时间。
	监视策略	1. 准备考试时,我会找一些题目进行自我测验。 2. 听课时,我往往把不理解的问题或联想到的问题记下,以便课后进一步思考,弄懂。
	调节策略	1. 我重视平时的复习,考试前夕倒不怎么紧张,有时反而去玩一玩,让头脑休息休息。 2. 每学一个概念、定理、公式,我都要注意其适用的条件。
资源管理策略	时间管理策略	1. 我善用零碎的时间学习。 2. 我总是磨蹭半天才开始做功课。(R)
	学习环境管理策略	1. 在家学习时,我先准备好必要的学习用品,以免使用时再花时间去寻找。 2. 我每天总在固定的地方学习。

学习策略	分量表	题目举例
	努力管理策略	1. 碰到不会做的习题时,我不会灰心,能从各方面去思考解决的方法。 2. 面对重要考试时,我因不知道该准备些什么而感到焦虑,并且无法控制这种焦虑。(R)
	他人的支持策略	1. 课堂上有不明白的知识,下课后,我马上向老师或同学请教,直到弄懂为止。 2. 学习中遇到困难,我喜欢跟同学讨论。

该量表主要评估学生通用的学习策略,我们也可以根据本学科属性进行学科学习策略的评估。比如,如果数学老师想评估学生关于数学学习策略的使用情况,可以采用专门的数学学习策略的评估工具,如王光明团队编制的初中生数学学习策略调查问卷和高中生数学学习策略调查问卷,两份量表均具有较好的信度和效度。

学习策略的评估,可以帮助教师或家长了解学生学习策略的表现,知悉其优势学习策略及有待于进一步发展的学习策略,并可以用此工具来检测学习策略辅导或训练的效果。不仅如此,学生也可以通过自测,了解自己学习策略的优势及劣势,从而更有针对性地改进自己的学习策略,最终提升学习质量和学业成绩。

三、怎么帮助学生掌握有效的学习策略?

学习策略属于可教、可学、可迁移的知识范畴。我们需要向学生传达一个重要的理念:学习策略是可以通过学习和练习而获得的。在以下内容中,我们将从认知策略、元认知策略和资源管理策略三个方面,介绍一些可操作的方法。

(一) 认知策略

1. 高效记笔记

在学习过程中,我们接收到的信息大多很快会消失,除非我们专注地集中注意力将其纳入长时记忆。因此,教会学生高效记笔记非常重要,它可以帮助我们聚焦注意力、整理和组织信息,以供后续的复习和练习之用。正如俗话所说,好记性不如烂笔

头。"康奈尔笔记法"可以作为笔记范例介绍给同学们,有效笔记包含三部分:

● 笔记栏是整个页面的主要部分,用于记录课堂上的核心内容,当然我们并不需要完全照搬,而是尽量用自己的话语进行记录,这样才能真正理解并转化为自己的知识。

● 线索栏位于页面的中右(案例图在右侧)部,类似于目录,通过将笔记栏内容凝练成几个问题,可以帮助我们在复习时快速定位重点。

● 总结栏位于页面底部,用简洁的语言概括本页的内容,旨在将零散的知识点构建成一个知识网络,加深对知识的理解。通过优化和整合笔记,我们能够更好地掌握所学内容。

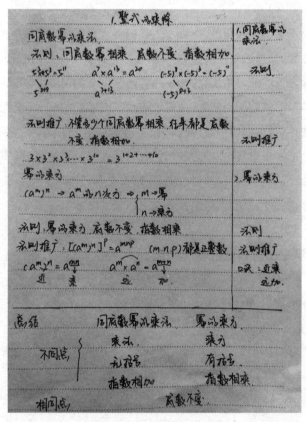

图 3-8 北京市第二十中学某学生优秀笔记示例

2. 让大脑"吃点苦"

我们可以鼓励学生在学习时更主动、更注重挑战性一些,而不只是"低效努力",只是单纯地听老师讲或者看课本上的例题。"低效努力"指的是被动学习,如不费脑力地听或者读,这是一种效率低下的专注状态,它往往只能在我们的脑回路中留下很微弱的痕迹,但是一旦我们用一些让大脑感到有些"困难"的方式去检索学习内容时,原本微弱的脑回路就会被一遍遍加固和强化。以下方式会让大脑"吃点苦"或是感到"困难":

● 自己做例题,不去看题解;

● 根据笔记的索引栏去回想笔记栏的主要内容;

● 试着回想一篇文章或者一个单元的学习内容,或者回想一道题的完整解题思路;

● 大声去解释你的观点或者给同学做讲解;

● 制造一些测试,比如让小组同学提问你或者自己出一些模拟练习题,以进行单元检测等。

这种让大脑"吃点苦"的主动学习方式可以帮助学生及时从记忆中提取和使用信息。当然它还会让我们接收到反馈,哪部分内容是我们掌握较好的,哪部分是薄弱、需要继续学习的,如此就可以帮助我们调整接下来的学习重点了。因此主动学习其实也涉及我们接下来要介绍的元认知策略。

(二) 元认知策略

1. 从阶段考试中去提问和反思

作为教师,我们可以通过引导学生提出更高层次的问题来提升他们的元认知学习策略。这种方法不仅适用于日常学习,而且在每次阶段考试后进行反思时尤为有效。学生通常进行的考试分析和撰写的反思日记,都属于元认知策略的一部分。为了帮助学生更加系统地思考考试经历,并从中识别成功的经验和需要改进的地方,我们可以引入一些结构化的表格工具。这些工具不仅可以辅助师生之间的沟通,也能作为家长与孩子交流的导引,同时,它们还能作为学生自我复盘的有用工具。教师可以教授学生如何使用这些表格,如何从考试中提取有价值的反馈,并将其转化为学习的动力和方向。

表 3-23　考试表现复盘与提升指南

	复盘	下次可以做哪些改进?
考试前做了什么?	你是否清楚这次考试的内容范围、重点及考查形式?	
	有没有留出足够的时间复习?	

	复盘	下次可以做哪些改进？
	有没有复习到全部考试内容？	
	有没有专注、有效地学习？	
考试中做了什么？	是否完全理解每道试题？	
	是否回答了所有的问题？	
	是不是累了、饿了、困了，以至于不能集中注意力？	
	是不是有严重恐慌或者焦虑导致没法专注答题和思考？	
	是否合理分配时间给不同题目？	
	回答内容是否足够清晰、有条理？	
	有没有粗心的错误？	
	是否清楚每个题目考查的主要知识点？	

2. 在"专注"和"发散"模式之间灵活切换

大脑其实有两种不同的思考和学习方式。专注模式，比如你正在集中注意力解决一道物理题或者专心背诵一篇课文。发散模式，你没有专注于任何特别的事情，比如在乘坐公交车、散步或者做白日梦等，这时你脑子里会随机冒出各种点子。我们需要让学生知道在做熟悉的题目时，我们使用的是专注模式，大脑会按照预先铺设好的思考路径（涉及已经了解的知识）达成目标；但是当我们做有难度或者全新的挑战任务时，因为没有预设好的固定路径，就需要在大脑中不常联系的知识之间建立新的路径联系，这就需要启动发散模式了。

学生了解了这一点，就需要有意识地去观察学习中哪些是容易的任务、哪些是困难的情境；一旦发现自己被难住了，就需要灵活地从专注模式切换到发散模式，比如给难题做个标记后，先去做简单题目、暂时离开书桌去趟洗手间、哼唱喜欢的曲子、望向窗外放松头脑、坐直身体调整坐姿、睡会儿等。我们需要让发散模式在后台工作一段时间后，再回到原来卡住的题目上来。

这种对学习困难的判断和策略的及时调整恰恰是元认知策略的体现。在教学过程中，我们经常会遇到不少学生在面对学习挑战时倾向于投入极大的努力，甚至有时会固执地钻研问题，试图通过坚持不懈来克服困难。然而，这种方法并不总是有效的，有时反而会导致思维僵化和精神紧张。对于这类学生,上述的元认知策略尤为适用。教师可以引导他们认识到,适当的调整和休息,不仅有助于缓解学习压力,还能提高解决问题的效率。通过这种方式,学生可以更高效地管理自己的学习过程,从而在面对挑战时更加从容不迫。

(三) 资源管理策略

1. 让他人参与进来——善用人际资源

能够助力学习的人际资源不仅包括班主任、学科老师,还包括学长、学习伙伴,甚至是信任的朋友和同学。

首先,培养学生遇到学习困难去求助的意识,知道不同类型的学业困难可以寻求谁的帮助。例如,当遇到学段转换,如升高一时的学习适应问题时,有经验的学长或睿智的老师的建议,都可能成为突破困境的关键。而在遇到具体的学科难题时,学科老师无疑是最好的求助对象,他们拥有丰富的专业知识,能够提供最直接有效的解决方案。此外,当面临学业情绪问题,如考试焦虑或学业挫折时,心理老师的帮助将会提供一种全新的视角,帮助我们重新审视问题,找到应对策略。

其次,找到学习小队或学习伙伴。良好的学习伙伴不仅可以起到监督、约束、激励和见证的作用,更能在遇到学业难题、共享学习资料、分配学业任务时提供帮助。比如各学科的兴趣小组、研究性学习小组、社团小组、云同桌自习室等都是形成学习共同体的有效方式。教师可以在日常教育教学过程中定期组织小组学习活动,引导学生产生"团队学习"意识,并为他们提供契机寻找到适合的学习小组。

2. 守护学习绿洲——打造高效环境

想象一下,走进一个宁静、整洁、没有太多分心物的学习空间,是不是感觉自己的心灵都被净化了。是的,学习环境的魔力就在于此。在这个特定的环境中,外界的干扰物减少了,正向引导的目标感增强了,注意力资源就会得到保护。

首先,我们应该引导学生减少学习环境中的干扰因素。建议学生在学习时将电子娱乐产品和零食等可能引起分心的物品放置在视线之外。在教室内,保持桌面的整洁有助于学生在不同学科切换时保持专注。同时,鼓励学生减少手机上可能会消耗他们大量时间和精力的应用程序。研究显示,那些能够主动创造一个较少干扰和诱惑的学习环境的学生,往往更容易实现学业上的成功。

其次,教师可以鼓励学生使用正面暗示来增强自我激励。在他们的学习空间中显眼的位置,放置有关学习目标、榜样人物或关键知识点的贴纸,以此来持续激励学生。此外,教师还可以建议学生调整学习环境,使其更易于快速进入学习状态。例如,学生可以在放学回家后,先行整理需要使用的学习书桌,将书籍翻至所需的页码,并确保所有学习工具都已准备就绪。这样的准备工作将使开始写作业变得便捷和容易。

3. 巧利用更高效——做好时间管理

教师可以鼓励学生设定明确的学习目标,并规划出具体的学习进度。建议学生制订日常和每周的学习计划,这有助于学生更专注地追求学习目标,避免在学习和休闲活动之间分散注意力。引导学生意识到一天中存在不同的高效学习时段,并建议他们识别个人在学习时注意力最集中、思维最敏捷的时间点。例如,有些学生可能在早晨头脑最为清醒,适合进行背诵和记忆;而另一些学生可能在晚上思维更加活跃,更适宜进行思考和分析。利用这些"黄金时间"进行学习,可以显著提升学习效率。

此外,还可以向学生推荐一些时间管理工具,如时间管理应用程序。这些工具能够帮助学生更好地管理时间,提高专注度,并带来对时间掌控的满足感和完成任务的成就感。长期坚持使用这些应用程序,学生可以积累关于个人时间管理的数据,从而增强对自己时间管理能力的信心。

第七节　常见学习问题的评估与干预:特别的爱给特别的你

一、学习障碍——和你一起面对困难

■ 案例 3-11
我该怎么办?

> 在班主任杨老师眼里,玥玥是一个活泼可爱的小姑娘,她颇有绘画天赋,在班级板报工作上积极参与,带领同学们赢得了年级板

报评比第一名。她为人友善,热情大方,愿意帮助老师、服务同学,和大多数同学都相处融洽,进入初一后很快就建立起了自己的朋友圈子。

但经过一段时间后,杨老师发现玥玥在语文学习上有些困难。有一次课上杨老师邀请玥玥朗读,她很紧张,磕磕巴巴,从此杨老师没再敢让她当众朗读,担心她会感到尴尬。后来,杨老师还发现她默写古诗文经常出现一些同学们不常出现的错误,作业中也有很基础的字词错误,小测更是惨不忍睹,分数低得让人不敢相信。杨老师询问她时,她低下了头,一声不吭,和平时的玥玥判若两人。细心的杨老师发现这个情况后,向各科任课老师询问玥玥的情况,结果,好几科老师都反馈了同样的问题,尤其是英语老师。

玥玥到底怎么了? 带着疑惑,杨老师联系了玥玥的家长。玥玥妈妈小心翼翼地告诉班主任老师,从小学三年级开始,语文老师就发现玥玥的拼音、字词比同班同学明显差一大截,每次都把她留下来单独辅导,但收效甚微。有时候一个字一个词学很多遍都还是错,老师觉得这种情况不合理,提醒她带玥玥去专业机构检查,诊断结果表明玥玥有阅读困难。

面对玥玥的问题,杨老师疑惑了。阅读障碍是什么? 阅读障碍的学生有哪些常见的表现? 怎么识别出他们有阅读障碍? 他们会遇到哪些挑战和困难? 当他们真正来到自己的班里的时候,老师该怎么帮助他们呢?

(一) 什么是学习障碍?

玥玥表现出的阅读困难问题是一类特殊的学习障碍。学习障碍(Learning Disability)常常指智力发展正常,但在学校学习中有明显的学习困难或障碍①。常见的学习障碍主要有阅读障碍、数学学习障碍、书写障碍等。

---

① 赵微.学习困难儿童的发展与教育[M].北京:北京大学出版社,2011:3.

1. 阅读障碍

阅读障碍是最常见的学习障碍,在我国约占所有学习障碍的80%。就像玥玥一样,阅读障碍学生最直接的表现是在识字和阅读上有困难,包括:

● 字词学习方面:学得慢、忘得快;不能理解字的意义;形近字、形声字容易混淆;听写比认读更困难,错误率明显高于同龄人。

● 阅读方面:阅读速度慢、不流畅;阅读时颠倒顺序、跳行、不按字阅读,而按自己的理解加字或减字;偏爱阅读图画书、故事书;回忆困难,阅读后只能回忆很少的内容。

● 阅读障碍学生在小学阶段主要表现为语文学习成绩显著低下,英语学习成绩一般也不理想。如果学生没有在早期得到有效的诊断和干预,进入到中学后,由于理科学习中也有大量的阅读理解,阅读障碍学生可能会表现出全方位的学业水平低下。

2. 数学学习障碍

数学学习障碍主要表现在数学学习有困难,它包含三种亚类型:语义记忆型、程序型和视觉—空间型。

● 语义记忆型数学学习障碍:主要是由阅读困难引发的,表现为数学事实提取的频率低、错误率高,正确提取的速度不稳定,这就导致应用类的数学学习的困难。比如,对同年龄段其他学生普遍掌握的数学事实如"0不能作为除数""任何非零数乘以1,数值均不变"等无法正确提取或掌握。

● 程序型数学学习障碍:主要是数学计算能力或推理能力有缺陷。计算能力异常是指学生运用数学语言时存在困难,数学语言通常指简单基础的数量、大小、形状等实质性的数学或几何学概念,他们无法读写数字或了解数字运算符号的意义与关系,无法掌握数量的概念和数字与数字间的关系。如,初中还用掰手指的方法来进行计算。数学学习障碍者对于抽象的数字概念无法掌握,同时在短时记忆保存能力上有明显差异,这两方面的问题会造成他们在学习数学过程中不断受到干扰,致使其在数学运算上有困难。

● 视觉—空间型数学学习障碍:主要表现为不能恰当地排列数字信息、符号混乱、数字遗漏或颠倒、对空间相关的数学信息难以理解,以及对线条、图形等存在认知困难,如解决多列算数问题时对不准,位置理解出错等。如果是这一类数学学习障碍学生,他们除了在空间相关的数学学习(如立体几何)中存在异常困难的表现,还会在其他对空间能力有要求的学科中表现出学习困难,如物理、地理等。

数学学习对一部分学生来说本身就是比较有挑战的,因此,在数学学习过程中,有些学生可能会因为畏难情绪而产生数学困难的表现,数学学习成绩也比较差。但是这类学生和数学学习障碍是完全不同的,他们本身并不存在数学学习认知能力方面的缺陷,而是像本章前面几节讲到的,调整态度、改善方法、增加学习投入后是很容易提升数学成绩的。

3. 书写障碍

书写障碍是指学龄儿童的书写可辨性存在严重缺陷。如果儿童的书写能力与其年龄和受教育程度不符,且对其与手写相关的日常生活造成显著影响,可诊断为书写障碍①。书写障碍分成三类:动作型书写障碍、阅读困难型书写障碍、空间型书写障碍。

● 动作型书写障碍:由于缺乏精细的运动技能,较差的手部灵巧性和肌肉张力,或不明确的运动缓慢等而表现出书写倾斜、字迹潦草难以辨认、书写速度慢、握笔过紧、写字用力过重等。

● 阅读困难型书写障碍:主要是语言加工缺陷引起的,患有这类书写障碍的学生可能在单纯的抄写任务中书写没有问题(因为不涉及对语言进行加工),但是在需要对语言进行加工的活动(如自发书写)中书写就存在问题,常常出现同音替代、近音替代、近义替代、反义替代等错误。这种类型也被称为语言型书写障碍,表现为语言的产生和理解、词汇使用、拼写和语法方面的困难。具体表现为漏写、添加或部分替换笔画和偏旁部首,甚至创造新字;字词的错写,即书写的字与所要求的无关;在写作过程中出现语法错误;等等。

● 空间型书写障碍:指拼写与阅读正常,没有明显的运动方面的缺陷,但在感知空间、理解空间方面存在缺陷,主要表现为笔画正确但位置错误、字间距或行间距过大、镜像书写等问题。

综合来看,学习障碍有以下几个特征:一是学业水平表现显著落后,或某些学习能力存在问题,主要表现在计算、阅读、书写、拼写等方面。二是以认知能力失调为核心的缺陷。三是排他性,智力落后、情绪问题、受教育机会、获得性脑损伤等原因引起的学习不良不属于学习障碍。四是学业水平与潜能不一致,学习障碍个体在某个方面的学业水平显著低于其应有的智力水平。

学习障碍问题困扰着不少孩子和家长,美国报道小学生学习障碍的发病率为

---

① 刘荣,李云文,周博阳. 儿童书写障碍表现及干预策略研究[J]. 语文建设,2021(08):15—19.

3％—8％，男女比例为 4：1；我国不同学者报告的小学生发病率为 6.6％—10％，男女比例为 4.3：1。学习障碍引发的问题更多出现在小学阶段，尤其是三年级，对学业成绩开始关注的老师和家长往往能发现这类问题。但很多时候，老师和家长如果不细心观察，就可能会将其误认为是学生不够聪明或不够勤奋，从而可能对有这类问题的学生产生偏见，反倒会增加他们的心理压力。

这个群体的学生从小到大在学习中都会体验到无法想象的挫败、不被理解或接纳以及不可控的负面评价，可能产生深深的自卑、焦虑、抑郁等情绪，也可能有一部分儿童和青少年会因此出现人际交往问题。因此，特别需要老师对这一类学生有清晰的认识。

学习障碍学生对老师来讲也是充满挑战的，当老师不了解的时候，他们甚至会在帮助和教育这类学生的过程中产生很明显的挫败感，因为无论付出了多少努力都可能收效甚微。因此，当我们觉得有些不寻常的时候，我们就可以像案例中玥玥的班主任杨老师那样，保留一份疑惑和好奇，然后去探寻问题的本质，清楚地知道有这类问题的学生不是因为懒惰，也不是因为笨，而是有特殊的缺陷导致他们在某一方面的学习水平落后，不是通过普通的教育干预就能快速提升的，而是需要获得专业的、有针对性的干预才能提升学业水平。同时，他们也可能会产生各种情绪、人际问题，这会对老师的课堂教学、班级管理等教育工作提出挑战。

(二) 如何评估学习障碍？

要科学、客观地诊断一个学生是否有学习障碍，这是非常专业的工作。目前在我国，就算是学校的心理教师也没有专业的诊断资质。但是，这并不代表教师就可以置身事外，教师往往是最先觉察到学生有异样的人，教师可以起到"预警"功能，特别是学科教师，可以通过观察法来作初步的识别。

最常见的评估学习障碍的方法是能力—成就差异模式，如果学生在标准化智力测试中的智力情况为正常水平，但是在标准化的学业测验（如阅读测试、字词测试、计算测试等）中显著低于同龄人 2 个年级水平，这种情况下我们就可以推测该学生可能有相应的学习障碍。

从日常观察的角度来看，老师可以通过以下步骤初步评估学生是否有相关的问题。

首先，判断学生的智力是否正常。一般来讲，我们可以通过核查学生的认知能力来判断智力是否正常，如有明显的记忆缺陷、注意力缺失、思维僵化等，那可能存在智力问题。另外，我们也可以通过语言表达、理解能力、问题解决能力来判断学生是否有智力问题。

其次，学生在某方面的学业水平表现显著低于同龄人，如语文成绩、英语成绩、数学成绩。尤其是偏科严重的同学，更需要重点关注。

第三，了解学生的学习投入度。学生的某个学科成绩低下不是因为没有投入学习，不是因为可以探查到的某个原因；相反，他在这个学科上的态度是积极认真的，方法是适当的。如果他的成绩经过一般的学业辅导能得到提升，那就不一定是学习障碍。

第四，细致观察学生的学业表现或认知加工过程，如学生在朗读课文、背诵课文方面异常困难；数学计算即使经过反复训练，仍处于极低水平；书写障碍的学生在作业中会有一些特殊表现，如字迹完全无法辨别、结构异常、间距异常等。如图3-9，这些字迹无法辨别，也没有写在合适的位置上；图3-10的"瑛"字结构异常，王字旁和英字笔画比例失调。

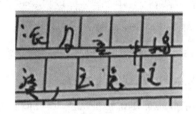
图3-9　书写障碍示例1

图3-10　书写障碍示例2

我们在日常工作中如果观察到学生可能患有学习障碍，需要尽可能说服家长及学生寻求专业的评估及干预。此外，学习障碍儿童会因为学业成就表现差而经历各种成长困境，可能表现出社会适应不良、学习动机水平低、学习效能感低、缺乏正确的归因能力、易产生不良情绪、情绪调控能力差以及各类行为、人际问题，因此，相应的评估也是必要的。比如，杨老师观察到玥玥在朗读课文的过程中很紧张；杨老师找到英语老师交流时，英语老师也反映自己在私下找玥玥交流英语作业的时候，她表现得很紧张。经详细了解之后才发现，上小学时，玥玥有过多次被老师约谈的不良体验，所以她一遇到老师找她谈话就非常紧张。因此，对于学习障碍学生的评估也应包含情绪、人际等其他方面的评估。

(三) 如何帮助学习障碍学生？

学习障碍的干预是非常系统、专业的工作，一般需要专业人士来进行，或者由专家制订干预方案，教老师执行。在没有专业支持的情况下，我们是否就要放弃这些学生了呢？当然不是。我们能做的还有很多，比如先学会看见和理解这个群体，认识到他们并不是故意不好好学习，而是有特殊需要，我们要提供特殊帮助；然后和家长积极沟通，了解专业的干预训练需要我们如何配合，以及如何制订个性化的学习目标，在学校内进行相应的教育安置，尽最大努力地在学校环境中为他们提供便利。

首先，我们可以了解学习障碍的常见干预治疗方法，从而为学生和家长提供相关建议。如果我们还能从中学习一些方法，并运用在自己的教学过程中，那就更好了。比如，杨老师从玥玥的妈妈那儿得知其 3—6 年级在专业机构里是通过指读法和分享阅读的方法来进行阅读训练的，她也会隔周抽一个中午的时间陪玥玥在校园的各个角落阅读。她在发现玥玥还是有一些阅读串行的问题后，向学校通技组的同事请教，制作了一个特殊的指读书签（周围有边框，能遮蔽上下两行字，中间空白，可以呈现文本的一行字）送给玥玥。这样一些小举措让玥玥对阅读增加了一些期待。

一系列研究提示了教育干预的有效性。张静等人的研究认为，利用动作视频游戏进行干预可有效提高阅读障碍儿童的心理旋转能力，从而提升阅读水平[①]。沈成威的研究发现，工作记忆训练可以显著改善阅读障碍儿童的工作记忆能力[②]。杨静对一名数学学习障碍儿童进行自我监控策略的训练，要求儿童在做数学题目时按照理解、计划、检查、执行、检查、评价六个步骤来解题。研究结果显示，经过一段时间的训练后，该学生的数学学习成绩明显有所提升，并在后期趋于稳定。[③] 此外，运动训练和计算机辅助训练对不同类型的学习障碍也是有效的。从这些研究结果中，学校老师及心理老师可以找到一些好的教育教学方法来帮助学生，如使用视频教学方式帮助阅读障碍

---

① 张静,刘芳芳,钟琳,等.发展性阅读障碍儿童心理旋转特点及干预效果[J].中国健康心理学杂志,2023(31):984—988.

② 沈成威.汉语发展性阅读障碍儿童 Stroop 任务的 ERP 研究以及工作记忆干预研究[D].贵阳:贵州医科大学,2022:19—30.

③ 杨静.自我监控策略提高小学数学学习障碍学生解题能力的个案研究[J].中国特殊教育,2012(01):47—51.

学生提升阅读能力;教授数学学习障碍学生使用自我监控策略等。

其次,老师还可以为学生提供特殊的学习任务或作业安排,以帮助学习障碍学生更好地适应学校的要求。比如,杨老师开始尝试多感官教学法。她尽可能丰富自己的教学方法和呈现方式,积极调动学生的视觉、听觉、触觉、动觉等多感官的参与;创建良好的班级学习氛围,创建包容温暖的人际环境,提升玥玥的学习积极性;也会根据她的情况来分层设置作业要求,如调整作业难度,减少作业量,改变作业形式(如提交口头作业、小组合作作业等),尊重她的学习节奏。此外,由于非常了解玥玥的情况及干预的需求,杨老师还帮助玥玥申请单独的考场,允许她适当延长考试时间,以帮助她建立更强的学业信心。

第三,真诚地开展家校沟通,支持家长构建和谐的学习环境,帮助学生进步。杨老师自从了解到玥玥的情况以及其非常辛苦的训练经历之后,更加深刻地体会到玥玥父母的不容易,也对他们的不懈努力非常敬佩和欣赏。杨老师尽自己所能地支持和配合家长,为他们提供一切可行的机会,来帮助玥玥放松由此带来的紧张情绪和压力,确保玥玥每天是稳定的、快乐的。从此,杨老师也加入了"玥玥战队",和玥玥一起面对阅读这个难题。

二、注意缺陷多动障碍——"永动机",想说爱你不容易

■ 案例 3 - 12
让人苦恼的小豪

> 小豪是一名可爱帅气的初一大男孩,他兴趣广泛,爱运动,会弹吉他,会变魔术,友善大方。然而,这么有才华的小豪却让班主任和任课老师倍感苦恼,因为他几乎每堂课都需要老师提醒:要么是玩各种新奇的小玩意儿,要么是随意说话,打断老师讲课,有时甚至还随意离开座位在教室里游荡,就算是班主任老师把他安排在讲台旁边的特殊座位上,他也控制不了自己。
>
> 进入初中以来,由于学业难度增加,小豪逐渐感到吃力,学习成绩也比较糟糕。班主任老师和他的家长沟通,发现他在家的情况也是一样,根本无法静下心来写作业,就像是屁股上安装了弹

簧一样,完全停不下来,家长也为此感到很苦恼。因为其课堂表现不佳,总是会影响同学们听课,不少同学对他颇有意见,加上学习成绩比较落后,在新班级中,小豪感到不被大家喜欢,变得有些低迷。

小豪是故意要破坏纪律吗?他到底怎么了?我们该如何帮助他?

(一) 什么是注意缺陷多动障碍?

注意缺陷多动障碍(Attention Deficit and Hyperactivity Disorder, ADHD)就是我们常说的"多动症",它是一种神经发育障碍,是儿童精神科门诊最常见的问题之一,它的核心症状是注意缺陷、多动和冲动。在我国,大约有 6.4% 的儿童受此问题影响。

注意缺陷多动障碍主要有三种亚类型,分别为注意缺陷型、多动—冲动型和混合型。

● 注意缺陷型学生常常容易分心,容易受到外界刺激的干扰而分散注意力,比如教室外、书房外的任何人事物都可能干扰他们的注意力,从而导致他们无法专注在学业及当前的活动上。而另一类注意缺陷型的学生是比较隐蔽的,他们容易被内在的刺激干扰,有时候看起来他们投入在当前的学习中,但实际上他们无法集中注意力,上课或写作业时容易做白日梦,迷迷糊糊的。因此,他们通常学业成绩较差,学习能力低,很难记住多项任务。

● 多动—冲动型则很明显,他们可能在任何场合都上蹿下跳,到处乱冲乱撞,把所到之处的东西都破坏掉,像是一个永不停息的"马达"。而在青少年阶段,随着年龄的增长,他们的表现可能不会像小学阶段那样明显,但是仍然会有一些症状:上课的时候频繁离开座位、脱口而出回答老师还没问完的问题、经常停不下来地做各种小动作;生活中难以等待、容易和同学发生冲突或发脾气、情绪上躁动不安等。

● 混合型兼具注意缺陷型和多动—冲动型的症状。

此外,注意缺陷多动障碍的学生有一个共同表现:做事的组织性、计划性差,时间管理问题比较严重,因此会经常完不成作业,也记不住作业,不会做学习计划,经常丢三落四、找不到东西,自己的房间或书桌也比较混乱。多动—冲动型和混合型的学生因为伴随冲动的问题，还有攻击性、敌对性，容易陷入各种纷争，会被其他儿童排斥，因此，他们在情绪调节和人际交往中也会表现出一些困难。

　　案例中的小豪可能就患有混合型的注意缺陷多动障碍，他已经表现出一系列的学业、情绪、人际关系的困难。随着年龄的增长，到青春期或成年期之后，他的一些外显多动—冲动行为可能会得到某种程度的控制，但注意力不集中的问题依然会有，且情绪上的焦躁不安也会更多地呈现出来。

（二）如何评估学生是否有注意缺陷多动障碍？

　　对于一线教师而言，我们可以通过观察法来识别可能有注意缺陷多动障碍倾向的学生，但是要诊断一个人是否患有该障碍，还要依靠有诊断资格的精神科医生。

　　基于注意缺陷多动障碍的三种亚类型及其诊断标准，我们可以从三个方面来观察学生的表现，或者针对相应的问题细致询问学生的感受，以获得更充分的信息，从而帮助我们作出更谨慎的判断，具体观察点如表 3-24。

表 3-24　ADHD 观察表

维度	具体表现	是否
注意缺陷维度	1. 经常无法注意细节或者在做作业等活动中经常犯粗心的错误	
	2. 在任务或游戏活动中经常不能维持注意	
	3. 跟他讲话时，他似乎没有听到	
	4. 不能遵循指令，不能完成学校功课、琐事或者工作职责（不是因为反抗行为或者不能理解）	
	5. 在组织任务和活动时有困难	
	6. 经常逃避、厌恶或者不情愿参与需要付出持久心理能量的工作（例如，课堂作业或者家庭作业）	
	7. 经常丢失任务和活动必需的东西（例如，玩具、作业、铅笔、书或者工具）	
	8. 经常被外部刺激所吸引而分心	
	9. 在日常活动中显得很健忘	

维度	具体表现	是否
多动维度	1. 经常坐立不安，或在座位上扭动	
	2. 在要求持续坐着的场合，常常离开座位	
	3. 在不适宜的场合跑闹攀爬	
	4. 经常很难安静地玩耍或参与休闲活动	
	5. 经常"动个不停"或"像被发动机驱动一样"地行动	
	6. 经常无节制地说话	
冲动维度	1. 经常在问题尚未说完之前不假思索地回答	
	2. 经常很难等待	
	3. 经常打断或侵扰别人（例如，插入别人的对话或游戏）	

日常中，如果教师连续六个月或更长时间观察到学生表现出 6 个或更多注意缺失的症状，这可能表明学生患有注意缺陷型 ADHD。同样，如果学生展现出 6 个或更多多动—冲动的行为特征，他们可能患有多动—冲动型 ADHD。若学生同时展现出这两类症状，那么他们可能患有混合型 ADHD。通过这样的观察，我们可以及时向家长提出建议，寻求专业的诊断和治疗，同时为这些学生提供更加适宜的支持和帮助。

我们在和家长交流自己对学生的观察时，常常会遇到一个特殊情况，即家长可能会因为孩子在看电视、玩游戏的时候注意力可以持续很久，而否认孩子的注意力问题，这是一个常见的误区。ADHD 学生是注意力调控出了问题，而不是没有注意力，因此他们在做感兴趣的事情时注意力是能够特别集中的，问题就出现在做枯燥无聊、不感兴趣的事情上。因此，我们主要观察学生在听课、写作业这样的场景中的表现，而不是打游戏的场景中。当 ADHD 学生做自己感兴趣的事情时，他们会走向反面，即过度关注。

（三）如何帮助有注意缺陷多动障碍的学生？

首先，我们需要清晰地认识和理解他们。因为注意力的问题，ADHD 学生很难在日常生活、学业上有完美的表现，尤其是随着年级的升高，生活复杂度和学业难度增加，问题会更多。由于多动、冲动行为，ADHD 学生会在不自知的情况下破坏课堂纪律，干扰老师讲课，有时甚至会和其他同学因为琐事发生冲突，这样会造成老师和同学对他们的疏离,他们甚至会被同学孤立、欺凌,并因此产生自卑、抑郁等情绪。因为他们无法控制的这些分心或多动、冲动表现,他们在学业、人际、情绪、生活等方面都会面临巨大的挑战。老师需要看见他们的困难,理解他们的问题,并时刻保持对他们的包容。在此基础上,老师会发现,ADHD学生并不是一无是处。比如案例中的小豪,他多才多艺,会弹吉他,会变魔术,在新年联欢会上为同学们带来了精彩的表演。ADHD学生拥有自己独特的优势和资源,帮助他们综合地看待自己,而不只是盯着症状的部分,这是接纳他们的第一步,也是帮助他们最重要的一步。

其次,如果你是班主任,你也可以和家长沟通评估的问题。当你发现了学生的情况,可以积极地和家长沟通,建议家长带学生去专科医院诊断。有些家长可能已经带孩子评估过,他们没有告诉你,只是担心被贴上一个标签,会被周围人歧视。评估不是为了给学生贴上一个标签,而是为了以更科学的方式帮助他们。

对于注意缺陷多动障碍的治疗,主要包括药物治疗和社会心理干预,对此我们也作一些简单的介绍,供老师参考。

1. 药物治疗

研究证明,药物治疗ADHD效果很好。但是家长们都会担心药物治疗给孩子带来副作用,比如消化不良、恶心、食欲下降;情绪易怒、入睡困难等。我们建议家长多次诊断,和有资质的医生认真讨论药物治疗的方案,最终由家长在权衡利弊的情况下妥善遵医嘱服药。

2. 社会心理干预

对于注意缺陷多动障碍儿童和青少年,常见的社会心理干预方法有:行为干预、学业干预、自我调控训练、认知训练、社会性技能训练和综合干预等。有研究者认为,与药物治疗相比,社会心理干预方法虽然起效慢,但更具有持续性。

行为干预的核心策略是改变容易诱发问题行为的前奏事件和提供行为结果的反馈。改变前奏事件主要包括制订少而清晰的规则、降低任务要求、给ADHD学生多种任务的选择权等。基于行为结果的策略是指在特定行为之后对环境事件进行调整,以改变该行为发生的频率,主要包括对ADHD学生的积极行为进行及时、频繁的强化,如代币制;对问题行为进行相应的惩罚,如反应代价等。

在行为干预中,家校沟通卡(Home-School Communication Trackers)是一种行为干预的有效工具,老师、家长可以和孩子制订一段时间内重点关注的2—5个行为,其中1—2个行为是孩子很容易做得较好的,1—2个行为是有一点挑战的,还有1—2个行为是需要更多努力才能达成的(设置的行为目标少,确保容易达成,重点在于激发和强化积极行为)。制订之后,教师每天都对相应的行为进行评定,一天结束后给予奖励。老师或家长可以和孩子商量合适的奖励,如果孩子通过努力达成了更具挑战的行为目标,可以有额外的奖励。具体见表 3-25。

表 3-25　家校沟通卡

行为	表　现　评　分			
	0—25%的时间	25%—50%的时间	50%—75%的时间	75%—100%的时间
不随意下座位	1	2	3	4
安静学习或参与活动(不吵闹)	1	2	3	4
等待老师允许再发表意见	1	2	3	4
及时完成课堂作业	1	2	3	4

　　注意缺陷多动障碍学生由于工作记忆落后、思维跳跃、磨蹭等,多数会面临学业问题,比如上课跟不上、听不懂,不会记笔记,逻辑性差,这就需要老师和家长深入了解他们在学习中存在的内隐困难,针对性地开展学业辅导。老师可以针对他们的某项学业技能进行辅导,如阅读、计算、写作等。在辅导过程中,老师可以给予学生明确的指令,利用丰富的案例进行小步骤教学,并不断检验学生是否真的理解。

　　自我调控训练(Self-Regulation),也叫自我管理训练(Self-Management),是通过教会学生监控和评估自己的行为或认知过程来实现自我管理和培养问题解决技能的。该方法一般包括以下 3 个步骤:(1)教师和学生要选择一个目标行为,一般是监控注意力或某项学业表现;(2)学生和教师分别记录和评估目标行为;(3)教师将学生的评分与自己的进行比较,二者一致性高,学生即可获得强化。总体来说,自我调控训练可以减少学生的问题行为,提高学业完成的数量和质量。

　　认知训练(Cognitive Training)在注意缺陷多动障碍的众多治疗手段中算是被广泛应用的。认知训练可以提升执行功能,执行功能是一种复杂的多维结构,是负责调控认知、情感和行为的高级认知过程。认知训练很丰富,目前也有一些计算机程序化的小活动,如舒尔特方格、数字找"5"等。

　　有些注意缺陷多动障碍学生会表现出社会功能缺损,即他们缺少必要的社会交往技能;不能准确地加工社会信息;不能很好地建立同伴关系。他们在人际互动中识别社会线索有困难,不会"察言观色"。社会技能训练(Social Skills Training)可以改善这类问题。研究表明,团体辅导可以有效干预学生的多动倾向,在品行问题、多动冲动等方面效果较好,对于学生的情绪问题与人际问题也有一定程度的缓解。[1]

三、学业拖延——战胜拖延我有招

■ 案例3-13

"卷"时代,"拖延症"扎堆

> 泽峻、泓宇和佳怡是高一(5)班的学生,他们三个都号称自己有"拖延症",时不时会被老师、家长提醒,觉得挺烦恼。进入高中后,学业压力增大,他们有时也会制订计划来改掉这个毛病,但是一两周就坚持不下去了,再度陷入拖延状态,心情也会变得有点糟糕。他们一同去找班主任何老师,想问问何老师有没有什么办法能帮助他们改正拖延问题。
>
> 何老师发现,近年来自称有"拖延症"的学生越来越多,"拖延症"也成了网络上的热词,甚至有的同学还会利用"拖延症"这一标签作为借口逃避一些合理的学业任务,而在大多数老师眼里,拖延就是学生懒惰的表现,这样反而造成了师生之间的冲突,更不利于解决学生的拖延问题。

拖延到底是怎么回事呢? 拖延的背后都有些什么样的原因呢? 何老师有什么绝招能帮到这三位同学呢?

(一) 什么是学业拖延?

拖延是一个备受关注的话题,其本意是推到明天,它是一种应对策略,通过拖延可

---

[1] 陈姝伶.初一多动倾向学生团体训练及效果研究[D].昆明:云南师范大学,2022,47—51.

以更好地争取机会、充分做好相关准备、避免冲动行为的不良后果。因为任务太多、太难，很多人自然会选择拖延这个策略。在大多数人尤其是老师的观念里，拖延有一些道德的内涵，即个体没有履行自己应该履行的义务，从而使得拖延成为了一种消极的日常行为方式，因此便有了贬义之意。随着对这一现象研究的不断发展，有研究者认为"拖延是个体延迟开始或完全逃避完成工作的一种行为倾向，是自我控制能力不足的表现"，拖延开始被视为一种特质。①

学业拖延指的是学生明知道自己应该做却选择推迟完成任务，因而面临学业目标没有在规定时间内完成或在最后限期仓促完成的结果，并且会产生主观不适感，是一种消极的学习态度和行为。当然，学业拖延也可能是学生在成长和发展过程中养成的一种应对学业任务的特质，甚至是学业压力大、内卷背景下学生常使用的一种应对压力的策略。

为了更好地帮助三位有拖延表现的同学，何老师分别找到他们以及他们的家长谈话，了解了他们各自的情况。

泽峻文科成绩不错，但是数学和物理对他来说有一定难度，加上学校教学进度很快，课业要求比一般学校都高，所以在这两科的学习上就显得格外困难，他常常将这两科作业安排在最后来做，有时候实在没有时间，就一拖再拖，甚至不了了之。久而久之，形成恶性循环，这两科就越来越落后了。

泓宇不一样，他脑瓜子灵活，学习成绩中等偏上，各科均衡发展，唯独一个问题：做事拖沓，要是抓紧一点，成绩肯定可以更好。何老师详细了解情况后发现，原来泓宇的妈妈是个急性子，尤其对他的学习要求比较高，因此在学校作业写完之后，她都会给泓宇布置一些额外的作业。一开始，泓宇还能完成一些。随着年龄的增长，泓宇开始逆反，但又斗不过妈妈，于是他就优哉游哉地完成课内老师布置的作业，不留下空余时间给妈妈布置多余的作业。这样到高中之后，当学习科目增多，难度增大之后，渐渐地课内作业有时候也完不成了。

佳怡是一名排球特长生，她在排球运动方面颇有天赋，也能刻苦练习，是球队的核心人物，教练希望她将来能入选重点大学的校队。遗憾的是，她从小学习就不太好，因此，在学习方面一点信心都没有，也完全不想学习，作业总是一拖再拖。

---

① Tuchman B W, Sexton T L. Effects of relative feedback in overcoming procrastination on academic task [C]. New Orleans: Paper presented at the Annual Meeting of the American Psychical Association, 1989.

何老师发现,三位同学虽然都表现为拖延,但是原因却不一样,那到底该如何进行评估呢?

(二) 如何评估学业拖延?

像何老师一样,只要认真观察,我们每一位老师都能在日常工作中识别学生的学业拖延行为,因此,观察法和访谈法能帮我们了解学生的表现。但是,要更系统以及更有针对性地识别每个学生不同的拖延行为,我们可以使用问卷法来进行评估。

评估学业拖延的问卷有很多,如果我们想找到拖延的特定原因,所罗门(Solomon)等人在1984年编制的学业拖延量表(Procrastination Assessment Scale-Students, PASS)[1]可能会有帮助。国内许多学者用它来评估大学生的拖延行为,目前还没有中学生版本,我们可以将其作为参考。

学业拖延量表一共有38道题,大体分为两部分:第一部分评估拖延程度;第二部分评估拖延原因。其中第二部分包含26道题,要求学生对给出的某个学习情境的拖延原因进行评估,拖延原因包括:评价性焦虑、完美主义、优柔寡断、依赖和寻求帮助、厌恶任务、缺乏自信、懒惰、害怕成功、感觉无所适从、不善管理时间、反控制、偏好风险、同龄人影响和缺乏坚持性。虽然该量表只在大学生样本中进行了修订,但中学老师也可以用来参考以识别学生拖延的原因,从而可以更有针对性地帮助学生认识并改进,以下是该量表第二部分的样题。

表3-26 学业拖延量表(样题)

请思考以下情境:很快就要进行期末考试了,你每天都提醒自己该复习了,却迟迟不能真正开始复习,直到考试前一个星期,甚至考试前一两天才临时抱佛脚,通宵达旦地复习。你为什么在期末考试复习上拖延呢?下面列举了一些原因,请根据1(完全不符合)—5(完全符合),评定这些原因与你的实际情况相符合的程度。

原　　因	完全不符合	比较不符合	中度符合	比较符合	完全符合
1. 因为复习得早,并不代表一定比别人考得好。					

---

[1] Solomon L J, Rothblum E D. Academic Procrastination: Frequency and cognitive-behavioral correlates [J]. Journal of Counseling Psychology, 1984,31(04):504-510.

原　　因	完全不符合	比较不符合	中度符合	比较符合	完全符合
2. 想等到其他同学开始复习后才开始，这样可以找到复习同伴，复习同伴的努力对自己是一种很好的约束。					
3. 有一些疑问需要向老师请教，但是与他（她）接触让自己感到不自在。					
4. 我很期望体验在最后的时间里全神贯注马不停蹄地学习的激情。					
5. 我很难制订让自己满意的复习计划。					
6. 对于能不能考得很好，我没有什么信心。					
7. 我总是打不起精神来复习。					
8. 我喜欢根据自己的意愿学习，而不喜欢为了应付考试而学习。					
9. 我等待着老师可能会提供更多关于考试的信息。					
10. 朋友经常叫我一起做其他的事情，我不好意思拒绝。					

经过 PASS 量表的评估，何老师发现，泽峻拖延的主要原因在于评价性焦虑、厌恶任务、缺乏自信；泓宇拖延的主要原因是反控制、不善管理时间；而佳怡拖延的原因既有缺乏学业自信，又有同龄人影响、外界干扰和缺乏坚持性。

针对三人的特殊情况，何老师可以用什么办法帮助他们克服拖延呢？

(三) 如何帮助学生应对拖延?

根据泽峻评价性焦虑、厌恶任务、缺乏自信的情况，何老师提供了小步前进、分解任务的细致的学业指导。一开始，何老师每天只要求泽峻完成数学作业中的基础题部分，并且每隔两天，针对作业中出现的问题提供耐心、精确的指导，消除泽峻在写作业过程中的困难感和恐惧感，反复强化他可以学好数学的信念。同时，老师也不断肯定其在作业中好的表现、相对认真的态度、良好的计算能力等，让泽峻多一点信心。经过大概一个月后，泽峻在数学基础题上有了一些起色，何老师开始要求他每天做一些提升难度的题,而且要求他每天先在学校里完成数学作业,如果有困难,直接找何老师答疑,解决之后再回家。经过一学期的努力,泽峻的数学学习有了长足的进步,他找到了一些方法,也逐渐变得更自信了。何老师也建议泽峻在物理学习上仿效数学学习的方法,稳步改进物理学习的状况。

而对于泓宇反控制、不善管理时间的情况,何老师则采取了完全不同的方法。他找泓宇畅谈了一次,详细了解了他各方面的情况,也一起交流了未来的打算,得知他想成为一名互联网工程师,何老师以此来激励他为自己的理想采取行动。何老师启发他认识自己的问题,激发他自身的责任感,尊重他的选择,也陪伴他设定符合他自己节奏的学习计划。后来,何老师还专门邀请泓宇的爸爸妈妈到校交流,提醒他们在日常生活的任何方面,都注意和孩子讨论交流,最终由他自己作出选择,培养他的自主性。经过和家长的密切配合,在泓宇自己的努力下,他的拖延问题也得到了比较好的改善。

佳怡的拖延既因缺乏学业自信,又有同龄人影响、外界干扰和缺乏坚持性的原因,更为棘手。何老师也想了多种办法来帮助她,比如找到排球队的教练,和教练一起分析佳怡的情况,邀请教练在训练时间之余不时提醒佳怡学业也同样重要,课内学习能发展思维,锻炼大脑,也能提升运动能力,以此强化学习的重要性;请运动能力和学业表现俱佳的排球特长生云路向佳怡分享自己的学习方法和感受,以此激发佳怡的动力;他还建议佳怡参加学校心理老师举办的学业拖延团体辅导,通过目标设定和时间管理训练来帮助自己提升效率,减少拖延行为。除此以外,何老师联合任课老师为她设置了分层作业,要求她完成基础部分的作业,并提供到位的学业指导;何老师还联合家长,要求家长在征得佳怡的同意下,帮助她做好家庭作业时间计划及监督。在相当长的一段时间里,何老师自己也对佳怡一直持续关注并指导。经过多方努力,佳怡的学业拖延得到了一定程度的缓和。

从上述案例中可以看出,如果要帮助学业拖延的同学,老师可以选择下述方法进行尝试:

第一,详细了解学生的情况,了解其拖延的原因;

第二,根据不同的原因,老师可以提供不同的教育指导,如学业辅导、情绪支持、建立良好的师生关系、激发学习动力和自主性、增强学业自我效能感、缓解学业疲劳和学业压力、提供学习榜样、畅谈生涯规划、做好时间管理和目标设定、调整不合理认知等。

第三,与家长沟通,邀请家长学习,建议家长稳定情绪、改善教养方式和家庭氛围,以提供更优的家庭教育支持。

参考文献

1. 王婧怡,邓林园.家校环境对学业情绪的影响——基于控制—价值理论的分析[J].教育家,2023(10):12-13.

2. 董妍,俞国良.青少年学业情绪问卷的编制及应用[J].心理学报,2007,39(05):852-860.

3. 丁长青.初中生主观幸福感、学业投入与学业成就的关系研究[D].兰州:兰州大学,2019.

4. 朱庆庆.初中生感知教师支持、自我控制能力与学业投入的关系及干预研究[D].石家庄:河北师范大学,2023.

5. 李若璇,张骊凡,姚梅林.家长投入对学业投入的影响:掌握目标的中介作用[J].中国临床心理学杂志,2018,26(03):578-585.

6. 赵洒洒.高中生成长型思维和学习投入的关系:学业自我效能感和努力信念的纵向中介作用[D].天津:天津师范大学,2021.

7. 杨雪琴.初中生家长参与、学业情绪和学业投入的关系及干预研究[D].武汉:华中师范大学,2021.

8. 卢婉玲,张兴瑜,胡朝兵.自我接纳与初中生学习倦怠的关系:学业自我效能感的中介作用[J].中小学心理健康教育,2023(08):14-20.

9. 李雪.初中生父母教育卷入与学业成绩的关系:领悟社会支持和学业自我效能感的链式中介作用[D].沈阳:沈阳师范大学,2023.

10. 尤宇锟.初中生社会支持与学业自我效能感的关系——成就归因的中介作用及干预研究[D].西宁:青海师范大

学,2023.

11. 乔麟婷. 中小学生学业自我效能感的影响因素及应用[J]. 中小学心理健康教育,2023(26):10 - 15.

12. 吴绮琳,刘世超,黄时华,等. 特质性心流与网络游戏成瘾:学业自我效能感的中介作用[J]. 中国健康心理学杂志,2023,31(09):1407 - 1412.

13. 安奕,任玉丹,韩奕帆,等. PISA2021创造性思维测评及启示[J]. 中国考试,2019,11:71 - 78.

14. 芭芭拉·奥克利. 脑科学学习法[M]. 欧阳瑾,陈兰,译. 浙江:浙江教育出版社,2023.

15. 彭聃龄. 普通心理学[M]. 北京:北京师范大学出版社,2012.

16. 池谷裕二. 考试脑科学:脑科学中的高效记忆法[M]. 高宇涵,译. 北京:人民邮电学出版社,2019.

17. 王光明,刘丹. 初中生数学学习策略调查问卷的设计与编制[J]. 数学教育学报,2017,26(03):19 - 24.

18. Oakley B, Schewe O. Learn like a pro: Science-based tools to become better at anything [M]. New York: St. Martin's Press, 2022.

19. 赵微. 学习困难儿童的发展与教育[M]. 北京:北京大学出版社,2011.

20. 吴汉荣,宋然然,姚彬. 儿童汉语阅读障碍量表的初步编制[J]. 中国学校卫生,2006(03):189 - 190.

21. 刘荣,李云文,周博阳. 儿童书写障碍表现及干预策略研究[J]. 语文建设,2021(08):15 - 19.

22. 曹爱华. 儿童学习障碍的早期筛查、诊断与干预[J]. 中国儿童保健杂志,2023,31(06):590 - 594.

23. 金颖,曾盼盼. 美国中小学对注意缺陷多动障碍学生的循证干预及启示[J]. 现代特殊教育,2022(04):55 - 62.

24. 刘晓琴. 汉语书写障碍学生的书写特点及干预研究[D].

重庆：西南大学,2023.

25. 陈春荣. 书写障碍患者中文签名笔迹特征研究[D].上海：华东政法大学,2020.

26. 季桐宇. 初中生学业压力、心理疲劳和学习拖延的关系及干预研究[D].扬州：扬州大学,2022.

第四章

中学生社会交往的评估与干预

第一节　中学生社会交往概述：在断裂与联结中织就成长的网

■ **案例 4-1**

不听话的孩子

　　周日下午，暴雨之后的天空中乌云的痕迹尚在，却也透出一些光亮。在还不到往常返校时间却迫不及待地离了家的高中生小琳眼中，这像极了自己现在的心情。

　　小琳和父母刚刚吵完架。从上初中开始，与父母的沟通就越来越困难，小琳成了父母口中"不听话的叛逆孩子"。进入高中后她选择了住校，但周末回家短短两天，仍然冲突不断。

　　"你月考数学没考好，期中又没考好，都快在班级里倒数了，数学老师主动找你，让你多去问问题，你为什么答应得好好的，却从来不去？"

　　小琳也说不好为什么，现在不像小时候那样动不动就喜欢往老师面前凑了。"我自己知道学，不会的我会问同学。"

　　她的回答让父母更生气，因为小琳追星，平时提到同学，话题总是绕不开"爱豆"。"放着老师不问，找什么同学？整天跟你在一起的还不是那几个追星族，每天不是聊娱乐就是聊八卦，还学什么习！怪不得成绩越来越差！"

　　又来了！每次提起追星，父母就会火冒三丈，追星几乎成了她的"原罪"，但小琳觉得那不过是她和朋友们的共同爱好而已，每天课后一起聊几句，是一天中最快乐的时光，而且"爱豆"也给了她许多精神支持。"你们什么都不懂，一点都不理解我，就会给我扣帽子！"

"我们还不是为你好？你这孩子就是不听话！叫你往东你偏往西，将来有你后悔的时候！"

"少管!"小琳"砰"地一声关上门，提前返校了，这其中当然也有"借题发挥"的成分，因为她今天与隔壁班的小航有约。前段时间两人一起参加了一场校外比赛，并肩作战增进了两人的了解和好感，只是回到学校后，交流机会变少了，小航约她今天早点返校，小琳心中有一种莫名的兴奋。

我们该如何看待案例中的小琳？和家长、老师逐渐疏远，越来越多地融入同伴群体，异性的吸引力变得强烈……小琳身上表现出来的，是个体特点还是这个年龄段的共性特征？青少年的社会交往有什么特点，作为老师，我们又如何帮助青少年改善社会交往质量呢？

一、什么是中学生的社会交往？

(一) 中学生社会交往的定义

社会交往是指具有社会属性的人为满足某种需要（交流信息、交换物品或沟通感情等）与他人、群体或组织产生的多层次、多方面联系与互动的社会实践活动。社会交往形成的是社会关系，从关系的对象来讲，包括个人与个人、群体、组织、地区、国家等之间的关系，还包括群体与群体、国家之间等的关系；从关系的领域来看，包括经济、政治、文化、法律、宗教、军事关系等。与其他人群与组织相比，中学生的社会交往无论是对象还是领域，范围都要小得多，家庭和学校是他们成长中的两个最为重要的场所，家人、老师和同学是他们主要的交往对象，中学生与交往对象的互动通常不涉及复杂的政治、文化、宗教等要素，而更多集中在信息沟通、思想交流、情感表达等方面。

因此在本书中，将中学生的社会交往定义为中学生与重要的人际交流对象之间沟通信息、交流思想、表达情感和协调行为的互动过程，这个过程是丰富而充满挑战的，随着互动过程的展开，中学生将发展出多种社交能力（参见本章第二、三、四节）、体验到丰富的社交情绪（参见本章第五、六、七节），并展现出多层次的社交行为（参见本章第八节）。

(二) 中学生社会交往的理论

1. 需要层次理论

人本主义心理学家马斯洛(Maslow)指出,人有五种基本需要,分别是生理需要、安全需要、归属和爱的需要、尊重的需要和自我实现的需要,五种需要有高低层次之分,低层次的需要得到满足之后,高层次需要将占据主导位置。

图 4-1 马斯洛的需要层次理论

其中,生理需要指维持生存所必需的基本需要,如对食物、水、睡眠和性的需要;安全需要指个体需要生活在一个安全可靠的环境中,以免除恐惧和不安;归属和爱的需要指个体希望被人接纳、爱护、关注和支持,如结交朋友、追求爱情、参加社交等;尊重的需要指个体需要得到别人的承认和尊敬;自我实现的需要指个体希望能发挥自身潜能、实现自身价值。

需要层次理论揭示了青少年阶段社会交往的一个重要功能——满足心理需要。根据需要层次理论,青少年大多处在生理需要已得到满足,安全需要、归属与爱的需要和尊重的需要上升为主导需要的阶段,这促使他们积极进行社交、扩大交往范围、寻求他人的接纳和认可。在生活中就表现为同伴交往的增多和对亲密友谊的渴望,此外,网络社交的增加、偶像崇拜和饭圈文化的盛行也是中学生寻求这些需要的方式,案例中小琳的追星行为就是她满足自己心理需要的表现——既能在偶像身上获得替代性的自我实现,也能在和同学的互动中满足归属与爱的需要。

2. 社会交换理论

社会交换理论认为,人际交往的本质是进行交换,人们向他人提供价值,并换回自己所需要的价值,交换物不仅仅包括财物和信息,还包括需要和情感。交换过程遵循着获取利益最大化和成本最小化的原则,一段收益大于成本的关系被视作积极的关系,当一段关系的成本高于收益时,人们就会选择调整或终止关系。

社会交换理论揭示了青少年阶段社会交往的另外两个重要功能:获取信息和社会化。一方面,相较于从书本中获得信息,社会交往带来的信息内容更广泛、渠道更直接、速度更快捷,青少年正是通过广泛的社会交往,高效地收集信息、占有信息、传播信息,从而成为当代社会中充满活力的新生力量,案例中小琳与同为追星族的同伴之间就时常通过高密度的交流达到信息互换的目的。另一方面,青少年渴望真诚和友爱,希望被尊重和关心,然而要想得到这些,必须学会付出。索取的多给予的少,必然导致关系的失衡和破裂。好的关系不仅仅要满足自我,还要惠及他人。掌握这些基本的社会伦理规范和社交经验,有助于青少年形成适应社会环境的人格、心理、行为方式和生活技能,逐渐完成社会化进程。

3. 重要他人

重要他人是指对个体自我发展尤其是社会化发展有重要影响的人和群体,可能是一个人的父母长辈、兄弟姐妹,也可能是老师、同学,甚至是萍水相逢的路人或不认识的人。重要他人包括两类:互动性重要他人和偶像性重要他人。前者是学生在日常交往过程中认同的重要他人,如父母、老师、同学。互动性重要他人的出现往往受学生年龄阶段的影响,大体沿着"家长—老师—同辈群体"这一路径逐渐变化。偶像性重要他人,可能是伟人、体育明星、影视明星,也可能是卡通人物。偶像性重要他人随着社会价值取向的变化而变化,在当前的社会背景下,学生偶像性重要他人的构成正变得越来越多样化,也逐渐脱离学校教育所倡导的"榜样人物圈",开始走向"偶像人物圈"。

"重要他人"的理论视角揭示了青少年阶段社会交往的第四个功能:认识并完善自我。青少年的自我认知很大程度上是通过社会交往获得的,互动性重要他人作为青少年生活中举足轻重的存在,为青少年提供了认识自己的镜子,青少年将不同重要他人的反馈进行综合,从生活的不同侧面完成对自己的全面了解。偶像性重要他人则很大程度上承载了青少年的理想自我,他们以偶像为目标,产生自我期待,从而努力完善自我。值得一提的是,随着时代的变迁,青少年偶像崇拜的对象也会发生变化。长辈更愿意将劳动模范、战斗英雄和科学家当作偶像,年轻一代则更喜欢将娱乐明星、体育明星甚至网络红人当作自己的偶像去崇拜。这就会带来代际的差异甚至隔阂。这也是为什么父母难以接受小琳的追星行为,而小琳对父母的不理解同样感到难以理解的原因。

(三) 中学生社会交往的特点

中学生的社会交往有其独特性,体现在以下方面。

1. 与成人的关系

与父母渐行渐远。在童年期之前儿童的眼中,父母的形象至高无上,他们对父母既尊重又信任。到了中学阶段,青少年与父母的关系发生了微妙的变化,表现在以下几个方面。其一,情感脱离:在情感上有了其他的依恋对象,与父母的情感不如以前亲密了。其二,行为脱离:要求独立的愿望强烈,在行为上不服从父母的干涉和控制。其三,观点脱离:因为不愿意接受现成的观念和规范,会对父母的观点进行重新审视,并在不一致的时候坚持自己的观点。其四,父母的榜样作用被削弱:一方面随着认知能力的提升,中学生逐渐发现了父母身上的缺点;另一方面,随着生活范围的扩大,一些更加理想化的形象进入了自己的视野,父母的榜样作用也随之下降。最大的亲子冲突通常在青春期早期(大约11、12岁)发生,在青春期晚期(大约17、18岁)这些冲突开始下降。小琳的越来越"不听话",恰恰是她从情感、行为和观点上不断脱离父母,同时不断淡化父母榜样作用的体现。

对老师"爱恨交加"。随着儿童进入初中,师生关系的亲密性、支持性和满意度均有所下降,而冲突性上升。中学生不再盲目喜欢和崇拜所有老师,他们更喜欢那些知识渊博、授课水平高、热情和蔼、关心学生、有朝气的老师,愿意在行动上对老师做出积极的反应,但对于不喜欢的老师,则客气而疏离,有时甚至全盘否定、全面拒绝。

2. 与同伴的关系

从"团体"到"小圈子"再到"一对一"。童年期在结交朋友方面最明显的特点是团体现象,表现为六七个儿童经常在一起玩。进入青春期之后,生理和心理的发育带给青少年许多心理上的不安与焦躁,他们需要有一个能倾吐烦恼、交流思想并保守秘密的地方,而团体形式的交往不具备这种功能,因此,进入初中,青少年很快在交往中形成一个一个的"小圈子",从一两个志趣相投、性格相近的朋友身上获得安全感与归属感,这是青少年同伴交往的必由之路,作为老师,我们不必为此感到担忧。经过了初中和高中的头一年,中学生的"小圈子"在不断变化中分化和重组,到了高中后半段,"一对一"的挚友关系逐渐处于中学生社会交往的中心地位①。这种友谊关系以感情的共鸣和体验的分享为基础,强调相互理解、忠诚和亲密感,看重的是同伴在心理上的相知默契和相互理解,是一种相对稳定、持久和深刻的友谊关系。有些时候,这种"一对一"的稳定状态会因为第三个人的加入而出现失衡,导致原本友谊关系中的一方为了防止珍视的朋友"流失"而表现出明显的排他行为,这种现象被称为"友谊嫉妒",在女生中更为常见。友谊嫉妒虽然可能带来不愉快的体验,但本质上,它是青少年为了维护"一对一"挚友关系的稳定与持久而进行的守护尝试。

异性交往增加。青春期以前的学生倾向于选择同性同伴来发展人际关系,进入青春期以后,他们开始关注异性。这种关注最初是以相反的方式表达的,比如通过制造事端、欺负、争吵或起哄等方式表达对异性同学的兴趣和关注,逐渐地,男女生之间开始融洽相处,并开始发展出对于异性同学的好感。高中生是异性恋情的高发期,此时的青少年有一种强烈的成人感,渴望脱离家庭、走向独立,同时又体验到个体化过程带来的孤独与痛苦,他们试图通过发展更为亲密的恋情来对抗这些负性情感。虽然从理性的角度来看,中学时代的恋情是稚嫩且经不起考验的,但中学生认为自己是认真的,常将这份感情视作当下最重要的精神支柱,会在培育和维持这份关系上花费大量的时间、精力,因此,如何在尊重和理解的前提下,引导青少年理性应对、妥善处理这份感情,是老师要慎重考虑的事情。

同伴冲突转向隐性。从小学到初中再到高中,人际冲突的外显性越来越低。在小学和初中阶段,同伴间的矛盾、冲突与攻击、欺凌现象呈现明显的群体化、外显性特点,而且会有"大姐大""大哥大"作为中心主导人物。而攻击、欺凌的方式则以直接的语言欺凌的发生率最高,其次则是校园里的肢体冲突和敲诈、勒索与欺凌现象。高中阶段的同伴欺凌则往往以间接欺凌为主,其中散布流言蜚语(特别是网络流言)的发生率最高(了解校园欺凌的更多内容,请参考本章第八节)。

3. 中学生不同人际关系的发展趋势

一个完整的中学生社会支持系统主要由家人、同学、老师组成的社会支持"铁三角"构成。在铁三角中,亲人提供物质支持和精神鼓励,同学提供情感支持和学业帮助,老师提供情感支持和学业指导,但三者在中学生心中的地位不尽相同。

同伴地位上升,成人地位下降。在幼儿园之前,父母对儿童的影响最大,进入幼儿

---

① 蒋克就. 高中生人际交往发展特点研究[J]. 广西教育学院学报,2004(S1):46—48.

园和小学后,老师的作用逐渐凸显。到了中学阶段,同伴在影响个体的态度和行为上已经可以和成人竞争,甚至在很多方面超越成人了。一项研究同时考察了中学生与同性同伴、异性同伴、父母、教师和陌生人的人际关系质量,结果发现,在中学生眼中,人际关系质量由高到低依次是:异性同伴、同性同伴、陌生人、父母和教师①,案例中的小琳身上就清晰地体现出了不同人际关系对她吸引力的差异。这些结果提示我们,要用发展的、变化的、接纳的眼光来看待中学生不同人际关系的特点,而不可一成不变,更不能妄加评判。

成人指导依然重要。虽然与小时候相比,在中学阶段,孩子对父母会产生一定的情感距离,但大多数青少年仍然与家庭保持着密切关系,继续依靠父母给予情绪支持、善意和赞许。在诸如发饰、服装等小问题上,亲子之间容易发生分歧,同伴影响更大,但当事关学业、职业发展和道德是非等重大问题时,青少年很少彻底背离成人的观点。对绝大多数青少年来说,家庭仍然具有极其重要的地位,同时学校依然带来了巨大的安全感和归属感。因此,教育者要有这样的自信:在中学阶段,家长的关怀和监督、老师的引导和提醒依然重要。

4. 中学生社会交往的新特点

"微时代"是一柄双刃剑。随着信息时代的发展,以微博、微信为代表的"微时代"信息传播已逐渐替代了传统中学生获取信息、沟通交流的渠道,改变了中学生的生活和交往方式,带来了新的交往环境和发展空间。"微时代"信息传播的瞬时性、信息交互的便捷性和传播主体的大众性扩大了中学生社会交往的范围,增加了社会联结的程度,促进了社会交往的信息化,缩短了社会交往的距离,为中学生社会交往带来了扩展和补充。但"微时代"是一把双刃剑,过度依赖虚拟交往环境,也会带来中学生人际交往的虚拟化、情感交流的机械化、信息沟通的碎片化和人际关系的脆弱化等缺点。作为教育者的我们,要对这一时代特点具有清醒的认识,在与时代的共振中找到提升中学生社会交往质量的方法。

偶像崇拜与"饭圈"文化。偶像崇拜在青少年中比较普遍,不少中学生都有自己的偶像,其中"歌星影星"与"著名人士"最受欢迎。中学生将自己喜爱的偶像称为"爱豆",自称为偶像的"粉丝"。他们通过各种渠道搜集偶像的信息,关注偶像的一举一动,将偶

---

① 沃建中,林崇德,马红中,等. 中学生人际关系发展特点的研究[J]. 心理发展与教育,2001(03):9—15.

像作为自己排解苦闷的方式和精神寄托，表现出对偶像的心理认同、行为模仿和情感依恋。一般而言，青少年偶像崇拜现象始于 12 岁左右，在 14 岁到 16 岁达到峰值，后随着年龄增长而下降。在心理学家看来，偶像崇拜是青少年对喜好人物的社会认同和情感依恋，是一种集中了青少年自我确认的需要、归属需要、从众心理和补偿心态的综合性体现。了解青少年偶像崇拜背后的心理需要，才能更好地走进青少年内心，因势利导，帮助青少年更好地处理崇拜他人与自我成长之间的关系。

二、如何评估中学生的社会交往？

了解青少年的社会交往现状是帮助青少年改善社会交往质量的前提和基础，通常来说，我们可以采用以下几种方法来评估中学生的社会交往。

（一）观察法

对师生关系的观察。通过观察学生在一节课上回答问题的次数、课下主动向老师请教问题的次数来了解师生交往的频率；通过观察学生和老师互动时肢体上是亲近还是疏远、目光接触是自然还是别扭、犯错或遇到困难时是主动告知老师还是刻意隐瞒，来评估学生对老师的信任和接纳程度；通过观察老师的批评与建议被学生采纳和落实的程度来评估老师对学生的影响力。

对同伴关系的观察。通过观察学生在课上主动参与小组讨论和分享的次数、课间或者集体活动中主动和同学互动的次数来了解同伴交往的频率；通过观察学生是否有固定、要好的朋友，是否经常与同伴发生冲突，发生冲突后能否及时化解来评估学生的同伴关系质量；通过观察学生说话时是否有同伴倾听、回应和支持，来评估学生的影响力；通过观察学生是否愿意积极参与小组讨论、主动进行班级分享等来评估学生在班集体中的安全感与归属感。

由于亲子互动通常不发生在学校场合，较难观察到，老师可以通过其他方式来获取信息。

在评价观察结果时，老师可以采取以下方法：

定性分析：对观察到的行为进行描述性分析，总结学生在社交方面的优点和需要改进的地方。

定量分析：如果可能的话，可以通过计数、打分等方式对交往频率、互动质量等进行量化评估。

比较分析：将不同学生的社交表现进行比较，找出共性和个性差异，以便更有针对性地提供指导。

综合评价：为了确保评估的准确性和全面性，老师要提醒自己以多种方式、从多个角度、在多个场合、综合多次观察的结果进行判断，结合学生的自我评价、同伴评价以及自己的观察，形成对学生社交状况更为全面的观察评价。

通过这些观察和评价方法，教师可以更全面地了解学生的社交能力，并根据观察结果提供相应的指导和支持，帮助学生在社会交往方面取得进步。

(二) 访谈法

访谈法包括直接访谈和间接访谈。直接访谈就是老师直接和学生进行一对一深入谈话，了解学生当前与过往的亲子关系、同伴关系、师生关系现状与历史；间接访谈则是通过跟与学生有关的其他人谈话来增进对学生的了解，访谈对象可以是家长、同学、前任班主任或任课教师等。以下访谈问题仅供参考。

1. 你如何评价你和父亲/母亲/老师/同学的关系？
2. 在这段亲子/师生/同伴关系中，最让你感到满意的1—2个点是什么？
3. 在这段亲子/师生/同伴关系中，最让你感到困难和挑战的是什么？
4. 关于亲子/师生/同伴关系，你的理想状态与现状之间有何差距？
5. 你认为哪些因素对建立良好的亲子/师生/同伴关系尤为重要？

在评价访谈结果时，教师可以关注以下几点：

关注态度：访谈对象是否认真对待本次访谈，决定了访谈结果的有效性。

比较分析：将同一访谈对象在不同访谈题目上的结果进行比较，将不同访谈对象在同一主题上的结果进行比较，找出其中的一致信息与冲突信息，它们都会为我们进一步了解学生提供新的视角。

(三) 问卷法

老师也可以借用专业的心理评估工具来了解学生的人际关系状况。下面提供了两个工具,一个是中小学生"人际关系"心理健康指数问卷,帮助老师了解学生的人际关系心理健康状况;另一个是偶像崇拜量表中文修订版(CAS-R),帮助老师评估学生偶像崇拜的健康程度。

中小学生"人际关系"心理健康指数问卷包含 9 道题,分属两个维度,分别为家庭关系(4 道题)和学校关系(5 道题),分别测查学生在家庭和学校中的人际关系状况。计分方式为五点计分法,从 1 到 5 代表从完全不符合到完全符合,其中部分题目需要进行反向计分(如样题中的 3、4、5 题)。两个维度的得分相加可以作为学生"人际关系"健康的得分,分数越高,说明"人际关系"越健康。[①]

表 4-1 中小学生"人际关系"心理健康指数问卷(样题)

题号	题项	完全不符合	不太符合	不确定	基本符合	完全符合
1	我会更多地向父母诉说自己的困难和烦恼	1	2	3	4	5
2	父母比之前更在意我的感受	1	2	3	4	5
3	我和父母的交流变得少了(R)	5	4	3	2	1
4	同伴越来越不理解我(R)	5	4	3	2	1
5	我比以前更不愿意向老师请教(R)	5	4	3	2	1

偶像崇拜量表中文修订版(CAS-R)包含 27 个题目,分属 5 个维度,分别是娱乐社交、情感投射、完全认同、关系幻想、病理边缘。其中,娱乐社交维度有 8 道题目,表示个体对偶像的追随是出于娱乐与满足社交需要;情感投射有 5 道题目,表示个体会将所崇拜偶像发生的事情投射到自己身上,有较深的情感卷入;完全认同有 5 道题目,表示个体对所崇拜偶像的一切不加辨别地全部接受,并希望他人也像自己一样对偶像进行崇拜,卷入程度达到了相当高的迷恋水平;关系幻想有 4 道题目,表示个体对偶像抱有一种强烈幻想性的认识,但还没有上升到严重影响心理健康的病理边缘水平;病理边缘有 5 道题目,3 分为临界值,表示偶像崇拜的卷入水平非常高,已经在影响心理健康的病理边缘。计分方式为五点计分法,从 1 到 5 代表从"完全不是这样"到"完全是这样"。各维度得分从低到高可以反映偶像崇拜的卷入程度,以 3 分为临界值,高于

---

① 包艺含.中小学生"人际关系"心理健康指数的问卷编制、状况与干预[D].福州:福建师范大学,2021:34—35.

临界值表明个体在该维度上的情况较为突出。各维度的得分相加得到量表总分,得分越高表明个体对偶像崇拜的卷入程度越深。[①]

表4-2　偶像崇拜量表中文修订版(CAS-R)(样题)

题目	完全不是这样	基本不是这样	难以肯定	基本是这样	完全是这样
1. 假如去见我所喜欢的名人,他/她应该会知道我是他/她最忠实的粉丝。	1	2	3	4	5
2. 我和我所喜欢的名人之间有一种难以用语言描述的特殊关系。	1	2	3	4	5
3. 我特别关注我所喜欢的名人的生活细节。	1	2	3	4	5
4. 当我所喜欢的名人遇到好事时,我觉得像发生在自己身上一样。	1	2	3	4	5
5. 我之所以对我喜欢的名人保持关注,是因为这样可以让我暂时逃避生活中的烦恼。	1	2	3	4	5

值得注意的是,心理测评工具收集的数据来自学生的自我报告,而学生的自我报告容易受到测试环境、学生情绪、生活事件等影响,因此,测试结果只可用作参照,不能据此给学生贴标签,更不能作为诊断依据。慎重起见,对心理测评结果的解读最好在心理专业人员的指导下进行。

三、如何提高中学生的社会交往?

(一) 中学生与成年人的关系辅导

首先,明确责任主体。亲子矛盾、师生矛盾的本质,说到底是成年人与未成年人之间的矛盾。成年人与未成年人之间如果出现了矛盾,成年人应该承担起主动化解矛盾的责任,因为成年人的生活经验、处理人际矛盾的方法技巧,要比尚未成熟的孩子高出许多。

---

① 唐叶文.中学生偶像崇拜、自我同一性与自我价值感的关系及教育策略研究[D].汉中:陕西理工大学,2022:18.

其次,通过运用电影、辩论、心理剧等多种艺术相关方法,引导中学生进行反思、觉察和榜样学习,从而完善人际沟通技巧。

再次,设计亲子互动活动、师生互动活动、趣味运动会、共读一本书、给家长/老师写一封信等活动,在活动中增进双方的理解、共情与换位思考。

(二) 中学生的同伴关系辅导

针对个体的辅导:引导学生从改变自身着眼,掌握处理同伴关系的一般方法。比如同理心沟通、非暴力沟通,或角色书信疗法。以角色书信疗法为例,给一个与自己有关系困扰的人写信;写好后不寄出,而是站在对方的立场上,再给自己写一封"回信"。其宗旨是通过书写将情感明确化,把郁积的情感自由地表达出来,同时借由角色转换,意识到不同立场的矛盾与困境,从而以新的视角审视自己与他人。

面向团体的辅导:加强班集体建设,提升班级凝聚力,增强团体归属感,营造安全、和谐的班级氛围。制止各种形式的人际攻击言行,对班级中的欺负现象"零容忍",对无辜受到欺负的学生给予心灵上的理解、抚慰和支持。对学业不佳的学生及其"小圈子"成员表达足够的理解和尊重,在班级中给他们一个真正的位置,绝不歧视和排斥。

针对异性关系的辅导,这部分辅导有几个重点。其一是性教育。教师要和家长合作,传递科学的性知识和理念,教会学生有效地保护自己,同时加强对于男生的责任教育,增强其法治意识。其二是爱情教育。要引导学生正确区分友谊与爱情,理解成熟爱情的内涵,了解亲密关系失败的风险,学会以理性的态度对待感情的萌动。其三是自我教育。要引导学生探索自己的发展目标,学会平衡感情与其他发展任务的关系,唤起自我负责的勇气。同时还要注意,我们的辅导不仅要立足于问题的解决,更要立足于学生心灵的成长,因此,要注重解决的方式,育字当头、春风化雨。因为我们处理的所有问题都不只与学生眼前的生活有关,更与学生接下来甚至长远未来的生活有关,越是敏感的话题,越是必须以不伤害学生情感和自尊的方式进行讨论。

(三) 偶像崇拜和饭圈文化的应对

首先,理解中学生偶像崇拜和"饭圈"文化背后的心理认同需要。中学生处于青春期,在追星过程中偶尔会有一些异于常人的行为举动,教师要看到其行为背后的心理需要,给予必要的理解,而非一概污名化评价和禁止。以平等之心深入了解学生的偶像世界才能真正走进学生的内心,了解学生偶像崇拜的目的,帮助其将外在崇拜行为转化为适度、合理、健康的内在认同。

其次,要用发展的眼光看待中学生的追星行为。人的一生会经历很多次的社会认同,在不断变更流转中,最终实现个人的成长与跨越。很多中学生在跨越这个阶段的认同之旅后,会像外人一样难以理解自己前一个阶段的言行,但身处其中,又难以自拔。因此,不给追星的学生贴标签是很重要的。

再次,开展主题活动,引导积极认同。良好的校园文化和班级氛围可以影响学生对偶像崇拜的归因。教师可以开展团体活动,让学生有机会主动分享介绍自己的偶像和崇拜的理由,强化学生追星行为中的积极因素,鼓励学生关注偶像身上的优良品质、人格魅力和精神内涵,引导学生从不同层次、类型、特点的偶像身上发现有利于自身发展的因素。

第二节　中学生的沟通能力:有效地接收与表达

案例 4-2
"不会讲话"的同学们

高一(1)班的张老师正对她班上的几名同学感到头疼。这几位同学只要到了要跟他人讲话、互动的场合,就经常产生一些误解、麻烦甚至是不快、冲突。

张老师首先想到小红,小红性格内向,在班级里比较安静。高中刚入校时就非常不适应,她在班级中的朋友比较少,不愿与人交流,经常一个人独来独往。此外,她还十分回避在全班面前讲话的场景。有一次,小红在课堂中被英语老师点起来回答问题,但她太紧张了,站起来后声音发抖,说不出一句话来,甚至眼睛都有些红红的。越是这样,她变得越退缩,更不敢主动与人交往,在课堂上也是蜷缩的状态。

张老师又想起了另一名总是"说半截话"的同学小明。小明是班级的文艺委员，马上到联欢会了，在年级音乐老师的带领下，小明和其他几名同学一起负责联欢会的彩排、后勤等工作。在向小组成员转述老师通知时，往往需要大家追问好几次，他才能把关键信息说出来。据其他同学反映，跟小明说话也很累，似乎必须把事情都说得特别直白，他才能听懂话。

和集体闹矛盾更加尖锐的"老大难"是小强同学。小强倒是非常积极地参加年级组辩论赛和英语话剧表演活动，但取得的成绩都较为一般，最后还和小组成员闹得不欢而散。张老师注意到小强每次都有一些独特的点子，但只要组员没有服从他的意见，他就变得不怎么再和其他组员说话。而最后成绩没达到小强的期望时，他总是直接抱怨"都怪 XXX 没做好，就应该按我说的来"，或者"都是学校对这个活动的组织有问题"。后来同学们都不愿意再和他一起组队了。

各位老师，不知你们有没有遇到过像张老师班上这几位这样的学生？他们每个人可能都"心是好的"，但就是"不敢说话""说不明白话""听不清楚话"，或者有的同学之间本没有什么真正的分歧，但就是"嘴上不对付"。让处在第三人称视角的老师"看着都着急"。遇到这样的同学，老师应该怎么办呢？

要想帮助小红、小明和小强等人解决问题，在学校发展更和谐的人际关系，一定需要在"沟通"方面加强辅导，或提升基本沟通能力，或掌握更多沟通技巧，或选择恰当的沟通方式。那么，让我们从心理的角度，重新科学地认识一下"沟通"这个说起来很困难的问题吧。

一、什么是沟通能力

（一）人际沟通的概念

我们常说要培养学生的沟通能力，增进师生互动，培育同学友谊。但沟通的内涵究竟是什么，有哪些类型，又受到哪些因素影响呢？

心理学家提出，人际沟通是指"在社会活动中，人们运用语言符号系统或非言语符号系统互相交流信息、沟通情感的过程"。从定义即可看出，通过有效沟通，人与人之间既能传递信息类的客观事实或个人观点，还能传递主观的情感和态度。例如，老师在对抄作业的学生进行批评教育时，若既从道理上说明抄袭行为对自身和他人的危害，又真诚且明确地表示出对学生行为感到失望和愤怒，往往能起到较好的训诫作用。

从信息传递的角度看沟通环节，可分为信息编码、传递信息、解码和反馈。例如，一名同学给同桌讲题，要先将对题目的思路组织成为诸如词语、手势等一系列符号；再选择合适的媒介传递信息，例如用纸张书写；接下来向同桌解释信息并赋予其意义；同桌也向讲题同学反馈信息，帮助讲题同学评估他的信息准确传递了没有。案例中的小明同学可能就存在着在信息编码和解码方面的困难。

而从情感交流的角度看沟通，则要格外重视非言语沟通所传达的情感线索，提高对他人感受的觉察和共情能力。从不同的角度，沟通的类型可划分为正式沟通与非正式沟通、有意沟通与无意沟通等，但格外值得关注的是不直接使用语言文字的非言语沟通，包括嗓音、面部表情、眼神、身体姿势、手势、个人仪表、人际物理距离等。有的组织行为学家认为，非言语沟通承载着远比言语沟通更丰富的内容。另外注意，非言语沟通和言语沟通虽然形式和内容不同，但可以相互补充和促进的。

沟通过程受到技巧、态度、知识与社会文化的影响。有关沟通的技巧、知识等详见后文沟通能力部分。对于社会文化因素，对于班上同学来自不同地域、背景组成较为复杂的班级，教师应格外留意并了解各地沟通习惯的差异，帮助增进同学间的彼此理解。在中学生群体中，影响他们沟通的因素还可能有他们在小团体中的地位、人格中自我中心倾向的强烈程度等。

良好沟通的直接作用，是传递观点、事实、思想、感受和价值观，并达成共同协议。对于中学生而言，良好沟通的意义在于：通过人际沟通和外界发生联系，从外界获得信息，了解周围的许多情况，并对这些信息加以判断，从而及时调整自己的行为，有利于更好地适应环境；通过相互沟通，产生思想、情感的交流，达到行动上的协调一致，实现共同的目标，实现合作共赢；通过相互沟通，获得对外界和自己的客观认知，实现身心的健康发展。

（二）沟通能力的具体表现

了解了沟通的内涵后，怎样衡量一个学生的沟通能力呢？有一种人际沟通能力的定义为：个体在与他人交流信息的过程中，既能够理解他人意思，适时地做出正确的回应，又能清楚地表达自己的观点，最终促进信息交流过程顺畅的能力。通俗地理解成"理解力"和"表达力"并无不妥。

张淑华以斯皮茨贝格(Spitzberg)提出的人际沟通能力系统结构思想为框架，把人际沟通能力划分为沟通技能、沟通认知和沟通倾向①。沟通技能是指人们在长期与人互动沟通中形成一套行为类技能库，包括表达信息能力和接受信息能力。沟通认知是指对自我、他人以及沟通情境作出准确理解与正确判断的能力。沟通倾向是指沟通的偏好与行为动力，包括沟通动机、沟通焦虑、信任、自信。下述人际沟通结构图可以解释案例中三名同学的沟通困难，小红在沟通上缺乏信心，容易在与他人的沟通过程中产生焦虑、紧张等情绪（沟通倾向）；小明在沟通中表达信息的能力较弱，容易在与班级同学的沟通中出现问题（沟通技能）；小强在与班级同学的沟通中存在对自我、他人和情境认知不清晰的情况，容易与同学闹矛盾、产生误会（沟通认知）。

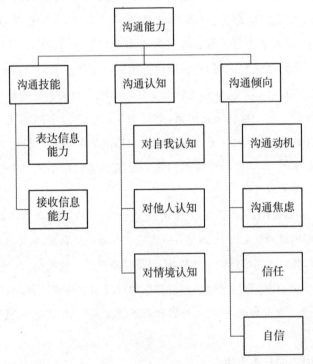

图 4-2　人际沟通能力结构图

---

① 张淑华.企业管理者沟通能力结构与测量研究[D].上海:华东师范大学,2003:57.

(三) 中学生沟通障碍的表现

沟通能力是人们生存和发展的关键性因素。不良的人际沟通会造成的不良人际关系,给中学生的生活、学习、情绪及身体健康等各个方面造成一系列负面影响。因此,要警惕妨碍沟通能力发展的沟通障碍。

中学生沟通中潜在的问题可能有:在小组内的沟通中片面地想要个人观点被接纳,不注重团队决策质量;陷入辩论,采取防御式推理;做不到自我超越和双赢等。中学生个人因素也可能导致沟通障碍,如不良倾听习惯、感情与价值观差异等。还有的学生存在沟通焦虑,会影响到整个沟通技巧的发挥。[①] 案例中的小红害怕与同学沟通,担心在大庭广众下说话,就是受到沟通焦虑的困扰。其他沟通障碍包括过滤、选择性知觉、情绪的影响、言语习惯不一致和符号自身的局限性等。如果学生向班主任和家长对不同科目学习的关切"报喜不报忧",可能就是发生了过滤现象,即信息发出者为了投接受者所好,发出的是片面、歪曲的信息。

教师应在日常的观察中仔细发掘自己与学生之间、学生与学生之间的问题,并及时进行评估和处理。

二、如何评估中学生的沟通能力?

评估学生沟通能力的方法较为多样,既有质性研究也有量化研究。

(一) 问卷法

人际交往能力问卷[②]包括 3 个分问卷,即人际交往动力问卷、人际交往认知问卷和人际交往技能问卷。人际交往动力问卷(沟通倾向)包括两个维度:主动性和交往欲望;人际交往认知问卷(沟通认知)包括 3 个维度:交往知识认识、交往原则认识和交往

① 笪姝. 非暴力沟通视角下师生沟通问题研究——以南京某初中为例[D]. 北京:北京师范大学,2015:30.
② 王英春. 中学生人际交往能力的结构、发展特点及其影响因素[D]. 北京:北京师范大学,2007:43—61.

重要性认识;人际交往技能问卷(沟通技能)包括 5 个维度:适应能力、提供支持能力、沟通能力、影响能力和情绪能力。人际交往能力的 3 个分问卷均为 5 点记分,从"完全不符合"到"完全符合"分别为 1—5 分。计算各个维度的总分(R 为反向题),分数越高,表明个体的人际交往能力水平越高。

1. 人际交往动力问卷

指导语:以下句子描述了人们在人际交往过程中的一些感受,请看一下和你的实际情况是否相符? 请根据你的真实情况在相应数字上画圈。

表 4-3　人际交往动力问卷(样题)

题目	完全不符合	比较不符合	一般符合	比较符合	完全符合
1. 我喜欢和各种各样的人打交道(交往欲望)	1	2	3	4	5
2. 我比较内向,一般不会主动发起交往(R)(主动性)	5	4	3	2	1
3. 我喜欢认识性格不同的人(交往欲望)	1	2	3	4	5
4. 我常对不熟悉的人充满好奇,主动与他交往(主动性)	1	2	3	4	5
5. 每逢周末或假期,我喜欢与他人一起度过(交往欲望)	1	2	3	4	5

2. 人际交往认知问卷

指导语:以下句子描述了人们对人际交往的看法,请看一下句子的描述与你的观点是否相符? 请根据你的真实情况在相应数字上画圈。

表 4-4　人际交往认知问卷(样题)

题目	完全不符合	比较不符合	一般符合	比较符合	完全符合
1. 我觉得我们的生活离不开人际交往(交往重要性认识)	1	2	3	4	5
2. 每个人都有自己的优缺点,人际交往中应该相互包容(交往原则认识)	1	2	3	4	5
3. 如果一个人懂得比较多,那他与别人有更多共同话题(交往知识认识)	1	2	3	4	5

题目	完全不符合	比较不符合	一般符合	比较符合	完全符合
4. 与人交往时，应该能站在他人的角度考虑问题（交往原则认识）	1	2	3	4	5
5. 懂得一些交往策略会促进我们的人际交往（交往知识认识）	1	2	3	4	5

3. 人际交往技能问卷

指导语：与人交往时，人们都会有一些不同的行为表现。你在人际交往中表现如何？以下句子描述了人际交往中的行为，请看一下句子的描述和你的实际情况是否相符？请根据你的真实情况在相应数字上画圈。

表 4-5　人际交往技能问卷（样题）

题目	完全不符合	比较不符合	一般符合	比较符合	完全符合
1. 我能根据交往时的情形，了解谈话者的言外之意（沟通能力）	1	2	3	4	5
2. 当有人向我发牢骚时，我会很耐心地听他讲（提供支持能力）	1	2	3	4	5
3. 我经常带头组织一些课外活动，如看电影或出去玩（影响能力）	1	2	3	4	5
4. 当与他人发生冲突时，我能控制自己不发生争吵（情绪能力）	1	2	3	4	5
5. 到了一个新环境之后，我能很快地认识周围的人（适应能力）	1	2	3	4	5

（二）情境评价法

依据一定的理论，对学生在情境中的表现进行评定。程乐华等人用此方法评定个体沟通的技能、认知和倾向,具体操作为设置以竞争为主的谈判情境和以合作为主的逃生情境,学生通过无领导小组讨论得出结果①。

谈判情境的活动内容主要是竞争冲突。谈判的双方是同一公司的两个部门,由于业务关系两部门产生了矛盾,必须通过谈判的方式解决。谈判双方各由两人组成,各自根据已设定的问题情境,通过谈判最终在所提供的方案中选定一个,达成协议。由于同属于一个公司,双方在为自己的利益讨价还价的同时必须兼顾整体利益,因此就包含了一定的合作成分。

逃生情境的活动内容主要是合作。四个被试被设定在飞机失事后用所剩的物品逃生这一情境中。四人最终要对所给的 15 件物品的重要性作一个排序,达成逃生方案。四人必须通力合作才能达到逃生的目的,其中的竞争成分体现在两个小组要为在最后的方案中自己的意见占有更多的比重而进行努力,但不允许出现损害集体利益的行为。

教师作为观察者,根据学生的表现按照主动容纳、被动容纳、主动情谊、被动情谊、主动控制、被动控制六个维度给学生打分,评分使用 6 点计分法,根据所定义因素的发生频次进行等级评分:5 为多,0 为少,教师可根据自己的主观标准进行评分。主动性内容得分越高,意味着学生沟通能力越好。

具体评分标准如下:

"主动容纳":主动与他人交往,希望与他人建立并维持相互容纳的和睦关系,待人宽容、忍让,主动大胆地交往、沟通、参与等。

"被动容纳":虽然希望与他人交往并保持和谐关系,但在行动上表现为只是被动地期待别人接纳自己,缺乏主动。

"主动情谊":主动与人表示亲密、友好、热心、照顾,并乐于向别人表达自己的感情。

"被动情谊":虽然希望与别人建立情谊,但在行动上只是期待他人对自己表示亲密,却不能主动大胆地吐露自己的感情。

"主动控制":总想控制支配别人,将自己摆在左右局势的位置。

"被动控制":期望别人替自己作决定,以赞同、支持的口吻回应对方的意见和决

---

① 程乐华,时勘,左衍涛,等.人际关系适应特征的情境评价方法研究[J].应用心理学,1996(02):18—23.

定,行为和言语被他人左右,愿意受人支配,与他人携手合作。

三、怎么帮助学生提高沟通能力?

叶澜教授曾经说过:"人类的教育活动起源于交往,在一定意义上,教育是人类一种特殊的交往活动。"在教育的过程中,教师起着至关重要的作用,因此从教师的角度出发促进学生沟通能力的发展有着重要意义。

(一)教师通过课堂语言培养学生的沟通能力

1. 真诚性语言搭建沟通桥梁

罗杰斯教育理论中提到需要真诚一致,利用同理心搭起师生沟通的桥梁。当下的师生关系较多是以教师主导的权威式关系,并不利于学生表达和师生沟通。教师对学生关怀时、在处理问题时如果可以换位思考,会使得教师更能设身处地地体验学生的认知和感受,学生感受到教师的真诚后便会接纳、信任教师,产生沟通的动机。例如,对于案例中的小红,教师在提问时可以引导:"你能够回答这个问题吗?我相信你可以","慢慢来,不要着急,我相信你有自己的看法","不用担心,只要说出你的想法就好"。

2. 开放性的语言创设沟通的氛围

著名教育家赞科夫说:"我们要努力使学习充满无拘无束的气氛,使学生和教师在课堂上能够'自由地呼吸',如果不能造就这样良好的教学气氛,那任何一种教学方法都不可能发挥作用。"传统教学以灌输为主,阻碍师生交流,学生大多在听而不是说,教师应当用开放性的语言与学生建立信任,鼓励学生表达,把学生从"惧怕""敬畏"教师的心态中解放出来。教师可以使用"无论什么样的内容,都是你想法的体现""我非常喜欢这种思辨的想法""你的想法很独特,很有特点""你可以说说你的看法吗""你是怎么看待这件事情的"等开放性的语言鼓励学生。

3. 鼓励性语言还给学生说话的机会

叶澜教授提出:"把课堂还给学生,让课堂焕发出生命的活力。"把课堂还给学生主要体现在以下几个方面:①把问的权利还给学生,在课堂上教师应当鼓励学生发问,当学生变为主动的学习者后,更有利于个体发挥主体作用,促进其语言思维能力、语言组织能力和逻辑能力的发展;②把讲的机会还给学生,鼓励学生把握说话的机会,学生只有进行更多的表达和思考,其言语能力才会不断地进步和发展。鼓励学生大胆地参与到课堂沟通中来,充分地把握"讲"的机会,在与教师和同学言语交锋的过程中不断地提高自身沟通能力。

4. 培养学生倾听和表达的技巧

可以通过课堂讨论等形式激发学生参与课堂的兴趣,教师在学生讨论时要做好主持工作,给学生必要的提示与引导,要求学生语言要简洁、有说服力,发言的内容要有针对性,要相互尊重、礼貌待人等,在防止讨论流于形式的同时更好地发挥讨论对学生言语能力发展的作用。

(二) 教师通过组织具体教学过程培养学生的沟通能力

1. 使用案例法促进学生讨论

案例法是以教学案例为素材的教学法,通常是提出一种有关教育的两难情境,没有特定的解决方法。教师在教学中扮演着组织者的角色,主要任务是鼓励学生积极参与课堂讨论,为学生传递知识。案例法的特点是通过鼓励学生积极思考,来提高学生的学习兴趣,同时让学生结合现实生活中自我沟通的方式,进行有效总结。研究表明,中学生已经具有了独立思考的能力,采用案例法鼓励其积极思考,能有效地增强他们的学习兴趣,提高学习的效果①。

2. 组织团体辅导活动

让学生通过团体辅导活动,例如心理辅导团体活动、素质拓展活动、小组活动等,逐渐拉近与同伴之间的关系,认识到沟通能力的重要性,尝试常用的应对人际交往突发状况的基本方法,并联系自身的实际,对学习生活中的沟通方式进行有意识的管理。除此之外,可以在活动中组织学生角色扮演和模拟情景,即教师可以设计一些角色扮演和模拟情景的活动,让学生在虚拟的场景中进行交流和表达。通过角色扮演,学生可以扮演不同的角色,从不同的视角出发,锻炼自己的表达和沟通能力。教师可以提供相应的情景和角色设定,引导学生进行沟通和表达。

---

① 庞彬. 案例教学法在中小学心理健康教育课程中的实践[J]. 教学与管理,2009(27):48—49.

第三节　同伴冲突解决能力：实现从冲突到互助的转变

■ 案例 4-3

我想要跟他和好

晨晨最近很苦恼，他和好友小涵在交往上出现了一些矛盾和分歧。晨晨和小涵并不是同班同学，只是因为他们担任各自班级的某个相同的职务，在学校组织一起开会的时候结识并成了好朋友。之后，两人便经常一起吃饭。晨晨觉得与小涵有共同的兴趣和话题，非常重视小涵这个朋友，经常主动找到小涵和他一起聊天、一起玩儿，无话不谈。但最近发生了一些事情让晨晨很不舒服，他观察到小涵身边的朋友总是换，他认为小涵在交友认知上存在一些偏差。于是，晨晨告诉小涵不要交太多的朋友，否则看起来和谁都很好，但实际上交到的朋友只有数量没有质量，无法跟朋友进行深入沟通。

自此之后，小涵便开始远离他。某次，晨晨在食堂吃饭的时候，看到小涵和另外一个同学坐在一起，他便坐了过去。但是小涵并没有对他特别热情，他感到非常生气，便没有再去找小涵一起吃饭。几天之后，当晨晨和班上其他几个同学一起吃饭时，小涵看到他便主动坐了过来。当时晨晨还有一些赌气，便和小涵说："这边有人了，你坐到别处去吧。"晨晨自责地说，这件事之后，小涵便彻底不搭理自己了。

于是，他想请老师给出一些建议和指导，究竟自己应该继续找小涵解释，求得和解，还是彻底与他决裂。老师告诉晨晨，在两人交往时，他没有顾及小涵的交友感受，提出的建议可能会让小涵不舒服;在面对两人的冲突时,他没有主动解决问题,双方都在回避,显然是没有帮助的。

晨晨明白了问题出在哪里,开始采取一些弥补措施,比如主动找小涵道歉,主动约小涵谈谈这次的误会,向小涵解释自己的看法,尊重小涵的选择,关心小涵;小涵也从晨晨的道歉中感受到了这个朋友对自己的真心和爱护,向晨晨解释自己也有做得不好的地方,也应该向晨晨道歉。

今天,这两个好朋友又坐在一起吃饭了。

小涵和晨晨明明之前那么要好,为什么突然就闹到要决裂的地步了呢? 出现这种状况的原因是什么? 晨晨在面对自己与小涵之间产生的冲突时,采取了什么样的冲突解决策略? 小涵在面临他们之间的冲突时又采取了哪些策略,这些策略是否有利于他们关系的发展? 晨晨和小涵最后通过哪些方式解决了如此激烈的冲突呢?

一、什么是同伴冲突?

(一) 同伴冲突的概念

同伴冲突属于人际交往过程中无法避免的问题。在很多人眼中,人际冲突是一种消极行为,应该予以干预、制止。但任何问题都是一把双刃剑,要全面、客观地看待。处理不好与他人的矛盾,可能会导致中学生忧愁、抑郁,进而导致心理健康、学习成绩、校园生活等受到影响;但是,如果中学生学会如何正确处理冲突,学会与他人沟通、互动,提高社会交往能力,并最终促进社会适应性和个性品质的发展,也不失为冲突积极的一面。因此,帮助学生理解和解决同伴冲突,探寻同伴冲突的解决策略,才能在冲突初期引导中学生良性处理冲突、健康处理冲突,防止进一步恶化,对学生身心产生不利影响。

同伴之间的冲突,与个体内部的思想意识冲突和动机冲突不同,与社会团体之间产生的有组织冲突也不同,它属于至少两个人之间产生的互动交换形式。同伴冲突是指相同年龄或认知水平及心理发展水平相当的个体之间在互动过程中因价值取向、利益需求、性格差别、沟通障碍等形成的一种矛盾状态和紧张程度①。

皮亚杰认为儿童同伴冲突是去自我中心的必要手段,人际冲突会带来个体内部的认知冲突,它能促进儿童协调与同伴的合作关系,并促进儿童获得或提高社会交流技能、自身的认知能力和社会观点采择能力等,同时同伴间的讨论和争论还可以使儿童发展道德判断能力②。冲突解决既是冲突发展过程中的一个重要环节,也是区分建设性冲突和破坏性冲突的一个关键因素,建设性冲突发生的频率不高,情感强度低,最初的冲突问题一般不会扩大或升级,因而能促进儿童认知和社会性发展。相反,破坏性冲突通常发生频率较高且情感卷入强度也很高,冲突问题容易升级或扩大③,如果同伴冲突解决策略运用不当,会给个体的身心健康带来负面的影响④。另外,哈特普(Hartup)的研究发现,持久强烈的冲突与青春期及成年后心理问题的产生有较高的相关⑤。

(二) 同伴冲突解决策略

同伴冲突通常包括冲突频率、冲突问题、冲突解决策略以及冲突结果等方面,与其他成分相比,研究者尤其重视对冲突解决策略的研究。冲突解决策略是指个体为了实现自己的目标或战胜他人而采取的各种手段或方式。它是冲突问题的核心,主宰着整个冲突的进程。策略的使用旨在控制冲突局势从而使个体内部或冲突双方获得平衡。个体在冲突过程中使用的策略实际上反映了其社会化水平及社会技能的高低。常见的分类方法为五分法。

由布莱克(Blake)和莫顿(Mouton)最早提出的五分法在冲突解决研究中比较有说服力和影响力,后来很多研究者对其进行了改进,形成下述分类:1. 强制—高自我低他人(争论直到对方妥协);2. 回避—低自我低他人(回避有争议的问题或者改变主题);

---

① 常晓琴. 团体咨询改善高一学生同伴冲突解决策略的研究[D]. 北京:北京师范大学,2014:3—5.

② Piaget J. The moral judgment of the child [M]. London: Routledge, 1999:166-185.

③ Howe N, Rinaldi C M, Jennings M, et al. "No! The lambs can stay out because they got cozies": Constructive and destructive sibling conflict, pretend play, and social understanding [J]. Child development, 2002,73(05):1460-1473.

④ 鞠亮. 初中生同伴冲突解决策略的发展特点及其影响因素[D]. 北京:北京师范大学,2004:42—44.

⑤ Hartup W W. Conflict in child and adolescent development [M]. Cambridge: Cambridge University Press, 1992:153-187.

3.顺从—低自我高他人(即使存在不一致仍然顺从对方);4.折衷—中自我中他人(通过让双方都做出一定让步而寻找一种折衷的解决途径);5.合作—高自我高他人(试图达到双方都满意的结果)。① 其中,合作对自我和他人利益的关注都很高,在解决冲突的过程中能充分考虑到双方的要求和利益,从而寻求双方都满意的问题解决方式;强制策略指个体只高度关注自我利益,往往会为了满足自己的需要而不惜牺牲他人利益;折衷策略中个体对自我和他人利益的关注都只是中等程度,个体往往希望双方都做出一定让步,从而找到解决问题的中庸之道;顺从策略则高度关注他人利益而完全忽视自我需要,个体会为了满足他人需要而牺牲自己的利益;回避策略是对自我和他人利益的关注都很低,个体往往会采取离开冲突情境、回避有争议的问题等方式。案例中,晨晨先后采取了强迫(晨晨告诉小涵交友要注重质量,不能只看重数量)、折衷(晨晨在食堂吃饭时,主动坐到小涵旁边)、合作(晨晨主动向小涵道歉,互相敞开心扉)等冲突解决策略;小涵则采取了回避(晨晨劝告小涵后,小涵开始远离他,并且在晨晨主动坐到饭桌旁一起吃饭时,对晨晨非常冷淡)、折衷(小涵主动坐到晨晨旁边一起吃饭)、合作(小涵主动向晨晨道歉,互相敞开心扉)等冲突解决策略。

二、如何评估中学生同伴冲突解决策略?

同伴冲突解决策略的评估多采用假设情景法、实验法、量表测验法、问卷法以及访谈法。在教育环境下,使用较为广泛的为问卷法和访谈法。

(一)问卷法

儿童人际冲突应对策略量表为天津师范大学心理学专业陈世平教授②,根据考西(Causey)和杜博(Dubow)③的自陈式解决策略量表修订的,是较实用的测量儿童人际冲突应对策略的工具。量表由 34 个陈述句组成,采用五点评分法,包括五个分量表:

① Van der Vliert E. Complex interpersonal conflict behaviour: Theoretical frontiers [M]. London: Psychology Press, 1998:43 – 67.
② 王芹,陈世平.中学生人际冲突解决策略的相关研究[J].心理与行为研究,2005(01):53–56.
③ Causey D L, Dubow E F. Development of a self-report coping measure for elementary school children [J]. Journal of Clinical Child and Adolescent Psychology, 1992,21(01):47 – 59.

问题解决、逃避、求助、情绪外倾化和情绪内倾化,分别表明人际冲突应对策略的五个策略。其中问题解决、求助、逃避被认为是三种最基本的对于人际冲突的应对模式,内倾化和外倾化是两种对于人际冲突和应激状态的一般情绪反应。每个分量表单独计分,得分越高,表明该策略使用频率越高或该情绪反应越高。

表4-6 儿童人际冲突应对策略量表(样题)

量表指导语:当你与你的同学发生了争吵或冲突,你会怎么办呢?请在问题后面最符合你实际情况的选项上打"√"。1代表从未、2代表偶尔、3代表有时、4代表经常、5代表总是。

题目	从未	偶尔	有时	经常	总是
1. 我会把所发生的事情告诉我的朋友或家人(求助)	1	2	3	4	5
2. 我会尽量想办法来解决它(问题解决)	1	2	3	4	5
3. 我试图让自己觉得什么都没发生(逃避)	1	2	3	4	5
4. 我难过或愤怒时,会在别人身上发泄(外倾化)	1	2	3	4	5
5. 我会感到非常焦虑(内倾化)	1	2	3	4	5

(二)访谈法

通过设计一些与冲突有关的问题对学生进行访谈,然后根据学生回答的内容进行编码和整理,从强制、回避、顺从、折衷与合作5个方面进行匹配,了解学生冲突解决的策略和方法。访谈的问题如下:

1. 请你仔细回想你印象最深刻的一件关于同伴冲突的事情,可以说说当时的时间、地点、事情的起因和经过吗?

2. 请你回忆一下,当时在冲突情况下,你最后是怎么解决这个冲突的?结果如何?

3. 你为什么使用这种方式解决冲突?

4. 如果再遇到同样的情况,你如何解决这个冲突?

三、怎么帮助学生提升解决冲突的能力?

最常用的解决方法为解决冲突六步法,由王磊和寇彧提出,针对个体不恰当的应对方式进行干预,使学生能够正确地看待冲突,改变原有的冲突解决模式,以更积极、更有效的方式解决冲突,提高他们解决人际冲突的能力①。

解决冲突六步法包含以下六个步骤。第一步了解他人的想法和第二步了解他人的感受,都是为了改变学生在冲突情境中只关注到自己的想法、自己的利益的思维习惯,因为这种想法很容易让他们对他人的行为进行不全面、不正确的解释,从而选择一些只有利于自己、不利于他人和彼此关系的解决方式。如果能够培养学生在面对冲突情境的时候,主动去思考他人的想法和感受,就能够避免学生冲动之下做出一些消极行为。

第三步,了解他人想法和感受的原因。发生冲突时,学生可能会对事件进行不太合理、充满情绪的解释,比如将冲突解释成对方故意为难自己或者对方就是这样糟糕的人,这样的想法只会让冲突扩大化。通过训练学生了解他人想法和感受的原因,能够让学生认识到他人有那样的想法和感受后做出那样的行为是有原因的,如果能够解决这个原因,就能很好地解决问题。

第四步,换位思考。这一步希望能够训练学生更全面、理性地看待冲突。这一步训练学生能够站在他人的角度,更好地理解他人的想法和处境,明白他人的某些行为是有原因的,也能够设身处地地考虑到自己如果遇到这样的事情可能会有的想法和感受以及希望事件如何解决,从而加深对他人的理解,帮助其找到更好的解决方法。

第五步,想出尽可能多的解决办法。在第四步的基础上,学生能够意识到解决冲突可以有其他方法,而不仅仅局限于自己所想出的办法,这样可以鼓励他们想出尽可能多的办法,并把它们罗列下来,供自己进行比较和选择。这一步骤的训练可以使学生意识到冲突解决策略是多种多样的。

第六步,选出最有效的解决办法。在上一步的基础上,教师加以引导,学生讨论出最有效的做法,通过多次的训练,学生逐渐能够认识到某些解决方法能够得到更好的效果,并在日常生活中加以应用。

解决冲突六步法希望能够训练、引导学生在面对冲突的时候不仅考虑自己,而且意识到如果能够更好理解他人,就能选择更好的处理方式、得到更好的效果,从而有意

---

① 王磊,谭晨,寇彧.同伴冲突解决的干预训练对小学儿童合作的影响[J].心理发展与教育,2005(04):83—88.

识地在日常面对冲突时做到更好地理解他人、选择更好的方法。①

表4-7 具体操作示例②

	导入课题,引发思考
指导语	你的同桌丢了五十块钱,这五十块钱是他特地拿到学校想给朋友买生日礼物的,但却怎么都找不到了,他怀疑是你拿的,质问你,虽然无端被质疑你感到很生气,但你知道如果吵起来只会让事情变得更糟,你要怎么做才能解决这场冲突呢?
	引导学生了解他人的想法和感受
指导语	我们要通过前三步了解别人的想法、感受和需求,才能更好地解决我们的问题,接下来我们先来进行第一步:了解对方的想法和感受。我们来想一想,同桌丢了东西会有什么样的想法和感受? 为什么同桌会怀疑我们? 他怀疑我们的时候有什么样的想法和感受呢? 目标:让学生了解对方的想法和感受。 可能答案:对方丢了钱,很着急、很郁闷,想赶紧找回来;(对方怀疑是我偷的时可能的感受)生气、难过;(对方怀疑我的时候可能的想法)我离他最近,最有可能拿走而不被发现;只要把钱还回来就好了。
	启发学生了解他人想法及感受的原因
指导语	现在我们已经了解了对方可能有这样的想法和感受,接下来我们进行第二步,同桌为什么会有这样的想法和感受呢? 目标:引导学生了解对方的想法和感受的原因。上一问可能已经有学生说出原因了,这一问还是要强调"第二步",比如可以说:"现在我们了解到了对方可能会有这样的想法和感受,接下来我们可以进行下一步:了解对方为什么会有这样的想法和感受。其实刚刚有些同学已经说出了一些同桌有这样的想法和感受的原因了,我们来想想还有没有别的原因呢?" 这里除了要理解对方产生这样的想法和感受的原因,还要注意一下,对方质问我可能不是因为他真的不相信我,而是他太想找回来了,病急乱投医就没有顾及我的感受,换了别人他也会怀疑的(这一点如果在这一问中学生做不到,可以留在下一步"换位思考"处理)。
	引导学生换位思考
指导语	现在我们了解了对方的想法和感受以及为什么会有这样的想法和感受,接下来我们就可以通过换位思考来想一想如果我是同桌,遇到这样的事,我会怎么想、怎么做,会希

① 杨晶,余俊宣,寇彧,等. 干预初中生的同伴关系以促进其亲社会行为[J]. 心理发展与教育,2015,31(02):239—245.
② 罗晓奕. 提高中小学生同伴冲突解决技能的干预研究[D]. 北京:北京师范大学,2012:12—15.

望发生什么事呢?

目标:引导学生换位思考,引导者要把这种情况下对方的处境说清楚。例如:如果我们丢了钱,到处找都找不到,我们会有什么感觉(着急)? 为了找回钱,情急之下我们可能会做什么? 我们会希望发生什么事?(这一问关注的是对方在这种情况下会关注什么事,比如说很着急要把钱找回来,那么下一步我们就可以根据别人希望发生什么事情来选择和对方沟通并解决问题的方式,所以在学生说出答案之后要针对答案说:"你们看,在这种情况下,虽然他无端质疑我们是不对的,但是我们生气并不能解决问题,那要怎么解决这场冲突呢? 如果我们能够站到对方的立场上和对方一起想办法找到钱,那他是不是就不会怀疑我们,不会让冲突恶化下去了?")

	引导学生想出尽可能多的解决方法
指导语	在我们更多地去了解别人的想法和感受并进行换位思考之后,我们是不是更能理解和明白对方了呢? 我们明白如果我们丢了钱,可能也有类似的表现,现在我们来想一想怎么做才能让同桌不再执着于怀疑我们,让这件事得到更好的解决呢? 目标:能够在换位思考了解对方需要的基础上想出一些办法来解决。总结最好明确点出"我们想用这些办法而不是别的方法(比如生气或者不停强调'没有'),是因为这些方法更符合同桌在这个时候想解决的问题,帮助他解决了这个问题,我们的冲突就能得到解决"。
	引导学生选出最有效的解决办法
指导语	现在我们想出了好几种方法,那么到底哪种方法更有效呢? 目标:选出最有效的解决方法。其实只要讨论出来一个最有效的方法就好了,这一步的作用更多的是突出一下遇到这种事,学生觉得哪个方法最有效,给学生一个印象,这个方法能更好地处理这种情况。所以粗略讨论出来最有效的方法后,要想一想具体怎么实施,让学生觉得切实可行(比如找老师帮忙,那么要怎么说服对方找老师帮忙)。
	总结
指导语	今天我们讨论了一下如果我们和同学发生了一些不愉快的小摩擦,我们可以通过六步法在了解对方想法和需要的情况下选择更好的解决方法,而不是让事件在我们的坏情绪下继续升级,比如在我们的这个故事里,如果我们和同桌生气,不帮助同桌处理丢钱这个事,同桌可能根本就不会听我们解释或者一直认为是我们拿了钱,而如果我们能够更好地了解同桌的想法和需要的话,我们就能帮助同桌冷静下来,解决事情,也不会破坏我们之间的友谊。在日常生活中遇到类似的事情时,我们要想想我们今天对别人想法、感受的讨论,理解对方出现这种状态是情有可原的,这样既有助于自己保持冷静,也能够让我们更好地选择解决方法。

■ **案例 4-4**

招人讨厌的小浩

"齐老师,小浩又给我起外号了,我已经跟他说过很多次我不喜欢被起外号……"小敏气呼呼地跑到班主任齐老师跟前控诉着小浩。

对于起外号这件事,小浩这样解释:"老师,我就是跟小敏闹着玩,开开玩笑。"

齐老师:"开玩笑也得注意分寸,别人不愿意的事情咱们还是注意点。"

小浩不说话了,但是他看起来还是有些不服气。

晚上,齐老师接到小敏的消息,小敏发过来一张朋友圈截图,原来是小浩发的朋友圈:某某同学,开不起玩笑,小气吧啦的,就知道告老师,幼稚鬼才爱告状,大家都不要跟她玩。

齐老师是初一九班的班主任,接任班主任还不到两个月的她,经常接到大家对小浩的投诉。投诉最多的,是小浩的口不择言,甭管课上课下,他总会对同学们的言行来一两句点评或嘲讽,有的同学会怼回去,与他针锋相对互相攻击,有的同学不愿意搭理他,把他当空气一样视而不见。还有的同学反映小浩不愿意帮助别人,很自我,比如班级卫生值日时,擦黑板的同学生病请假了,组长说咱们每人负责两节课,一起承担擦黑板任务,小浩却说:"你是组长,组员不来你就应该以身作则擦黑板,你就知道派活给我们,是你自己不想做吧。"渐渐地,同学们觉得小浩不好相处,很招人讨厌,便开始疏远他,甚至小组活动时也没人愿意跟他一个小组。班主任齐老师多次跟小浩沟通,可是小浩却觉得自己很委屈,他觉得老师不理解自己,大家都不喜欢他,无论他做什么大家都不满意,他没有朋友,感觉被大家孤立。而且他觉得老师很偏心,总是为其他同学说话,却看不到同学们对他不友好的事实。

面对小浩,齐老师感到很困惑,小浩就像个打火机,哪儿有他哪儿就有火灾现场,她就像个救火员一样,每天都不得安宁。她曾经耐心跟小浩分析过,告诉小浩做事要有分寸,要照顾别人的感受,小浩却觉得自己并没有错,还说"同学没有照顾我的感受,我凭什么要照顾他们的感受"。有的老师给齐老师支招:小浩就是嘴欠,这是行为习惯问题,需要惩罚才管用,你狠狠批评他一顿,罚他写检讨,他就不敢了,如果这些方法没用,就按照校规校纪给他处分;还有的老师说,初一的小孩子就这样,情商低,不会说话,等大点就好了。齐老师觉得还是应该以引导教育为主,她很想转化小浩,让小浩快速成长起来,但是不知道怎么做才好。

案例中的小浩是怎么了?他渴望朋友,主动跟同学交往却常常不得要领,反而被同学们讨厌;同学们也觉得小浩不好相处,总是带给人不舒服的感觉,让人很反感,便开始疏远他,小浩逐渐成了班级中的"另类"。这样的情况在中学生社会交往中并不少见,那么,是什么导致了这样的交往问题呢?作为这些学生的老师,我们该如何帮助他们呢?

一、什么是共情能力?

小浩在同伴交往中遇到的问题与其刚刚进入青春期有关,青春期初期,中学生的自我意识越来越强,他们非常注重自我的感觉和想法,因此在社会交往方面还受到"自我中心"的局限,更多的从自我的角度考虑问题、分析问题,经常难以考虑到别人的感受和想法。案例中的小浩就是这样,他缺乏一定的共情能力。

那么,什么是共情能力? 中学生的共情能力具有什么特点? 缺乏共情能力会带来怎样的交往问题？作为每天与青少年们相处的一线老师，我们该如何做才能真正帮助青少年提高共情能力，进而拥有良好的人际关系呢？

（一）共情能力的定义

共情能力是重要的社交能力之一，对于步入中学阶段的青少年而言，共情能力的培养是一个重要课题。

共情，又称同理心、换位思考，是站在对方的立场设身处地思考的一种能力，即在人际交往过程中，能够体会他人的情绪和想法、理解他人的立场和感受，并站在他人的角度思考和处理问题。当我们说一个人共情能力很强的时候，指的是什么呢？是说他很容易设身处地地体会到别人的感受，理解别人的情绪和心理活动，知道别人想要什么。青少年在社会交往中，共情能力越高便越能够感同身受地理解同伴的情绪和想法，进而知道自己该采取怎样的方式与同伴交往。相反，青少年如果在同伴交往中缺乏一定的共情能力，便会出现各种各样的人际交往问题，比如同伴矛盾、不会合作、不合群、校园欺凌等。[1]

小浩出于开玩笑给小敏起外号，但却没有意识到"起外号"的行为让小敏感受到了不尊重，并且在小敏明确拒绝给自己起外号之后，小浩仍旧认识不到自己的错误，还通过发朋友圈表达不满，并诋毁小敏，说她"小气、幼稚"，这更加让小敏感到愤怒。小浩这一系列的言行，正是缺乏共情能力的表现。

关于共情，有人说"共情就是同情"，实际上，共情与同情是不同的。比如，在校园欺凌事件中，我们看到被欺凌者遭受欺凌者的打骂、侮辱、威胁，我们自己也会跟着难过，但这不是共情，而是同情。因为共情是从他人的角度理解他人，是"去感受他人的感受、思考他人的思考"，被共情的人感到的是理解和陪伴。而同情虽然也是在理解他人，但却是从自己的角度出发的，是同情的人站在高处看着被同情的人在谷底，产生怜悯、惋惜和同情，被同情的人会有不平等的感觉。

那么，在校园欺凌事件中，我们看到别人受苦时，怎样做才是共情而不是同情呢？这要从共情的结构说起。在心理学研究中，共情被认为是一种多维结构，它包含两个

---

① 李晨枫,吕锐,刘洁,等. 基本共情量表在中国青少年群体中的初步修订[J]. 中国临床心理学杂志, 2011,19(02):163—166.

主要部分:认知共情与情绪共情。所谓情绪共情,主要指对他人情绪状态的感知和反应。[①] 当我们看到被欺凌者遭受打骂、侮辱时,我们能够理解他们的害怕、悲伤、无助,我们感受到了被欺凌者的内在感受和情绪而产生了同样的情绪体验,这说明我们共情到了他们。情绪共情能让我们产生利他行为的动机,促使我们产生帮助他人摆脱困境的想法,因为"见不得别人痛苦",情绪共情也会促发更多的亲社会行为,让我们减少伤害他人、欺骗他人的想法,更多地表达善意、理解和包容。

因此,在校园欺凌事件中,能共情到受害者的人会有下面的做法:设身处地地想象受害者的处境,体会和理解到他们的恐惧、无助和痛苦;用温暖、真诚的话语表达对受害者的关心,如"我能感受到你很痛苦,我会陪着你",让受害者知道有人在乎他们的感受;或者给他们一个拥抱,拍拍他们的肩膀,传递出支持和安慰;或者给予实际的帮助,比如向老师或家长报告,帮助他们解决因欺凌导致的学习、生活问题。

认知共情,主要指推断他人心理状态的认知能力,如理解他人情绪状态的起因、理解他人的想法和观点等。如果齐老师能够引导小浩去理解小敏为什么会生气,小敏生气背后的想法是什么,让小浩明白"起外号破坏了小敏的心理边界,让小敏感受到不被尊重,甚至是侮辱",让小浩理解到小敏的内心感受,再引导小浩用"尊重"的方式与小敏相处,小浩也会成为受欢迎的同学。可见,认知共情可以帮助我们更好地与他人相处,也可以帮我们选择最合适的帮助别人的办法。

总之,情绪共情和认知共情是共情的两个重要部分,它们既互相区别又互相联系,共同构成了人类完整的共情能力。情绪共情能为认知共情提供情感基础,当个体对他人的情绪有强烈感受时,会更有动力去深入理解他人的心理状态。在社会交往中,情绪共情和认知共情通常协同发挥作用,帮助我们更好地与他人建立连接和沟通。但是,共情能力并不是生而具有的,共情能力会因个体在不同年龄阶段和心理状态等方面的不同而有所差异,根据卡科夫的观点,共情能力可以分为五个层次:

第一层次:无共情。对对方的表述没有任何接纳和理解,完全不能理解和感受他人的情感与体验,只关注自身观点和感受。比如齐老师跟小浩说:"开玩笑也得注意分寸,别人不愿意的事情咱们还是注意点。"小浩听完之后不说话了,但看着还是不服气。在这里,齐老师没有关注到小浩"不服气"的情绪和背后的原因。

---

① 王协顺,苏彦捷.中国青少年版认知和情感共情量表的修订[J].心理技术与应用,2019,7(09):536—547.

第二层次：内容共情。只有对内容的呈现，简单复述对方所说的事情，没有情感等方面的回应。或者，能部分理解他人表面的情绪，但理解较为肤浅，可能只停留在言语和行为的表面，无法深入体会他人内心深处的感受和潜在需求。比如齐老师对小浩说："你觉得很委屈，老师不理解你，我也想理解你，但你总做一些让同学不喜欢的事情，我该怎么理解你呢？"

第三层次：情感共鸣。既有内容的反应也加入了情感的反应，不仅能听出他人话语中的情绪，还能通过恰当方式反馈出当事人表达的内容和感受，让对方知道自己被理解，建立初步的情感连接。比如齐老师对小浩说："你看起来不服气，你是不是觉得有些委屈？能说说你心里怎么想的吗？"

第四层次：深层共情。除了理解和反馈情感外，还能敏锐捕捉到他人非言语线索和隐藏在话语背后的情感和需求，理解对方未直接表达的、潜在的内容和深层感受，使对方感到被深度理解。比如齐老师说："你觉得很委屈，因为你跟同学开玩笑其实是想跟他们拉近关系，交到朋友，并没有意识到开玩笑这个举动会惹恼了同学，是吗？"

第五层次：认知重构。在第四层次基础上，能积极主动地与对方共同探索和处理情绪问题，帮助对方跳出认知局限，提供新的视角和思路，通过行动支持帮助对方走出困境，实现更深层次的情感共鸣和帮助。比如齐老师说："老师理解你的委屈，也明白你想要交到自己的好朋友，老师也特别愿意帮助你，那咱们来聊聊怎么才能交到好朋友，好吗？"

(二) 共情的理论基础

1. 镜像神经元理论

不知你有没有注意到这样的现象：看电影时，当观看到一些惊险危急的情节时，我们的心会跟着提到嗓子眼，浑身不自觉地紧绷起来，似乎自己也在电影情境中；陪朋友去医院抽血或者打针的时候，我们也会不由自主地跟着紧张，甚至会感觉到"疼"，为什么出现这样的现象呢？

神经生物学家发现，这是因为人类大脑内存在的一种特殊神经细胞——镜像神经元，它们就像大脑中的魔镜，能够直接在观察者的大脑中映射出别人的行为、情绪和意图，辨识出所观察对象动作行为的潜在意义，并做出相应的情感反应。也就是说，镜像神经元负责"读取他人行为"。举个例子，当我们看到别人遭遇困境而受伤、流泪、难过时,虽然受伤的并不是我们,但我们仍然会感到伤心,甚至还会流下眼泪,好像正在感同身受。这是因为我们大脑中的镜像神经元被别人的遭遇激活了,使我们产生了跟他人类似的感受。

镜像神经元理论也许可以解释为什么我们能理解他人的情绪,因为在观察中,镜像机制使观察者直接体验了这种感受,从而产生了同样的情绪状态。

基于镜像神经元理论,我们表现出的情绪会对他人产生直接的影响。那么作为教师,我们在课堂上必须尽力克制自己的情绪,避免表现出消极的情绪。当与学生在一起时,请尽量将积极的情绪传递给他们。尽管我们有时会情绪低落,但作为教师的我们应该注意自己的言行,尽量不要将消极的情绪传递给学生。

2. 心智理论

镜像神经元是我们产生"同感"的生理基础,要形成对他人的共情,还需要另外一个机制——心智理论。心智理论体现在我们日常生活的互动中,是处处可见的。那什么是心智理论呢?我们可以从下面的两个对话来理解。

第一个对话:

生 A:坏了,我数学课本忘在家里了。

生 B:哈哈,你等着数学老师批你吧。

第二个对话:

生 A:坏了,我数学课本忘在家里了。

生 C:那咱们快去隔壁班借一本吧。

哪种回应显示了对学生 A 的解读能力比较好呢? 显然是学生 C,他能够理解学生 A 忘记带数学书时的着急,也能推测学生 A 当前的需要是什么。由上述两个对话可知,学生如果具备良好的心智解读能力,就可以增进其同伴互动的能力,避免不必要的不愉快、误会或者冲突。

心智理论指的是个体能够理解他人和自己是不一样的个体,他们的所思所想是不同的。一个人具有了心智理论能力,就可以帮助自己理解并推论自己和他人的心理状态,包括情绪、想法、需求、意图和信念等,并进而解释或预测他人的行为,再透过这样的理解能力来觉察及调整自己的行为,以增强社会适应性。比如,齐老师可以通过角色扮演的方法,让小浩和小敏互换角色把当时的情况再演绎一遍,引导小浩站在小敏的角度感受被起外号时小敏的心情,从而理解小敏听到外号会感到被冒犯而生气,从而感同身受,并做出停止起外号、尊重小敏的言行。通过提升小浩的心智理论能力,有助于其在同伴交往中理解其他人都有各自的感受和想法。

3. 情绪共享理论

"起来！不愿做奴隶的人们！……"每当听到激情昂扬的国歌时，我们的内心都会涌动起激情和力量，感受到作为中国人的自豪和使命。这种现象是我们听到歌曲时产生的情绪感染，情绪感染是情绪共享理论的典型现象。情绪共享理论认为，个体知觉到他人的动作、表情或声音等外部信息时，会自动地、同步地模仿，此时大脑中相应负责动作或情感的部位也会被激活，表现为与他人产生相同形态的表征。情绪共享理论认为，个体与他人之间的情绪共享是共情的基础。然而研究认为，虽然情绪感染中个体与他人之间有情绪共享，并且相应的情绪网络也被激活，但是并没有个体能动性认知的参与，缺乏共情的认知成分[①]，因此，情绪感染可能是产生共情的一个因素或条件，不能完全揭示共情产生的机制。

4. 观点采择

观点采择是指区分自我与他人的观点，并根据有关信息对他人观点进行推断以及作出反应的能力，这一过程依赖于内侧前额皮层的发展，一般可以分为认知观点采择和情感观点采择。认知观点采择指个体对他人关于人、情景和事件的思考或知识的推断，情感观点采择指个体意识到他人的情绪或情感状态。同样，观点采择也不能完全解释共情的发生机制。首先，共情过程包含认知推理和情绪唤醒，是"热认知"和"冷认知"的复合体。其次，共情可以提供环境的信息，而认知观点采择是社会学习的结果。

(三) 中学生共情能力的特点

青春期被心理学家称为"疾风骤雨期"，因为正在经历青春期的青少年在身体和心理上发展还不完善，他们受到"自我中心"的限制，无法全面理解他人的需求和情感，往往情感丰富、行为冲动、自控能力不足。因此，发自内心的理解和体谅他人的情绪、处境等对他们来说是不容易的。那么，青少年的共情能力具有哪些特点呢？

1. 共情能力的毕生发展特点

在共情能力的发展过程中，情绪共情和认知共情在发展上存在差异。情绪共情在

---

① 汪祚军,侯怡如,匡仪,等. 群体共享情绪的放大效应[J]. 心理科学进展,2017,25(04):662—671.

出生的早期就存在,在婴儿期,情绪共情处于较高的水平。研究表明,情绪共情在婴儿出生后的前两年保持稳定或仅略有提升。从学龄前期到儿童期,个体的情绪共情会表现出一定的下降趋势。一项纵向研究发现,在 10—12 岁这两年的时间里儿童情绪共情反应的强度出现了显著的下降。到了青少年期,个体情绪共情的发展可能受到了年龄和性别交互作用的影响,表现为情绪共情的水平出现上升,并且具有显著的性别差异,即女生的情绪共情水平要显著高于男生,并且高中生的情绪共情水平高于初中生。成年期,个体的情绪共情趋于稳定,并可能在成年晚期阶段呈现逐渐回升的趋势。[1]

认知共情发展早期的表现为,在婴儿期,个体就已经能够在一定程度上表现出对于他人情绪产生原因的好奇和探求欲,但这一阶段个体的认知共情尚处于比较低的水平。从学龄前期到儿童期,个体的认知共情快速发展,认知共情在学龄前时期发展较快。在青少年期,认知共情继续向上发展,并趋于成熟,女孩和男孩的认知共情在该阶段均有显著提升,但女孩比男孩发展得更快。同时,女孩的认知共情水平一直保持稳定的增长,而男孩则表现为从青少年早期到中期略有降低,而后反弹到最初的水平。成年期阶段,个体的认知共情在发展成熟后,会随着年龄的升高表现出一定的下降趋势。进入成年中晚期后,认知共情则会出现某种程度的下降。

2. 共情能力的性别差异

针对国内外中学生展开的横断研究也发现,情绪共情在青少年阶段存在一定的性别差异,主要表现为女生的情绪共情水平显著高于男性,并且高中生的情绪共情水平高于初中生。在日常生活中,女生在感受别人的心情时较男性更加敏锐,相对来说,女生的情绪情感更加细腻,更容易想象,在看到他人痛苦时也更容易代入,从而更加能够理解对方的感受。而且,女生在遇到困难和挫折时更愿意与他人倾诉,在他人遇到挫折或者不幸时,也更愿意倾听,给予他人情感支持并结合自身经验给出一些建议。究其原因,很多研究者提出,男女生在共情能力上的差异可能源于脑电波、大脑皮层等方面存在的生理差异;也可能是在社会化过程中,社会规范对男性与女性的差异化要求,例如要求女性表现得更加通情达理、善解人意等,促使女性的共情能力更为突出;也有学者从进化论的角度提出,男女性别角色最初的分工不同,从而塑造了他们在共情能

---

① 王启忧,刘赞,苏彦捷. 共情的毕生发展及其神经基础[J]. 中国科学:生命科学,2021,51(06):717—729.

力上的差异，因为自古以来，女性常常承担在家中照顾好家人的吃穿住等生活细节部分的任务以及负责家庭成员之间的情感维系，其扮演的角色和承担的家庭任务要求她们更为细腻和敏感，她们更多地负责情感活动，这就慢慢塑造了女性的共情能力。

3. 共情能力发展的影响因素

父母是孩子出生后最先接触到的社交人群，父母的教育方式自然会影响孩子的方方面面。同样，共情能力也受到家庭的深刻影响，父母不同的教育方式，不同的行为和思维方式，都会影响孩子共情能力的发展。在专制的教养方式下，父母经常严厉惩罚或者严厉拒绝孩子，不太考虑孩子的感受和想法，孩子的心情和想法得不到合理表达，就很难体验被感受、被理解。当孩子的情绪情感需求得不到满足时，孩子更可能将注意力集中在自己身上，较少关注外界信息，很难体验到那种与他人共存的情感世界，逐渐变得更多考虑自己，难以从他人的角度看问题。小浩的情况就是这样形成的，小浩的父亲经常粗暴地对待小浩，犯了错误不是打就是骂，很少考虑小浩的感受和想法，而且小浩爸爸有些愤世嫉俗，在家里经常吐槽攻击周围的人，给小浩树立了糟糕的榜样。另外，在过度溺爱的家庭教育氛围中，家人过度关注和宠爱、事事包办，总是以孩子为中心，过于照顾孩子的感受，满足孩子的需求，这种纵容、溺爱也可能使得孩子思考问题过于以自我为中心，难以换位思考，在与他人互动中更多地考虑自己，很难对他人感同身受，这样的教育方式也会影响共情能力的发展。而生活在积极的家庭教养方式中的孩子，父母在孩子成长过程中给予积极的关注、尊重他们的感受，经常表达温暖与鼓励，父母及时、恰当地满足了孩子的情感需求，让其内在有安全感、情感丰盈饱满，孩子会产生向外探索的兴趣，这样的孩子在成长中能够更好地关注他人的情绪变化，理解别人的情绪，减少自我中心化，他们的共情能力得到培养，也更懂得去爱别人。因此，积极、温暖的教养方式对子女的共情能力能起到促进作用，消极、惩罚、溺爱、纵容等教养方式则不利于共情能力发展。

（四）共情能力对中学生成长的意义

1. 促进中学生的人际交往

在人与人的关系中，人们更倾向于与那些能够理解和能与他们产生情感共鸣的人建立更深层次的联系，而在这样的关系里，离不开人与人之间的共情，共情能力有助于建立更亲近、更信任的人际关系。因此，提升中学生的共情能力，可以让他们更好地理解他人的情感和需求，能够更好地倾听他人，表达自己的感受和想法，通过共情走进他人的内心世界，了解其真实想法，产生共鸣，从而建立更加和谐的人际关系。

2. 促发亲社会行为

共情是理解和分享他人情感的关键心理过程，作为亲社会行为的基石，共情是亲社会行为的直接动机源和促动剂，共情促进了助人、合作等亲社会行为。在人际交往中，共情能力高的中学生可以更敏锐地认知和感受他人的情绪，特别是对他人的困境感同身受，他们设身处地思考，思他人所思、感他人所感，将自身代入共情对象，进而激发利他动机，产生亲社会行为。

3. 促进同伴冲突解决

共情能力能够使中学生更好地理解冲突双方的立场和情感，有效地建立沟通，清除人际交往的障碍，从而更有可能找到解决问题的方法，减少冲突的升级。

4. 预防和减少校园欺凌

初中阶段是校园欺凌的高发时期，究其原因，多是由于青少年在实施欺凌行为时，难以设身处地地感受对方的痛苦，对受害者表现出的恐惧与无助无动于衷，这其实就是共情能力缺乏的一种现象。因此，培养中学生的共情能力，提高中学生感知、理解他人内心世界的能力，会在一定程度上预防和减少校园欺凌行为。

5. 提升情绪管理能力

共情能力的培养让学生更好地表达、释放、疏解自己的情绪，学会换位思考处理很多矛盾和情绪问题。共情能力有助于青少年理解和分享他人的情感，可以帮助青少年更好地管理自己的情绪，更加冷静地面对各种情绪挑战，从而在生活中更加从容和自信。

二、如何评估中学生的共情能力？

高共情能力的青少年有哪些特征？我们如何了解青少年的共情能力呢？对共情能力的评估可以帮助我们深入了解青少年的共情能力发展状况。在这里，介绍几种适合评估青少年共情能力的方法。

（一）观察法

观察法是教师在校园生活中了解学生最方便、快捷的方法，我们可以通过观察学生在学校人际交往中的表现来评估青少年的共情能力。

表4-8　中学生共情能力观察角度及观察内容

观察角度	观察内容	低共情能力的表现	高共情能力的表现
情感反应	观察学生在面对他人情绪(如悲伤、快乐、愤怒等)时的反应。注意他们是否能准确地识别和理解他人的情绪状态,并做出适当的情感反应。	无法感同身受,不理解他人的情绪,无视或不顾及他人的感受,继续我行我素。	能够对他人感同身受,理解他人的情绪,理解他人的处境。
帮助行为	注意学生是否主动帮助遇到困难的同学,以及他们在提供帮助时的态度和方式。这可以反映学生的认知共情能力,即他们是否能够理解他人的需求并采取行动。	看不到他人的需求,没有助人行为,冷眼旁观他人的痛苦,甚至落井下石。	能从他人言行中觉察到他人的需求,积极、热情地帮助他人。
倾听和交流	观察学生在小组讨论或一对一交流中是否给予他人充分的倾听,是否能够从他人的角度出发提问或发表意见,这有助于了解他们换位思考的能力。	说话直接,容易伤人;经常打断他人;毫无顾忌地批评他人。	能够耐心倾听,理解对方;不随意评判他人;尊重他人;及时给出恰当的回应。
冲突解决	在冲突情境中,观察学生是否能够理解对方的立场和感受,并尝试采取和平、合作的方式来解决问题。	发生问题时比较自我,更在意自己的感受,固执己见,看不到自己的不足,常常用争吵、狡辩的方式来维护自己的做法。	能设身处地为他人着想,考虑到对方的感受和需求,采用和平、共赢的方式来解决问题。
同理心表达	注意学生是否能够用言语或非言语方式表达对他人情感状态的理解和关心,例如安慰、鼓励或提供支持。	冷漠,自私;无视他人的情感状态。	安慰、鼓励、支持他人。

　　比如小浩说话直接,表现为经常给同学起外号,小敏明确拒绝后,小浩仍旧不顾及她的感受,以"开玩笑"为理由进行狡辩,并且对于小敏请老师帮助解决的行为心怀不满,发朋友圈攻击诋毁小敏,这恰恰说明小浩在发生问题时非常自我,只顾及自己的感受。相反,在与同学交往时非常有边界感,尊重同学,在同学难过时能够理解同学的心情,并主动安慰同学,这就是高共情能力的表现。

(二)访谈法

　　教师对与学生关系较为密切的同伴进行访谈,从他们日常相处中发生的事情来了解学生与他人的相处状况,请他人反馈与该同学交往的情况。比如:中学生在人际交往中对他人的情绪是否有感知和理解,是否知道如何应对? 当同学找自己倾诉时,自己是否能够理解和安慰,给对方提供真正需要的支持?[①]

表 4-9　同伴访谈评估表

访谈问题	可能的回答	结果解释
(1) 在跟 XX 同学相处时,你的感觉是怎样的?	"TA 人很好,跟 TA 相处时很舒服,TA 能够懂我,照顾我的感受。" "没有边界感,经常做一些让人很反感的事情。" "TA 有点不通人情,只顾按照自己的想法做事。"	共情能力强的同学往往尊重他人,能觉察到对方的感受,在一起相处有边界感。
(2) 在与你相处的过程中,XX 同学有多在意你的心情?	"挺在意的,我生气了 TA 会问我怎么了。" "比较在意吧,不开心的时候,TA 会陪着我。" "不太在意,TA 经常看不出我的心情不好了。"	共情能力强的同学能够觉察到对方的情绪,并会根据对方的情绪调整自己的言行。
(3) 当你不开心时,XX 同学会说什么,或者做什么?	"TA 会问我为什么不开心? 让我跟 TA 说说。" "TA 会拉着我去操场走两圈,边走边聊天。" "TA 会说:'你真没必要不开心。'" "看我不高兴,TA 可能就不理我,跟其他同学玩去了。"	共情能力强的同学看到朋友不开心时,会接纳、关心对方,安慰对方,甚至想办法让对方开心起来。
(4) 当你找 XX 同学倾诉时,TA 会有什么反应?	"TA 会耐心地倾听我,开导我。" "TA 会尽力去理解我,帮我梳理心情。" "TA 会不耐烦,觉得我事儿太多了。" "TA 理解不到我,会无动于衷。"	共情能力强的同学,会耐心倾听对方,理解对方的心情,并会主动提供一些建议。

---

① 张立花,朱春燕,汪凯,等.共情训练对青少年精神分裂症患者共情能力的影响[J].中国心理卫生杂志,2016,30(11):812—817.

(三) 问卷法

1. 人际反应指针量表

中文版人际反应指针量表(Interpersonal Reactivity Index-C，IRI - C)①是由我国学者詹氏基于戴维斯(Davis)的共情的多维理论所编制的测量共情能力的工具，共 22 条项目，采用 0(完全不符合)—4(完全符合)的五点计分法，部分题目为反向计分，得分越高，共情能力越好。分成 4 个分量表：观点采择，测量个体自发采纳他人观点的倾向；想象力，测量个体对虚构人物感同身受的反应；共情关注，测量个体对他人情感关心、温暖和同情的程度；个人忧伤，测量的是在紧张的人际场景中，所感受到的焦虑与不适。其中，观点采择和想象力维度属于认知共情，共情关注和个人忧伤维度属于情绪共情。

表 4 - 10　人际反应指针量表(样题)
说明：下面共有 22 个题目，请你根据自己在人际情境中的表现来选择符合自己的选项。

序号	题目	完全不符合	有点不符合	基本符合	非常符合	完全符合
1	对那些比我不幸的人，我经常有心软和关怀的感觉。(共情关注)	0	1	2	3	4
8	当我处在一个情绪非常激动的情况中时，我往往会感到无依无靠，不知如何是好。(个人忧伤)	0	1	2	3	4
17	当我观赏一部好电影时，我很容易站在某个主角的立场去感受他的心情。(想象力)	0	1	2	3	4
22	在批评别人前，我会试着想象，假如我处在他的情况中，我的感受如何？(观点采择)	0	1	2	3	4

三、如何提升中学生的共情能力？

共情能力的提升有助于青少年更好地觉察他人情绪、理解他人处境、体谅他人言

---

① 张凤凤，董毅，汪凯，等. 中文版人际反应指针量表(IRI - C)的信度及效度研究[J]. 中国临床心理学杂志，2010，18(02)：155—157.

行,进而增加青少年的亲社会行为、减少其攻击行为,所以对青少年共情能力的提升与干预是非常有必要的。根据中学生的身心发展特点,可以从以下方面入手提升青少年的共情能力。

(一)学校环境中共情能力的培养

1. 教师榜样的力量

共情是优秀教师的软实力,是一个教师最大的智慧。教师适时地共情学生,能够让学生感受到自己被懂得、被理解,这是师生建立情感联结最迅速的方式。学生感受到老师的共情时,会体会到一种尊重、体贴和善解人意的关注,与此同时,学生也体会到被共情的生命体验,在未来的生活中,学生便极有可能像教师一样表现出共情行为。

2. 共情能力辅导课程

通过主题班会、心理课等开展共情能力辅导课程,帮助学生了解什么是共情,以及培养共情能力的重要性;让学生学会站在他人的角度思考问题,学会通过表达共情来处理人际关系中遇到的问题;引导学生在人际关系中避免过度关注自我感受、以自我为中心,通过培养共情能力,让自己在人际关系中学会尊重、理解和包容,获得更为健康的人际关系。

表4-11 在共情能力辅导课程中,可以教学生掌握一些共情沟通的技巧①②

共情策略	具 体 内 容
非暴力沟通 ("我"的信息)	非暴力沟通＝描述情况＋说出感受＋表达需求＋提出请求 (1) 描述情况:描述观察到的对方的行为,且不作任何评价(不批评、不指责、不夸大),不像法官一样判断对错。我们可以用"我看到/我听到……"将事情说出来,避免引起对方的不满和反驳情绪。 (2) 说出感受:把自己此刻的情绪感受说出来,但需要注意表达自己感受的时候,也要学会体会对方的感受。 (3) 表达需求:让对方听到你内心深处的需求。

---

① 贾昕珊,卓彩琴.小组社会工作提升大学生共情能力的干预研究[J].社会建设,2022,9(06):24—37.

② 李文,李长瑾,陈蓓蓓,等.叙事医学教育提升医学生共情能力的探索与实践[J].中国卫生事业管理,2022,39(09):678—683.

共情策略	具 体 内 容
	（4）提出请求：根据实际情况，通过"我希望你以后……/你可不可以……"的句式把你的请求提出来。
HEAR 策略	第 1 步：停止（Halt），停止正在做的事和脑中的思绪； 第 2 步：投入（Engage），全身心地关注于说话人； 第 3 步：预期（Anticipate），增强聆听动机； 第 4 步：重播（Replay），思考对方的话从而理解对方试图表达的意思。
PEARLS 共情表达	合作（P）："我们一起来解决（这些问题）。" 情绪（E）："你看起来蛮紧张的。" 歉意（A）："不好意思啊，让你久等了。" 尊重（R）："你已经非常努力地尝试战胜这些困难了。" 合理（L）："大部分人遇到你这种情况也会这么想的。" 支持（S）："我会帮你（渡过难关）的。"
共情公式	共情＝情绪预估＋表达感受＋表达希望 （1）情绪预估：根据对方的表情、言语推测对方的情绪，并说出来。 （2）表达感受：你经历这样的事情，一定很气愤吧。 　　　　　　　我也经历过这样的事情，很生气，我懂。 　　　　　　　你肯定不舒服。 （3）表达希望：希望你能够开心。 　　　　　　　希望你能够取得更大的进步。
共情回应	可以用自己的话来转述对方的话，以确认自己是否弄明白了对方的意思。如："所以你认为……""我明白你，你是说……""所以你接下来想……"。

3. 角色扮演活动

教师通过组织一些课本剧、校园心理剧、微电影等角色扮演的活动，让学生在短时间内体验不同的角色，站在别人的角度去理解和体验生活，体验不同的内心世界和情绪情感变化，这有助于他们理解他人的感受和立场，增强人际敏感度，进一步提升学生的共情能力。

4. 广泛阅读

书本可以作为连接想象中的世界和现实世界的桥梁，促使青少年将阅读中产生的共情投射到现实生活中，最终发展共情能力。英国有一个"共情实验室"团队，他们致力于通过阅读培养 4—11 岁儿童的共情能力。共情实验室主要利用阅读、写作和讲故事的方式培养儿童的共情能力。研究者发现,沉浸在精心挑选的故事和活动中时,儿童会表现出更强的共情能力和读写能力。因此,我们可以鼓励学生阅读各种类型的书籍,包括小说、传记、历史书籍等,通过阅读理解角色的感受和经历,可以培养他们的共情能力。

(二) 家庭和社区环境中共情能力的培养

1. 营建良好的家庭氛围

在良好的家庭氛围中,家长多使用正向、鼓励、引导式教育,包括鼓励孩子参与分享活动,引导孩子学会站在他人角度思考问题,这样的父母共情能力强,时常表现出亲社会行为,在潜移默化中孩子也会将共情内化为自己的思考行为模式。

2. 引导孩子关注他人

在日常的生活中引导孩子观察和倾听他人的需求和情感,并且提醒他们主动提供帮助和支持,培养孩子关注他人的意识,这样孩子便能够逐渐摆脱自我中心,关心他人的情感和需要。

3. 参加志愿服务

鼓励青少年参与社区服务或志愿者活动,让他们直接接触到不同的人和不同的生活状态,理解和尊重他人的差异,并通过引导、示范和实践,让中学生在成长中逐渐学会理解和接纳他人,成为一个有同理心、有责任感、有爱心的人。

第五节　中学生社会交往中的感恩:提升社交温度的积极情绪

案例 4 - 5

曾经的"刺头"回来了

"老师,您在学校吗? 我们几个同学想回去看看您。"徐老师刚要下班就看到短信传来了已经毕业五年的学生的信息。

小于？他不是我们班里最让我头痛的学生吗？我记得他初中时成绩不太好，在班里总是捣乱，我经常批评他，可是他屡教不改啊，每次我们班平均分都是因为他而在年级里处于中后水平。后来，他高中去了哪儿？现在已经上大学了吧，也不知道长成什么样了。发完短信后，徐老师回忆起小于上初中时的种种情形，大部分都是处理小于问题的情景，也不知道他现在怎么样了。徐老师陷入了深深的沉思。

　　"徐老师！我们回来看您了！"徐老师一回头，眼睛瞬间瞪得很大。眼前这帅气阳光的大男孩是谁啊，是小于？小于看出了徐老师眼中的惊讶，于是开始叙述起他初中毕业后的成长故事。

　　"因为初中时，不好好学习，您跟我谈了很多次话，说实话我都没往心里去。可是到了高中，我突然非常怀念您，我突然明白您为什么一直盯着我，为啥总是找我的麻烦，为什么总是把我留下来谈话。我特别后悔，后悔没好好听您的话，后悔没有在初中好好努力学习，您跟我说的毛病，我但凡改了一点，也不至于成了现在这个样子，于是我决定一定要混出个样来，再回来看您！徐老师，我就想跟您说一声：'老师，谢谢您！'"小于深深地给徐老师鞠了一躬。

　　徐老师也感动得流了泪，曾经那个最让她头疼的捣蛋鬼长大了。

　　旁边的几个同学也顺势围了上来："是啊，老师，我们都非常感谢您，虽然当时觉得您特别严厉，但现在觉得您真是为了我们着想，真的是爱我们，我们也真的在您身上学到了很多。"

　　徐老师看到曾经的小豆豆们转眼长大，心中有说不出的安慰，而且，本来对孩子们的付出也没想过要回报，但看到孩子们如此感恩和惦记着自己，幸福感油然而生。

　　老师、家长、长辈，其实都希望孩子有感恩之情，这是孩子在成长过程中要学会和具备的积极情绪。然而在现实生活中很多人抱怨，现在的孩子越来越自我，眼里完全没有别人，一点都不知道感恩，在班级里没有集体荣誉感，和老师、家长也越来越没大没小，甚至大打出手，亲子间、师生间仿佛都少了一些久违的温度。那么，到底什么是"感恩"？我们可以从哪些方面培养孩子的感恩品质呢？

一、什么是感恩?

(一) 感恩的定义

感恩的概念来源于英文"Grace",意思是慈爱、善心和感激。感恩对象的范围较广,人或是没有人的意图的他物(如动物、自然、宇宙、神灵等)都可被看作是感恩的对象。《现代汉语词典》中对感恩的释义是:对他人的帮助心存感激,是对他人帮助的情感回报。

一般来说,感恩包括识恩、感恩、报恩、施恩四个环节。识恩体现了感恩心理的认知过程,感恩体现了感恩心理的情感过程,报恩和施恩体现了感恩心理的行为过程[①]。感恩是人们由于内心体验到他人的帮助而产生要回报他人的感激等情感。

具有感恩特质的人通常能够在情境中更多、更容易、更频繁地体验到感恩的情绪,识别到别人对他的帮助和支持,从而为他人反馈更多的回报行动,这有利于人们构建良性的人际氛围,积极的生活环境和健康乐观的心态。

那么,感恩水平受到哪些因素的影响,又如何才能提升学生的感恩水平呢?

(二) 感恩的影响因素

1. 对他人帮助的识别

感恩是受恩者对施恩者所产生的感激等心理上的好感。在特定的情境中,他人的帮助是受恩者产生感恩情绪的引发因素。那么他人的帮助是否一定会引起受恩者的感恩情绪呢? 不一定,认知评价在其中起到了非常重要的作用,只有把他人的帮助评价为"恩惠",受恩者才有可能产生感恩情绪。如果没有意识到他人的帮助,或者不把他人的帮助认定为"恩惠",就不会产生感恩情绪。个体如何将他人的善意行为判断为"他人的帮助",这种思维方式受到家庭、学校等周边重要权威人物引导的影响,是可以练习和转化的。总之,识别到"他人的帮助"是产生感恩情绪的基本条件。比如在案例

---

① 张萍. 感恩情感的形成机制及其干预:基于特质和状态的视角[D]. 上海:上海师范大学,2012:5—7.

中,小于认为班主任徐老师当年的管教对他的成长起到了非常重要的作用,进而产生了感恩情绪和感恩行动,因此回到母校来看望老师。

2. 人际关系

从狭义的角度来看,感恩是一种人际情绪,是建立在"施恩者和受恩者之间关系"的基础之上的,因此在感恩情绪形成的过程中,社会人际关系互动起到重要作用。一般情况下,关系越是亲密,越能促进感恩情绪的发生,比如同学和朋友之间的相互支持和帮助更容易产生感恩,如果亲子之间经常发生冲突,即使父母为孩子付出了很多,孩子也难以感受到父母的爱,难以对父母产生感恩之情。良好的关系是产生感恩情绪的重要基础。

3. 环境因素

因为感恩意识能够影响感恩情绪,而环境因素会影响感恩意识,所以不同的环境因素会促使个体形成不同的感恩意识。在溺爱袒护型的环境中,家长或教师对儿童的溺爱和袒护,会使儿童形成自私、任性、自我中心等不良性格,从而导致感恩意识缺乏;而民主型的教养管理方式则有利于孩子形成积极的自我概念,养成无私和利他的良好性格,并具有较强的感恩意识,从而表现出更多的感恩情绪和感恩行动。

二、如何评估感恩?

(一) 问卷法

中文版感恩问卷(The Gratitude Questionnaire-6,GQ - 6)[①]由我国学者魏昶、吴慧婷对麦卡洛(McCullough)等人 2002 年编制的单因素感恩问卷修订而来。问卷包括六个题目,采用六点计分法,1 分表示"非常不同意",2 分表示"相当不同意",3 分表示"有些不同意",4 分表示"有些同意",5 分表示"相当同意",6 分表示"非常同意"。第 3 题和第 6 题为反向计分,可以从给定的六个选项中选出符合自己实际情况的答案,分数反映了被测试者的感恩水平,总分高则感恩水平高。

以下是题目举例:

[①] 魏昶,吴慧婷,孔祥娜,等. 感恩问卷 GQ - 6 的修订及信效度检验[J]. 中国学校卫生,2011;32(10):1201—1202.

1. 生命中有太多我觉得要感谢的。

2. 如果我要列出我觉得要感谢的,那将会是很长一串。

3. 当我看这个世界时,我没有看到大多值得感激的东西。(反向计分)

(二) 访谈法

用对话的方式了解学生的感恩意识和感恩行动。具体的访谈问题可以包括:

1. 你觉得人为什么要感恩?

2. 你会经常意识到他人的语言或行动会给你带来积极的影响,从而感恩他们吗?

3. 你经常对周围的人表达感谢,或者做出感恩的行为吗?

4. 你想感谢的人都有谁? 你想对他们说什么?

根据学生的回答,可以了解学生对感恩的意义的理解,对周围给予他支持和帮助的人的感恩意识,以及是否会在日常生活中做出感恩行动。

三、如何提高学生的感恩水平?

(一) 认知引导

感恩的重要触发因素是识别他人对自己的善意情绪和行动。因此,在日常的家庭、班级环境中,教师可以积极引导学生发现身边的善意。例如,倡导"发现他人的善意"行动,让学生每天说出自己在家庭或班级中发现的来自他人的善意行为,提高识别他人善意的意识,进而积累内心的感恩情绪。

(二) 行动触发

典型的感恩行动有感恩信或感恩拜访。感恩信是通过书信的方式对对方表达感谢,比如在特定节日(如母亲节、父亲节、教师节、建军节等)给特定的人写感谢信,在班会中也可以组织感恩书信撰写活动。感恩拜访是表达感恩的行动策略,比如"感恩之旅"活动,教师可以鼓励个体去拜访其生命中某个和善的人,当面对其表达感恩,或者将提前写好的感恩信当面读给对方,从而引发个体的感恩体验。

（三）情绪积累

1. 感恩日记

题目可以为"今天有太多我要感恩的事情""今天我对很多的人都心存感激"等。在连续 21 天的日记中,以其中的一个主题进行相关内容的记录,内容可多可少,但力求真实。在记日记的过程中可以培养个体的感恩意识,其中发现要感恩的人可以帮助中学生挖掘社交中的积极因素,促进其主动参与到社交活动中,形成积极的思维模式。

2. 感恩沉思

感恩沉思有点类似于感恩记录策略,所不同的是该策略让个体沉思或者回忆较感恩事件更为广泛的积极生活经历。感恩沉思可以记录也可以不记录,可以在正念或冥想中完成,在睡前对今天的感恩经历进行回忆,激发自己的感恩意识和感恩情绪。

（四）环境营造

营造良好的人际关系氛围,实施民主型的管理方式,包括更多地听取学生的建议、允许学生自我管理、让学生能够表达自己的渴望和见解并给予尊重等,引导学生感受安全、放松,提升学生的自尊,这些都有利于学生产生更多的利他情绪和利他行为,更愿意从他人视角考虑问题、产生共情、表达感恩。

第六节　中学生社会交往中的人际安全感:铸就心理的安全堡垒

■ **案例 4-6**

你不是一个人

> 小晨总是一个人,一个人自言自语,一个人做游戏,一个人看

书，一个人遛弯，一个人吃饭……久而久之，同学们也认为她就是喜欢一个人，但其实不是。班主任李老师已经关注她很久了，发现她不太合群，总是一个人独来独往。而且因为她这样，同学们也越来越不愿意和她交往。她成为了班级中一个完全独立的个体。但这样恐怕是不行的，最近班级正在用小组合作学习的方式开展项目学习，过程中要对每一个学生的表现进行评价，同时每个人都合作完成小组任务。这可难坏了小晨，因为她发现她既不知道和谁成为一组，同时也没有任何人想和她一组。

班主任李老师找她聊了聊她的想法："小晨，自开学以来，我已经关注你很久了，我想知道，你是不喜欢和别人交流还是有什么其他原因？"

小晨默默地低下了头："老师，我不是不愿意和别人交流，而是我觉得我的成绩很不好，大家都不会喜欢我，所以我也不敢和别人说话，我只能自言自语，久而久之，别人就更不喜欢靠近我了。"

"大家不会因为一个人学习不好就不喜欢她，你看咱们班小朵，她成绩也不太好，但是大家都很喜欢她，她还是咱们班的卫生委员，咱们班的卫生流动红旗都靠她才能每周都拿到，所以，你要对自己有信心啊！"李老师耐心地劝慰道。

"可是老师，我觉得他们一点都愿意搭理我，瞧不起我。"小晨小声说。

"你怎么发现和证明的呢，你画画那么好。你画的板报大家都给你点赞了啊。"李老师接着补充道。

"好吧，可是我不敢，不敢跟他们说话。"小晨稍微抬起头，又低下了。

"你可以试着和大家交流，从你周围的同学开始，我之前也问过你周围的同学了，其实他们挺想和你交流的，但看你总是一个人独来独往，就没和你说话。"李老师鼓励着小晨。

小晨慢慢抬起头："好的，老师，那我去试一试。"

后来李老师了解到，原来小晨在小学的时候遭遇过被同学排挤，所以在和人交往时很没有自信，缺少人际安全感，总觉得别人瞧不起她,要欺负她,久而久之就自我封闭了。

不过从和李老师谈完话后,小晨开始慢慢和周围的同学交流,她发现其实和别人交流也没有那么的困难、那么的可怕,同学其实都挺好的,老师也很好,总是给她鼓励和支持,让她慢慢地敢在班里开怀大笑。后来,她有了自己的好朋友,脸上的笑容越来越多了。

一、什么是人际安全感?

(一) 人际安全感的定义

安全感是一种个体主观的心理感受,是对自身安全状态的主观评估,马斯洛认为心理安全感是一种获得自由、远离焦虑的感受,拥有心理安全感的个体拥有较高的自信心,同时在生活的各个方面都表现出充足的安全感①。人际安全感是心理安全感中的一种,主要指个体在人际交往过程中的安全体验②。拥有人际安全感的个体在社会交往中常伴有积极的情绪体验,并在社交环境中对自己的价值、地位有着更多的自信。他们总会对自己在交往中的表现持有积极的评价,他们也会更愿意参与到社会交往中,即使在遭遇挫折的时候仍然能够主动解决问题,抱有不回避、不轻视的态度。

(二) 影响因素

1. 家庭因素

家庭关系的稳定性影响孩子的人际安全感。首先,父母的关系是否和谐影响孩子内在情绪的稳定性,如果父母经常吵架、冷战、正在离婚或非常不愉快地选择了离婚,对孩子都会产生很大的负面影响。对于孩子来说,爸爸和妈妈关系和谐,家庭就是稳定的,爸爸和妈妈要分离,家庭就面临着破碎。身处于破碎环境中的孩子的内心是漂

---

① Bowlby J. The making and breaking of affectional bonds [M]. London: Tavistock, 1979:46.
② Rempel J K, Holmes J G, Zanna M P. Trust in close relationships [J]. Journal of Personality and Social Psychology, 1985,49(01):95.

泊不定的,内心里找不到可以停靠的港湾。从教养方式的角度来看,在民主型家庭教养方式下儿童的人际安全感,显著高于严厉、拒绝和忽视教养方式下儿童的,被尊重、接纳、包容的个体更容易产生稳定的内心世界,从而发展出健康的人际安全感。

2. 学校因素

学校氛围、师生关系和同伴关系都会影响个体的人际安全感。如果一个学校有着严苛的管理风格,更加看重规则而不是个体,更加关注成绩不是成长,个体在学校里感受不到被尊重、被爱、被关怀,就会缺乏对学校的归属感和亲近感,进而降低在学校环境中的人际安全感。在师生关系上,不当的教育语言、严苛的教育方式、体罚、关注群体不关注个体、关注结果不关注过程、冷冰冰的师生关系等,都会让个体难以对教师产生信任感、依赖感。同样,校园欺凌、功利化的同伴关系、冷漠的班级氛围也都会降低个体的人际安全感。

3. 自身因素

从个体自身的情况来看,如果个体本身在一些方面存在明显的短板,也可能会引起人际不安全感,尤其是智力、身体上有明显的缺陷。因为个体如何看待自己,很大程度上决定于他人怎样看待他。如果个体的自尊水平偏低,自我评价较低,人际不安全感也会增加,通常会通过减少与外界的接触来回避人际不安全感带来的不适感受。比如案例中的小晨,其实她最大的否定者是自己,她非常自卑,不敢和别人相处、交流,所以没有朋友、自我封闭,而没有了同伴间的支持和鼓励,人际安全感自然也越来越低。另外,个体对拒绝的敏感性更高时,则更容易产生人际不安全感,从而形成不良的心理健康状况。

二、评估工具

(一) 问卷法

安全感量表[①]是丛中和安莉娟于 2003 年编制的,共 16 个项目,包含 2 个因子,分别为人际安全感和确定控制感。其中人际安全感因子,主要反映个体在人际交往过程中

---

① 丛中,安莉娟. 安全感量表的初步编制及信度、效度检验[J]. 中国心理卫生杂志,2004,18(02):97—99.

的安全体验,共 8 个项目。该量表采用五点计分法,1 分表示"非常符合",2 分表示"基本符合",3 分表示"中性或不确定",4 分表示"基本不符合",5 分表示"非常不符合",得分越高表示人际安全感越强,得分越低则表示人际安全感越弱。以下是问卷题目示例。

1. 我从来不敢主动说出自己的看法。

2. 我从不敢拒绝朋友的请求。

3. 我总是担心太好的朋友关系以后会变坏。

(二) 访谈法

用对话的方式了解学生的人际安全感情况。具体的访谈问题可以包括:

1. 在人际交往中你的感受通常是什么样的?

2. 你觉得他人是如何评价你的?

3. 当你和他人出现矛盾时,你通常会采用什么样的方式来应对?

4. 你会主动和他人交往吗?原因是什么?

根据学生的回答,可以了解其在人际交往中的主观体验,如何看待他人评价,如何应对与周围人出现的矛盾,以及交往的主动性等。通过这些内容可以判断学生的人际安全感现状。

三、如何提高学生的人际安全感?

(一) 增加社会支持

周围环境提供给个体的正向支持和积极体验越多,个体越容易产生较高的人际安全感。学校应该营造低威胁、高包容的校园环境,其管理方式应该更加的民主,而不是通过严苛的管理制度来约束学生。在积极民主的学校文化氛围中,教师可以通过营造班级整体的互助氛围、提高对有困境学生的觉察、扩展学生的求助通道等方式为个体增加学校生活、班级生活的人际安全感。当个体拥有被保护和保障的情绪体验时,他们的恐惧感和畏惧感将更少,这有助于他们顺利地战胜不适感和困难痛苦。当个体感到安全和稳定后,他们才能更加信任环境和周围的同学,同时,人际安全感的增加也会提升个体的自尊水平,继而带来更多积极的社会互动和人际体验。

（二）认可社会交往的意义和价值

感受和认可社会交往的意义和价值也可以提高人际安全感。很多时候，个体之所以在人际互动中感到害怕，是因为他们对社交环境中的不安全因素更为敏感，而忽视了积极的安全因素。因此，我们应该引导学生更多地去发现人际互动的乐趣和意义，通过同伴间的互助提升自己，从而拥有更多直面生命和学习过程中困难和挑战的勇气。认可和理解社会交往的价值和意义，会激发个体进行更多主动的社交尝试，进而增加积极情绪体验的可能性，挖掘社会交往对于个体人格发展的积极作用。

（三）增强人际交往技能

要获得充足的人际安全感，教师需要引导学生努力改变对自己和他人的期望，积极设想人们是可信赖的。引导学生学会调节情绪，改变解决人际冲突和分歧的方法，因为缺乏人际不安全感会使人们在人际冲突没有得到解决的时候远离冲突并忽视冲突的存在。教师可以通过班会、课程等方式引导学生在社会交往中学会倾听批评的意见，从他人那里学习积极行为，从对双方都有益的方案中选择解决方案。增强社会交往技能，个体的人际安全感就会得到稳定的提升。

第七节　中学生社会交往中的消极情绪：社交焦虑者的纠结与烦恼

■ **案例 4 - 7**
一个"社恐"女孩的内心斗争

　　　　　　　　小玉是一个即将升入初三的女孩，她学习成绩优异，漂亮善
　　　　　　　　良，是班级的数学课代表，也是班主任的得力助手。但最近半年，

小玉特别不想去学校,不想和同学、老师打交道,觉得花时间社交特别麻烦。小玉也不喜欢网络社交,因为害怕收到朋友的消息,几乎将朋友的信息都设置了免打扰。小玉说自己是"社恐",如果可以,她只想一个人待着。

小玉为什么会有这样的社交表现呢?通过和小玉的家长沟通,心理老师了解到小玉的父亲是个军人,常年不在家,母亲工作又忙,小玉大部分时间是和外婆一起生活。升入初中后,小玉离开母亲去异地上学,需要重新适应新的学习环境。小玉是一个非常自律、上进的孩子,对自己的要求很高,希望能够取得好的学习成绩来回报父母。小玉说,她曾经特别渴望有亲密的朋友,刚升入初中的时候,还积极邀请同学一起外出游玩,但同学表现得并不积极,让她有些受挫。另外,在和同学相处的时候,小玉经常不好意思表达自己的想法,认为实话伤人,也不知道如何拒绝,害怕拒绝会影响关系,相比社交,她觉得独处更自在。

家长觉得孩子这样很不合群,曾对小玉进行说服教育,但这样做不但起不到帮助作用,反而让小玉更加反感。不过小玉的班主任非常有智慧,在了解了小玉的情况后,常常为她创造"社交"的机会,比如让小玉担任班级的组织委员,组织策划班级的大型活动,让小玉主动和同学交流,还让小玉在班会上分享自己的梦想,让更多同学有机会了解她的兴趣爱好。通过一系列活动的锻炼,小玉变得更加理解他人和悦纳自己,内心纠结的时刻变少了,和同学的互动交流变多了。

虽然现在的小玉还是更喜欢独处,但在家长和老师的指导与帮助下,小玉不再那么"社恐"了。

社会交往是人生存发展的必备行为,与人的天然本能、个人发展和社会进步息息相关。社会交往问题一直是影响中学生心理健康的重要问题。近年来,信息高速发展,网络媒体盛行,似乎让沟通变得比以往任何时候都更加容易[①]。但现实情况是,面

---

① 闵妍.浅谈"社恐"与"社交恐惧症"[J].人人健康,2023(34):72—73.

对面的社交愈发减少和困难。尤其是中学生群体,这个问题更加突出,一些学生害怕和他人社交,出现"社恐"焦虑,还给自己贴上"社恐"的标签。因此,在日常的教育教学工作中,教师如果能够在关注学习成绩之外,及时识别学生在社交方面出现的问题或困惑,给予及时专业的指导,就会有效提升学生的社会适应能力,促进学生的心理健康。

一、什么是社交焦虑?

(一) 社交焦虑的基本概念

社交焦虑是指人们在面对一种或多种可能会遭到他人评判和审视的社交情境时,会产生显著的惧怕或焦躁,感受到持久且显著的恐惧和紧张,恐惧自己的言行或呈现的焦虑症状会导致负性的评价,因此常选择主动回避或带着强烈的恐慌或焦虑去忍受社交情境。

社交焦虑的三个特征:想法上,认为可能受到他人的注视、审视或者评价;情绪上,感到不安、恐惧和不自信;行为上,出现一些回避行为或者不适应的行为。

1. 社交焦虑与"社恐"

"社恐"原是一个医学术语,它的全称是"社交恐惧症",又称"社交焦虑障碍",指的是一种因心理紧张造成的交往失调,常发生在青春期或成年早期[①]。当处在公共场所或与人打交道时,"社恐"的人会出现非常明显的恐惧,并且这种恐惧持久存在。因为怕被别人注视或否定,怕在他人面前出丑或者尴尬,他们会尽力回避各种社交场合。这种"社恐"会严重影响人的正常学习和生活。

社交焦虑则在一定程度上具有普遍性,是一种自然现象,比如在避免人际冲突的情境下,社交焦虑对维护人际关系有一定的积极作用。因此,社交焦虑并不可怕。现在青少年用"社恐"形容自己,只是想表示自己害怕与人交往,害怕参加社交活动,害怕尴尬,更喜欢私密圈子或独处等,并不是真正的社交恐惧症。

2. 社交焦虑与社交回避

一个人如果在人际交往中长期感受到不自在、不适应且紧张失态,就容易产生远

---

① 李倩. 拒做"社恐"青年[J]. 家庭科技,2024(02):45—46.

离社交群体的行为,出现社交回避行为。社交回避主要表现为一种具体明确的行动上的回避,也包括内心的回避倾向。社交焦虑则多强调主观情绪感受和情感体验。对于社交焦虑的学生来说,他们最害怕的是来自周围人的负面评价,即害怕被别人否定。对负面评价的恐惧是社交焦虑的核心特征。

本案例中的小玉,因为担心自己的真实想法可能会得到朋友的否定评价,害怕自己的"好人"人设遭到破坏,于是就出现了独处、回避社交的行为。对于像小玉这样的社交焦虑学生来说,他们有意回避社交场合,并且在人际互动中感到苦恼,难以结交新的朋友,无法向朋友敞开心扉,这很可能严重影响他们的社交功能。如果教师或者家长没能及时帮助学生建立良好的人际关系,就很可能会影响他们的心理发展,进而影响他们的心理健康水平。

(二)影响社交焦虑的因素

1. 担心社交关系"贬值"

为什么人们会产生社交焦虑呢?一个很重要的原因是,人们会担心已有的社交关系"贬值"。比如担心别人会把与自己的关系看得不重要、没有价值。社交焦虑可能发生在以下三种条件中:第一,希望留给别人一个特别的印象;第二,认为这种希望可能会失败;第三,相信失败会带来社交关系的"贬值",不能达到自己的人际关系的目的。本案例中的小玉,与同学相处时非常希望留给同学一个"平易近人"的印象,于是在社会交往中,为了不破坏和同学之间的关系,小玉常常压抑自己的想法,或是为避免麻烦而回避社交。

2. 恐惧负面评价

很多学生之所以产生社交焦虑,是因为在他们还没有进入社交场景时,就已经预测自己可能会社交失败。他们认为,自己在交往中会不断受到别人消极的评价,这样的想法让他们心生恐惧和苦恼,也就导致了他们不喜欢社交。社交焦虑和评价恐惧如影随形,如果教师或者家长能够帮助学生减少对负面评价的恐惧,将对缓解学生的社交焦虑情绪有帮助作用。

3. 缺乏自信心

在社交能力上缺乏信心的学生,为了避免把可能出现的社交问题归因于自己能力上的不足,更有可能在社会交往中采取回避、退缩的态度或行为,以此来维护他们良好的形象。如果学生在人际交往中遇到挫折时,有人关心并给予支持和帮助,学生的社交自信心就会增加,体验到的负面社交情绪也会减少。因此,教师可以多开展一些心理团辅活动,让学生在小团体中学会与人交往,增加他们的社交自信心,减少社交焦虑。

4. 内心敏感

中学生渴望关注与认同,害怕得到身边人们的负面评价,内心极度敏感,他们体验到的情绪中有相当一部分是主观遐想出来的。比如,在与同学或者老师交往过程中,他们主观上会认为同学、老师在挑剔自己,进而在社交中表现退缩。另外,中学生正处于极度关注自我的时期,很在意自己的身体形象,感受到身边人对自己身体形象不满意也会导致他们的社交焦虑。

5. 完美主义

如果中学生总是追求完美,脑中常常出现"事没办妥、很可能会出错"的自动化想法,或者常常出现"为了把事做好而反复检查、拖延"的重复行为,这种对"完美主义"追求的焦虑,会让他们害怕周围人对他们"不够完美"的表现给予否定性评价,从而影响到他们的社交,出现回避的心理和行为。

6. 外部因素

外部因素包括家庭氛围、父母教养方式、社会支持等。当前学生面临的学业压力普遍较大,家长从小就对自己的孩子抱有很高的期待。因此,相比于在空余时间多陪伴孩子,家长更愿意让孩子参加各种补习班,以免自家孩子落在别人家孩子的后面。本案例中的小玉,从小父母给的陪伴比较少,加之异地求学时得到的社会支持较少,就容易出现社交焦虑。另外,中学生的社会支持大多是来自同龄人,而容易社交焦虑的中学生拥有的亲密同伴少,来自同龄人的社会支持也就少,这又会加剧中学生的社交焦虑和社交回避行为。

二、怎么评估社交焦虑?

对于社交焦虑的测量,可以从以下两个方面进行评估,一种是对社交过程中的体验和焦虑情绪的感知进行测量,另一种是对行为倾向进行测量,如对社交情境的回避与苦恼等。评估可以分为问卷法、观察法、访谈法。

(一) 问卷法

青少年社交焦虑量表(Social Anxieity Scale for Adolescents，SAS－A)是针对青少年的社会焦虑问卷，包括"害怕否定评价""陌生情境下的社会回避及苦恼"和"一般情境下的社会回避及苦恼"三个维度。[①] 问卷包括了 13 个描述社交方面状态的句子，如"当我处于陌生人中间时，我会很害羞""我总觉得别人不喜欢我""我会因为害怕被拒绝而不愿意邀请别人同我一起做事"。被测试者只需要根据实际情况，判断这些条目与自身的感受及行为符合的程度，数值的意义为：1＝完全不符合；2＝比较不符合；3＝不能确定；4＝比较符合；5＝完全符合。总分越高，代表社交焦虑水平越高。

因为对负面评价的恐惧是社交焦虑的核心特征，所以也可以选用简明负面评价恐惧量表对中学生社交焦虑情况进行评估。简明负面评价恐惧量表总共 12 个条目，其中 8 个条目为正向计分，另外 4 个条目为反向计分。[②] 样题包括："我常常担心我会说错话或做错事""我几乎不操心我给别人留下了什么样的印象(反向计分)"，在每一个条目后标明相应的数值，数值的意义如下：1＝非常不符合；2＝比较不符合；3＝不确定；4＝有点符合；5＝非常符合。总分越高，说明社交焦虑情绪越高。

(二) 观察法

对于社交焦虑的观察评估一般可以从情绪、想法、行为三个方面进行评估。教师可以在课堂上或者日常班级活动中以及与学生的个别谈话中使用此方法。

表 4－12　观察评估表

评估维度	评估表现	结果解释
(1) 情绪	1. 担忧； 2. 烦躁； 3. 紧张； 4. 沮丧。	情绪上表现为"对某种或多种人际的处境，有强烈忧虑、紧张不安或恐惧的情绪反应"。

---

① 朱海东. 青少年依恋与社交焦虑的关系研究[D]. 重庆：西南大学，2008：18—22.

② 陈祉妍. 中学生负面评价恐惧与考试焦虑的相关性[J]. 中国心理卫生杂志，2002(12)：855—857.

评估维度	评估表现	结果解释
（2）想法	1. 过度担忧自己的表现是否良好； 2. 对自我能力存在怀疑； 3. 预测别人会对自己进行负面评价。	想法上表现为"负面的自我评价"。
（3）行为	1. 神态表情：不愿意与人对视，眼神躲闪，交谈过程中表现出脸红、出汗的紧张反应； 2. 言语表达：很少主动展开问话，常常被动回应，交谈过程中回答简短，或是保持沉默，回答的声音较小，音量较轻； 3. 行动表现：避免交流距离过近。	行为上表现为"退缩、躲避、被动、疏远等回避行为"。

（三）访谈法

对于社交焦虑的访谈评估，可以通过听听社交焦虑者的声音，从社交场合、社交感受、想法以及应对行为四个方面进行评估。

表4-13　访谈评估表

访谈问题	可能的回答	结果解释
（1）在日常的人际交往中你有什么样的困扰和烦恼？一般会出现在什么场合下？	1. "在要跟朋友邀约的时候会觉得很烦躁，想很多，还很怕别人有事或者不想来，会拒绝我。" 2. "朋友借某个东西时，虽然不愿意借，但不好意思不借，担心说我没把他当朋友。" 3. "每次需要上台展示前，都有一种纠结和不知道怎么办的感觉，结束后又很内疚，总会觉得没表现好，一整天心情都闷闷的。"	**社交场合评估：**社交焦虑出现在特定人际情境中，比如朋友邀约、难以拒绝他人的情况、公众场合发言等。
（2）在这些让你焦虑的场合下，你的感受是怎样的？	1. "不知道怎么展开对话，会感受到明显的害羞和尴尬，会有些紧张，说话没平时流利，如果特别多人，可能还会流汗。" 2. "在公众场合下发言讲话时，觉得很不好意思，心跳特别快，怦怦地响。" 3. "上课的时候被点名，比较害怕，不知道在怕什么，但是很紧张，尤其是开小差被点到，回答问题时声音都会抖。"	**社交感受评估：**社交焦虑带来的内心感受常常包括强烈的担忧、紧张、不安、恐惧、烦躁、沮丧、尴尬、害羞、纠结、不好意思等。

访谈问题	可能的回答	结果解释
（3）在这些让你焦虑的场合中，你会想到什么？	1. "说出不满可能会影响关系。""我可能会出错。" 2. "要是在老师面前表现不好，老师会更不喜欢我。" 3. "这么简单的问题都答不出来，老师会觉得我很笨。" 4. "太丢人了，肯定会被嘲笑。" 5. "我从来不会让人帮我做事情，不想麻烦别人。"	**社交想法评估：**社交焦虑者常具有负面评价的自动化思维，倾向于产生自我能力不足的判断，进而感受到社交场合带来的压力与焦虑，这种焦虑进一步加深对自我的怀疑，削弱社交效能感，导致感受到更多的负性情绪体验与社交压力。
（4）在你感到焦虑的社交场合中，你会做些什么来应对自己的焦虑感受？	1. "避免主动打招呼。" 2. "怕遇到同学尴尬，换一条路走，或者假装没看到。" 3. "拖延回复朋友的邀约。" 4. "通过提前采取回避行为，避免焦虑感受出现。" 5. "虽然委屈，但就是说不出口，最后还是我做那个老好人。"	**社交行为评估：**社交焦虑者主要采取回避或者妥协的方式，表现为退缩、逃避等回避社交的行为。

三、怎么帮助学生提高社交焦虑应对能力？

无论是从生理基础还是人类演变过程角度来说，"大脑天生爱社交"，马斯洛的需求层次理论也指出归属感是人的基本需求。因此，对于学生的成长，既要关注知识的学习，也要关注社会情感的学习，尤其是社会适应能力的发展。社交焦虑问题，形成了回避与妥协的行为表现闭环，限制了学生社交技能发展的可能性，阻碍了学生采用更为灵活、弹性的方式应对不同的社交情境。那么，面对中学生面临的社交焦虑和社交回避问题，学校教师该如何干预，以帮助中学生降低社交焦虑和社交回避水平呢？

（一）社交技能训练

社交回避者是因为缺乏日常社交技能，才出现了紧张焦虑情绪与回避行为。班主任可以利用班会课或者日常班级活动，开展社交技能训练。帮助学生学会客观地看待他人的评价，在和同伴交往的过程中也需要保持一定的独立性，学会悦纳自我，增强对自我的认可。心理教师也可以通过团体心理辅导课或者团体心理咨询等方式进行人际交往专题辅导，帮助学生在活动体验中全方面认识自己，发现自己的优点，增强自信心；帮助学生在同学之间学会相互接纳、相互信任，掌握经营人际关系的技巧等。

社交技能训练可以通过言语训练和非言语训练做起。言语训练，包括指导学生如何开始一段对话，如何持续地互动交流，如何表达自己的感受以及如何结束一段对话；非言语训练包括眼神的交流对视、合理地运用停顿等。通过言语训练和非言语训练，帮助学生掌握人际交往的技巧，促进学生之间的相互了解，提高学生的社交自我效能感。

在训练学生的社交技能过程中，教师可遵循以下干预原则和思路：

（1）遵循积极关注、积极评价、积极赋能的原则；

（2）在班级中建立班级公约，重视发挥班集体影响和家庭教育的力量；

（3）利用校园漫步、互助环等活动促进学生在观察中欣赏，在交往中体验；

（4）重视日常教学中对合作式学习的运用，通过倾听、鼓励、具体化等教学技术，实现尊重个体、增进了解、明确问题的目的，促进社交技能的训练。

（二）认知调整训练

所谓"敌意制造敌人，友善营建友谊"。如果换个角度想问题，结果或许不一样。例如，观察以下两张图片，你第一眼看到的是什么图像，换一个视角，你又会看到什么图像？同一事物，因为视角不同，看见的结果也会不同。根据情绪 ABC 理论，同样的事件，心态、想法不同，就会产生不一样的情绪。

心理教师可以引导学生以轻松的心态应对人际社交，克服焦虑情绪。也可以举一些社交情境中的例子，询问学生会怎么想？请学生练习观念转变的技巧（答案无对错之分，只要能够按照要求，改变视角，能够解释清楚就可以）。

图 4-3　两可图

表 4-14　认知训练

情境	换个想法
【举例】 1. 自卑 "好朋友变成了学霸,年级前十,而我只是中等偏上,成绩的差距让我觉得我们之间产生了距离。我不知道应该以什么态度向她请教问题,她会看不起我吗? 她是不是很烦我这种低级的问题? 我们还有可能继续做朋友吗?"	"成绩只能反映一个阶段内的学习效果,它并不是个人价值的全部体现。成绩并不妨碍友谊,可以对好朋友取得的好成绩大方表示祝贺,告诉她,有一位成绩好的朋友很自豪,并真诚表达自己也感到了一些压力,虚心向好友请教,完善自己学习方面的不足。"
2. 孤单 "放学了,同学们有说有笑,三三两两结伴回家,只有我没有伙伴。没有人关心我,我好孤单!"	"不能期待总是让别人关心我,我也可以主动关心同学,一回生二回熟嘛。"
3. 害怕 同学发消息:"有空吗? 一起聊会儿天!" "我不想和她聊天,但又不敢直接告诉她,担心她伤心,所以我迟迟没回复消息。"	"担心伤害与表达抱歉,都是善意的表现,可以告诉同学,我正在做一件自己很想做的事情,对于不能和你聊天,我感觉很抱歉。"

(三) 其他干预方法

1. 鼓励自我拓展

积极心理学的研究显示,投入比自己更宏大的事业,能够创造出意义感和幸福感。希望教师鼓励中学生勇于打破隔绝自我的边界，不执着于"事情应该如何"的先入之见，保持开放接纳的态度，以真诚的方式积极与他人建立联结。鼓励学生在日常社会交往中进行观察，观察别人做得好而自己可能不具备的一些社交技巧，加强对自我的认识，看到自己需要改进的一些方面，并进行积极的尝试。帮助学生积极应对外在充满不确定性的情境，让学生认识到不确定的社交影响因素是客观存在的，但并不是束手无策的，可以通过一些方式来控制或缓解不确定感带来的焦虑情绪。

2. 培养专注的注意力

第七感是发展情商和社交商的重要基础，它是一种专注的注意力，使我们能看到自己的心理活动①。第七感不仅有助于内在的以及人际的幸福感，还能提高学习的成绩和效率。教师可以指导学生每天花几分钟的时间进行"关注呼吸的冥想练习"，通过训练，缓解学生的焦虑情绪，让学生获得更深刻的清晰感以及安全感，促进心理健康。

关注呼吸的冥想指导语（供参考）："现在，请把你所有的注意力都放在呼吸上面。注意到你的气息，一进一出。你正在很自然地呼吸，只是自然地呼吸。如果你的呼吸是浅的，就注意观察它是浅的，如果你的呼吸是深的，就注意观察它是深的，不需要做任何调整，你要做的就只是去观察你的呼吸。如果你发现自己的注意力跑掉了，你只需要把注意力拉回来，回到当下对呼吸的注意上面。如果空气流经你的左鼻孔，你就注意观察它，是在流经左鼻孔。如果空气流经你的右鼻孔，你就注意观察它，是在流经右鼻孔，如果空气流经你的两个鼻孔，你就注意观察它，是在流经两个鼻孔。你要做的就是，把注意力放在你的呼吸上⋯⋯"

3. 提供支持资源

教师可以为学生推荐一些"社交焦虑"自助学习资源，比如学习相关书籍（如《抢救茧居族》）、听 TED 演讲（如《为什么我们会有社交焦虑？》）等。如果上述方法不能帮助学生缓解社交焦虑带来的纠结与烦恼，可以鼓励学生寻求一对一心理辅导或者心理咨询的帮助。

---

① 丹尼尔·西格尔. 第七感：心理、大脑与人际关系的新观念[M]. 黄珏苹，王友富，译. 杭州：浙江人民出版社，2013：13.

案例 4-8

市级三好学生小廉的社交困扰

　　小廉，初一年级女生，小学被评为市级优秀三好学生，是同学们心中的学霸。不少老师可能会觉得，市三好的学生，应该在各方面都很优异，社交方面一定也是顶呱呱！刚进入初一，小廉确实因各方面表现非常突出而成功当选班长。但仅仅开学两个月，小廉就因生病连续请假半个月，小廉的班长职务也暂由小敏代理承担。小敏认真负责，和同学相处友善，代理期间得到了同学、老师的一致认可。所以当小廉再次回到班级时，同学们已经习惯了小敏的管理，尤其是和小敏关系较好的"死党"。小廉认为同学们根本不认可自己，因此内心感到孤独和无助，上课也无心听讲。为了避免尴尬，小廉继续以身体未康复为由请假，家长和班主任都以为是生理问题因而并没有在意。

　　直到期中考试后进行班级表彰时，小廉发现表彰班委的名单中有小敏而没有自己，内心压抑许久的情绪无处宣泄，才和爸爸避重就轻地说出了请假原因："我只是请假时间稍微长了一些，小敏就代替了我的班长职务，凭什么我说的话，他们都不听，小敏一说就做，到底她是班长还是我是班长？我怎么去上学，多难堪！"爸爸原本因为孩子生病请假时间太久没回学校而焦虑，听到这一消息，瞬间失去理智，直接质问班主任，认为班主任工作不妥，并于放学后在校门口等待小敏，请求她归还小廉的班长职务。小敏和小廉爸爸说明自己只是代理班长，并愿意帮助小廉回归班级。小敏主动给小廉发信息邀请她回学校,并愿意配合她一起让班级更好。小敏还和班级同学说,要全力支持小廉的工作,让小廉更好地融入班级。

和小敏要好的同学却私下为小敏鸣不平:"明明自己不在学校,还非要做班长职务,她根本不配。"甚至多次在朋友圈暗讽她的不作为。敏感的小廉得知爸爸联系班主任和小敏后,觉得这样的行为让自己无地自容,更难以被同伴接纳,于是选择继续请假不上学……

原本小廉在小学是一名德智体美劳全面发展的市级优秀三好学生,为何在进入初中校园后却出现了异常?案例中我们明显能够感受到社会交往问题对学生造成的影响。小廉自认为不被同伴接纳,所在的班集体没有营造出友好、包容、凝聚力强的氛围让她很好地融入集体,甚至个别同学通过网络用隐晦的言语多次暗讽她,给她造成较大的心理伤害,因而表现出不良的社交行为。而小敏在同伴交往中却得到同学更多的接纳和支持,在班级中交往顺利,也愿意为班级多作贡献,无论从个人还是团体方面均表现出了良好的社交行为。

小廉和小敏的社会交往情况在现实中其实并不少见,什么是中学生社会交往行为?常见的社会交往行为有哪些类型及特点?如何帮助学生具备良好的社会交往行为,避免社交不良带来的负面影响?当我们脑海中呈现这些问题时,我们已经开始探索学生的社会交往情况了,了解这些,可以帮助一线教师解决在日常工作中可能遇到的困惑。作为教师,我们一方面希望能够识别出社会交往较好的学生,鼓励他们继续良好的社交行为;同时也希望创建良好的班级,引导学生学会融入集体,以便未来能够更好地融入社会。另一方面我们也会关注那些同伴交往不良的学生,引导他们能够较好地融入团体,被同伴接纳,还要防止欺凌事件的发生。如果教师能更深入地了解学生的社会交往行为发展状况,并在必要时进行积极的引导和干预,将会助力学生的成长。

中学生社会交往行为是指中学生与同学、家长、老师或他人相互交流、相互沟通的互动行为。根据对个人及社会的影响,社会交往行为可分为社会交往良好行为和社会交往不良行为。本章节我们希望教师能够引导学生走向同伴,通过关注同伴接纳了解学生个体的良好社会交往行为;我们希望教师能够引导学生融入集体,通过关注班级凝聚力了解团体方面中学生的良好社会交往行为;通过校园欺凌,了解中学生社会交往不良行为。我们将分别通过介绍同伴接纳、班级凝聚力及校园欺凌的概念、测评及干预提升等内容,帮助教师了解并改善中学生的社会交往行为。

一、什么是社会交往行为?

(一) 走向同伴——同伴接纳的概念

1. 什么是同伴接纳?

同伴接纳是从个体角度了解学生被同伴喜欢和接纳的程度,是同伴交往状况的衡量指标。[①] 同伴接纳分自我感受到的同伴接纳和所在群体对学生的同伴接纳两种,前者可以了解学生主观感受到自己被同伴接纳的程度,即自己认为在同伴中被接纳的状态;后者可以了解客观反馈出的学生被同伴接纳的程度,即真实情况下学生被同伴接纳的情况,两者可能相同,也可能不同。本案例中讨论的同伴接纳是自己和同伴反馈的接纳程度相同的情况。当然,现实中也会存在不同的情况,同样需要引起教育者的足够关注,本章节暂不探讨。

2. 同伴接纳的类型

同伴接纳的种类分为四类:受欢迎型、被排斥型、被忽视型和一般型。[②] 不同类型的学生在群体中被同伴接纳的表现各不相同,表 4-15 展示了学生在同伴接纳情况、群体占比、生理表现、心理特点、社会交往行为特点以及学业成绩等方面的不同表现。[③]

表 4-15　同伴接纳的类型

类型	受欢迎型	被排斥型	被忽视型	一般型
同伴接纳情况	地位较高,容易被接纳	地位较低,不容易被接纳,本人容易过高估计自己的社交地位,缺乏正确的评价	既不被喜欢,也不被讨厌,容易被忽视和冷落	有的喜欢,有的不喜欢,处于中间位置

---

① Parker J, Asher S. Friendship and friendship quality in middle childhood: Links with peer group acceptance and feelings of loneliness and social dissatisfaction [J]. Developmental Psychology, 1993,29(04):611-621.

② 穆岩,苏彦捷.10～12岁儿童的同伴接纳类型与社交策略[J].心理发展与教育,2005(02):24—29.

③ 庞丽娟.幼儿不同交往类型的心理特征的比较研究[J].心理学报,1993(03):306—313.

类型	受欢迎型	被排斥型	被忽视型	一般型
群体占比	13%	14%	19%	54%
生理方面	长相较好、干净整洁	体格较壮,力气大,笨拙	体质较弱,力气小	长相、体质、力气一般
心理方面	性格外向、活泼开朗、情绪平稳	性格外向,多数脾气急躁易冲动,攻击性较强	性格内向,胆小、腼腆害羞,不爱说话	性格、能力中等
社会交往行为特点	善于与人交往、积极主动、热情友好、愿意合作与分享,在同伴中有较强的影响力	不善交往,部分虽表现活跃、主动,但却容易采用不友好的交往方式,甚至故意惹是生非求得关注,不懂合作与分享,给别人造成麻烦,容易自暴自弃	喜欢独来独往,被动、孤僻、逃避、退缩或畏惧,较少表现友好、合作,也较少有不友好、侵犯性行为,缺乏亲密的朋友,处在同伴群体的边缘	既不主动、友好,也不被动、不友好,不扰乱纪律,行为表现没有特点,当被邀请时,也愿意参加
学业成绩	部分较高	不好	说不准	一般

从表 4-15 中可以看到,不同同伴接纳类型的学生有不同的表现。作为教师,可以通过在日常生活中的关注,识别学生属于哪种类型的同伴接纳情况,以便更全面地了解学生的社会交往状况,并在必要时采取针对性的帮扶措施,促进学生的健康发展。如一般型同伴接纳的学生占到总人数的一半还多,识别这部分学生,能够改善多数学生的同伴接纳情况。

3. 同伴接纳的意义

同伴接纳程度好的中学生更愿意帮助他人、与人合作,更懂得谦让和分享。他们能够在同伴交往中习得各种社会行为规范和交往技巧,在同伴的认可和接纳中产生同伴之间的情感共鸣,产生积极情绪、良好的心境,能够提高自尊心和自信心,增加生活满意度,建立良好的人际关系,在团体中感受到归属感、安全感和信任感,减少焦虑、孤独感和受欺负行为;如果学生不能被同伴接纳,可能会导致其归属感、自尊感、控制感、存在感的降低,进而导致消极社交行为的增加。案例中的小廉感觉不被同伴接纳,也感受不到班级的归属感,因此产生了消极的情绪体验,影响了自己的社交行为及班级融入。

(二) 融入集体——班级凝聚力的概念

1. 什么是班级凝聚力?

班级是学生成长非常重要的环境,而班级凝聚力可以反映班级成员之间紧密和团结的程度。如果说同伴接纳是了解学生个体社交行为的途径和方式,那么班级凝聚力则是了解团体社交行为,也是培养更多学生具备良好同伴接纳的高效途径和方式。

2. 高凝聚力班级的特点

每个老师和学生都喜欢在高凝聚力的班级上课,怎样的班级才是高凝聚力的班级呢?老师可以尝试从以下几个特征来辨别:首先,从整体氛围来看,团体氛围好,人际关系和谐,班级同学之间信息交流频繁、彼此认同;其次,从个体对班级的心理感受来看,班级同学对团体有较强的归属感、认同感、满意感、荣誉感、责任感、义务感及自豪感,关心班级,维护班级的利益,愿意积极参加团体活动,为团体的荣誉增光添彩;最后,从团体目标和规范来看,班级有共同的约定和奋斗目标,同时班级目标与个人目标尽可能一致,同学们愿意为了共同的目标努力。[①] 如果一个班级能够满足如上条件,那这个班级大概率凝聚力较高。

3. 班级凝聚力对中学生社会交往行为的意义

高凝聚力的班级能为学生提供一个安全、稳定和支持的环境,学生的归属感能够得到充分的满足,学生之间能够建立稳定、合作、友好的关系,大部分学生的同伴接纳程度及社会交往质量更高;同时,高凝聚力的班级能够建立积极的学习和社会交往氛围,激发学生成长的兴趣和主动性。具有凝聚力的班级不仅成就个人,也成就班级整体,团体的动力能够带动班级更多学生个体成长。案例中小廉所在班级的凝聚力并不是很强,当事情发生时,同伴的态度及营造的氛围影响到小廉顺利地回归班级。

(三) 不被接纳——校园欺凌的概念

社交不良行为是人与人在社会交往中产生的不良行为,校园中常见的社交不良行为有无礼行为、自我中心行为、社交退缩行为、校园欺凌等。其中,校园欺凌近些年来

---

① 田虎. 班级管理[M]. 南京:南京大学出版社,2019:12.

受到的关注更多,它容易对中学生的身心健康产生较为长期的负面影响,本书将重点讨论校园欺凌。

1. 什么是校园欺凌?

校园欺凌也叫校园霸凌,是在校学生之间发生的强势一方对弱势一方进行侮辱性身心攻击,并通过重复实施或传播,使被欺凌的学生遭受身心痛苦的事件。[①] 它一般包括五个要素:在校学生、以强凌弱、身心攻击、重复实施、遭受痛苦。满足以上五个要素的事件,基本可以界定为校园欺凌。从主要参与者的角度可以分为欺凌者、被欺凌者和旁观者。一般而言,被欺凌对象是固定的,比较隐蔽且难以被发现。

校园欺凌容易和一般学生冲突、校园暴力相混淆。从五要素来讲,一般学生冲突不符合以强凌弱、重复实施和遭受痛苦三要素。学生之间是平等的,而不是有强有弱,而且大部分的冲突是一次性的对立、对抗,如玩笑、打闹或推搡等,一般经事后反思、调解可相互理解整个事件,不大会给学生带来心理创伤或痛苦。校园暴力是给学校师生的生命或财产造成伤害、损毁或严重威胁的事件,是以直接伤害他人的身体或损毁对方财物为目的的攻击事件,包括学生之间、师生之间的身体攻击事件、毁坏物品事件,校外人员冲击校园、殴打教师或毁坏学校设施设备等暴力事件。校园暴力不符合重复实施这一要素,施暴对象不一定固定,可能会有校外人员的加入,多是突发的,目的大多数是带来身体的直接伤害,比较容易识别。[②]

2. 校园欺凌的类型

校园欺凌有六种类型:肢体欺凌、言语欺凌、社交欺凌、网络欺凌、财务欺凌及性欺凌。[③] 具体特点见表4-16。

表4-16 校园欺凌的类型和特点

类型	特点
肢体欺凌	欺凌者主要利用身体动作直接攻击他人,包括殴打、推挤、吐口水等,是最容易辨识的一种欺凌类型。

---

① 教育部基础教育司. 防治中小学生欺凌和暴力[M]. 北京. 教育科学出版社,2018:7.

② 国务院教育督导委员会办公室关于开展校园欺凌专项治理[EB/OL]. http://www. moe. gov. cn/srcsite/A11/moe_1789/201605/t20160509_242576. html,2016-05-09.

③ Burt R S, Kilduff M, Tasselli S. Social Network Analysis: Foundations and Frontiers on Advantage [J]. Annual Review of Psychology, 2013,64(01):527-547.

类型	特 点
言语欺凌	主要通过口头言语直接攻击被欺凌者,如取侮辱性绰号、辱骂、讥讽、嘲弄或恐吓等,这类欺凌不易被发现。
社交欺凌	经常发生在关系密切的学生之间,欺凌者会通过与其他人共同排挤、孤立被欺凌者,使被欺凌者被排挤在团体之外,这种类型的欺凌往往还伴随着言语欺凌,比如散布谣言、说坏话等。
网络欺凌	主要通过 QQ、微信等多元网络媒介散布伤害被欺凌者的言论、图片或视频等,使被欺凌者再次、重复地在更大范围内被围观,从而对其造成更深的精神痛苦。
财务欺凌	欺凌者通过损毁被欺凌者的文具、衣服等物品,或者通过向被欺凌者索要钱财达到欺辱对方以获得优越感。
性欺凌	以性或身体特殊部位为取笑、嘲弄的对象,拍摄、散播、描写令被欺凌者不舒服的与性相关的图片、影像及文字等,或强迫摩擦、攻击被欺凌者身体的特殊部位等行为。

3. 校园欺凌产生的原因

校园欺凌产生的原因较多,可以从个人、家庭、学校及社会角度分析。

表 4-17 校园欺凌产生的原因

方面	原 因
个人	从欺凌者的角度,处于青春期的中学生可能具备敏感而冲动、情绪不易受控制、心理不成熟、内心自卑、交往技巧欠缺、缺乏共情能力等特点,更容易攻击他人;从受欺凌者的角度,如果个体性格孤僻、缺乏自信、生理缺陷、缺乏自我保护意识等,则容易被欺凌;从旁观者的角度,由于认为总有其他人会想办法而产生的责任分散、内心恐惧、担心参与处理不好反被牵连、担心干预被同伴排斥或者缺少智慧的方法及支持等,都可能选择不介入,使得欺凌发生。同时,从被欺凌者和旁观者的角度,当人类处于警戒状态时,会本能地启动"冻结反应"而不知所措,这是大脑为保存生命能量的群体进化设计的。当欺凌发生时,被欺凌者的"冻结反应"可能会被理解为懦弱不反抗,旁观者的"冻结反应"可能被理解为无动于衷,从而使得欺凌继续发生。
家庭	从欺凌者的角度,缺少父母的陪伴、亲子沟通不顺畅、教养方式为溺爱型、父母不能控制好自己的情绪和行为、父母粗暴管理等都可能会导致孩子产生欺凌他人的想法或行为;从被欺凌者的角度,家庭的支持和理解不足以给予孩子自信,导致孩子没有足够的资源应对压力,也可能在日常教育中不太关注孩子的成长,没有引导孩子学

方面	原　　因
	会如何抵制欺凌的方法等都可能让孩子无力应付欺凌；从旁观者的角度，家庭没有教育孩子如何处理冲突和不公正现象、没有培养孩子干预的意识和能力、没有引导正义和有担当的价值观等，也可能是孩子旁观的原因。
学校	不和谐的校园氛围、规范欠佳的学校管理及不健全的制度机制建设、法治教育和心理健康教育的匮乏、教师没有公平公正地对待和评价学生、教师没有对实施欺凌的学生进行惩罚、班级缺乏凝聚力等，都是学校方面发生校园欺凌的原因。
社会	有关欺凌的法律制度不够完善、惩治力度不够、网络暴力价值观的渗透、网络欺凌方式的增加等都是可能增加欺凌发生的影响因素。

在分析如上原因时，避免将责任归咎于单一方或单一维度，而是要理解每个人的行为都是多种因素交织影响的结果。通过全面的视角，老师可以更好地理解校园欺凌的复杂性，并依据后续更有针对性的有效措施来预防和应对校园欺凌。

二、如何评估社会交往行为？

（一）如何评估同伴接纳？

同伴接纳有多种测量方式，包括问卷法、访谈法和观察法。老师可以结合学生实际，采取任何一种方式了解班级学生在同伴中被接纳的情况。

1. 问卷法

（1）同伴接纳量表。了解学生主观上自我感受到的同伴接纳，通过学生本人勾选符合自己实际情况的答案来完成自我评估问卷，了解学生在与他人交往过程中的感受。参考使用邹泓修订的同伴关系量表中的同伴接纳分量表[①]，该量表共有 5 个项目（1、3、4、7、11），采用四点计分法，均为正向计分。分数越高，表明自我感受到的被同伴接纳的程度越高，部分题目如下。

---

① 邹泓.同伴关系的发展功能及影响因素[J].心理发展与教育，1998(02)：39—44.

表 4 - 18   同伴接纳量表(样题)

序号	题目	完全不符合	不太符合	比较符合	完全符合
1	在学校我容易交上朋友	1	2	3	4
3	在班上我喜欢和同学一起做事	1	2	3	4
4	在班上我有很多朋友	1	2	3	4
7	我总爱和同学们在一起	1	2	3	4
11	在班上我和同学相处得很好	1	2	3	4

(2)同伴提名法。了解客观上所在群体对学生的同伴接纳情况,这也是经常被用到的测量同伴接纳较好的方法。测验以班级提名为单位,每位学生都会有一份班级全体同学的名册,请同学们分别选出三到五位班上他/她愿意以及不愿意一起玩的学生的名字。这是同伴关系真实状况的反映,愿意玩就代表接纳,用正提名表示,不愿意玩就代表拒斥,用负提名表示。结果是将正提名和负提名的次数经过标准化处理,二者的差就是同伴接纳的程度。分数越高,说明同伴接纳程度越高。[1]

问卷如下:

同学们,请你在班级中挑选出三位你喜欢和他/她一起玩的同学,请依次把他们的名字写在下面的横线上,这三位同学既可以是你的好朋友,也可以不是你的好朋友。

喜欢:_____、_____、_____

在班级中挑选出三位你不喜欢和他/她一起玩的同学,请依次把他们的名字写在下面的横线上。

不喜欢:_____、_____、_____

(3)同伴评定法。同伴评定法和同伴提名法有相似之处,同样给到每位同学一份班级全体学生的名册,然后该同学用数字(如 1—5 代表从最不喜欢到最喜欢)表示他对班级其他同学的喜爱水平。数字越大,代表喜爱的水平越高。将每个接受测试的学生得到的评定分数之和的平均数转换为标准分数,就是这个学生的同伴接纳水平。同伴评定法和同伴提名法的区别在于,同伴提名法只对部分学生进行提名,如三到五个,对于未被提名的学生,就不能了解到其同伴接纳情况;而同伴评定法则是对全班的每

---

① 庞丽娟.同伴提名法与幼儿同伴交往研究[J].心理发展与教育,1994(01):18—21.

个学生进行评定,这种方法可以了解到全体学生的同伴接纳情况。

2. 访谈法

老师可以更加开放地依据访谈提纲了解学生的同伴接纳程度和具体情况,如在同学交往中,是更加关注外在还是内在,以及具体关注哪些点,从而了解同伴接纳情况及原因。通过访谈,教师可以帮助学生更好地梳理和反思,为后续提升和干预做准备。如某个学生注重内在的兴趣爱好,那么其对有相似兴趣的同学就可能会有更好的接纳,也更容易相处;有相同道德品质的学生,如都愿意帮助他人,他们也容易因彼此理解而接纳。当然,互补也会产生同伴接纳,如性格外向的同学欣赏内向同学的认真、谨慎,内向同学欣赏外向同学的勇敢、善于交际。学生关注的还可能有家庭背景、生活习惯、学业成绩、特长、品行等。通过访谈,老师可以对学生有更深入的了解,在后续帮扶上会更有想法。以下几个访谈问题可供老师了解学生。

(1) 在交朋友的过程中,你最为看重朋友的哪些特点? 你不喜欢交往的人有哪些特点?

(2) 你认为自己在同伴中相处得怎么样? 可以从数量多少、同伴融入情况、自我感觉是否被同伴喜欢等方面描述。

根据对学生的访谈,老师可以提取关键信息,再结合日常对学生的观察,了解学生的同伴接纳程度。

3. 观察法

老师可以结合前述四种同伴接纳类型的特点,或者问卷法、访谈法中学生的实际及自身经验,观察学生属于哪一类。日常教育教学过程中,教师可以通过课堂、活动观察学生的社会交往情况,如哪些学生是独自一人、哪些学生是经常一起的。也可以通过家访了解学生在家长眼中的同伴接纳情况,如询问家长:"孩子在家是否会和您聊他的班级同学,如果有,都有哪些同学呢?""孩子有没有除学习以外的其他兴趣爱好?"教师还可以通过下课后同学们的互动,如上厕所、打水、聊天或相互讲题等了解学生在同伴中的社交及接纳情况。

(二) 如何评估班级凝聚力?

班级凝聚力的建设是从整体上培养学生良好社会交往行为的高效途径。从哪些指标可以了解到班级凝聚力的高低呢? 我们可以尝试用问卷法和观察法进行评估。

1. 问卷法

通过对班级学生进行凝聚力的直观感受及凝聚力特点的相关调查,如通过了解是否具有共同的目标、是否认同班级规范、成员之间的关系是否和谐与融洽、能否参与民主管理及感受等了解班级的凝聚力情况。

表4-19　班级凝聚力问卷法(样题)

部分题目	选项	说明
你所在的班级凝聚力如何?	A. 非常强;B. 强;C. 一般;D. 弱	选项直接反映班级凝聚力,主观越强,凝聚力可能越好
你知道班级凝聚力包括哪些内容吗?	A. 具有共同的目标;B. 班级干部队伍;C. 有特色的活动;D. 集体团结向上;E. 以上都包括	A—D 每个选项都涵盖了班级凝聚力的内容
你知道高凝聚力班级具有什么样的特点吗?	A. 能保持班级目标的一致,班级成员行为统一;B. 能遵守班级纪律,能产生情感共鸣;C. 成员间容易产生心理契合,在融洽的气氛中能相互支持;D. 以上都包括	A—C 每个选项都涵盖了班级凝聚力的特点
你认为班级现有的制度执行是否起到了作用?	A. 能起到作用;B. 作用一般;C. 没有起到作用	A选项表明规范的执行能够帮助凝聚力班级的建设
本班学生参与班级管理的方式是什么?	A. 班主任的保姆式管理方式;B. 警察式的管理方式;C. 以班主任为主导的学生自主管理方式;D. 学生民主参与班级管理方式	C学生自主管理、D学生民主参与的班级管理方式更能形成凝聚力强的班级

2. 观察法

通过了解班级、班主任、班干部及学生个体等层面定性地了解班级凝聚力。

表4-20　观察法的评价对象及角度

评价对象	观察途径	观察角度	高凝聚力班级	低凝聚力班级
班级		班级氛围	融洽、凝聚、活跃、愉悦、快乐、温暖、团结	沉闷、懒散、糟糕、压抑、不温暖
		学习环境	有序、浓厚的学习氛围、班风正、学风浓、良性竞争	吵闹、气氛不浓、风气不正、两级分化、不良竞争

评价对象	观察途径	观察角度	高凝聚力班级	低凝聚力班级
	通过课堂及日常观察了解班级氛围、环境、文化、关系及参与活动情况、学业成绩等了解	班级文化对学生的影响力	文化对班级成员的行为具有影响力	文化对班级成员没有影响力
		同学关系	亲切、友善、热情、互帮互助	复杂、嫉妒、表里不一、自私
		师生关系	学生觉得老师可亲、可敬，老师愿意真诚地了解和帮助学生	不和谐、不融洽
		班集体荣誉及市区校级评优活动所占比率	如市区级优秀班集体、优秀团支部、优秀学生干部、十佳中学生及提名、美德之星、运动会比赛、眼操比赛及各类学科竞赛成绩等，尤其是团体获奖情况，获奖越多，凝聚力越高	获奖越少，凝聚力可能会越薄弱
		学习及各项活动的到课率、出勤率	较高	较低
		班级的学业成绩及优秀率、及格率	较高	较低
班主任	班级管理能力	实际育班能力	用民主、平等的方式商量班级管理制度，引导学生融入班集体，以班级荣誉为傲	独断专行、放养式管理，注重学生个体成长，没有建立班级荣誉感
		荣誉及获奖	各类荣誉及获奖多	各类荣誉及获奖少
班干部	班干部组织及管理能力	遴选及制度	民主推选、规范做事、进出激励机制等	非民主推选、制度不规范、不受监督
		威信	榜样示范，以身作则	没有服务和管理意识，学生群体不服
		积极性	主动作为、积极为班级作贡献	被动作为，被动等待安排任务
		班级学生干部在学校层面所占的比例	人数越多，班级凝聚力会越高	人数越少，班级凝聚力可能越低

评价对象	观察途径	观察角度	高凝聚力班级	低凝聚力班级
学生	个体的品德、参与活动的态度、违纪统计及人格	高尚的品德	绝大部分学生具备	少部分学生具备
		自主组织或积极参与各项活动的态度	积极和主动,愿意并有能力为班级贡献自己力量	不愿意参与各项活动
		违纪人数、次数	违纪人数或次数越少,说明学生心中有班级,凝聚力会越高	违纪学生多,可能对班级荣誉不在乎,凝聚力低
		健全的人格	正确的价值观,坚韧,有毅力,自信,自律,有清晰的自我认知,能够控制自己的行为和情绪,有高度的责任感,对自己的行为负责,具备良好的社交能力,懂得与人建立良好的关系,以正确的方法和心态面对困境,具备持续学习和成长的意愿,愿意接受新的观念和经验.	偏离主流价值观,自卑、对自我认识不全面、不能控制自己的情绪和行为,不敢为自己的行为承担责任,不具备良好的社交能力,无法与他人建立良好的社会交往,不能以积极的心态面对困境,故步自封,不愿意改变

(三) 怎么评估校园欺凌?

可以通过问卷法、观察法对学生的校园欺凌进行评估。

1. 问卷法

通过欺凌行为问卷和被欺凌行为问卷了解学生是否受到欺凌。[①] 其中欺凌行为问卷包含四个维度,分别为关系欺凌、语言欺凌、身体欺凌和网络欺凌,每个维度 3 道题,共 12 道题;被欺凌问卷同样包含四个维度,分别是关系被欺凌 5 道题,语言被欺凌 3 道题,身体被欺凌 3 道题,网络被欺凌 4 道题,共 15 道题。问卷采用 4 点评分,1 表示从来没有,2 表示一周一次,3 表示一周数次,4 表示总是。分数越高,欺凌和被欺凌

---

① 纪艳婷.中学生校园欺凌及其与家庭教养方式、自尊的关系研究[D].哈尔滨:哈尔滨师范大学,2018:22—34.

程度越大。

表 4-21　校园欺凌问卷(欺凌版)(样题)

	自上中学以来,你有过如下情况吗?	从来没有	一周一次	一周数次	总是
1	当众说同学的坏话				
2	嘲笑或讽刺其他同学的体型、长相、口音等				
3	给其他同学起侮辱性的绰号				
4	破坏同学的书或者其他私人物品				
5	对他人进行拳打脚踢或者拉扯头发等肢体行为				

表 4-22　校园欺凌问卷(受欺凌版)(样题)

	自上中学以来,你遇到过如下情况吗?	从来没有	一周一次	一周数次	总是
1	同学当众说我的坏话				
2	同学给我起侮辱性的绰号				
3	同学用脏话骂我				
4	同学故意推挤或将我绊倒				
5	自己的书或其他私人物品被同学破坏				

2. 观察法

由于受欺凌学生更容易被发现,因此观察法主要讲述他们的表现,通过观察学生在学校生活中的行为,从生理、心理、行为、个人物品以及同伴关系等方面判断其是否遭受了欺凌。

表 4-23　受欺凌者的表现

表现	变　化
生理	关注学生的外显行为或身体上是否有被欺凌过的痕迹(如身上出现淤青、伤口、红肿等非日常磕碰导致的伤口);学生毫无征兆地以生病或身体不舒服为由请假不到学校;家长反馈学生最近出现失眠、食欲下降或噩梦惊醒等情况

表现	变　化
行为	学生过早或过晚到校,往返学校与家的路程比日常明显延长,故意逃避前往某些场所(如不愿意去操场、厕所等)
心理变化	学生学习成绩突然下降较快,突然对学习不感兴趣,少言寡语,面无表情或表情痛苦,出现焦虑、抑郁等消极情绪,甚至有自伤或自杀等极端行为
物品变化	学生使用的物品(如学习资料、文具、衣服或桌椅等)被恶意破坏或挪动位置,家长反馈学生零用钱明显增多等,当询问学生缘由时,学生表现出眼神躲闪、说话含糊不清或故意避而不谈
同伴关系变化	学生经常一个人行动,或不与他人交流,或被长期孤立

三、如何提高学生的社会交往能力?

(一) 怎么帮助学生提高同伴接纳?

引导学生养成良好的社交能力,从个体角度提高其同伴接纳程度,促进学生形成健全的人格,成为德智体美劳全面发展的社会主义建设者和接班人,可以从以下几个方面进行干预。

1. 学校方面

(1)提升学校关注意识,重视学生社会交往行为

学校不仅仅是学习知识的场域,更是学习做人的地方。从管理层面来说,学校管理者要从整体规划和设计上重视国家对全方位人才的培养需求,从教育教学的各个维度营造全校师生关注社会交往的意识,形成理解、接纳、彼此尊重的校园和班级氛围。

(2)提升教师专业能力,搭建能力提升平台

学校要定期对教师进行系列的系统培训,提升教师专业能力,提高教师的重视程度和解决问题能力。学校可多方面、多层次、多角度地为学生搭建能力提升平台,如开设专门课程、组织专门社团和活动等,为学生营造社交学习与体验的场域,让学生在真实情境中提升。学校也可以丰富心理健康教育工作,通过咨询、讲座、心理课、活动等

改善同伴接纳水平,必要时寻求专业老师的帮助,疏导情绪,找到适合的方法。

(3) 关注学生实际状况,发挥学生优势潜能

作为学校老师,可以对学生的同伴接纳情况进行调查,及时发现学生的社会交往状况,以便有针对性地、高效地依据需求重点改善;可以通过营造良好的班级氛围促进学生之间进行社会交往,提供更强的安全感;还可以通过多种方式引导学生发现自身的特长和优势,注重发挥每个人的优势潜能,从多角度看到学生的独特性,提升学生的自信心和自尊心;同时引导学生学会欣赏他人的优势特长,在相互欣赏中提升同伴接纳;做好家校沟通,及时让家长了解孩子的社交行为,借助家长的力量共同培养孩子的社会交往技能。

2. 家长方面

(1) 营造良好家庭氛围,引起家长重视关注

教师可以引导家长提高对孩子社会交往的重视和关注。多数家长更加关注孩子的学业,而对于孩子的社会交往行为却关注不多,甚至要求很低。因此,教师可以与家长定期沟通孩子在校的同伴接纳情况,引起家长足够的重视。同时,教师还可以引导家庭营造和谐的人际氛围。生活在幸福家庭的孩子更容易拥有爱的能力,情绪更加平和有活力,积极自信传播正能量,也容易与其他同伴交往;而在氛围复杂的家庭环境中,家长情绪不够稳定或家庭结构不完整,都容易让孩子情绪波动,进而在内心积攒各类负面情绪,容易与同学产生冲突,影响同伴接纳。

(2) 充分理解孩子需求,及早教育及时指导

教师可以引导家长积极与孩子沟通交流,了解孩子在交往过程中遇到的问题及挑战,理解孩子内在的需求和想法,与孩子共同思考解决问题的办法并不断尝试验证怎样的交往更有助于自身的发展,最终让孩子在实践和体验中感受到不同的社会交往。当然,教师也要引导家长平和地面对社交棘手问题,针对性地对孩子的社会交往技能进行专门的培养和训练,引导孩子学会换位思考,宽容他人。

(3) 家长适时适当监督,遇事不急榜样示范

家长是孩子心中的榜样,一言一行都会给孩子带来直接的影响。教师通过引导家长以身作则,从自身做起帮助孩子重视并提升自己的社会交往技能和行为,如尊重别人、遇事不急不躁冷静处理等,都会为孩子树立社交的学习榜样。如果可以,家长还可以与孩子分享自己在遇到社会交往问题时的处理方法,和孩子一起分析利弊,帮助孩子从旁观者的角度分析事件,提升解决问题的能力。

3. 学生方面

（1）提升社会交往意识，专门提升专业技能

教师在引导中学生进行同伴接纳时，首先要让学生意识到人际交往对于自身发展的重要意义，如果同伴接纳得不好，且得不到及时的调整，长期下来对自身的成长不利。因此即使中学生面临的学业压力较大，依然不能忽视对于社会交往技能的培养，必要时引导学生学会主动学习、主动求助。还可以引导学生学习专门的课程，学会倾听他人、巧妙地应对冲突、礼貌地拒绝等。

（2）全面充实认识自我，发现优势接纳不足

大部分社会交往不良的中学生内心不够自信，对于自己没有充分的自我认知，只看到了自己的不足之处，对于自己的优势了解得不够全面。因此，教师要引导学生全面地看待自己，看到自己的独特优势，相信成长中的自己会有更多的能力可以不断提升；还要接纳自己已有的不足，认识到人无完人，每个人都有自己不满意和可以提升的点，可以了解自己不被接纳的原因，虚心请教他人，观察受欢迎群体的特点，并努力往这个方向提升。

（二）怎样提升班级凝聚力?

班级凝聚力是班级存在和发展的重要条件，也是增强班级功能，实现班级目标的重要条件，是高效培养学生良好社交行为的途径。作为教育者，可以尝试从以下几个方面增强班级凝聚力。[1]

1. 学校方面

（1）营造良好校风，建设和谐班风

良好的校风是班级凝聚力形成的重要外在环境，营造以人为本、尊重差异、积极向上的校风，能够使每一位师生在充满尊重、信任的环境中成长，有利于调动人的积极性、主动性和创造性。

（2）建立公开、公平的评价机制，激励强化班级成长方向

学校要形成公开、公平的评价机制，在民主、开放、平等、合作的班级管理制度的指引下，通过评价带动更多班级形成凝聚力强的班集体。学校可以制定明确的增加班集

---

[1] 李会英.提升班级凝聚力的实践策略探究[J].中小学班主任,2022(07):33—35.

体凝聚力的指标体系,引领班级向着高凝聚力的方向发展。

（3）开展教师专门培训,共享实践经验

对学校教师,尤其是班主任老师进行专门培训,帮助他们了解如何组建凝聚力强的班集体,从理论和实践方面对教师进行相关培训,也可以邀请凝聚力高的班级的班主任老师进行经验分享,带动更多班级学习和借鉴。

2. 教师方面

（1）科学民主管理,尊重平和待人

教师的领导方式,直接影响着班级凝聚力的形成。一般来说,学生更喜欢民主、平易近人的老师,反感专制、独裁的老师。因此,如果想要组建凝聚力高的班级,就要营造尊重、理解、信任、倾听的氛围,和学生平等相处,将学生看作一个独立的个体,在班级管理过程中多征求学生的意见和想法,培养学生主动参与班级的意识。在组建班干部队伍时,可以通过科学、民主的方式选择威信和组织能力强的班干部队伍,做好学生与班级的桥梁作用,更能助益班级团队的形成。

（2）完善班级规范,提升教师素养

无规矩不成方圆,凝聚力高的班级也需要有较为完善的制度和规范。教师应组织学生制定适合班级发展的规范,以便让班级有规可依、有章可循。[1] 制定规则时,要全面、具体、切实,可操作性强。同时,教师也要不断提升自己的组织管理和学科专业能力,有良好的道德素养、渊博的知识及良好的人格魅力等,让学生心服口服。

（3）制定班级目标,丰富班级活动

凝聚力高的班级会有共同的班级目标,全体成员愿意朝着共同确定的目标努力追求。如果班级成员的个人目标与整体目标一致,则具有更强的班级动力。通过组织符合中学生特点的、丰富的、有针对性的活动,吸引更多学生参与到活动中,充分发挥学生的优势和潜能,增进同伴之间、师生之间的沟通交流,形成团结友爱、协作、互助的氛围,班级凝聚力自然就增强了。

（三）怎么减少校园欺凌?

"雪崩时没有一片雪花是无辜的!"在校园欺凌背景下,每个人都应对阻止和减少

---

[1] 李慧. 初中班级凝聚力的现状调查与提升策略研究[D]. 黄石:湖北师范大学,2023:40—44.

欺凌行为承担一定的责任。面对校园欺凌,可以从以下几个方面进行干预。

1. 学校方面

(1) 完善制度规范,严格校风校纪

学校要制定较为完善的校园欺凌相关制度和规范,如防治学生欺凌和暴力的教育制度、早期发现机制、应急处置机制、善后辅导制度等,做好学习宣传和普及,将欺凌扼杀在萌芽状态,形成不敢欺凌、不愿欺凌的氛围,积极营造和谐、包容、安全的校园环境,同学之间相互合作、相互支持,同伴相处融洽。当遇到欺凌事件,人人负有上报的责任,并能够第一时间按照机制响应,确保事件影响最小化。在善后工作中,学校也要依规严格处理,确保让所有学生认识到欺凌是一件非常不好的行为,甚至需要承担相应的法律责任。学生意识到欺凌的危害后,会对欺凌者进行必要的惩罚,也会减少欺凌的再次发生。

(2) 提升教师素养,掌握处理欺凌技能

学校要紧跟时代育人要求,不仅仅将关注点聚焦在提升学生学业成绩及升学率上,更要从培育全人的角度,注重对学生健全人格的培养。良好的师德师风,阳光、正面的教师形象是无欺凌校园的形象,教师应率先垂范,以高尚的人格感染学生,以整洁的仪表影响学生,以和蔼的态度对待学生,以渊博的学识引导学生,以博大的胸怀爱护学生,让学生以教师为榜样。学校要定期对教师进行系统的培训,熟悉防治欺凌的相关政策、法规,了解欺凌的性质、特点、类型和危害,掌握处理欺凌事件的基本技能和方法,早期发现,做好监督。当确定欺凌事件发生后,要立刻介入积极制止,或向有关部门准确报告。处理部门要对欺凌学生进行批评教育和正面的积极引导,将事件的始末告知学生家长。同时安抚受欺凌学生,妥善做好后续的处理工作。

(3) 建立提升课程,注重能力培养

学校要建立系统的社交行为提升的课程,帮助学生学会处理人际交往中的各类问题,避免欺凌事件的发生。建设正确理解同学之间差异的课程,如身高、体重、言行举止、学业表现等;引导学生学会理解和共情他人,每个人来自不同的家庭,有不同的特质,要学会尊重不同人之间的差异;学会与不同的人进行相处和沟通,并且通过创造包容的班级环境,来有效制止欺凌行为的发生。还要建设学习情绪处理的课程,帮助处于青春期的中学生处理较大的情绪波动,例如如果无法控制愤怒情绪,就容易对他人做出伤害事件,导致欺凌事件的发生。此外,教师可以引导学生正确表达对同学的做法的不同意见或者不满情绪,也可以引导学生思考发怒可能带来的后果,还可以邀请学校心理老师帮助学生纾解情绪,或者通过家长的力量对学生的情绪进行管理,家校合作共同营造和谐的氛围。

(4) 提升家长素养,积极家校合作

家庭教育是学校教育的基础,学校教育是家庭教育的补充。在防治校园欺凌的工作上,家校要形成合力。学校可以让班主任、心理教师及导师对学生进行家访,有针对性地向家长宣传预防欺凌的方法,形成"反学生欺凌"的共识。学校要畅通家校间的沟通机制,有利于教师和家长对孩子的校内表现、在家状况有更清晰全面的了解,形成良性、动态的沟通循环。学校还可以通过家委会,组织家长积极参加相关的培训活动,提升家长群体对学生欺凌问题的认识。

2. 家庭方面

(1) 营造良好家风,及时发现苗头

家长要有正确的育人观念,在家庭中营造和谐、尊重、民主、宽容的氛围,家庭成员情绪稳定,遇事和平处理,不骄纵、不溺爱,也不让孩子受委屈、不敢言。引导孩子树立集体观念,愿意承担自身的责任,敢于表达自己的观点,有事愿意和家长沟通,将欺凌扼杀在摇篮之中。

(2) 家长以身作则,言传身教示范

家长要改变自己的教育方式,对孩子不得辱骂、殴打,以防引发孩子的负面情绪,或者孩子通过模仿习得家长的不良行为。要以身作则做一名合格的家长,不欺凌他人,也不在受到欺凌时不敢表达,通过自身行为用科学、合理的方法引导孩子遇到事情时学会处理,言传身教为孩子树立典范。

(3) 关心关爱孩子,注重交友指导

教师要指导家长关心关爱孩子,注意留心观察孩子的身心变化,注意孩子结交的朋友和玩的游戏等,引导孩子学会选择交往对象,做好自我保护,学会关爱他人。同时鼓励孩子与同伴进行良好的交流和沟通,遇到社交问题能够正确地指导孩子社会交往技巧,引导孩子知晓什么是欺凌、被欺凌,学会处理交往中的问题,不包办代替,学会识别并在紧急情况下自我保护。引导孩子学会共情他人,换位思考他人的情绪和感受;引导孩子从多元角度评价自我,认识与众不同的自己,发现自己的闪光点,激发对自我的信心,同时引导孩子发现他人的优点。

3. 学生方面

对于个人而言,自我教育是防治校园欺凌的根本。从欺凌者的角度,学生要意识到欺凌他人带给自己的不良后果及给受欺凌者带来的身心伤害,从意识上重视;处于青春期的中学生,可能会因为生理、心理和社会方面的成长觉得现实中的自己与期望中的自己存在落差,出现情绪低落,因此,要学会及时疏导情绪,避免负面情绪的积压导致情绪崩溃甚至产生欺凌现象。从受欺凌者的角度,所有学生都应该有自我保护的意识,必要时学会正当防卫;要学会接纳自我,勇敢表达自己的想法,在遇到困难时能及时寻求家长或老师的支持,避免欺凌的发生。从旁观者的角度,不应袖手旁观,而应在保护自我的前提下采取行动,如向老师及成人及时报告欺凌事件,发挥旁观者人多的力量来阻止欺凌恶化等。

参考文献

1. 李幼穗.儿童社会性发展及其培养[M].上海:华东师范大学出版社,2004.

2. 劳伦斯·斯坦伯格.与青春期和解:理解青少年思想行为的心理学指南[M]孙闰松,译.北京:人民邮电出版社,2019.

3. 卡罗琳·马奎尔,特蕾莎·巴克.聪明却孤单的孩子[M].张海龙,郭霞,译.北京:机械工业出版社,2021.

4. 邹泓.同伴关系的发展功能及影响因素[J].心理发展与教育,1998(02):39-44.

5. 李慧.初中班级凝聚力的现状调查与提升策略研究——以 H 中为例[D].黄石:湖北师范大学,2023.

第五章

|

中学生情绪的评估与干预

■ **案例 5-1**

升旗仪式上讲话紧张的小冉

"门内有君子，门外君子至……"站在主席台上的小冉，声音微微发颤。

第一次站在全体师生前面的小冉非常紧张，她右手紧紧地攥着话筒，心怦怦怦直跳，双腿开始不自主地抖。她努力地控制声音，希望有一个让大家满意的表现。"没问题，我能行！"小冉给自己鼓劲儿。慢慢地，小冉的声音和节奏逐渐平稳下来。"视思明，听思聪，色思温，貌思恭，言思忠，事思敬，疑思问，忿思难，见得思义。"小冉的声音逐渐稳定下来。

升旗仪式结束后，小冉耷拉着脑袋走下主席台。"小冉，我开始还担心呢！你平时那么害羞，这全校3000多人，你得多害怕啊！不过还不错，过程很顺，结果很完美！"小露走过去握住了小冉的手。班里几个同学围了上来。"小冉，你真给咱高一(2)班长脸！""小冉，你太棒啦！声音好清亮啊！""小冉，下次我讲的话，你来当我第一个听众好不好？给我提提建议。""小冉，期待你下一次的精彩亮相哦！"……看着温暖热情的同学，小冉的眼底湿润了。为了这次升旗，她改了3遍稿，练了5遍，还主动找语文老师指导了一下。此刻，多日来的压力，终于全部释放，她长舒了一口气。小冉很感激同学们的包容、理解和支持。

小冉想起了自己的初中，那段沉默又自卑的时光。彼时的她同样内向，总觉得自己不会说话，学习成绩还不好，也没什么知心朋友,特别不自信。那时看到别人在台上侃侃而谈,自己很是羡慕;看到别的女生课间跟同学欢笑打闹,自己不止羡慕还有点儿嫉妒;数学刷了不少题但成绩还没上去,英语卷老是犯低级错误,语文作文总拿不到高分,心里特别着急……爸妈只知道催自己作业,追问自己的成绩,心里特别愤怒……那时候的自己,"孤独"和"压抑"都快成了随身的标签,无力又无助。但又不希望别人注意到自己的脆弱,碰到几个扎堆聊天的人看着自己,总觉得是不是在说自己什么不好的话,心里很抵触,就会很快跑开躲出去……那种状态持续了很久,直到初二时遇到了小露,当时的新同桌,现在的好朋友。自信阳光的小露课间总拉着她玩,她们一起做了好多有趣的事情,说了好多真心话,还分享了很多交朋友的经验。慢慢地,小冉放开了,课堂上她开始积极举手回答问题,也敢向老师请教问题,还主动承担班级活动志愿者,在服务和互动中认识了更多的同学。

在中学校园的不同角落每天都上演着不同的故事,有暖人心神的、有着急上火的、有幽默风趣的、有尴尬窘迫的、有热血沸腾的、有狼狈不堪的、有啼笑皆非的、有无可奈何的……这些年龄相仿、个性鲜活、性格迥异、思维不同的孩子们,在丰富多彩的学习、生活、实践和互动中,会产生各种各样的内心体验和感受。"我不在乎!""我不要你管!""我保留我的意见!""我不要这样的朋友!""凭什么不是我?"……他们用自己的方式表达着强烈的情绪。社交痛苦让他们痛彻心扉,同学认可让他们觉得弥足珍贵,"冲动、敏感、矛盾、极端、叛逆、情绪化"是很多大人给他们贴的情绪标签。

那么,什么是情绪? 情绪有什么特点? 哪些情绪需要引起注意? 情绪有什么作用?

一、情绪是什么?

情绪长什么样? 也许有人会说"是满面春风、是眉开眼笑、是喜极而泣、是目瞪口呆、是张口结舌、是痛哭流涕、是疾言厉色、是瞋目切齿、是怒目而视……",也会有人说"是手舞足蹈、是捧腹大笑、是趾高气扬、是昂首阔步、是手足无措、是坐立不安、是捶胸顿足……",还会有人说"是上升的血压、是加快的心跳、是暂停的呼吸、是颤抖的声线、是变化的语速、是额头上的冷汗、是握紧的笔头、是别过去的脑袋、是转过去的身影……"。这些都对，但也不全对。

上述种种，都是情绪的某种表现，或者说是表情、姿态，是情绪的一种外在投射。而情绪本质上，是主体的需要、愿望等在多大程度上被满足的一种态度体验或主观感受。符合主体的需要和愿望，就会引起积极的、肯定的情绪，相反则会引起消极、否定的情绪。

关于情绪，我国古代有"七情"说——按《礼记》的观点指"喜、怒、哀、惧、爱、恶、欲"，按佛教的说法则是"喜、怒、忧、惧、爱、憎、欲"，按中医的说法是"喜、怒、忧、思、悲、恐、惊"。七种情绪在人的心理活动中占据着核心地位，对人的行为和认知具有重要的影响。

现代心理学经过研究发现，情绪可以分为基本情绪和复合情绪。基本情绪包括快乐、愤怒、恐惧、悲伤等，它们是人类共有的、不学而会的、与生俱来的情绪反应，有文化共通性；其他诸如"焦虑、嫉妒、羞耻、厌恶、惊奇、幸福、信任、尴尬、满足、自豪、钦佩"等情绪，都是四种基本情绪不同程度的复合体[①]。

情绪具有指向性、动力性、两极性、强度和紧张度等特性。事物与个体需要满足的相关度影响个体对其的注意或忽略，即情绪的指向性；事物满足人需要的价值影响个体从事该活动的增力或减力，即情绪的动力性；从事该活动让个体产生愉快或不愉快、肯定与否定的主观体验，即情绪的两极性；某种情绪爆发的强弱或激活水平，如大哭大笑或古井无波，即情绪的强度；情绪让个体激动或平静、紧张或松弛，即情绪的紧张度。

情绪本身并无好坏之分，它们是个体在不同情境下自然产生的反应。情绪的产生通常伴随着生理唤醒、主观体验和外部表现的同步发生。比如，小明参加了区里的C++编程比赛，一个月后得知获得了一等奖。

生理唤醒：当小明得知自己荣获一等奖时，他的心跳不由加速，这是紧张与兴奋交织的生理反应；呼吸变得急促，是准备迎接这股强烈的情感；脸上泛起的红晕，是血液循环加速的外在表现；肌肉的紧张感，是身体对即将到来的喜悦的自然反应。

主观体验：在内心深处，小明感到无比的激动和自豪。他可能会自言自语："我做到了！我赢得了比赛！"这种强烈的成就感，源于他的努力得到了回报。同时，他还会感到一种释然和轻松，因为之前为比赛所做的准备和承受的压力，现在都得到了释放。

外部表现：小明的脸上绽放出灿烂的笑容，眼睛闪烁着光芒，这是他内心喜悦情绪

---

① 彭聃龄.普通心理学[M].北京：北京师范大学出版社，2001：354—386.

的直接反映。他可能会情不自禁地跳起来,与周围的人击掌庆祝,这是身体对喜悦情绪的自然表达。他可能会大声欢呼或叫喊,或者与朋友们分享这个好消息,以此来传达他的兴奋和喜悦。

二、中学生的情绪有什么特点?

为了帮助理解大脑的发育、发展和功能,美国神经生物学家麦克莱恩(Paul MacLean)提出了"三重大脑"理论。该理论认为人的大脑是逐渐进化成长的由低级到高级发展起来的三个部位组成的,分别是本能脑、情绪脑和理智脑。本能脑,也称为爬行动物脑,主要负责自卫本能和基本生存功能,如"攻击""躲避""逃跑"等,并控制个体的恐惧和愤怒情绪。情绪脑,又称为边缘系统,负责情绪处理、记忆存储等,对声音、语调敏感,与个体的认知、经验和经历有关,影响个体对情绪的感知和反应;情绪脑的生理基础杏仁核对荷尔蒙变化非常敏感,如青春期、月经期,情绪易受影响。理智脑的生理基础是大脑皮层,具有创造力和以未来为导向,但发育最慢,通常要到 21 岁才发育完成。[①]

"三重大脑"理论为我们为理解大脑的结构与功能提供了一个框架。中学生大脑神经系统迅速发育,表达好恶、主管战斗和逃跑等反应的"本能脑"已发育完善;表达积极或消极情绪、主管喜怒哀惧等反应的"情绪脑"正处于迅猛发展过程中;负责计划、决策、行为控制和情绪调节的"理智脑"还在不断发育。大脑的发育情况影响了中学生的情绪表现。由于中学生自我意识迅速发展,但对人和事物的看法尚未稳定,所以"情绪脑"经常让中学生表现出神经过敏、喜怒无常、情绪起伏大、困惑又焦虑、自卑又优越等特点。

尽管"三重大脑"理论在心理学和大众文化中广为流传,但从神经科学的角度来看,大脑的实际工作方式比这一模型更为复杂,初、高中生的情绪也会表现出不同的复杂特征。

(一) 初中生的情绪特点

初中生(一般 12—15 岁)"孩子气"很浓,看问题常常直观、感性,"本能脑和情绪

---

① 周岭.认知觉醒:开启自我改变的原动力[M].北京:人民邮电出版社,2020:17—33.

脑"占优势。随着自我意识的发展、社会经验的积累和社会技能的提高,初中生情绪的"隐蔽性和表演性""爆发性和冲动性""矛盾性和两极性"等会表现出来,具体如下。①

1. 隐蔽性和表演性

情绪的实质是态度体验,即情绪内隐性,同时又有行为反应上的情绪表现度,即情绪外显性②。受记忆和经验的影响,那些能唤醒情绪记忆的事件会激发个体本能的态度体验。由于社会文化、自我保护及个性特征和情绪表达习惯等因素的影响,个体可能会将其情绪表现隐藏起来;而出于社会适应、沟通和情绪调节的需要,个体又需要在适当场合表达自己的感受、需求、期望和情感态度。③ 在多种因素的相互作用下,个体的情绪可能就会出现内隐性和外显性矛盾的情况。

内心体验变得更加丰富的初中生,他们的兴奋、委屈、悲伤等小情绪,因为顾及形象和场合的安全性,被理智地掩饰和控制起来,这是"理智脑"的作用。但在与很亲密的家人或朋友的互动中又忍不住说了出来,这是"情绪脑"的作用。比如刚被评为了"区三好学生",会忍不住想跟好朋友分享这个"小得意";被老师当众批评,在班里认错或道歉的态度看起来很好,但一旦老师离开或当事人不在,就跟朋友吐槽她的不服气;正在经受着某种压力,平常努力地克制,表现得和旁人无异,但在某个课间或某个朋友面前突然崩溃大哭,所有曾经试图隐藏的小秘密在有人靠近她的那一刻全部都说了出来。这,就是情绪的隐蔽性和表演性,既藏着又露着。

2. 爆发性和冲动性

初中生由于大脑前额叶发育不完善,控制力不足,"情绪脑"经常占优势。

在特定情境下,个体一旦被激起某种情绪,便迅速累积并达到临界点,进而以火山爆发般的方式表现出来,强烈地表达自身感受,包括激烈的言语、肢体动作或失控行为等,淋漓尽致地显露出对外界事物的爱、恨、不满、恐惧、绝望等,这就是情绪的爆发性。④ 多与情绪的唤醒度有关,这可能源于瞬时的激动、委屈、愤怒、挫折、恐惧等强烈的体验,也可能是长期的压抑被点燃,比如"最后一根稻草"。

情绪的冲动性是指个体在情绪激动时,做出缺乏深思熟虑和理智控制的即时反应

---

① 曹银华.当代初中生情绪的特点及调控方法[J].教书育人,2006,10(10):30—31.
② 刘淳松.情绪实质及情绪表现度研究[J].四川教育学院学报,2003(05):10—11+17.
③ 王海宝,余永强,张达人.外显性情绪记忆的认知神经机制[J].中华行为医学与脑科学杂志,2009,18(06):571—573.
④ 保罗·艾克曼.情绪的解析[M].杨旭,译.海口:南海出版社,2008:55—80.

或行动的倾向,是一种强力反抗行为,多与特质焦虑、即时体验、防御方式、快感寻求、"理智脑"能量不足等有关,未考虑长期利益或后果,易导致人际冲突、经济损失、法律问题等不良后果[①]。如"路见不平一声吼""冲冠一怒为红颜""为朋友两肋插刀",以及因"手机、早恋"等问题与父母争执而轻生等都是典型的冲动表现。这个阶段的中学生,需要老师和家长来补充他们不完善的前额叶功能,帮助他们控制情绪。

3. 矛盾性和两极性

初中生情绪波动较大,经常在"暴风骤雨"和"温柔细腻"之间摇摆不定,表现出情绪体验的不平衡和情绪表现的波动性,主要指矛盾性和两极性。

情绪的矛盾性:在面对道德和友情的抉择时,初中生往往会感到特别苦恼。例如,当同学请求借作业做小抄时,他们在友情和道德之间徘徊纠结,倍感困扰;又比如,当他们知道一个好朋友摸高扒物弄坏了学校门牌,在是否告诉老师这个决定上,他们可能会反复纠结,在道德和友谊上抉择痛苦。这种个体在同一时间或相近时间内,内心体验到两种或多种相互冲突、相互对立的情绪状态即情绪的矛盾性,如喜悦与悲伤并存、自信与自卑交织、独立与依赖冲突、期待与失望交替,这些都是情绪矛盾性的体现。

情绪的两极性:如小明在考试前紧张、焦虑、担忧,在考试结束后觉得考得还不错时立刻变得兴高采烈,情绪的过山车体验就是两极性;又比如小红以为小丽在背后说她坏话,非常愤怒和伤心,不再理睬小丽,但误会澄清后又迅速恢复了刚翻船的友谊,这也是一种两极性体验。这种情绪波动在短时间内从一种极端快速转变到另一种极端,是青春期生理、心理发育的特殊性以及社会环境的多重影响共同作用的结果。

(二) 高中生的情绪特点

进入高中,学生情绪体验的广度与深度上都有显著增强。与此同时,伴随着逻辑思维和抽象思维的发展,"理智脑"迅猛发育,情绪体验有"丰富且有特例""深刻且更理性""稳定且更持久""社会情感增强"等特点[②]。具体如下。

---

① 孙瑞琛,吉丽,依若男,等. 青少年冲动性与焦虑、防御方式的关系研究[J]. 中国校外教育,2022(03):53—61.

② 王玉洁,徐曼. 普通校高中生情绪发展特点的研究[C]//首届"健康杯"全国中小学心理健康教育研讨暨颁奖大会论文集,2002:263—269.

1. 丰富且有特例

在十五六年的生活经验、知识储备和文学作品的影响下,高中生有丰富的情绪体验。他们很能理解并共情各种情绪情感,包括悲哀、遗憾、失望、难过、悲伤、哀痛、绝望等。情绪体验的内容也丰富多彩。比如,他们会高度理解并共情孟郊进士及第"春风得意马蹄疾,一日看尽长安花"时的欢喜,陈子昂"念天地之悠悠,独怆然而涕下"的孤独和悲哀,辛弃疾"醉里挑灯看剑,梦回吹角连营"的无奈和悲愤,岳飞"靖康耻,犹未雪;臣子恨,何时灭"的愤怒,《诗经·小雅·小旻》中"战战兢兢,如临深渊,如履薄冰"时的恐惧,苏轼被贬黄州时"拣尽寒枝不肯栖,寂寞沙洲冷"的孤傲和坚持……这是高中生情绪的丰富性。

但每位同学情绪的敏感点不一样,外向的学生容易被兴奋、乐观的情绪所笼罩,内向的学生则易被悲伤、忧郁所感染。总有些人、有些事能让他们产生特别的情绪。比如,有些同学面对自己喜欢的男生(女生)会特别紧张,对该男生(女生)与自己的任何互动情绪体验都会特别深刻。这就是情绪的特异性。

2. 深刻且更理性

由于更多的生活经历和思考,高中生的道德感与理智感也在不断提升,在情绪的表达上也更理性。例如,小浩注意到,最近小明似乎变得异常忙碌,经常取消两人的约定,或者回复消息的速度明显变慢。这让小浩感到自己被忽视,心中慢慢积累起了一种微妙的疏离感。面对这种情况,小浩尝试与小明沟通,希望能够了解背后的原因。然而,每次尝试都似乎被小明以"学习忙""没时间"等借口轻描淡写地搪塞过去。这让小浩感到沮丧,心中充满了失落和无助,甚至开始变得焦虑不安。经过一段时间的内心挣扎,小浩决定不再自我消耗,他选择直接面对问题。他找到小明,坦率地表达了自己这段时间的感受,以及他对这段友情的珍视和重视。小明也坦诚地向小浩解释了自己这段时间冷淡的原因:原来,他误以为小浩泄露了自己的隐私,因此心中充满了愤怒。误会被澄清,两人之间的隔阂也随之消散。他们不仅恢复了以往的友谊,而且关系变得更加亲近。作为高中生的小浩,没有沉溺于被拒绝和被疏离带来的深刻痛苦之中。他懂得珍惜和维护友情的重要性,开始用理性去直面友情中的危机,并寻找解决问题的方法。通过这次经历,小浩变得更加成熟和坚强,学会了如何用智慧和勇气来维护和深化人际关系。

又比如,面对高考选科,高中学生会深刻理解到这件事与自己的利害关系,他们会理性并深入地分析自己的优势与劣势、潜能和热爱,他们也会非常理性地调查学科对应的专业行业现状和前景，与师长、同学深度探讨是否该选某科的决定。此时的他们，敏感且多话，理性且深刻。

3. 稳定且更持久

如果某种情绪状态持续了数周甚至数个月，且保持一定的稳定性，我们称之为"心境"。"心境"是一种被拉长的情绪，它具有弥散性，能对个体的思维、行为和感受产生深远的影响。相比初中生，高中生的情绪更加稳定且持久。比如，失去非常重要的朋友后，可能会伤心很长一段时间，对周边的人和事都没什么热情。又比如，历次大考都取得了较好的成绩，此时的他们会非常自信，很长一段时间都处于积极、愉快的心境中。

举个例子，小轩近几周一直有些闷闷不乐。他的学习成绩一直较好，但随着课程的深入和同学们成绩的提升，他担心自己无法保持如今的领先地位。小轩感到迷茫和不安，他觉得自己仿佛陷入了一个无尽的黑暗之中，四周一片迷茫；他担心自己的成绩会下滑，担心父母失望，担心自己无法考上理想的大学；他渴望改变现状，但他不知道自己该做什么，也不知道自己该怎么做。小轩的这种闷闷不乐持续数周，这就是一种稳定且持久的"心境"。

4. 社会情感增强

高中生正处于心智和认知迅速发展的关键时期，他们的思维更加全面，道德感、理智感、美感的内涵与层次也在日益丰富和提升。他们对社会的认识更加深刻，能够运用一定的法律知识和道德准则来评价自己和他人的行为，情感表达呈现出多样性。高中生在表达情绪和情感时，表现出更多的理性和深度。他们能够从更高的政治站位出发，拥有更深刻的家国情怀，以及更坚定的理想和信念。高中生特别注重自己在集体中的形象和地位。在选择朋友时，他们会倾向于与志趣相投、性格相近的人交往，尤其是在理想、信念、世界观上与自己接近的人。在讨论国家大事，如中国空间站、最新卫星发射等话题时，高中生会表现出强烈的自豪感。同时，他们也会对国家的命运和前途表现出深切的关心和担忧，这体现了他们更高级的社会认知和情感反应。

举个例子，张晓是一名高中生，他以共青团员的身份积极参与了社区组织的垃圾桶值守志愿服务活动。起初，张晓认为垃圾分类是一项简单明了的任务，每个人都能够轻松完成。然而，在实际的值勤过程中，他发现居民们的环保意识和行为习惯参差不齐。一些居民因为个人习惯或图一时方便，试图将装有厨余垃圾的袋子直接扔进厨余垃圾桶，而忽视了垃圾分类的真正意义。当张晓上前制止时，他甚至遭到了一些抵触和不理解。这次实践经验让张晓深刻体会到,仅仅知道垃圾分类的重要性是远远不够的。在实际行动中,将知识转化为行动,需要付出更多的努力和坚持。他意识到,即使是一些年纪比他大的社区居民,作为成年人,有时也没有尽到应尽的社会责任,这让他感到环保事业的任重而道远。但张晓并没有因此气馁。相反,他坚信作为年轻一代,他们有责任也有能力为社会的安定有序、和谐发展贡献自己的力量。他决心从自己做起,通过实际行动影响和带动更多的人,共同推动环保事业的发展,为建设更加美好的社会环境而努力。

三、情绪有哪些作用?

情绪在个人生活中扮演着至关重要的角色,它们不仅丰富了我们的内在体验,还能够促使我们采取行动。中学生正处于情绪丰富的时期,容易爱上某种事物、某种思想和某个人,他们被情绪高度驱动着去了解世界,被驱动着去了解他们所关心的事情。过程中,他们感受愤怒、绝望、喜悦、焦虑、羞愧、骄傲和以上种种,或紧张或炽烈,有高潮有低谷。

情绪除了身心平衡,对人的活动起发动、促进和调控的作用,还有以下几个重要功能[1]。

情绪是信使:情绪为个体在社会生活中与他人和环境之间的相互关系提供十分丰富的信息,具有传递信息、建立联系、沟通思想的功能。个体的表情、动作、言语都是信号。比如,本篇案例中小冉在升旗仪式讲话时,发颤的声音、抖动的腿、握不住的话筒都在传递一个信号——小冉很紧张,她害怕讲不好,这就是紧张情绪信使功能的体现。升旗仪式结束后,高一(2)班同学对小冉的赞美和鼓励,特别是小露对小冉的肯定,让小冉感受到真诚和友谊,这也是情绪信使功能的体现。

情绪是发动机:情绪具有动机和唤醒功能,激励个体前进。情绪通过唤醒个体对正在经历或想象中正在进行的事件采取行动来完成它的动机功能,并能维持个体的这种行为直到达到特定目标。如获得市中学生科技创新一等奖的小丁同学,在领奖台上感受到了同学们的羡慕,那一刻"骄傲和自豪"的情绪给了她自信,"争取更好的成绩更

---

① 佛朗索瓦·勒洛尔,克立斯托夫·安得烈.情绪的力量[M].杨燕明,译.北京:民主与建设出版社,2004:6—18,337—354.

大的奖"也成为了她的目标。下来后,她给自己制订了"英语学习计划""数学和物理学习计划""社团训练和竞赛计划",并付出了大量的时间、精力,耐心安排学习和训练,最终获得该市学生科技竞赛最高奖项,这就是情绪的发动机功能。

情绪是黏合剂:情绪具有社会功能。作为一个积极的社会黏合剂,情绪使个体贴近某人、融入其生活的周围环境,促进社会交往,帮助个体更好地适应环境,应对变化和挑战。小杰因为家庭变故突然感到前所未有的孤独和无助,同学们注意到他的情绪困扰,热情地关心他、开导他,小杰也向他信任的师友倾诉了自己的烦恼和感受,获得了理解和支持,并主动寻求了心理老师的帮助,还在同学们的带动下培养了新的运动爱好,结识了志同道合的朋友。随着时间的推移,小杰逐渐走出了情绪低谷,重新找回了自信和活力,同时也变得更加坚强和成熟。这就是情绪以自己的方式,帮助个体积极应对、自我调整并最终适应环境的过程。

情绪是方向灯:这里指的是情绪影响决策和行为的组织功能,具体指情绪对其他心理过程的影响,表现在人的行为上,如当人们处在积极、乐观的情绪状态时,易注意事物美好的一面,容易接纳外界事物;处于情绪悲观时,容易注意到事物不好的一面。小露就很会利用自己的情绪状态来安排学习任务和时间。当自己感到精力充沛和积极时,她会选择学习一些难度较大的科目;当自己感到疲惫或消极时,她会选择学习一些轻松或感兴趣的科目。通过这种方式,小露不仅提高了学习效率,还增强了学习的主动性和乐趣。这说明,通过觉察、接纳、调节和利用情绪,学生可以更好地应对学习和生活中的挑战与困难。

每种情绪都是有现实意义的。正在经受成长蜕变的中学生,会遇到许许多多的烦恼,体验丰富的情绪情感,如焦虑、抑郁、幸福等。情绪像流水,没有好坏,只是当下的感受,允许情绪时而静静流淌时而波涛汹涌,自然而然地来,自然而然地走,使其"如其所是",而不是拒绝或阻止。但当情绪过于激烈持久时,我们需要学习主动调节的方法,以免对健康、学习和生活产生负面影响。

四、哪些情绪需要引起注意?

教师在教学过程中每年都会遇到面临各种情绪挑战的学生,总是很想帮忙。但对于"成长中的烦恼",老师需要主动去辨别。有些困难是需要学生自己克服的,"攻克即是成长";而有些深刻强烈的负性情绪,例如"焦虑""抑郁"等,让学生备受伤害和煎熬,以至于无法进行正常的日常生活和学习。这时师长需要主动关心,给学生包容、理解、尊重和支持,帮助他们调适情绪。

(一) 需要警惕的初中生情绪问题

初中生的负性情绪主要表现为烦恼、压抑、孤独等。他们可能因为不知道该怎样和父母相处,容易产生"逆反"心理;与同学之间的激烈竞争又会引起一些烦恼;过于在意自己的公众形象和别人的评价让烦恼倍增;可能因为自己的能力、经验不足而屡屡面对挫折和失败,感受到压抑;也有可能由于敏感自尊无处倾诉,产生强烈的孤独和无助感。研究表明,焦躁、自卑、羞怯、郁闷和嫉妒这几种负性情绪是困扰大多数初中生的负性情绪,且会对他们的学习和生活的影响相对比较大。[①]

所以,对初中生,老师需要营造积极阳光的班集体氛围,课上课下引导学生相互理解、包容和支持,鼓励学生间团结友爱、互帮互助,发展健康良好的友谊;若发现个别学生存在"烦恼、压抑、孤独、焦躁、自卑、羞怯、郁闷和嫉妒"等负面情绪,应及时给予关爱,必要时请心理老师或孩子父母参与帮扶计划,让学生在良好的集体氛围中身心健康地成长。

(二) 需要警惕的高中生情绪问题

高中生虽已能驾驭个人情绪,但仍然会因为学业压力、性格特点、家庭环境、人际交往等相关的负性生活事件方面的影响,产生失落、愤怒、惧怕、嫉妒、焦虑等消极态度或不良情绪。有研究表明,高中生的焦虑、抑郁、孤独、敌对、恐惧等五种不良情绪呈上升趋势。

恐惧问题:对于高中生而言,其恐惧情绪的来源主要包括人际交往中和他人的冲突、考试成绩不理想、自尊心受损等。一般而言,高一学生恐惧父母的期盼,高二学生恐惧教师的态度及言行,高三学生恐惧考试成绩不理想。

焦虑问题:因无法完成预期目标或无法克服障碍而自信及自尊受挫,同时伴有强烈的失败、内疚及恐惧感受,这是焦虑问题的表现。比如,进入高中后成绩排名的落差

---

① 李国露. 初中生负性情绪特点及其调节策略的调查[D]. 长春:东北师范大学,2013:26—30.

带来的焦虑,在与他人的对比中出现的焦虑等。

敌对问题:个人在受挫时不满进而表现出来的一种敌视态度更需要引起警惕。比如,家长因学生成绩不理想而抱怨、教师因学生的成绩下降而区别对待,这会严重伤害学生的自尊心,学生不满又无处发泄,很可能会对师长采取一种敌对态度。又比如,高中生对某些社会现象的敏锐、偏激和反感,在与师长的思想碰撞中出现敌对情绪。

五、让生活"如其所是"而非"如其所愿"

实际上,不论初中生还是高中生,他们在开始表现出负面情绪迹象时,其实是在发出求救信号。我们当老师或家长的,要第一时间读懂情绪背后的需求。了解"开心"一般是为了强化所有美好和幸福,"愤怒"一般是为了自我保护而攻击别人,"悲伤"一般是为了得到同情和帮助,"害怕"一般是为了自我保护而回避危险,"得意"一般是为了赢得欣赏和尊重,"嫉妒"一般是为了得到自己想要的,"压抑"一般是为了获得安全而拒绝冲突,"抱怨"一般是为了被倾听、理解和关注……读懂它、面对它,做一个有用、有爱、有温度的"大人"。

引导学生接纳生活的不完美,需要教会学生正确识别情绪、合理表达情绪、有效调节情绪、努力控制情绪。可以做以下尝试①。

1. 接受现实:认识到生活中有许多事情是我们无法控制的。接受现实的不完美,包括自己和他人的缺点。承认并接受生活的不确定性,而不是试图预测或控制所有事情。

2. 非执着的心态:减少对结果的执着追求,将注意力转移到过程上。意识到"愿望"和"现实"之间的差异,并学会在两者之间找到平衡。允许自己拥有愿望,但不要将其视为必须实现的目标。

3. 练习正念:学会感恩,珍惜自己所拥有的。学会从挑战和困难中看到成长和学习的机会。保持积极的心态,将注意力集中在自己能够改变的事情上。

4. 减少比较:避免将自己与他人进行比较,因为每个人的生活经历和背景都是不同的。专注于自己的成长和进步,而不是与他人竞争。

5. 灵活适应:当事情不按自己的计划进行时,保持灵活和开放的心态。学会调整

---

① 邹晓燕.中学生情绪调节策略发展特点及其教育对策[D].呼和浩特:内蒙古师范大学,2011:22—25.

自己的期望和计划,以适应不断变化的环境。

6. 反思调整:帮助自己保持内心的平静和清晰,通过反思来审视自己的愿望和期望,确保它们与自己的核心价值观和长期目标保持一致。

7. 培养同理心:尝试从他人的角度看待问题,理解他们的立场和感受。培养同理心可以帮助我们更加宽容地看待他人的行为和生活方式。

8. 持续学习:保持对新知识、新技能和新经验的开放态度。通过学习来拓宽自己的视野和思维方式,从而更加理性地看待生活。

正在经受成长蜕变的中学生,会遇到许许多多的烦恼,他们识别、表达、调适和运用情绪的能力有强有弱。我们师长需要更好地与学生共情,尝试包容、尊重、理解学生,引导学生科学地与情绪共处,理性地看待生活,做好情绪转化,让生活"如其所是",不强求生活"如其所愿",找到一种平衡。这里,只希望大家坚信一点,学生是动态变化的,我们永远相信学生有变得更好的可能。

本章内容的主要目的是帮助理解中学生的情绪特点,了解常见的情绪问题,在理解的基础上帮助学生改善情绪或不良生活方式的消极影响。本章将会介绍学生的情绪能力,当前学生中突出的情绪问题"焦虑"和"抑郁",以及学生的积极情绪"乐观"和"幸福"。此外,学生普遍存在严重的睡眠问题和手机成瘾问题,而且这两项与学生的情绪关系密切,因此,本章也会介绍学生的睡眠问题和手机成瘾问题。

第二节　中学生的情绪能力:识别、表达与调节

■ 案例 5-2
不知所措的小雨

学生小雨,13 岁,女,经专科医院诊断有"抑郁状态、焦虑状态、强迫状态、情绪冲动",医生建议服药治疗并进行心理咨询。

她和老师讲述了自己的情况:从小到大,爸爸妈妈的冲突频

繁,对自己的情绪影响很大。两年前父母离异,母亲去外地,她与爸爸和弟弟生活在一起,爸爸在生活上比较粗糙,与姐弟俩缺少情感交流,要求和指责比较多。她没有关系比较亲近的同学和朋友,担心被同学嫌弃。成绩整体比较差,听老师讲课时会脾气暴躁,到学校会头晕、恶心。小学五年级开始情绪化明显。

她在遇到批评或指责时,会出现精神恍惚的状态(如头晕),情绪调节的方式是呆滞,眼睛和大脑都放空。白天被同学嘲笑或评价后,晚上想到这些会出现心慌心悸,感觉喘不过气来,应对的方式是快速洗热水澡,在房间里转圈走路,直到疲惫不堪。想念妈妈的时候,感觉特别难过,会默默流泪,在内心里咒骂所有自己不喜欢的人。晚上睡不着时,感觉特别烦躁,主要调节方式为撕书、扔枕头、用头撞墙、大喊大叫等。在学校听不懂课的时候,会特别害怕被老师批评,不受控制地在书本上胡乱涂画,或趴在桌子上一动不动。在学校午餐期间,她认为同学们都在观察自己,经常会出现肚子疼的情况,吃不下去任何饭菜,用手捂住肚子,后背无法直立。

小雨表示当自己感觉情绪很低落的时候,会默默躲在墙角流眼泪;情绪无法控制的时候,胡乱写画或者用头撞墙、喊叫;在比较正式的场合,容易出现重复性的动作,比如不停地眨眼睛、清嗓子等。

我们该如何看待案例中的小雨? 小雨的情绪困扰集中表现在哪些方面? 你的班级里是否也有类似的不能很好地处理自己情绪的学生? 面对这些情绪困扰,作为教师的我们能够提供怎样的帮助呢?

一、什么是情绪能力?

(一) 情绪能力的概念

《中小学心理健康教育指导纲要(2012 年修订)》指出,关于情绪的教育内容,初中年级主要包括鼓励学生进行积极的情绪体验和表达,有效管理情绪;高中阶段主要包括促进人际交往的积极情感反应和体验等。

考虑到当代情绪心理学对情绪定义的整合取向,以及《中小学心理健康教育指导纲要(2012 年修订)》中关于情绪的教育要求,这里的情绪能力采用黄燕在研究中所界定的概念:情绪能力主要表现为个人认识和理解情绪、表达情绪,并且能够调控自身行为以达到目标的一系列过程,主要包括情绪识别、情绪表达和情绪调节等方面的能力[①]。

理论与实践都表明,情绪与心理健康密切相关,情绪能力是心理健康的重要标志之一。

(二) 情绪能力的组成

脑科学的最新研究表明,青少年时期的认知能力发展达到高峰,而情绪的神经生理机制远未达到成熟,即所谓“高马力(认知)、低控制(情绪)”,青少年的情绪容易冲动、两极化,培养他们的情绪能力格外重要。

不当的情绪表达方式往往会造成许多不良互动,让人际关系变得紧张。恰当的情绪识别和表达既可以抒发自己内心的感受又可以让别人更好地了解自己,还可以更好地与别人互动,有助于彼此理解和沟通,发展良好的人际关系。处于青春期阶段的中学生,内心经常会体验到较强的情绪冲突,面对学生的一些不恰当的表达方式,教师和家长通常会说“不应该……”,却没有提供应该如何去做的策略和建议,这会让他们无所适从。

我们可以从如下三个方面来理解情绪能力。

1. 情绪识别:个体对情绪和情绪重要性的认识,对自己和他人的情绪状态的感受能力和情绪变化的识别能力,对自己、他人和情境产生某种情绪或情绪变化的原因的理解力[②]。也就是说,情绪识别不仅指情绪的自我识别,还包括对他人情绪的识别和理解的能力。在日常生活中,人们通常通过面部表情、语音语调和身体姿势等这些外显行为来完成情绪识别,如我们可以通过学生涨红的脸或颤抖的声音识别出学生可能

---

① 黄燕. 社会排斥对情绪能力的影响[D]. 上海:华东师范大学,2022:7.
② 李子鹏. 武警士兵情绪智力问卷的初步编制[D]. 长沙:湖南师范大学,2011:22.

因为某事导致的激动情绪。但对于学生内隐的情绪状态(如焦虑),有时很难通过外显行为来识别,这就需要引导学生觉察自己的情绪。

2. 情绪表达:个体用言语(情绪词汇)和非言语(表情、姿态和行为等)将内在情绪体验表现出来。在中学生的心理健康教育中,应鼓励和引导学生采用合理、恰当、不带伤害性的表达方式。对于不善言谈的学生,教师可以鼓励学生通过写日记或者周记的形式,表达内心的情绪。还可以设立班级信箱,让学生用写悄悄话的方式表达自己的情绪,这些都是教师鼓励学生表达的方法。

情绪表达是情绪调节的前提,但有些学生很难用精准的词语来表达自己的情绪,很多时候只会说不爽、难受、烦躁。教师在平时的教育教学中可以有意识地帮助学生丰富情绪表达的词汇,在与学生的交谈中,可以引导学生从身体感受、所感所想、采取的行动等方面去分析情绪,从而让学生能更准确地表达情绪。如,"你刚刚说很烦躁,烦躁的时候你的身体会有哪些反应?""当你感到烦躁的时候,你有什么想法?""你烦躁的时候会做什么?"案例中的小雨虽然表述了自己的成长经历、人际交往、学业情况等很多信息,但可以看到,在不同的场景下,她对自己情绪的表达是"难过""烦躁"这些笼统的词语。通过老师的辅导后,小雨看到了自己"难过""烦躁"的背后实际是无助,这些累积的无助甚至让她出现了躯体化的表现。

3. 情绪调节:个体在觉察识别自己情绪的基础上,选择适当的方法予以调节和控制。情绪调节对情绪健康具有重要的意义。情绪调节策略有积极和消极之分,积极情绪调节策略包括积极的思考、寻求支持、运动等方式,这些策略通常能够帮助中学生培养心理弹性和适应能力,让中学生能够更好地应对生活中的挑战和压力,减少焦虑和抑郁的发生率。同时,积极情绪调节策略与更好的学业表现之间存在正向关联,因为情绪稳定的学生更能集中注意力、保持积极心态,更有动力去应对学习任务。消极情绪调节策略包括逃避、自我批评、沉浸在消极情绪中等,使用消极情绪调节策略的中学生往往更容易陷入负面情绪状态,影响心理健康,还会影响学生的学习效果和表现。

积极的情绪调节策略是可以通过教育来培养和加强的。因此,教师要采用"预防为主"的方式,在平日的教育教学中,应帮助学生了解情绪是正常的生理反应,教授他们如何识别和理解自己的情绪,鼓励学生培养积极的思维模式和态度,引导他们面对问题合理归因,多运用积极的情绪调节策略。案例中的小雨,无论是在家庭还是在学校中,体验到的多是愤怒、悲伤等消极情绪,她本人面对这些情绪的表达方式和调节方式也是消极的,如果不对这些消极情绪进行及时的调节干预,可能会导致更严重的功能损害。教师在帮助这类学生时,可以引导学生尝试使用积极的调节策略,慢慢替代消极调节策略。

二、如何评估情绪能力?

目前,已有多种成熟的测评工具和研究方式能够对中学生情绪能力的各个方面进行测量,通过对这些问卷量表的使用,教师可以了解学生的情绪状况,开展有针对性的帮助和辅导。

(一) 问卷法

1. "情绪"心理健康指数量表[①]

心理健康发展指数由连榕教授提出,用于衡量在一段时间内,个体心理健康状况积极发展与变化的趋势。"情绪"心理健康指数得分作为测量学生情绪心理健康水平的指标,得分越高,说明学生在情绪方面的心理健康水平越高,比起以往体验到更多的正性情绪,能够更加有效地觉察并调节情绪状态。该量表包含积极情绪和情绪能力两个维度,该量表的题目示例见表5-1。

表5-1 "情绪"心理健康指数量表(样题)

题项	完全不符合	不太符合	不确定	基本符合	完全符合
1. 我觉得现在的自己比以前更快乐。(积极情绪)	1	2	3	4	5
2. 我越来越不开心了。(R)(积极情绪)	5	4	3	2	1
3. 我觉得了解自己情绪的能力在提高。(情绪能力)	1	2	3	4	5

---

① 何贻婷. 中小学生"情绪"心理健康指数的问卷编制、现状与辅导[D]. 福州:福建师范大学,2021:
55.

2. 情绪表达问卷[1]

该问卷有 18 个题项,分为正性情绪表达和负性情绪表达两部分。每个分问卷的分数越高,表示该情绪表达水平越高,但二者不能合为情绪表达的总分。教师可据此了解学生的情绪表达风格,既可用于个别测试也可以用于团体测试。该量表题目示例见表 5-2。

表 5-2 情绪表达问卷(样题)

题项	完全符合	比较符合	有点符合	不太符合	完全不符合
1. 愉快时我的感受会表现出来。	5	4	3	2	1
2. 我心情不好时,别人会看到我的感受。	5	4	3	2	1
3. 我的笑特别多。	5	4	3	2	1

3. 情绪调节问卷

关于情绪相关的测量工具,以情绪调节能力的测量最为常见。比较典型的工具有以下几个。

(1) 情绪调节问卷(ERQ)[2]

情绪调节问卷由格罗斯(Gross)和约翰(John)于 2003 年开发,国内王力等人翻译了中文版并验证了信效度。

此量表是包括 10 个题目的 7 级量表,有两个维度,分别为认知重评和表达抑制。认知重评指的是通过改变对情绪事件的理解,改变对情绪事件个人意义的认识,从而对情绪事件合理化。表达抑制指的是在情绪唤起时减少情绪表达的行为。认知重评是相对适应性的策略,表达抑制是相对非适应性的策略。值得注意的是,虽然在日常生活中,认知重评能更好地调节情绪,有利于人们的身心健康,但在遭遇极端负性事件时,表达抑制更可能作为保护性因素发生作用,有效维持人们的心理弹性。该量表示例见表 5-3。

---

[1] 王振宏,郭德俊,马欣笛. 初中生情绪反应、表达及其与攻击行为[J]. 心理发展与教育,2007,23 (03):93—97.

[2] 王力,柳恒超,李中权,等.情绪调节问卷中文版的信效度研究[J].中国健康心理学杂志,2007,15 (06):503—505.

表 5-3　情绪调节问卷(样题)

题项	完全不同意	很不同意	有点不同意	中性	有点同意	很同意	完全同意
1. 当我感受到一些积极的情绪(如快乐或者高兴)时,我会改变自己思考问题的角度。	1	2	3	4	5	6	7
2. 我不会表露自己的情绪。	1	2	3	4	5	6	7
3. 当我想少感受一些消极的情绪(如悲伤或者愤怒)时,我会改变自己思考问题的角度。	1	2	3	4	5	6	7

(2) 高中生情绪调节方式问卷①

该问卷主要用于测量高中生情绪调节方式的类型。问卷中有八种情绪调节方式,将各因素所含题项的累积得分的平均分作为因素得分,用于衡量不同情绪调节方式的使用频率,分数越高表明使用的频率越高。其中,情绪表露、情感求助、放松、认知应对属于积极的调节方式,压抑和回避属于消极的调节方式,哭泣和情绪替代属于混合调节方式,可以根据不同因素的得分区分学生常使用的调节方式的类型。通过问卷测评结果,可以大致了解高中生常用的情绪调节方式的类型及其变化,并且可以探索情绪调节方式与个体应对、社会交往之间的关系。该问卷维度及题目示例见表 5-4。

表 5-4　高中生情绪调节方式问卷(样题)

维度	维度解释	题目示例
情绪表露	个体对情绪的外在表现如行为、表情等的调节。	如果我感到高兴,我会表现在脸上,这样做事更有动力,自己的心情也会更愉快。
情感求助	向父母、师长等经验丰富的人和自己信任的同学、朋友寻求情绪上的支持,以此来减少对消极情绪的体验和感受。	有经验的人给我的建议通常能够使我摆脱失望的困扰。
放松	个体对情绪采用轻松、自然的方式来应对,缓和情绪,避免直接面对情绪冲击。	我会因为心情好而做一些感兴趣的事情来使自己更开心。

---

① 李梅,卢家楣. 不同人际关系群体情绪调节方式的比较[J]. 心理学报,2005,37(04):517—523.

维度	维度解释	题目示例
认知应对	对引发情绪的事物或情境本身进行分析,通过积极认识找出情绪产生的原因并加以解决或消除。	当我失败了感觉很难过的时候,我会告诉自己"找到原因,我下一次会做得更好"。
压抑	个体不轻易外露情绪,注意控制表情行为,压制情绪体验。	我习惯用笑脸掩饰我的悲伤。
哭泣	特殊而常见的应对情绪的方式。	如果我感到悲伤、难过,我会大哭一场,这样使我感觉舒服一点。
情绪替代	采取想象或回忆的方式引发曾经的积极情绪体验,借此来摆脱现实中的不良情绪感受。	在觉得悲伤的时候,想一些快乐的情境可以减少我的悲伤感受。
回避	个体回避引发情绪的环境。	离开引起愤怒的环境,或者改变对环境的认识可以帮助自己降低愤怒的程度。

(二) 观察法

中学生的情绪波动性很大,很不稳定,情绪容易从一个极端剧烈地转向另一个极端。但随着学生情绪情感的自我监控能力逐渐增强,他们逐渐学会控制自己的情感表现和行为反应,他们既会表现出强烈的情绪情感反应,将对外界事物的喜怒哀乐全部表现在脸上,又能逐渐掩饰、压抑自己的情绪,使这种情绪具有内隐的特点,即使内心已经翻江倒海,却不一定有很明显的外在表现。这就需要教师在平日的教育教学中多留心观察,多方面综合判断。

对中学生而言,如果内在的心理状态不稳定,很多时候会直接表现在他们的学业上,比如成绩突然下滑,无心上学或对学习失去兴趣,无法完成课业,旷课或逃学次数增加等,学业表现异常往往和他们的情绪困扰有很大关系。人际交往行为的变化,如一向活泼开朗的学生变得沉默和疏远同伴,易激惹,一点小事就会引发很大的情绪反应,行为表现上越来越冲动,挑衅他人的情况增加等。当学生出现情绪异常低落、麻木,焦虑不安,较以往反常或突然变化,或反常地不注重个人卫生或仪容等情况时,尤其值得进一步关注。

具体的观察内容包括情绪识别、情绪表达和情绪调节三个方面。以下是每个方面的观察点和示例观察表,具体见表5-5、5-6、5-7。

1. 情绪识别观察点

● 学生是否能准确识别自己和他人的情绪。

● 学生在不同情境下对情绪的识别能力。

表5-5 情绪识别观察表

学生姓名	情境	情绪识别	备注
小雨	给在外地工作的妈妈打电话表达想念,妈妈询问了小雨的学习情况,称赞小雨是个自理能力特别强的孩子,并嘱咐她要懂事,照顾好弟弟。小雨在电话中对妈妈大喊大叫,责怪妈妈不关心自己,眼里只有弟弟。挂断电话后,小雨感到更加失落,自己躲在墙角默默流泪,用头撞墙以缓解内心的难过。	未能准确识别出妈妈的肯定和担心。	误解妈妈不喜欢自己,导致自我否定。
小A	数学考试后,成绩和预期差别很大。小A跟同桌讲自己感到很难过,同桌让他不要太在意一次的成绩,争取下次考好,有不会的题,他可以帮忙解答,然后转而和别人讨论其他话题去了。小A感到失望和焦虑,他不确定同桌是否真的理解他的感受,或者同桌只是在敷衍他。他感觉自己下次也不一定能考好。	准确识别出自己的失望和焦虑。	能够表达对成绩的失望,但难以识别出同学的鼓励与支持。

2. 情绪表达观察点

● 学生表达情绪的方式是否适当。

● 学生在不同社交场合的情绪表达。

表5-6 情绪表达观察表

学生姓名	情境	情绪表达	行为表现	备注
小雨	给在外地工作的妈妈打电话表达想念,妈妈询问了小雨的学习情况,称赞小雨是个自理能力特别强的孩子,并嘱咐她要懂事,照顾好弟弟。小雨在电话中对妈妈大喊大叫,责怪妈妈不关心自己,眼里只有弟弟。挂断电话后,小雨感到更加失落,自己躲在墙角默默流泪,用头撞墙以缓解内心的难过。	不适当表达。	吵着对妈妈大喊大叫,责怪妈妈不喜欢自己。	未能有效表达情绪,伤害亲子关系。

学生姓名	情境	情绪表达	行为表现	备注
小 B	在小组讨论中,小 B 不同意其他成员的观点,认为应该采取不同的策略。他没有极力否定其他人的观点,而是用平静的语气表达了自己的不同意见,并提出了合理的建议,同时保持开放的态度,继续倾听他人的观点。	适当表达。	用平静的语气表达不同意见。	能够控制语调和肢体语言,避免冲突。

3. 情绪调节观察点

● 学生调节负面情绪的策略和效果。

● 学生在面对压力和挑战时的情绪调节能力。

表 5-7　情绪调节观察表

学生姓名	情境	情绪调节	调节效果	备注
小雨	给在外地工作的妈妈打电话表达想念,妈妈询问了小雨的学习情况,称赞小雨是个自理能力特别强的孩子,并嘱咐她要懂事,照顾好弟弟。小雨在电话中对妈妈大喊大叫,责怪妈妈不关心自己,眼里只有弟弟。挂断电话后,小雨感到更加失落,自己躲在墙角默默流泪,用头撞墙以缓解内心的难过。	自己躲在墙角默默流眼泪,用头撞墙。	效果不佳。	未能有效缓解自己的低落情绪。
小 C	课堂演讲前感到非常紧张,担心自己会忘词或表现不佳。	深呼吸、正面自我暗示。	有效减少紧张。	在演讲前使用放松技巧,表现自信。

（三）访谈法

1. 教师可以通过如下问题深入地搜集信息

（1）你能够准确地识别出自己的不同情绪吗？通常会有哪些情绪让你感到困惑或难以理解？

（2）你能够观察到他人的情绪变化吗？你认为自己在理解他人情绪方面有哪些

困难?

(3) 你通常会如何表达自己的情绪? 你觉得自己的表达方式对他人的理解有帮助吗?

(4) 有没有一些情绪让你觉得难以表达或不愿意表达? 为什么?

(5) 你认为自己在表达情绪方面有哪些优势或者需要改进的地方?

(6) 你最近遇到的一次情绪波动较大的情况是什么?

(7) 当你感受到这种情绪时,你有什么样的感觉? 身体有什么反应?(例如,心悸、乏力、呼吸急促、胸闷气短、头晕头痛等)

(8) 当你感到压力很大或者情绪低落时,你通常会怎么做来让自己感觉好一些?

(9) 你有没有尝试过一些情绪调节的方法,比如冥想、运动或写日记? 效果如何? 是否有一些情绪调节的方法在你身上特别有效? 为什么?

(10) 你是否有寻求过帮助来应对这些情绪? 你觉得学校和老师在帮助学生学会更好地调节情绪方面还有哪些可以改进或者加强的地方?

2. 需要搜集的家庭信息

(1) 学生的家庭成员情况。

(2) 学生与其家庭成员的日常相处模式。

(3) 学生的家族中三代内是否有精神病史。

三、怎样帮助学生提高情绪能力?

提高学生的情绪能力,通常可以从认知、行为和人际三方面来进行。认知方面包括对唤起的原因的解释,对反应进行评价等;行为方面包括接纳或缓解消极情绪带来的不良体验,表达适当的交流信息等;人际方面属于社会调节或外部环境的调节,如对关系密切者发出情绪信号等。

(一) 看见情绪并命名情绪:情绪的识别

情绪聚焦理论认为增进对情绪的觉察与反思是情绪转换的重要前提。情绪命名能够帮助个体描述问题,增进觉察和应对能力。当用语言去描述情绪的时候有助于个体从感觉中抽离,这会强化自我控制,而看见内心感受和需要,有助于觉察自己的深层情绪需要。在梳理的过程中会看到消极情绪也有积极意义,当消极情绪出现的时候,不要绝对化地看待它们,尝试接纳,挖掘其积极力量。

以焦虑情绪为例:

活动:绘制焦虑情绪说明书①

（情绪的头像）

1. 请你给焦虑起个名字:　　　　它的性别:　　　　年龄:

2. 它一般在什么时候出现?

3. 它是什么颜色的? 什么味道? 什么触觉?

4. 它的口头禅(它经常说的话)是什么?

5. 你身体的其他器官和它的关系怎样? 谁最喜欢它? 谁最讨厌它?

6. 它出现时,你的感觉怎么样?

7. 你喜欢它吗? 它出现后,你一般怎么办? 你觉得它对自己有什么样的影响?

这个活动可以用在班级辅导、小团体辅导或个体辅导中。个体辅导中,可以加强对个人体验的觉察,团体辅导中可以注重成员之间的反馈,让他们在互相分享中借鉴经验,提高应对能力。

(二) 识别和处理不合理信念

美国心理学家埃利斯(Ellis)经过研究,提出著名的情绪 ABC 理论,这里的 A 指的是诱发事件,B 指的是个体遇到诱发事件后产生的信念,也就是他/她对这一事件的看法、解释和评价,C 指的是情绪和行为结果。通常人们会认为是 A(事件)引发的 C (情绪)。然而,同一件事情对不同的人,会引起不同的情绪体验。如,同样是面对期中考试成绩下降,一个同学的表现是积极请教老师和同学,查找不足,争取下次赶上;另一名同学的表现可能是备受打击,情绪低迷好多天。这是因为 A 与 C 之间还有个对诱发事件的看法、解释的 B 在起作用。不同人的看法、解释和评价不同,就会导致不同的结果。埃利斯认为,正是人们常有的一些不合理的信念才使人们产生情绪困扰。

常见的不合理信念有:

1. 糟糕透顶:这种观念认为如果一件不好的事情发生,那将非常可怕和糟糕。

---

① 戴耀红,周逸凌. 高中生情绪智力培养活动手册[M].上海:同济大学出版社,2020:35.

2. 绝对化:常常表现为将"希望""想要"等绝对化为"必须""应该"或"一定要"等。

3. 过分概括:以某一件或某几件事来评价自身或他人的整体价值,常常把"有时""某些"过分概括化为"总是""所有"等。

教师可以和学生一起识别出消极情绪背后的这些不合理信念,引导学生以新的信念 B2 替代原有信念 B1,从而感受新信念带来的情绪体验。

图 5-1　情绪 ABC 理论模型

(三) 运用非暴力沟通,合理表达情绪

著名心理学家戴尔·卡耐基(Dale Carnegie)曾经说过:"如果你是对的,就要试着温和地、有技巧地让对方同意你,这要比争辩有效和有趣得多。"

国际非暴力沟通专家马歇尔·卢森堡(Marshall Rosenberg)博士提出,非暴力沟通能够指导人们在工作和生活中消除分歧和争议,实现高效沟通。这种沟通方式得以成立的基础是从爱出发,爱自己,助他人,其核心思想是观察、感受、需求和期待,这也是非暴力沟通的四要素。其中,需求是最核心的要素。具体来说,首先,要区分观察和评论,能够不带预设地仔细观察正在发生的事情,并具体指出正影响我们的行为和事物;其次,区分感受和想法,能够识别和表达内在的身体感觉和情感状态,而不包含评判、指责等;再者,体会与正发生的事情和感觉相关的需要,即所有人共通的需要(如食物、信任、理解等)是否得到满足;最后,提出具体、明确的请求(要什么,而不是不要什么),而且确实是请求而非要求(希望对方的行为是出于由衷的关心,而不是出于恐惧、内疚、惭愧、责任等)。

学习非暴力沟通,掌握一定的情绪表达技巧,有利于学生理性处理比较剧烈的消极情绪,既不自我消耗,也不加剧矛盾。

非暴力沟通的四步法:

1. 事实:当我看到……/当我听到……

2. 感受：我感到……

3. 需求/观点：因为我需要……/因为这会让我认为……

4. 期待：所以能不能……/所以希望……

(四) 练习放松训练和正念技术

1. 腹式呼吸。关注呼吸可以调整情绪。腹式可以增加大脑肌肉组织的供氧量，增强身心联系，提高注意力，使身心放松。腹式深呼吸简单易学，站、立、坐、卧皆可，随时可行。

2. 渐进式肌肉放松训练。放松训练是一种系统性的深度放松技巧，一种即时有效、随时随地可用的应对焦虑情绪的方法。渐进式肌肉放松训练的指导语通常比较长，教师在带领学生练习的时候可以使用音频指导语来尝试体验，也可以将音频提供给学生做自主练习使用。

3. 正念技术。正念就是有目的地、有意识地关注、觉察当下的一切，而对当下的一切又都不作任何判断、任何分析、任何反应，只是单纯地觉察它、注意它。最基础的可以从引导学生将注意力专注于呼吸上开始，正念呼吸可以迅速平缓紧张焦虑的情绪。在这个过程中，会冒出一些其他的念头，例如关于身体感觉的、关于最近焦虑的事情或者其他的任意念头，都不必担心，简单地把注意力拉回到呼吸上就好。开始可以从 5 分钟的简短正念开始，慢慢延长时间。掌握了基础的呼吸练习之后，可以将注意力转到身体感觉上。除了正念呼吸，正念技术还包括正念行走、正念饮食等。学生在学会了这种方法后，每当察觉自己陷入消极情绪，甚至身体出现不适感时，都可以使用正念技术让自己不再卷入无休止的负性思维和情绪上，从而恢复状态。

案例中小雨同学存在"抑郁状态、焦虑状态、强迫状态、情绪冲动"，可以用放松训练和正念技术来缓解她的消极体验。

正念技术的练习方式灵活，除了应用于个体，还可以融入到其他学科课程中，也可以与团体心理辅导或学校其他活动有机结合。

(五) 通过倾诉、合理宣泄、书写情绪等方式调节情绪

倾诉：鼓励学生在情绪低落时，向自己信任的家长、老师和朋友诉说，当学生能够

用语言把他们的情绪问题表达出来时,这本身就是对情绪问题的梳理和管理。在与人沟通交流的过程中,对情绪刺激的再认识也可以改变对情绪问题的看法,完成情绪管理的过程。教师还可以鼓励学生通过写日记的方式来自我倾诉。

合理宣泄:如大哭一场,是一种有效缓解不良情绪的方法。家长和教师要允许孩子有哭泣的权利,不要以"别哭了""男子汉,哭什么哭"这样的话语阻断孩子的情绪表达。研究发现,哭泣对大脑血流量的影响要远远高于笑,哭泣不仅有助于缓解情绪压力,还能提升免疫力。

书写情绪:教师可以引导学生利用情绪记录表(见表5-8)记录自己的情绪变化过程,试着写下生活中容易引发情绪反应的事件,分析背后的情绪和感受,找到自己真正的需求点。通过这样的书写,可以了解情绪产生的真正原因,了解自己的应对方式,从而引导学生找到更加积极、更具适应性的应对方式。

表5-8 情绪记录表

时间和情境 (导致不良情绪的事件经过)	自动化思维 (写下出现情绪时的自动化思维)	情绪及其强度 (标明悲伤、愤怒、焦虑等,情绪的强度评分为1—10分)	采取的 行动	后果
1. 新学期开学,学校举行社团招新活动,我想参加又担心自己无法融入新社团。	我可能不擅长社交,别人可能不喜欢我,我可能在社团里一个朋友也交不到。	焦虑9分,悲伤6分。	主动参加了几个感兴趣的社团介绍会,与几位看起来友好的同学交谈,并在活动结束后主动添加了他们的联系方式。	通过积极参与和交流,结识了几位新朋友,对社团有了更深的了解,焦虑感显著降低,感到更加自信和乐观。
2.				
3.				

除此之外,规律的锻炼能改善压力情况,带来消极情绪的疏解。每天记录生活中的幸福事件也可以很好地改善情绪问题,幸福日记或者幸福账本是积极心理学帮助我们获得幸福感的非常重要的手段和方法。

第三节 中学生的焦虑:从"过度"到"适度"

■ **案例 5-3**

焦虑的小敏

> 小敏是初二年级的学生,她初一的时候成绩优秀,初二科目增多之后成绩下滑。这让小敏非常紧张,她开始担心自己无法跟上同学们的步伐,害怕自己会被他人嘲笑或失去朋友。早上起来有时会恶心呕吐,有时还会有莫名地手抖,去医院检查都没有检查出身体方面的问题。小敏时不时就会冒出一系列灾难性的想法——如果自己成绩不好,就考不上好学校,考不上好学校就找不到好工作,以后的人生就会非常糟糕。想到这些,小敏就变得注意力更加不集中,难以投入到学习中。到了学校,小敏有时也会在上午课间操的时候因为身体不适请老师联系家长带自己回家。初二下学期,小敏开始一周有几天都到不了学校,想到学校就很担心紧张,并伴随着头疼或腹痛。

在你的身边一定有像小敏一样因为各种原因而变得焦虑的学生,那完全不焦虑就是好的吗? 我们怎么评估一个学生的焦虑水平? 当我们遇到像小敏一样焦虑的学生时,我们可以做些什么?

一、什么是焦虑?

(一) 焦虑的概念

很多中学生也像小敏一样有很多担忧。对自己的担忧——比如我是不是太胖了?

是不是不太受欢迎？是不是太懒了？对未来的担忧——我的成绩够好吗？我未来能找到工作吗？还有对世界的担忧——地球是不是正在变化？我走在大街上安全吗？

中文中"焦"的意思是把小鸟放在火上烤，"虑"则是担心老虎的到来，这两个汉字很好地诠释了"焦虑"的内涵。英文的"焦虑"一词源自拉丁语"angere"，意思是"紧缚"，形象地表达了处于焦虑中的人所体会到的不适感——面对未来所感受到的束缚、尴尬和不确定的感觉。焦虑是人们面对可能会造成的威胁或即将来临的危险情境所产生的紧张、不安、烦恼、忧虑等不愉快的复杂情绪。

焦虑中包含恐惧害怕的体验，但又与之不同。害怕是对眼前明确的危险的直接反应，而焦虑则是对潜在不确定威胁的持续担忧。害怕经常与"战斗或逃跑"的自主神经警醒、紧急危险、逃跑行为有关；而焦虑则经常地与为未来危险做准备的肌肉紧张和警觉、谨慎或回避行为有关。显然，这两种状态有重叠，也有不同。通过对过度焦虑人群的深入研究，研究者提出，焦虑有三个主要特点：指向未来的、灾难性的和基于语言的。

"指向未来的"指的是集中于一些可能发生但是还没有发生的事。"灾难性的"是指思绪集中在最糟糕的结果以及所有关于未来会变得糟糕和可怕的暗示上。"基于语言的"是指人们焦虑的时候，他们的想法大部分是以语言文字的形式呈现的。案例中的小敏就是在担心未来尚未发生的事情，包括别人的嘲笑、失去朋友、上不了好学校以及找不到好工作，而且关注的都是最糟糕的结果，同时这些担忧都是以语言的方式存在小敏的头脑中的。

（二）焦虑是不好的吗？

过低的焦虑水平使个体不能排除情境中无关因素的干扰，对有关线索的检测是缓慢的、不准确的；使个体缺乏紧张、意志消沉、行为松懈，人的身体处于麻木状态。

适度焦虑对人的身体和心理健康没有害处，反而可以使人更好地发挥潜能，从而积极地适应环境。焦虑与学习效率的关系呈倒 U 形曲线，即中等程度的焦虑有助于提高学习效率，能使学习者维持适度的紧张状态，取得良好的学习效果。"适度焦虑"的人的内心想法是：这件事多半不会出现那么糟糕的结果，即使有这种结果也不会发生在我身上；即使真的那么糟糕，天也不会塌下来，我还是可以承受的。适度焦虑能够增加有助于解决当前问题的动机和能量。例如，明天就要考试了，我感受到的焦虑会让我不再刷朋友圈或者玩游戏，而是根据考试要求来进行复习。此时的焦虑就是有用焦虑,它的特点是指向现在。

过度的焦虑使个体的注意转移力降低,不能检测情境中的重要线索,会产生生理、心理的紊乱,容易使个体紧张、慌乱、行为失常、思维混乱,使人缺乏随机应变的能力,在生理上往往表现为心跳加快、血压升高、肢体麻木、头昏脑胀,甚至出现某些器官的功能性紊乱,以致造成注意力不集中、健忘、思维迟钝,极大地束缚了其认知能力。"过度焦虑"的人的内心想法是:这件事很可能会出现最糟糕的结果,没有人保证一定不会,就有可能会;如果出现了最糟糕的结果,我不敢想,我无法承受,我会毁灭!过度焦虑常常指向未来。它通常是一个人对未来的不确定或者可能发生的危险感到担心或者害怕。例如,明天就要考试了,而我此时却在想:我考试不及格怎么办? 同学们会不会因此认为我特别笨? 老师会不会瞧不起我? 我未来的升学、工作会不会因此而受到影响? 这种焦虑之所以无用,是因为它不能解决当前的问题。

那么从临床上来讲,什么情况可以确认为病理性焦虑,而不是正常的焦虑表现呢?

根据《精神障碍诊断与统计手册》第五版(DSM - 5),广泛性焦虑障碍(Generalized Anxiety Disorder, GAD)的诊断标准包括以下要点:

● 过度焦虑和担心:个体在大部分日子里都会出现过度的焦虑和担心,涉及各种事情,如社交、学业、健康等。这种焦虑和担心难以控制,超出了实际情况的程度。

● 持续性存在:过度焦虑和担心至少持续 6 个月以上,且大部分时间都会出现。

● 难以控制的焦虑:个体难以控制焦虑的发生和持续,即使意识到自己的焦虑是过度的或不合理的。

● 伴随多种症状:可能伴随以下症状之一或多个,如不安、烦躁、易激惹、肌肉紧张、疲劳、注意力困难、睡眠障碍等。

● 对日常生活功能的干扰:焦虑和担心导致个体在社交、职业或其他重要领域的功能受到明显的干扰。

● 排除其他疾病:这种焦虑不能完全归因于其他精神障碍,如恐惧症、强迫症、创伤后应激障碍等。

所以,临床上一般根据频率、强度、持续时间和影响等判断是否为病理性焦虑。当学生出现或判断可能存在病理性焦虑风险时,可推荐寻求专业的心理帮助或去医院进行诊断与治疗,切勿独自妄下判断。

有的学生每次在学校考试时都会感到不安,如心跳加速、手心出汗,但在开始做题时,就会努力集中注意力,心态也会有所平复。考试成绩也能够反映其掌握水平,这种就是正常适度的焦虑。前述案例中的小敏在焦虑的频率、强度、持续时间和影响方面都较强,需要专业的帮助。

(三) 为什么会焦虑?

现代的中学生除了要面对身心生长高峰带来的种种矛盾冲突,还须面对社会转型带来的冲击,因此,常常会陷入深深的焦虑之中。相信正在阅读本书的你也会时不时地处于或多或少的焦虑之中。这是我们这个时代的常态。在这个急速变化、信息爆炸和充斥着巨大压力的时代,焦虑不安是一种常态,宁静放松倒常常是暂时的。

有研究发现,高中生的焦虑程度由大到小依次为考试焦虑、学习焦虑、形象焦虑、人际焦虑、家庭焦虑及恋爱焦虑。[①] 初中生在学习、考试、形象、恋爱这四个焦虑源上,检出率均呈现出由高到低依次为初三、初一、初二的趋势。而在家庭和人际方面,则都为初一年级检出率最高。[②]

从中学生焦虑影响因素看,有8个因素导致特质焦虑,按照影响大小排序,分别是学业压力、不良社会影响、自卑倾向、学校适应不良、内向性格、身体虚弱、人际关系困扰和父母的不良教养方式。[③]

近20年来的科学研究显示,与青少年出现持续焦虑有显著关系的因素主要有三种,分别为遗传和神经生物学因素、环境和社会因素以及个人气质因素。以上三种因素并不是导致青少年焦虑的直接原因,但属于重要的作用因子,它们的存在和影响会增加青少年患焦虑症的风险。

1. 遗传和神经生物学因素

一些研究表明,如果父母患有焦虑症,那么子女在发育阶段患焦虑症的概率比普通孩子至少高七倍。如果父母患有其他精神病理障碍,子女患焦虑症的风险也会加剧。

---

① 刘叶.高中生焦虑原因调查问卷的编制与应用[D].大连:辽宁师范大学,2013:36—39.

② 王亚美.初中生焦虑原因问卷的初步编制与应用[D].大连:辽宁师范大学,2013:36—38.

③ 李焰,张世彤,王极盛.中学生特质焦虑与其影响因素的模型建构[J].心理学报,2002(03):289—294.

对于人和动物的研究表明,病理性焦虑通常伴随着连接前额叶皮层和杏仁核的神经元回路的功能障碍。这些神经元回路对于认知和识别情绪起着重要作用。存在重度病理性焦虑倾向的人,这些回路会有所变化,杏仁核的活动更为频繁,前额叶皮层活动较少。

2. 环境和社会因素

父母的不良教养方式是中学生产生焦虑的关键环境因素。焦虑的、过度保护的或过度严格的养育方式都不利于培养孩子的自主能力,会导致孩子出现病理性焦虑。而正确的教育方式,要求父母能够培养孩子的自主性和责任感,积极发挥引导作用,在亲子关系中充当积极的角色,鼓励孩子在日常生活中进行合作和分享。

与中学生焦虑有显著关系的另一个重要因素是成长过程中经历过压力性生活事件。我们所说的"压力性生活事件"一般包括:多次遭到周围同伴们的欺负;网络暴力;父母罹患重病;人际关系方面受到孤立;与家人关系僵化或被过度控制;社会地位弱势;在充满矛盾的家庭环境中长大;不被重视、得不到保护或遭受家庭暴力;等等。

3. 个人气质因素

心理学家李·A. 克拉克(Lee A. Clarke)和大卫·沃特森(David Watson)在 1991年开发的情绪三方模型表明,积极、消极、过激等气质与焦虑和抑郁的情绪显著相关。过度消极意味着更加脆弱、对负面情绪更加敏感,通常伴随着过激,因此被认为是造成青少年焦虑的主要风险因素。

"内部感知力"表示感知自身身体内部信息(例如对心跳的感知)的能力,"外部感知力"代表在外部世界的刺激下产生感觉(例如冷、热、痛)的能力。结果表明,高敏度内部感知力与消极、过激、内向等与焦虑相关的气质呈现正相关。因此,可以推断出,焦虑的个体会更加关心自己身体内部的情况以及生理变化。

二、如何评估焦虑?

(一) 观察法

焦虑的学生可能会有什么表现呢?

作为和学生朝夕相处的老师,我们可以通过观察他们的日常表现来了解他们的焦虑状态。表5-9呈现了一些可能的线索。

表5-9　焦虑线索观察表

焦虑的线索	有	无
身体语言：紧张的身体姿势，如蜷缩、手指紧握、腿部颤抖等。		
身体不适：头痛、胃痛、心悸或心跳加速、肌肉紧张、呼吸困难、失眠等。学生可能频繁请假或出现身体不适的情况。		
过度担心：对可能发生的事情过度担心。可能表现为口头上反复说这件事，或者总是在思考这件事，想要反复确认。		
情绪的波动：烦躁、易怒、情绪低落或紧张不安等。		
注意力不集中：难以集中精力在课堂上或任务上，经常分散注意力，或者表现出过度警觉的状态。		
社交退缩：避免与他人交流、参与团体活动，或表现出对社交场合的恐惧。		
避免或逃避：避免或逃避引发焦虑的情境。拒绝参与某些活动、逃课或逃避面对困难。		
学业压力：对成绩的过度关注、对考试或作业的担忧、对完成任务的困难感等。		
完美主义倾向：对自己的要求过高，害怕犯错或失败。他们可能过度关注细节，担心不能达到自己或他人的期望。		

　　这些线索并非绝对，每个学生的表现可能有所不同。如果观察到学生在身体、情绪、行为表现三方面有一些异常，而且表现出日常生活效率低下，饮食习惯或睡眠规律改变，夸大身体上的不适感，在学校的表现反常，虽然学习很努力但成绩下滑，对以往喜欢的朋友或活动失去兴趣，独处时间明显增加，过度担心或焦虑等问题，可以考虑和学生谈谈，通过访谈的方式了解更多信息以作判断。

(二) 访谈法

　　访谈法的主要目的是进一步了解学生的状况，这部分可以用于班主任和学生之间的个别对话,也可以由心理老师做专业的评估访谈。

访谈原则:倾听学生对自己焦虑的描述。要尽量多地记录下有用的细节,从而了解学生如何看待自己的焦虑。

访谈提纲如下。

1. 说明访谈的目的

如果你是班主任老师,你可以先说说自己的观察,表达对学生的关心,以及想要提供帮助的意愿。

如果你是心理老师,你需要说明谈话的目的和保密性。

2. 了解近期学生在社交、学校表现、家庭生活等方面的变化。

例如:最近学校和家庭生活中有什么变化吗?

3. 了解学生的焦虑表现

可以询问的问题有:"最近你是否感到特别悲伤或是烦躁?""你是否食欲不振,或者暴饮暴食?""近期你是否有过失眠或者昼夜颠倒?""你是否会突然没来由地感到害怕、紧张或焦虑? 如果有过这种情况,可以跟我讲讲吗?

他们可能会有如下身体感受——

麻木或刺痛、心跳加速、吃惊、呼吸急促、恶心、呕吐或胃疼、肌肉紧张、身体疼痛、头晕眼花、感到自己与身体或环境处于分离状态、睡眠障碍。

他们可能会有这样的想法——

为很多事情担忧;有很多灾难的想法;觉得无法控制自己;觉得人们在评判自己;经常想"我不应该那样说";担心梦想破灭;反复思考已经作出的选择;难以集中注意力;说服自己不想做某事;认为自己有生理问题,如心脏病;觉得自己不对劲;无法阻挡侵入性想法。

他们可能会有这样一些行为——

回避社交;克制不住用某些行为来缓解焦虑,如反复检查门锁;回避不确定或感到害怕的情境;待在家中以保安全;回避作决定;表现较差或成绩不佳;回避重要的活动;在身体状况良好时求医问药;过度寻求安慰;强迫性使用网络或社交媒体。

4. 了解焦虑出现的场景

与焦虑相关的场景中的所有信息都是有用的。比如,更容易在学校出现还是在家出现,或者它是否跟某些特定事件存在着频繁的关联。比如,作业没完成、回答老师提问或是跟朋友外出。

例如:"你最害怕的事情是什么?""你在什么情况下会感觉更加焦虑和担心?"

5. 了解应对焦虑的方式

可以询问学生,当焦虑的时候,会做些什么帮助自己,以此来评估学生应对焦虑的能力。

6. 了解焦虑产生的后果

我们需要在与学生的访谈中了解他们的行为所产生的后果,例如:"当你说焦虑的时候,你的朋友/父母会怎么做?"从而得知朋友/家长对于学生的焦虑表现做出了哪些反应和措施。

7. 如果你高度怀疑学生有自伤自杀风险的话,可以询问学生本人以及其周围的人来判断其是否存在安全风险。

我们可以提出一些问题,比如:"你是否经常想伤害自己?""你是否有过自残行为,比如割伤自己或是打自己?""你是否尝试过自杀? 有多少次? 以怎样的方式?""你是否经常在非常生气的情况下想要伤害他人、伤害动物或者破坏不属于你的东西?""你是否对他人或动物造成过伤害? 是否破坏过东西?"

8. 在访谈的结尾,应当让学生对发生的情况进行重述,同时询问是否有遗漏的关键信息,可以问:"我刚才问的那些问题是否涵盖了你最担心的事情?""我有没有遗漏什么重要的事情?""为了更好地了解你的处境,还有没有其他想告诉我的?"

(三) 问卷法

问卷法是大规模筛查焦虑的重要工具,也可以在个别谈话辅导中用于观察焦虑情绪的变化。焦虑是心理学研究的热点,有非常多相关的测量量表,其中运用最为广泛的量表是焦虑自评量表(SAS),由庄(W. K. Zung)于 1971 年编制。[①] 该量表包含 20 个反映焦虑的主观感受的项目,每个项目按症状出现的频度分为四级评分,其中 15 个项目为正向评分,5 个项目(带 * 号)为反向评分。该量表可以评定焦虑症状的轻重程度及其在治疗中的变化。

---

① Zung W W. A rating instrument for anxiety disorders [J]. Psychosomatics, 1971, 12(06): 371 - 379.

表 5-10　焦虑自评量表(样题)

指导语:下面有 20 条文字,请仔细阅读每个项目,然后根据自己最近一周的实际情况填写,1:很少,表示没有或很少时间;2:有时,表示少部分时间;3:经常,表示相当多时间;4:持续,表示绝大部分或全部时间。

题项	很少	有时	经常	持续
1. 感觉比平时容易紧张和着急	1	2	3	4
2. 因为头痛、头颈痛和背痛而苦恼	1	2	3	4
3. *吸气呼气都感到很容易	4	3	2	1

在学生做自我评定以前,要对学生进行简单的培训,让学生清楚整个量表的填写方法及每条题目的含义,并告知学生测量时要独立思考,尽量不受其他干扰。该量表的评分标准:"1"代表没有或很少时间有;"2"代表少部分时间有;"3"代表相当多时间有;"4"代表绝大部分或全部时间有。学生需要根据自己过去一周的实际感受进行填写。评定时,应提醒学生理解反向评分的项目,该测量有 5 个反向项目。评定结束时,应仔细检查评定结果,同时提醒学生注意完成每一个项目,避免重复评定。该量表的统计规则:(1)正向评分题:依次为粗分 1、2、3、4 分;(2)反向评分题(带 * 号):依次为粗分 4、3、2、1 分。总粗分是 20 个项目的得分相加(X),经过公式换算即用粗分乘以 1.25 后取整数为标准分(Y)。根据中国常模结果,SAS 标准差的分界值为 50 分,其中 50—59 分为轻度焦虑,60—69 分为中度焦虑,69 分以上为重度焦虑。

(四) 其他评估方式

也有学者尝试用房树人绘画测验的方式来评估学生的焦虑状态,房树人绘画测验是由美国心理学家巴克(Buck)提出的,经过不断的发展,从最初的将房子、树木、人物分别画在三张纸上,已经演变成在一张白纸上画出这三项内容。这样的变化除了能够减轻学生的负担,同时有助于在一张绘画中发现房子、树木和人物之间的相互关联。因为其操作简单、非言语性的特点,处在青春期阶段的中学生容易被其吸引注意力,降低心理防御,有利于测验的实施。房树人绘画测验工具:一张 A4 白纸、铅笔和橡皮。房树人绘画测验指导语:请将画纸横向放在桌上,用铅笔在纸上画出房子、树木和人物,画中需要包含这三样内容,同时也可以任意添加其他内容,人物尽量画得完整。不要借助工具,也不要画火柴人和漫画人物。有焦虑情绪的学生的画作有以下几点特征——脖子涂黑、腿上有阴影、过小的占画面九分之一的房子、倾斜的房子、屋顶线浓重、乌云、反复描绘地面线,如图5-2。①

图5-2　焦虑学生的房树人作品

三、怎么帮助学生应对过度焦虑?

第一步:理解学生的焦虑

不要试图告诉学生停止焦虑,或者反复强调没有必要去为这些事焦虑。先试着和学生聊一聊什么让他(她)感到焦虑。

第二步:心理教育

可以通过文章、班会课、心理健康课、讲座等方式让学生了解到焦虑是一种正常的

① 马淑芬,李鹤展,邹晓波,等.绘画疗法对初三学生焦虑情绪的干预研究[J].国际精神病学杂志,2018,45(05):878—880.

情绪状态,保持适度的焦虑可以激发自己的动机,提升表现。

焦虑和其他所有情绪一样都是信使,帮助学生倾听焦虑这个信使传递的信号很重要——给自己的焦虑起个名字,画出它的样子,以及探索它究竟在提醒自己些什么,这些提醒究竟是想象的还是基于事实的呢?

第三步:觉察过度焦虑的信号——制作情绪温度计

可以通过班会课、心理课程、团体辅导、个别辅导等方式教中学生制作情绪温度计,帮助他们辨别自己的焦虑状态,识别自己过度焦虑的信号。

制作情绪温度计的步骤如下:

回忆人生中焦虑情绪最强烈的一次经历,把它写在刻度 100 旁,那个时候发生了什么,身体有什么感觉,头脑有什么想法,有怎样的行为表现。

把一次完全没有焦虑情绪、心情平和的经历,写在 0 旁,那个时候发生了什么,身体有什么感觉,头脑有什么想法,有怎样的行为表现。

把一次介于两者之间的经历,写在 50 旁,那个时候发生了什么,身体有什么感觉,头脑有什么想法,有怎样的行为表现。

继续细化温度计,补充情绪强度为 75、25 的经历。

确定一个数值为自己的过度焦虑值,并具体化自己过度焦虑的表现——身体、想法、行为方面的具体表现。

尝试用这个温度计,评估自己此次焦虑的温度。

第四步:身体管理技巧

可以教授学生一些呼吸、肌肉放松等技巧,来应对不必要的身体应激反应。

盒子呼吸法是一种非常有效的呼吸调节法,通过鼻子而非嘴巴呼吸,可以帮助深呼吸并减缓呼吸速度。运用这个方法,将能专心于呼吸和数数,而非紧张或焦虑。在做一些可能带来压力的事情之前,比如在考试之前运用这个方法,有助于放松身体,还可以提高专注力。

盒子呼吸法的步骤如下:

闭上眼睛,想象你正在建构或拆解一个盒子。想象一个放松的环境。我最喜欢想象的地方是沙滩和海洋。吸气时,想象海浪轻轻地拍打着沙滩;呼气时,想象海浪轻轻地退去。

找一个舒适的坐姿,双脚稳稳地踏于地面。

花一分钟时间注意你当前的身体状态和呼吸模式。

一旦确定好了位置,将双手放在你的小腹(肚脐下方的区域)上,或者,手掌向上,放在你的大腿上。

慢慢吸气,数到4(自己数):吸气,2,3,4。注意你的腹部鼓起来了。

屏住呼吸,数到4(自己数):屏住呼吸,2,3,4。

慢慢呼气,数到4(自己数):呼气,2,3,4。注意你的腹部瘪下去了。

屏住呼吸,数到4(自己数):屏住呼吸,2,3,4。

重复练习至少4次。

渐进式肌肉放松,去收缩和放松不同身体部位的肌肉,留意肌肉在不同状态下的体验。当能区分紧张和放松的区别之后,我们就能更敏锐地觉察到,身体的哪些部位是紧张的,再试着有意识地放松它们。这一项技能适用于所有人,并且也很适合在情绪不那么强烈的时候练习。

教师可以尝试在授课前,利用5—10分钟进行正念训练,让学生的心安定下来,专注于接下来课堂所进行的一切环节,学生的焦虑水平降低,注意力更加集中。

羽毛球运动、太极运动、瑜伽也是非常有效的降低焦虑的方式,可以鼓励学生多参与此类运动,从身体管理的角度降低焦虑。

第五步:表达性的焦虑干预策略

(1) 表达性书写

表达性书写是一种心理干预的新方法,它是指在一定的时间内,按一定的主题,表达个人的感受和想法,有一些相关研究表明这种方法可以有效地降低中学生的焦虑水平。[1]

表达性书写的指导语如下:

写作开始之前,请充分准备好你的心,尝试在接下来的时间里,全身心投入到写作中去。

你用于写作的时间为25分钟,在写之前你需要几分钟时间,来仔细阅读写作说明,你是否能根据说明来进行写作,对写作最终的效果尤为关键。读完写作说明后,你可以先回忆并构思要写的内容,然后再开始写。时间到了,我们会提示你。没写完也不要紧,下次你可以接着写。在写作的过程中,你可以想到什么就写什么,不用考虑句子是否通顺,有无错别字。你所写的内容我们会严格保密。请你放心地畅所

---

① 程文.表达性写作降低中学生抑郁焦虑水平的社会工作实务研究[D].昆明:云南大学,2022:57—58.

欲言。

第一次

请回想一下，在最近一段时间里，给你带来较多焦虑的生活事件。请把它写出来。在写作的过程中，请你描述该事件的过程，并描述你在该事件中的情绪和感受。你也可以描述你在想起这段经历时的想法。比如，可不可以换个方式看待这件事情，将来如果再遇到这样的事情该如何去处理。你有多次的时间来写，所以这次写不完也不要紧。

第二次

请回想一下，在最近一段时间里，给你带来较多焦虑体验的事件。把它写出来，在写作的过程中，你可以描述该事件的过程，也可以描写你在该事件中的情绪和感受，再着重描述你在想起这段经历时的想法。比如，可不可以换个方式看待这件事情，将来如果再遇到这样的事情该如何去处理。

你也可以接着上次的写作内容继续写，如果以上内容都已写清楚了，没有什么需要补充的了，你可以叙述另外一件事情。请记住，你需要描述该事件的过程、在该事件中的情绪和感受，再着重描述你在想起这段经历时的想法。

第三次

请回想一下，在最近一段时间里，发生的那件使你焦虑的事情，即使这件事情带给你的焦虑是非常短暂的、轻微的，也请你把它表达出来。你可以先描述该事件的过程，你在该事件中的情绪和感受，再着重描述你在想起这段经历时的想法。比如，可不可以换个方式看待这件事情，将来如果再遇到这样的事情该如何去处理。

你可以先在脑海里细细地回想这件事，然后再开始写出来。

除了书写自己的焦虑之外，也可以尝试以下一些主题的书写：

第一阶段——书写自己的烦恼，这一阶段的主要目的是尽情宣泄情绪和倾诉烦恼；

第二阶段——书写"我是一个怎样的人"，但是只能写优点；

第三阶段——书写"十年后的你会喜欢现在的自己吗"。

（2）表达性艺术

心理老师或班主任老师可以和艺术老师一起通过艺术表达的方式帮助学生调节过度焦虑。

绘画是一种很好的焦虑表达形式，绘画的主题可以包括涂鸦画、自由画、房树人测验、自画像、树木人格图、曼陀罗绘画等。

第六步:提升学生的其他策略

无论是心理老师还是班主任或学科教师,都可以帮助学生学习有效的学习技能和时间管理策略,包括如何制订学习计划、合理安排时间、提高学习效率等,以减轻他们在学业上的压力和焦虑。

第四节　中学生的抑郁情绪:"emo"与抑郁

■ **案例 5 - 4**

"emo"与抑郁

> 小 A 是一名初二女生,在家总会和父母因为各种事情发生争执。比如手机使用、房间整理、学习效率等,争执后,她总会和好朋友小 B 说:"哎,我又 emo 了!"小 B 常常附和着:"我也 emo!"两人互诉"苦水",情绪得以平复。

> 小 M 是一名高一女生,最近总是感到非常无助,情绪很低落,有时晚上还会失眠。在一次期末考试中,小 M 成绩下降明显,母亲指责其学习不努力,双方发生争执。事后小 M 自己躲在卧室,用小刀在手臂上划出条条伤痕。用她自己的话来说,只有看到血的那一刻才会感到释然一些。面对自己的情况,小 M 通过网络、书籍搜集到很多信息,认为自己得了抑郁症。

小 A、小 B、小 M 的情况是中学生群体中的一个小缩影,有的学生只是口头表达着自己"emo"了,有的学生会采用自残的方式,有的学生会说"不想活了""死了算了"等消极的语言……

那么,"emo"状态等同于抑郁症吗? 抑郁症到底是什么? 面对中学生时常会说的"emo",教师要怎么做呢?

一、关于"emo"和抑郁症

(一)"emo"的学生都是抑郁症吗?

"emo"是近些年比较流行的网络流行语,很多中学生常常用"emo"来表达"丧""忧郁""伤感"等抑郁情绪。

抑郁情绪是每个人都有的,抑郁情绪对不同个体的影响程度会有所差异,"emo"作为抑郁情绪的一种语言表达,也会存在个体差异。例如,有的学生说"emo"只是为了追求潮流,用流行词和其他同学达成情绪上的共鸣;有的同学说"emo"是在某段时期遇到特殊事件导致了抑郁情绪状态,但不会过多影响正常生活和学习;有的同学说"emo"却是陷入到抑郁情绪中,有生理上的反应,甚至影响了正常的生活和学习。可以说,"emo"的学生并非都是抑郁症。

那么什么是抑郁症呢? 抑郁症是抑郁障碍的一种典型情况,它以显著而持久的心境低落为主要特征,部分患者有自伤、自杀行为,可伴有妄想、幻觉等精神病性症状,严重时可能发生抑郁性木僵,表现为面部表情固定、对刺激缺乏反应、话少甚至不言语、少动甚至不动等。

(二) 抑郁症的诊断标准是什么?

《疾病和有关健康问题的国际统计分类(第十次修订本)》(International Classification of Diseases, 10th Revision,ICD-10)是世界卫生组织制定的用于疾病和健康问题分类和编码的国际标准,对抑郁症有详细的定义和诊断标准。按照 ICD-10 的标准,抑郁症的核心症状包括:心境低落;兴趣和愉快感丧失;疲劳感、活力减退或丧失。抑郁症的附加症状为:注意力和记忆力降低;自我评价和自信降低;自罪观念和无价值感;悲观;自伤或自杀的观念或行为;睡眠障碍;食欲下降。

同时存在至少 2 条核心症状和 2 条附加症状,才符合抑郁症的症状学标准。此外,还需要考察病程,以及对工作、学习、社交的影响程度。同时,还要排除精神分裂症、双相情感障碍等重性精神疾病和器质性精神障碍以及躯体疾病所致的抑郁症状群,方可进行诊断。

值得注意的是,以上只是临床诊断标准的部分参考,非专业临床医生以及教师不可擅自根据标准给学生下诊断。

(三) 哪些学生更容易患抑郁症?

抑郁症虽然是一种心理疾病,但与家族遗传有密切关系。有报道显示,家族中有抑郁症患者的人,其抑郁症的发生率比家中无抑郁症亲属的高 2—10 倍。如果父母患有抑郁症,子女患病的发生率也会显著提高,血缘关系越近,患病率就越高。研究发现,抑郁症一级亲属(父母、亲兄妹、孩子)的患病风险是普通人群的 3 倍。瑞典的一项大规模双胞胎研究显示,抑郁症的遗传率约为 37%。

青春期生理和心理的变化容易引起抑郁情绪。对于中学生来说,生理上的变化会导致激素分泌不稳定,情绪的稳定性也会受到影响;从心理上看,学生的思想逐渐开始成熟,出现了自我与超我之间的矛盾,或者自我内部的冲突,也很容易引起抑郁情绪。实际上很多中学生会有不同程度的抑郁情绪,有部分学生还会表现出抑郁的核心症状或附加症状,例如上述诊断标准中提到的,但未达到诊断标准。这些学生需要及时进行关注和支持,避免严重的风险。

不良生活事件也会诱发抑郁症。在日常生活学习中,中学生难免会遇到各类不良事件,如家庭变故、学业压力过大、人际关系问题、感情受挫等,若自身不能较好地调节或没有得到外界积极力量的支持,也可能会诱发抑郁症。

(四) 抑郁了必须要吃药吗?

医生会对患者进行全面评估,同时根据其临床表现、病程以及症状的严重程度,在排除物质、药物或其他躯体问题引起的抑郁障碍后,进行诊断。

已经确诊抑郁症的患者,应严格遵医嘱治疗,并坚持定期复诊,即使经治疗病情已得到有效控制,如果生活中出现重大变故,或感到有抑郁症发作的迹象,也应及时就医。

(五) 抑郁症吃药的效果怎么样?

抗抑郁药在临床上主要用来治疗抑郁症,可以有效改善抑郁症状,提高情绪,恢复正常的社会功能,长期服用可以维持病情稳定,以及降低复发率。临床上常用的抗抑郁药包括氟西汀、氢溴酸西酞普兰、舍曲林、度洛西汀、阿戈美拉汀等。

以氢溴酸西酞普兰为例,它的作用机制是选择性地抑制5-羟色胺转运体,阻断神经细胞突触间隙中的5-羟色胺再摄取,使脑内对应浓度增高,从而达到抗抑郁的效果,缓解抑郁患者的低落心境,使心境逐渐恢复正常,出现愉快感。

一般情况下,抑郁症患者服用抗抑郁药后心情可逐渐恢复平稳,临床症状可得到相应改善。但需注意,如果患者服用抗抑郁药一段时间后,出现异常开心、兴奋,讲话明显增多、滔滔不绝,甚至出现与以往明显不同的性格改变,比如容易与人争执、发脾气,甚至冲动打人等现象,要及时到医院复诊,请专业医生进行检查,明确是否存有双相情感障碍,如有,需及时采取相关措施。

二、有关抑郁的评估工具

(一) 观察法

参考ICD-10制定的抑郁症诊断标准,从学生的情绪、兴趣、精力、注意力和记忆力、自我价值感、睡眠、食欲、自伤或自杀意念等指标进行观察。可参考以下观察提纲。

1. 学生最近做事时会提不起劲儿或没有兴趣。
2. 学生最近心情低落、沮丧或绝望。
3. 学生最近在学校期间总会有昏昏欲睡的状态。
4. 学生最近表现得很疲倦或没有活力。
5. 学生最近食欲不振或吃太多。
6. 学生最近会觉得自己很糟或觉得自己很失败。
7. 学生最近对事物专注有困难,例如看书、学习、游戏等。
8. 学生最近会有不如死掉或用某种方式伤害自己的念头。

(二) 访谈法

与观察法依据的指标相同,访谈法可参考以下访谈提纲进行。

1. 你最近感觉怎么样？有没有过突然的情绪波动或情绪爆发？

2. 你最近对平时喜欢做的事情还有兴趣吗？

3. 你最近会不会感觉总是没什么精神？即使休息充足，你是否也感到难以恢复精力？

4. 你最近是不是觉得注意力不太容易集中？学习效率受到了影响？

5. 你最近身体有哪些不适吗？最近食欲怎么样，有明显变化吗？睡眠怎么样？

6. 你最近是否会过度关注自己的缺点或错误，忽视自己的优点？

7. 你最近有过伤害自己或自杀的念头或行为吗？如果有，这些想法出现的频率和强度如何？

根据以上观察法和访谈法参考的提纲指标，学生符合症状的数量越多、持续时间越长就越严重。对于轻度抑郁情绪的学生，教师需给予一定的关注和心理支持，同时及时与家长进行沟通，必要时，建议家长到相关医院进行排查性检查。

(三) 问卷法

在学校里使用抑郁相关量表对学生的抑郁情绪进行集体筛查，效率较高。一般学校进行全体学生心理评估时都会用到抑郁量表。常用的抑郁量表比较多，以下介绍 3 个常用于儿童青少年群体的量表。

1. 流调用抑郁自评量表(Center for Epidemiological Survey, Depression Scale, CES‑D)

该量表由美国国立精神卫生研究所拉德洛夫(Radloff)编制于 1977 年，原名为流行学研究中心抑郁量表[①]。较广泛地用于筛查抑郁症状，评估抑郁症状的严重程度，适用于国内青少年群体[②]。和其他已有自评量表相比，该量表着重于个体的情绪体验，较少涉及抑郁时的躯体症状。该量表为自评量表，按照过去 1 周内出现相应情况或感觉的频度评定：不足 1 天者为"没有或很少有"，1—2 天为"有时或小部分时间"，3—4 天为"时常或一半的时间"，5—7 天为"绝大多数或全部时间"。

该量表共有 20 道题，第 4、8、12、16 题是反向评分题，如第 4 题"我觉得和别人一

---

① Radloff L S. The CES‑D scale: A self-report depression scale for research in the general population [J]. Applied Psychological Measurement, 1977, 1(03): 385‑401.

② 陈祉妍,杨小冬,李新影. 流调中心抑郁量表在我国青少年中的试用[J]. 中国临床心理学杂志, 2009, 17(04): 443—445+448.

样好",自评为"没有或很少有"时,应记"3"分。主要的统计指标是总分,即 20 个单项分的和。总分小于等于 15 分为无抑郁症状,16—19 分为轻度抑郁症状,大于等于 20 分为有严重抑郁症状。CES-D 可分为 4 个因子:抑郁情绪因子包括 1、3、6、9、10、14、17、18 等 8 项;积极情绪因子包括 4、8、12、16 等 4 项;躯体症状/活动阻滞因子包括 2、5、7、11、13、20 等 6 项;人际关系因子包括 15、19 等 2 项。该量表还有 13 题和 10 题两个简版,分值越高,表明抑郁状况越明显。其中,10 题简版的评分:5、8 两题反向计分,其余正向计分,采用 0—3 的四点计分法,总分 10 分及以上表示有明显的抑郁症状。注意分数的划界主要是为了预警,不具有诊断意义。以下 3 个样题供参考。

流调用抑郁自评量表(样题)

指导语:根据你上周的情况,对以下描述符合你的感受或行为的程度进行选择。选项有"没有或很少有""有时或小部分时间""时常或者一半的时间""绝大多数或全部时间",选择最符合你真实情况的选项,没有对错之分。

1. 一些通常并不困扰我的事让我心烦。

    (1) 没有或很少有(少于 1 天)

    (2) 有时或小部分时间(1—2 天)

    (3) 时常或一半的时间(3—4 天)

    (4) 绝大多数或全部时间(5—7 天)

2. 我不想吃东西,胃口不好。

    (1) 没有或很少有(少于 1 天)

    (2) 有时或小部分时间(1—2 天)

    (3) 时常或一半的时间(3—4 天)

    (4) 绝大多数或全部时间(5—7 天)

3. 我觉得即使有家人和朋友帮助,我也无法摆脱心中的苦闷。

    (1) 没有或很少有(少于 1 天)

    (2) 有时或小部分时间(1—2 天)

    (3) 时常或一半的时间(3—4 天)

    (4) 绝大多数或全部时间(5—7 天)

2. 儿童抑郁量表(Children's Depression Inventory, CDI)

该量表最初由科瓦奇(Kovacs)编制[1],适用于 7—17 岁儿童青少年抑郁症状的评估,是当前国际儿童临床心理学领域常用的测量工具,适用于国内儿童青少年[2]。该量表由 27 个条目组成,包括 5 个维度:快感缺乏,由题目 4、16、17、18、19、20、21、22 进行评估;负性情绪,由题目 1、6、8、10、11、13 进行评估;低自尊,由题目 2、7、14、25 进行评估;低效感,由题目 3、15、23、24 进行评估;人际问题,由题目 5、12、26、27 进行评估。其中,反向计分题为:题目 2、5、7、8、10、11、13、15、16、18、21、24、25。该量表采用 0—2 的三点计分法,总分 54 分,分数越高表示抑郁症状程度越重,得分大于等于 19 分时提示个体具有明显的抑郁情绪[3],但不具有诊断意义。

需要注意该量表的第 9 题询问是否有自杀意向,在普查时建议删除该题,避免给学生和家长带来困扰。以下为儿童抑郁量表的样题,供参考。

表 5 - 11 儿童抑郁量表(样题)

指导语:我们在不同时候会有不同的感受和想法。请从下面每一组中挑出最符合你过去一周感受的描述,在句子前面的数字上划"√"。选择没有对错之分,只要挑出最符合你最近感受和想法的句子就好。

序号	以下描述,最符合你的选项是:		
1	①我偶尔觉得悲伤	②我好多次觉得悲伤	③我一直觉得悲伤
2	①我什么事都不会顺利	②我不能确定事情会顺利	③我的事情差不多会顺利
3	①我大多数事情干得不错	②我做错了很多事	③我每件事都做错了

3. 贝克抑郁问卷(Beck Depression Inventory, BDI)

BDI 是一种专门用于评估抑郁程度的工具,由美国心理学家贝克(Aaron T. Beck)

---

[1] Kovacs M S. The children's depression inventory (CDI) technical manual update [J]. Psychopharmacology Bulletin, 1992, 21(04):75 - 82.

[2] 刘凤瑜. 儿童抑郁量表的结构及儿童青少年抑郁发展的特点[J]. 心理发展与教育, 1997, 13(02):58—62.

[3] Timbremont B, Braet C & Dreessen L. Assessing depression in youth: relation between the children's depression inventory and a structured interview [J]. Journal of Clinical Child and Adolescent Psychology, 2004, 33(01):149 - 157.

于 20 世纪 60 年代开发①。该量表的主要维度为：情绪症状、认知症状、生理症状、行为症状、动机和兴趣、自我感知、自杀意念。BDI 量表最初包含 21 个项目，后来发展出了 13 个项目的简短版本（BDI - SF），每个项目都有 4 个描述性短句，被试者需要从 0 到 3 中选择一个最符合他们当时心情或情况的选项。每个选项的分数为 0 到 3 分，分别表示无该项症状、轻度、中度和严重程度。该量表适用于各个年龄段的成年人，也有适用于儿童和青少年的版本，选择量表时，注意使用儿童和青少年版本，并仔细阅读选项是否适合集体测试，不符合的条目可以适当地修改或删减。需要注意的是，该量表主要用于评估抑郁症状的严重程度，不能用于诊断。

贝克抑郁问卷（样题）

1. 以下情况最符合你的是：

   A. 我不感到忧郁

   B. 我感到忧郁或沮丧

   C. 我整天忧郁，无法摆脱

   D. 我十分忧郁，已经承受不住

2. 你对未来抱有什么态度？

   A. 我对未来并不感到悲观失望

   B. 我感到前途不太乐观

   C. 我对前途不抱希望

   D. 我感到今后毫无希望，不可能有所好转

3. 你如何看待失败的感觉？

   A. 我并无失败的感觉

   B. 我觉得和大多数人相比我是失败的

   C. 回顾我的一生，我觉得那是一连串的失败

   D. 我觉得我是个彻底失败的人

---

① Beck A T, Ward C H, Mendelson M, et al. An inventory for measuring depression[J]. Archives of General Psychiatry, 1961, 4:561 - 571.

三、如何帮助学生改善抑郁情绪?

(一) 班主任及学科教师可以做些什么?

教师可以通过观察和核查的方式,了解学生抑郁情绪的程度,在保护学生隐私的基础上,采用不同的方式。

对于只是为与同学共情,口头表达自己"emo"的同学,教师可进行观察,不进行干预,但在日常教学和班级管理中,需要把情绪调节的方法以潜移默化的形式传递给学生。让学生感受到,情绪像我们的"侦察兵"一样,会为我们释放不同的信号,当消极情绪出现时,可以先觉察自己此时此刻有哪些情绪,情绪出现时自己的想法是什么。当意识到是一些消极想法时,我们可以进一步探索,这些消极想法是否存在不合理的方面,比如是片面的、非常糟糕的或绝对化的,在此基础上,引导学生尝试从合理的角度进行思考,从而减少不良情绪对自己的影响。

对于表达"emo"有一段时间,且经观察发现学生情绪一直比较低落,做什么事情都没有兴致,或者有失眠、自残等反应,教师要主动与学生沟通,了解具体情况。如有必要,可借助学校专业心理教师、年级组长、德育主任等学校领导的力量,与家长约定时间,从科学理性、对学生负责的角度与家长沟通,积极建议家长带学生到医院的相关科室进行排查性检查,保障学生的健康成长。

为了避免抑郁情绪对学生的影响,教师还可以建议学生进行规律生活。中学阶段是身体发育的重要阶段,保证健康的饮食习惯,均衡饮食、注意补充营养很重要。食物应多样,避免暴饮暴食,避免摄入过量甜食。此外,定期参加体育运动不仅有助于中学生强壮体魄,促进身体协调发育,还可以调节大脑的内啡肽水平,起到舒缓身体调节情绪的作用。从睡眠方面来看,保证充足的睡眠时间,不熬夜,不过于劳累,也是非常重要的。

(二) 心理教师可以做些什么?

心理教师可以通过心理课、心理讲座、心理广播、心理活动月、学校环境布设等方式让学生了解情绪,接纳积极和消极情绪,学会调节情绪的方法。同时通过定期进行学校心理健康普查,促使班主任、年级组组长、学科教师等对全体学生和个别学生进行关注,对有情绪困扰的学生开展针对性的系列团体辅导,对需要个别关注的学生进行个体心理辅导。

例如,对于案例5-4中小M呈现的问题,如果班主任推荐心理教师进行干预,心理教师需与班主任进行沟通,以观察或访谈的方法初步了解小M的具体情况,并作以下判断:

(1) 个人是否有能力进行心理辅导。

(2) 是否进行危机评估与干预,以保证学生人身安全。

(3) 是否与班主任、学校领导一起与家长座谈,建议学生进行排查性检查。

注意:整个过程,所有参与的教师均需要保护学生的隐私。

(三) 面对抑郁状态复课的学生,教师可以做什么

首先,教师需要调整好自己的状态,尤其是班主任和心理教师,面对被诊断为抑郁状态的学生,不要有过重的心理负担,要积极地与学生父母进行沟通,遵从医嘱,确定学生是否适合在学校学习,保证学生的生命安全,避免危机事件的发生。同时,班主任需要与学校心理教师沟通,得到专业的支持;心理教师需要评估自己的能力和需求,与班主任共同整理学生相关资料,把学生情况上报相关领导,寻求学校及上级部门的支持。

其次,面对抑郁状态的学生,班主任及各科教师应给予更多的关注,对学生的情况做到心中有数,避免发生一些意外事件。同时,教师可以找适当契机,与学生单独沟通,倾听、了解学生的内心,给予学生多一些理解和鼓励。在学业方面,可以采用分层要求的方式,降低学业要求。

第五节　中学生的睡眠问题:睡不着和醒不来

■ 案例5-5

无法在睡眠中放松的小琪

小琪是一名高中生。每天到了晚上12点时,她的大脑依然很

兴奋,无法适应正常的睡眠节律。她经常感到在晚上无法入睡,而在早上无法醒来。

此外,小琪还经历着入睡困难的问题。她在睡前花费至少1个小时躺在床上辗转反侧,思绪纷乱,无法进入深度睡眠。她常常感到焦虑和不安,担心自己无法入睡,有时还会拿起手机刷短视频来缓解这些不安的情绪,这使她更加难以放松和进入梦乡。

当终于入睡后,小琪的睡眠质量也不高。她经常做一些追逃的梦,容易在半夜醒来,难以重新入睡。这导致她的睡眠周期被打乱,无法得到充分的休息和恢复。因此,当早上的闹钟响起时,她感到疲惫不堪,无法迅速清醒。她经常需要多次的闹钟提醒和家人的叫唤才能勉强醒来。周末也受到影响,如果没有特别的安排,她可以一觉睡到下午两点,而晚上则需要更长的时间才能入睡。

这样的睡眠对小琪的日常生活造成了严重的影响。她在白天感到疲倦和精力不足,无法集中注意力和保持专注。这导致她在学校的表现不佳,学习成绩受到了影响。她还错过了一些早上的重要课程和活动,课间和中午休息时常在补觉,错过了与同学们互动和交流的机会。

相信你在工作中,一定遇到过像小琪一样的学生。中学生到底需要多长时间的睡眠才能让自己第二天精力充沛呢?到底什么在影响中学生的睡眠呢?怎样评估他们的睡眠质量?以及作为教育者,我们可以做些什么帮助遇到睡眠困扰的学生呢?

一、什么是睡眠问题?

像小琪一样有睡眠困扰的中学生不在少数,睡眠对我们的大脑和身体功能有着重要的意义,睡眠会提升我们的学习、记忆、逻辑和选择能力;睡眠也帮我们重新校准大脑中的情感回路,使我们能够沉着冷静地应对人际和心理方面的各种挑战;甚至给小琪带来困扰的梦也有抚慰痛苦记忆、安抚大脑的神经以及提供一个虚拟现实空间的功能;此外,睡眠与我们心血管系统的健康密切关联,可以提升我们身体的免疫,调节我们的食欲。接下来就从几个大家可能会产生的疑问的角度来讲解一下中学生的睡眠问题。

(一) 中学生睡眠问题有哪些?

1. 睡眠不足

中学生常常面临学业压力、社交活动和课外活动等多重任务,导致他们无法获得足够的睡眠时间。长期睡眠不足可能导致注意力不集中、记忆力下降、情绪波动和学业成绩下降等问题。

你可能会有第一个疑问:那中学生需要睡多久?《健康中国行动(2019—2030年)》和教育部办公厅印发的《关于进一步加强中小学生睡眠管理工作的通知》中均建议小学生、初中生、高中生每天睡眠时间分别不少于 10、9、8 个小时。美国睡眠基金会建议 14—17 岁的青少年的睡眠时间为 8—10 个小时,7—11 个小时也是可以接受的范围。相关研究发现,中学生(14—17 岁)在睡眠约 9.3 个小时的时候,第二天表现最佳。[①]

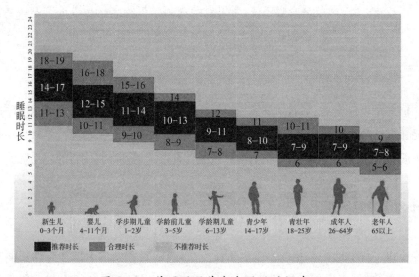

图 5-3　美国睡眠基金会睡眠时间建议

[①] Gradisar M, Gardner G, Dohnt H. Recent worldwide sleep patterns and problems during adolescence: a review and meta-analysis of age, region, and sleep [J]. Sleep Medicine, 2011, 12 (02):110-118.

那么,中学生实际的睡眠时长是多少呢?《2022中国国民健康睡眠白皮书》显示,初中学生的睡眠平均时间仅有7.48个小时,高中学生的睡眠平均时间仅有6.5个小时。[1]《中国青少年儿童睡眠健康白皮书》显示,中国青少年儿童睡眠不足已成常态,62.9%的青少年儿童每天睡眠不足8个小时。而在13—17岁的青少年人群中,睡眠不足的比例更是高达81.2%。[2]

2. 其他睡眠问题

睡眠时长是衡量睡眠好坏与否的一个重要指标,但是睡眠质量不仅仅包括睡眠时长,还需要结合学生对自己睡眠情况的主观及客观评估来共同衡量。著名的匹兹堡睡眠质量指数作为评价睡眠质量的工具会从主观睡眠质量、入睡时间、睡眠时间、睡眠效率、睡眠障碍、安眠药物的应用和日间功能7个方面来评估睡眠质量。有些学生虽然睡眠时长足够,但是因为睡眠质量不佳,也会有一定的睡眠困扰。所以我们在了解学生睡眠状况时不仅要了解学生睡眠时长,还要关注其他的方面来综合评估学生的睡眠状况。中学生可能还有的睡眠问题包括:

(1)失眠:中学生可能经历入睡困难、夜间醒来频繁或早醒等失眠问题。这些问题可能与焦虑、抑郁、学业压力或睡眠环境等因素有关。

(2)睡眠节奏紊乱:由于学校作息时间和社交活动的影响,中学生的睡眠节奏常常不规律。他们可能晚上熬夜,导致白天困倦,并形成恶性循环。

(3)睡眠障碍:中学生也可能面临其他睡眠障碍,如睡眠呼吸暂停综合征、多动腿综合征等,这些障碍都会影响睡眠质量和健康。

(二)睡眠问题对中学生有哪些影响?

研究结果显示,全球29.7%的有中度抑郁心境的中学生有睡眠质量问题,约51.2%的有重度抑郁心境的中学生有睡眠质量问题;34.1%的有自杀意念和40.5%的有自杀行为的中学生有睡眠质量问题。[3] 所以在对一些有心理困扰的学生进行了

---

[1] 中国睡眠研究会. 中国国民健康睡眠白皮书[R]. 北京:中国睡眠研究会,2022:13—14.

[2] 艾瑞咨询. 中国青少年儿童睡眠白皮书[R]. 北京:艾瑞咨询,2019:14—15.

[3] Gradisar M, Gardner G, Dohnt H. Recent worldwide sleep patterns and problems during adolescence: a review and meta-analysis of age, region, and sleep [J]. Sleep Medicine, 2011, 12 (02):110-118.

解时,我们要询问其睡眠状况。

中学生睡眠不足可能会对他们的身体和心理健康产生一系列的影响。以下是一些常见的影响:

1. 学习和记忆问题:睡眠不足会影响学习能力和记忆力。中学生可能会在注意力集中、信息处理和解决问题方面遇到困难,导致学习成绩下降。

2. 情绪问题:情绪问题与睡眠不足有关,睡眠不足时中学生可能会更容易出现焦虑、抑郁和易怒等情绪波动。他们可能更难以应对学业压力和人际关系问题。

3. 身体健康问题:睡眠不足可能导致中学生的免疫系统受损,易感染疾病。此外,他们可能经常感到疲倦、缺乏精力,影响日常活动和运动能力。

4. 行为问题:睡眠不足可能导致中学生注意力不集中、冲动行为增加和学习动力下降。他们可能更容易出现行为问题,如迟到、旷课和冲突。

5. 长期影响:长期睡眠不足可能会对中学生的身体发育和大脑发育产生负面影响。它还与肥胖、糖尿病、心血管疾病和认知功能下降等问题相关。

(三) 什么影响中学生的睡眠质量?

1. 青少年昼夜节律和睡眠相位延迟

升入中学之后,学生的上床时间普遍推迟,这种熬夜的倾向,一方面源自于学业任务增多,另外一方面源自于青少年生物钟的转变。昼夜节律是我们人体内部的生物钟,会影响我们何时疲倦、何时警觉,还会影响我们的体温,新陈代谢和其他生理过程。当时钟知道夜晚来临的时候,大脑就会分泌褪黑素发出信号来预告睡眠即将到来,让我们放松下来产生睡意。天亮的时候,生物钟就发出信号,告诉我们天亮了,于是褪黑素水平下降,皮质醇和其他激活激素水平上升,让我们变得敏锐。研究者发现青少年的褪黑素水平升高的时间节点比年龄小的孩子要晚两个小时,这使得他们自然入睡的时间和自然觉醒的时间也要推后两个小时。这种节律延后的现象,被称为“睡眠相位延迟”。睡眠相位延迟跟与青春期有关的神经和化学物质变化有关,这些物质触发了生物钟的延迟。此外,灯光、科技、学业还有一些社会因素,也会加剧这种延迟。这也从某种程度上帮助我们理解,为什么中学生比更小的孩子或者成年人更晚入睡,更晚觉醒。案例中的小琪就是一个典型的例子,她在一般人困倦的时候还处于兴奋的状态中,所以难以入睡,到了周末可以睡到自然醒的时候,她会起得很晚。但是周末的晚起又会引发周日晚睡,进而影响周一的状态,从而形成恶性循环。①

2. 其他有助和有损睡眠的因素

除了青少年自身生理变化引发的睡眠相位延迟之外,还有一些其他的内在、外在因素影响着中学生的睡眠质量。② 详见表 5 - 11。

表 5 - 12　中学生睡眠影响因素表

有助睡眠的因素	有损睡眠的因素
良好的睡前习惯:鼓励中学生在睡前创建一个放松的例行程序,如洗澡、阅读、听轻音乐或进行柔和的伸展运动等。这些活动有助于准备身心进入睡眠状态。	学业压力:中学生面临着大量的学业压力,包括作业、考试和课外活动等。过多的学业压力可能导致焦虑和压力,使入睡困难。
限制电子设备使用:建议中学生在睡前至少一个小时停止使用电子设备。	使用电子设备:中学生通常喜欢使用智能手机、平板电脑和电视等电子设备。使用电子设备过多会导致注意力集中困难,延迟入睡时间。
规律的作息时间:建立一个规律的作息时间表,包括每天相同的睡眠时间和醒来时间。这有助于调整生物钟,使中学生更容易入睡和醒来。	不规律的作息时间:中学生常常因为学业、社交活动和娱乐而熬夜。不规律的作息时间会打乱生物钟,使得入睡和醒来的时间不稳定。
注意饮食:避免中学生在睡前摄入过多的咖啡因和刺激性饮料。也要避免过饱或过饿,以免影响睡眠质量。	咖啡因和刺激性饮料:中学生可能喜欢喝咖啡、碳酸饮料和能量饮料等含有咖啡因或其他刺激物的饮料。咖啡因是一种刺激性物质,会干扰入睡和影响睡眠质量。
创建良好的睡眠环境:确保中学生的睡眠环境安静、舒适和黑暗。使用窗帘、眼罩和耳塞等工具来降低噪音和光线的干扰。保持适宜的室温和湿度,使睡眠环境更加宜人。	环境干扰:噪音、光线和温度等环境因素也可能影响中学生的睡眠质量。嘈杂的环境、明亮的灯光和过热或过冷的温度都会干扰入睡和睡眠质量。
放松技巧:教导中学生一些放松技巧,如深呼吸、温热浸泡、冥想和放松音乐等。这些技巧有助于缓解压力和焦虑,促进入睡。	心理健康问题:中学生可能面临焦虑、抑郁和其他心理健康问题,这些问题会对睡眠产生负面影响。情绪波动和思维过度活跃可能导致入睡困难。

---

① 希瑟·特金,朱莉·赖特. 青少年睡眠革命[M]. 赵舶良,译. 长沙:湖南教育出版社,2023:40—69.

② Bartel K A, Gradisar M, Williamson P. Protective and risk factors for adolescent sleep: a meta-analytic review [J]. Sleep Medicine Reviews, 2015,21:72 - 85.

有助睡眠的因素	有损睡眠的因素
适度锻炼：中学生在白天进行适度的体育锻炼有助于睡眠。	睡前激烈运动：激烈运动会刺激身体和大脑，使入睡困难。
家庭助益：父母自身良好的睡眠习惯、父母安排就寝时间。	家庭影响：父母自身不良的睡眠习惯。

二、怎么评估睡眠质量?

睡眠质量的评估方式主要分为两类：客观记录法和主观评估法。

（一）客观记录方法

在医疗环境中会运用一些仪器来评估睡眠质量，主要有肢体活动记录仪（ACT）、多导睡眠仪（PSG）和便携式睡眠检测仪（PMDs）。肢体活动记录仪通过连续记录肢体活动情况进行睡眠监测。多导睡眠仪可被看作诊断睡眠障碍的金标准。便携式睡眠检测仪适用于初步筛查和监测睡眠问题。肢体活动记录相比其他客观测量仪器来说，具有轻便和易于携带的优势，但在灵敏度方面不如多导睡眠仪。

随着移动穿戴设备的普及，一些中学生也会运用手环来监测自己的睡眠状况。它可以通过测量心率、运动和体动等指标来估计睡眠质量和睡眠阶段。然而，手环测量睡眠的可靠性存在一定的限制。一些研究对手环的睡眠监测功能进行了评估，并与作为金标准的多导睡眠多项指标进行比较。研究发现，手环测量的入睡潜伏期与多导睡眠多项指标之间存在一定的一致性。手环测量的睡眠阶段与多导睡眠多项指标之间存在一定的一致性，但在某些情况下可能存在较大的误差。手环作为便携式设备，其测量原理和算法可能与多导睡眠多项指标存在差异。手环的测量结果可能受到个体差异、佩戴位置、佩戴紧密度等因素的影响，从而出现测量误差。此外，手环无法提供多导睡眠多项指标所能提供的详细睡眠信息，如快速眼动睡眠和非快速眼动睡眠的细分。所以，手环可以作为一种简便的睡眠监测工具，提供一些关于睡眠质量和睡眠阶段的估计。如果需要更准确和详细的睡眠评估，多导睡眠多项指标仍然是金标准。[1]

(二) 主观评价方法:主要有睡眠日志和睡眠量表

1. 睡眠日志

睡眠日志是一种对自身睡眠各个阶段进行记录的工具,参见图 5-4。它要求参与者每天记录自己的上床时间、入睡时间、起床时间和早晨起床后的感受,甚至睡前活动等一些情况。通过记录,我们能够相对客观地掌握自己的睡眠,同时也能够发现自己的睡眠特征,进而调整。如果心理老师遇到了有睡眠困扰的学生,可以鼓励学生像科学家一样,运用睡眠日志这个工具研究记录一下自己一周的睡眠。

记录了一周的睡眠日志之后,可以与学生一起分析他(她)的睡眠在一周中有何规律,还可以分析睡眠状况与白天身体状况的联系。可以从以下几个方面来梳理睡眠日志:平日平均睡眠时间、周末平均睡眠时间、平均入睡耗时、平均中途醒来时长、平均睡眠效率、平均睡眠满意度、带来好睡眠的行动、导致坏睡眠的行动。

该方法比较简单且可以长期记录,在睡眠质量的测量和评价中拥有一定的地位。该工具的主要不足是主观性较大,难以判断参与者是否能准确记录下自己实际的睡眠情况。

2. 睡眠量表

主观评估的睡眠量表都具有简单快捷、方便实施、易于操作和经济实惠的特点,使用最为广泛。目前适用于正常群体睡眠质量评价的量表有多种。国内使用较多的测量睡眠的工具,是刘贤臣在国外伯伊斯(Buysse)等人编制的匹兹堡睡眠质量量表基础上修订而成的,该量表在国内青少年群体中开展施测后,证实其信效度良好[2]。匹兹堡睡眠质量指数(PSQI)用于评定最近 1 个月的睡眠质量,由 19 个自评和 5 个他评条目构成,其中第 19 个自评条目和第 5 个他评条目不参与计分,18 个自评条目组成 7 个成分——睡眠质量、入睡时间、睡眠时间、睡眠效率、睡眠障碍、催眠药物、日间功能障碍。每个成分按 0—3 等级计分,累计各成分得分为 PSQI 总分,总分为 21 分,得分越高,表示睡眠质量越差。

---

① 范志祥. 基于腕动信息睡眠监测仪的研究[D]. 重庆:重庆大学,2008:2—4.
② 刘贤臣,唐茂芹,胡蕾,等.匹兹堡睡眠质量指数的信度和效度研究[J].中华精神科杂志,1996(02):103—107.

睡眠日记

	早晨填写							临睡前填写				
	昨晚上床时间	今早起床时间	昨晚多长时间内睡着	昨晚醒来几次	今早起床后感觉	昨晚总睡眠时间	昨晚睡眠被以下因素干扰	饮用含咖啡因饮料情况	进行20分钟以上运动的时间	上床2-3小时前进食情况	白天服用过何种药物	入睡前1小时的活动情况
第一天 日期:	PM/AM	PM/AM	分钟	次	□精神恢复 □精神部分恢复 □疲劳	小时		□早晨 □下午 □睡前2小时内 □无	□早晨 □下午 □睡前2小时内 □无	□饮酒 □饱食 □无		□看电视 □阅读 □工作 □____
第二天 日期:	PM/AM	PM/AM	分钟	次	□精神恢复 □精神部分恢复 □疲劳	小时		□早晨 □下午 □睡前2小时内 □无	□早晨 □下午 □睡前2小时内 □无	□饮酒 □饱食 □无		□看电视 □阅读 □工作 □____
第三天 日期:	PM/AM	PM/AM	分钟	次	□精神恢复 □精神部分恢复 □疲劳	小时		□早晨 □下午 □睡前2小时内 □无	□早晨 □下午 □睡前2小时内 □无	□饮酒 □饱食 □无		□看电视 □阅读 □工作 □____
第四天 日期:	PM/AM	PM/AM	分钟	次	□精神恢复 □精神部分恢复 □疲劳	小时		□早晨 □下午 □睡前2小时内 □无	□早晨 □下午 □睡前2小时内 □无	□饮酒 □饱食 □无		□看电视 □阅读 □工作 □____
第五天 日期:	PM/AM	PM/AM	分钟	次	□精神恢复 □精神部分恢复 □疲劳	小时		□早晨 □下午 □睡前2小时内 □无	□早晨 □下午 □睡前2小时内 □无	□饮酒 □饱食 □无		□看电视 □阅读 □工作 □____
第六天 日期:	PM/AM	PM/AM	分钟	次	□精神恢复 □精神部分恢复 □疲劳	小时		□早晨 □下午 □睡前2小时内 □无	□早晨 □下午 □睡前2小时内 □无	□饮酒 □饱食 □无		□看电视 □阅读 □工作 □____
第七天 日期:	PM/AM	PM/AM	分钟	次	□精神恢复 □精神部分恢复 □疲劳	小时		□早晨 □下午 □睡前2小时内 □无	□早晨 □下午 □睡前2小时内 □无	□饮酒 □饱食 □无		□看电视 □阅读 □工作 □____

图 5-4　睡眠日记图

匹兹堡睡眠质量指数(PSQI)样题

1. 近 1 个月,晚上上床睡觉通常是 ___ 点钟。

2. 近 1 个月,从上床到入睡通常需要 ___ 分钟。

3. 近 1 个月,总的来说,你认为自己的睡眠质量(1)很好(2)较好(3)较差(4)很差。

4. 近 1 个月,你常感到困倦吗?

(1) 无　(2) <1 次/周　(3) 1—2 次/周　(4) ≥3 次/周

5. 近 1 个月,你做事情的精力不足吗?

(1) 没有　(2) 偶尔有　(3) 有时有　(4) 经常有

三、如何帮助学生提高睡眠质量?

(一)教师工作原则

原则1

要改善中学生的睡眠质量,首先要尽量帮助学生减少应激源的刺激、降低压力;更重要的是,要引导学生学会对应激事件进行积极合理的认知和应对,使他们即使面对压力,也能够保持健康的身心和良好的睡眠。

原则2

学生的行为是核心内因,家长的行为则是关键外因。改善学生的睡眠,要从内因和外因同时着手发力。早睡早起,晚餐更早,控制作业时长,游戏和娱乐更有节制;家长睡眠规律,克制学生的电子娱乐,互动更有耐心。

(二)实践指导

帮助学生提高睡眠质量,成为快乐睡眠者,首先需要帮助学生建立起5个习惯,调整现有的日常生活和生活流程,使它们与身体的自然睡眠习惯更加同步,这样就可以降低学生的睡眠难度,改善睡眠时间和睡眠质量。[①]

习惯1:设定睡眠时间

人体中也有一个生物钟,因为生物钟的存在,设定固定的就寝和起床时间会降低入睡和维持睡眠的难度。对于要早起上学的中学生而言,将上学日起床时间作为起点,向前推,初中生至少9个小时,高中生至少8个小时。调整睡眠时间时,需要一点点调整,每天提前10分钟。在周末和假期,尽量把时间浮动控制在1小时之内。同时在早上固定时间醒来,并及时接受阳光照射,有助于体内生物钟的建立,提升按时起床的生物动力。

习惯2:创建3套日常习惯流程

[①] 希瑟·特金,朱莉·赖特. 青少年睡眠革命[M]. 赵舶良,译. 长沙:湖南教育出版社,2023:137—178.

这 3 套习惯流程是睡前放松流程(睡前 1 小时)、就寝流程(睡前 15 到 30 分钟)和晨起流程(醒后 10 到 15 分钟)。

睡前放松流程(睡前 1 小时)重点在于注意力和周围环境的转变,我们需要让自己的压力水平降低,从而获得松弛感。关掉家中高亮度的灯,收起手机、平板和电脑。最好家庭有一个共同的约定,把电脑和手机收起来放在指定的位置,不要放在卧室里。

就寝流程(睡前 15 到 30 分钟)包括每天必做的事情(刷牙,洗漱)和愉快但相对被动的步骤(和家人闲聊,写一下今天发生的好事等)。

晨起流程(醒后 10 到 15 分钟)集中在一些简单有趣,能够令身心愉悦的事情上,比如播放音乐,唱歌,看一看室外的天气,回想一下昨天发生的美好事情,对新一天的祝福。

习惯 3:揪出"睡眠大盗",建立有益睡眠关联

"睡眠大盗"有以下一些特点:发出日间信号(比如光线),高参与度(玩游戏、刷社交媒体),聚焦外部(与电子设备互动)。

尝试建立有益睡眠关联——感受毛毯枕头和身体的姿势,做简单的冥想或放松呼吸。

习惯 4:消除灯光,打造洞穴式卧室

睡前一到两小时降低家中灯光的亮度;拉上窗帘;室温保持在 18.3—20 摄氏度。

习惯 5:进行利于睡眠的日间活动

清晨起床后,请尽量去室外活动 5—10 分钟;多吃蛋奶肉、蔬菜水果、豆类坚果和全谷物,同时摄入大量纤维,限制糖、精致碳水化合物以及饱和脂肪的摄入。摄入咖啡因和饮料的最晚时间是下午 2:00。中午小睡控制在 20 到 30 分钟。

为了帮助学生建立起上述好的睡眠习惯,家长、班主任老师和心理老师可以从各自能做的方面入手。

家长可以这么做:

改善青少年睡眠,优质睡眠家庭往往首先从内因着手,心态调整对青少年改善睡眠来说最有意义,所以帮助孩子调节情绪压力状态有助于睡眠。

其次,培养孩子更好的生活习惯,如合理规划入睡和起床时间、睡前习惯、锻炼习惯、使用电子设备的时间等。

最后,提供良好睡眠环境也是家庭改善孩子睡眠的重要方法。购买合适的寝具(如床褥、枕头)、营造良好的睡眠环境(如温度适宜、避免噪音和光亮)以及增加卧室的

隔音是最常用的卧室环境管理方式。

班主任老师可以这么做：

在家长会上强调家长在孩子睡眠中的重要作用，并让有经验的家长分享有效的方法。

通过播放一些睡眠相关的纪录片，或者开展主题班会的方式让学生了解睡眠的重要意义。

观察那些白天精神状态不好的学生，了解其睡眠的情况，并建议其关注和调整睡眠。

心理老师可以这么做：

可以在心理课上开设"睡眠"主题的相关课程，通过科学知识、同伴互助等方式改善睡眠。

在个别辅导时，可以通过记录睡眠日志的方式帮学生找出主要问题；一些干预研究发现睡前正念身体扫描有助于睡眠；上床前写下关于自己担心的事的三个解决方案，提醒自己已经写下解决方案，可以减少焦虑和反刍，有助于睡眠；手机限制方面要先教会学生应对焦虑的方法，再限制手机使用。

第六节　中学生手机成瘾：又爱又恨的手机

案例 5-6

都是手机惹的祸

小乐是一名初三男生，他还有几个月就要中考了，但最近他总会与父母起冲突，究其原因竟是手机惹的祸！

踏入家门的那一刻，小乐会告诉自己，已经学习一天了，让自己放松一下，打半个小时游戏，但每次半个小时后都很难结束；学习过程中需要用手机查资料时，他会不自觉地点开聊天软件聊几句,顺带翻一下朋友圈;他还会利用各种时间翻一下短视频……

如果某个玩手机的瞬间被父母看到,家庭大战就会一触即发。

时间每天就这样嗖嗖地过去了,小乐心里知道中考前需要努力学习,也知道手机似乎成了他的"绊脚石",但他就是管不住自己。

很多中学生都有小乐这样的情况,中学生为什么很难控制使用手机的时间和频次? 为什么有小部分中学生出现手机成瘾的情况? 面对手机成瘾的学生,教师应该怎么做?

一、什么是手机成瘾?

中国互联网络信息中心 2022 年的调查显示,当前我国未成年人网民规模达到 1.91 亿,其中手机使用的比例高达 96.8%。目前,中学生使用手机非常普遍,但并非使用手机就等于手机成瘾。

那么,什么是手机成瘾呢?

手机成瘾,也称为智能手机成瘾,指的是个体对智能手机的过度使用,并且对这种使用行为无法控制,导致其社会功能受损,并带来心理和行为问题的现象。[1][2]

手机成瘾的诊断标准可以从以下几个方面进行考量。

1. 使用频率和时长:个体在无成瘾物质作用下对智能手机使用的频率和时长失控,表现为过度使用智能手机。例如,每天花费大量时间在智能手机上,以至于影响了日常活动和社交。

2. 戒断症状:当个体无法使用智能手机时,会出现心理戒断症状,如焦躁不安、失落、暴躁等负面情绪。

3. 社会功能受损:智能手机成瘾行为会导致个体在学业、职业和社交等方面的功能受损。例如,由于过度使用手机而忽视学习和工作,或者在社交场合过度关注手机而忽视与他人的交流。

---

① 师建国.手机依赖综合征[J].临床精神医学杂志,2009,19(02):138—139.
② 葛玥.智能手机成瘾与青少年心理健康的关系:横断与纵向研究的证据[D].武汉:华中师范大学,2023:6—7.

4. 凸显性和干扰其他活动：智能手机使用变得优先于其他活动，即使在重要场合或完成重要任务时也无法控制使用行为。

5. 耐受性增加：与之前相比，个体需要花费更多的时间在智能手机上以获得同样的满足感或愉悦感。

6. 失去控制：个体意识到自己对智能手机的使用存在问题，但无法控制自己的使用行为。

7. 情绪改变和渴望：智能手机成瘾者可能会因为使用手机而出现情绪改变，如兴奋或焦虑，并且在无法使用时会出现强烈的渴望感。

8. 应用程序（App）使用和更新：智能手机成瘾者可能会对某些应用程序的使用和更新表现出强烈的依赖性。

二、为什么中学生更容易过度使用手机？

（一）生理上的不可控

中学阶段学生大脑发育非常迅速，是大脑发育的最后一个关键期。按照从大脑后部到前部的顺序，负责基本行为功能的区域先发育成熟，而负责思考、规划、情绪控制的前额叶一直到 20 岁左右才能发育成熟。前额叶正是掌管自控力的区域，因此青春期的孩子自控力是相对薄弱的。与成年人相比，青少年的大脑更容易被外界刺激，释放出多巴胺，他们对多巴胺的反应也更加强烈；与好好学习在未来带来的较大回报相比，即刻游戏带来的小小回报能让青少年的大脑变得更为活跃，因此青少年对手机中的游戏、视频等往往比成年人更易成瘾。

（二）内心满足感的需求

中学生在实际的学习生活中会遇到很多新的挑战，也需要更多的心理资源的支持。手机会成为中学生内心满足感的支持媒介，会让其暂时忘记疲惫感、缓解消极情绪。同时手机也是中学生回避挫折感、弥补空虚感、提升无助感的一种方式。手机提供了一个便捷的平台，让他们能够通过社交媒体和即时通讯工具来建立和维护社交关系，满足他们的归属感和认同感需求。

(三) 环境的影响

目前,手机的使用无处不在。一方面,对于中学生来说,手机作为电子产品中的一款产品,其学习功能已经变得不可替代,资料信息的检索、各类课程的学习都在很大程度上提高了中学生的学习效率。另一方面,家庭成员间、同伴间把手机作为沟通媒介,无形中增加了其使用时间。

三、如何评估手机成瘾?

(一) 观察法

评估学生手机使用情况,观察法可以作为一种重要的方式。教师可参考以下观察提纲:

1. 使用频率和时长:记录学生在特定时间内使用手机的次数。

2. 使用情境:观察学生是否在不适宜的场合或时间使用手机。

3. 社会功能:观察学生是否因使用手机而减少了参加有益的活动,影响其社交行为。

4. 戒断症状:观察学生在减少或停止使用手机时是否出现戒断症状,如不安、焦虑、抑郁,或者是否有睡眠障碍等反应。

5. 学业和生活影响:观察手机使用是否对学生的学业成绩、课外活动参与度或生活质量产生了负面影响。

6. 耐受性增加:观察学生是否需要越来越长的时间使用手机才能获得同样的满足感。

7. 控制能力:评估学生是否能够控制自己的手机使用行为,或者是否尝试过减少使用但未成功。

在应用观察法时,观察者应遵循科学的原则,包括全方位原则、求实原则,并注意遵守法律和道德原则。同时,为了提高观察的准确性和可靠性,可以结合其他评估工具和方法,如问卷调查、访谈等,以获得更全面的评估结果。此外,观察法的有效运用也需要观察者具备一定的专业经验和观察技巧。注意:教师的日常评估不能代替专业诊断,仅用于了解学生手机使用情况。

（二）访谈法

应用访谈法进行评估时，访谈者可以通过一系列开放式和半开放式问题，引导对话并深入了解学生情况。教师可以从使用频率和时长、戒断症状、社会功能、明显的干扰其他活动、耐受性、失去控制等维度设计访谈题目，以下是一些可以参考的访谈问题：

1. 你每天大约花费多少时间在手机上？

2. 你通常使用哪些手机应用或功能？

3. 你会在哪些特定的场合或时间（如课堂上、用餐时、睡觉前、其他人睡觉后）使用手机？

4. 如果一段时间不碰手机，你会感到不适或焦虑吗？

5. 你会因为担心错过信息或更新而频繁查看手机吗？

6. 你是否觉得手机使用已经成为你日常生活的重要部分？

7. 手机使用是否影响了你与家人、朋友的互动？

8. 你是否因为手机使用而减少了其他活动（如运动、阅读、社交、出游等）？

9. 手机使用影响了你的学习吗？

10. 你觉得需要使用手机的原因有哪些？手机为你带来了哪些好处或满足感？

11. 你是否担心过度使用手机可能带来的问题？

在进行访谈时，需要以一种非评判性、同理心的态度进行，让学生感到舒适和被尊重。此外，访谈者应根据学生的回答灵活调整问题，以便获得更准确和深入的信息。同时，要确保访谈内容的隐私性和保密性。以上访谈内容仅供参考，不作为手机成瘾的诊断材料。

（三）问卷法

目前，对智能手机成瘾的评估主要采用问卷测量法，下面提供两个近几年的研究者通常会面向中学生使用的手机成瘾量表。

1. 智能手机成瘾量表（简式版）

智能手机成瘾量表（简式版）（Short Version of Smartphone Addiction Scale, SAS-SV）由科恩（Kwon）等人于 2013 年编制，用于评定个体智能手机成瘾程度的工具。[1] 中文版由张斌等人于2019年修订。[2] 该量表共有10个项目,使用6点计分(1表示"非常不同意",6表示"非常同意")。总分越高,表示智能手机成瘾越严重。该量表部分题目示例见表5-13。

表5-13 智能手机成瘾量表(简式版)(样题)

题目	非常不同意	比较不同意	有点不同意	有点同意	比较同意	非常同意
1. 因使用智能手机而无法完成计划的工作	1	2	3	4	5	6
2. 因使用智能手机,在上课、做作业或工作时很难集中精力	1	2	3	4	5	6
3. 使用智能手机时,手腕或脖子后部感到疼痛	1	2	3	4	5	6

2. 手机成瘾指数量表

手机成瘾指数量表(Mobile Phone Addiction Index, MPAI)是一种专门设计用来评估个体对手机依赖程度的工具。该量表由我国香港中文大学的梁永炽教授编制,主要用于诊断青少年和大学生的手机成瘾情况。[3] 该量表通过17个项目来评估手机使用的各个方面,包括失控性、戒断性、逃避性和低效性等维度,采用6点评分制,1表示"几乎没有",5表示"总是",得分越高,通常意味着个体对手机的依赖程度越严重。该量表部分题目示例见表5-14。

表5-14 手机成瘾指数量表(样题)

题目	几乎没有	偶尔	有时	经常	总是
1. 你的朋友和家人曾因为你在用手机而抱怨。	1	2	3	4	5
2. 有人说过你花了太多的时间在手机上面。	1	2	3	4	5
3. 你曾试图向其他人隐瞒你在手机上花了多长时间。	1	2	3	4	5

---

[1] Kwon M, Kim D J, Cho H, et al. The smartphone addiction scale: development and validation of a short version for adolescents [J]. PLOS One, 2013, 8(12): e83558.
[2] 项明强,王梓蓉,马奔. 智能手机依赖量表中文版在青少年中的信效度检验[J]. 中国临床心理学杂志,2019,27(05):959—964.
[3] Leung L. Linking psychological attributes to addiction and improper use of the mobile phone among adolescents in HongKong [J]. Journal of Children and Media, 2008, 2(02):93-113.

在评估量表中,高得分可能提示需要进一步的干预或专业帮助,以改善手机使用行为,减少其对个体生活的负面影响。值得注意的是,任何心理评估工具的结果都应由专业人员结合个体的整体情况进行综合分析。

四、如何帮助学生合理使用手机?

帮助中学生合理使用手机是一个多方面的任务,需要家长、学校以及学生自己共同努力。以下策略可供参考。

(一)家长方面

制订详细的手机使用计划。家长可以与孩子一起制订每天的手机使用时间表,包括学习、娱乐和社交的时间分配。例如,规定在晚饭后有半小时的娱乐时间,其余时间则用于学习和休息。

设定手机使用的"安全锁"。使用技术手段,如设定密码或指纹解锁,防止孩子在非规定时间内使用手机。同时,家长可以在与孩子达成协议的情况下,定期检查孩子的手机使用情况,确保孩子遵守规定。

提供替代活动。家长鼓励孩子参与一些不依赖手机的活动,如阅读、运动、艺术创作、出游等。

设置手机存放区域。在家中设置一个手机存放区域,如客厅的某个角落或书房的书架上,孩子回家后将手机放置在此处,减少不必要的手机使用。

行为示范。家长应树立良好的手机使用习惯,避免在孩子面前过度使用手机,成为孩子学习的榜样。

(二)学校方面

1. 严格执行手机管理规定。学校应依据教育部相关政策,制定并严格执行手机管理规定,确保手机在校园内的使用不影响教学秩序和学生的身心健康。

2. 加强宣传教育。学校应利用班会课、心理课等多种途径,加强对学生科学使用手机的宣传教育,帮助学生养成良好的手机使用习惯。

3. 鼓励多元交流。鼓励学生积极参与各类活动和兴趣小组,促进同学间、师生间的交流和互动。

4. 拓展作业形式。学校应鼓励教师采用多样化的作业形式,减少需要使用手机完成的作业或任务。

(三) 学生自身方面

1. 培养自我管理能力。学生应学会自我约束和管理手机使用时间。学生可以设置提醒功能,提醒自己在规定的时间内停止使用手机。同时,学生也可以制订一些自我奖励机制,如完成既定的学习任务后,允许自己使用手机作为奖励(需制订好奖励使用时间)。

2. 明确手机使用的目的。在使用手机前,学生需明确自己的使用目的和需求。学生应该将手机主要用于学习、获取信息和沟通等方面,避免沉迷于游戏、社交媒体等应用。

3. 积极参与社交活动。学生积极参与校园社交活动,与同学、老师建立良好的人际关系。这些活动可以帮助学生更好地与他人交流、分享经验和建立信任,从而减少对手机的依赖。

第七节　中学生的乐观和幸福感:如何让学生快乐起来?

一、中学生的乐观

■ **案例 5-7**
钢铁战士浩辰

浩辰是个胖乎乎的男孩,如果他站在你面前,你一定会被他温暖的笑容感染,他看起来积极阳光又乐观。但其实,十二岁那年刚上初一的浩辰被诊断为骨肉瘤，整条左腿截肢才保住了生命。

"我其实算幸运的，跟我一起生病的小孩，大多数都没挺过来。我只是失去了一条腿，除此之外跟别人没什么不一样。"与浩辰的相处中，我发现，他的乐观心态还反映在学习生活中的方方面面。由于治疗打乱了学习安排，浩辰的成绩渐渐落后，他尽力追赶学习进度但最终未能考入理想的高中。面对挫折，浩辰坦然接受并选择了喜欢的专业进入职业高中学习。在职高，他担任了班长职务，还因学业成绩优秀，获得国家奖学金并被保送到大学。升入大学前回到母校中学，他自豪地说："我就是块到哪儿都能发光的金子。"

乐观的浩辰看上去不像一个被癌症摧残过身体的人，而是一个面对生活挑战闪闪发光的钢铁战士。

你或许也发现了，面对挫折和挑战，有些人似乎是天生的乐天派。那么，乐观是不是一种天生的素质？有没有什么方式可以帮助学生培养乐观的品质？

（一）什么是乐观？

乐观是一种内在的、相对稳定的性格特质，它使人们对未来保持着积极向上的预期。乐观者往往能够以更加积极的心态去面对生活中的各种挑战和问题，他们擅长在困境中寻找出路，用乐观的情绪化解难题，从而更加从容地应对生活的起伏。上文中的浩辰，虽然遭遇病痛的折磨，却对生活保持正向的期待，这就是乐观。相比之下，悲观者则常常心怀忧虑，认为不幸的事情总是会降临到自己头上。他们面对问题时更容易感到无助和沮丧，往往让自己沉溺于消极的情绪之中，难以自拔。

悲观者能够敏锐地发现风险因素，并为此担忧。然而乐观也并不是盲目的、无视现实的。乐观者之所以能够更好地应对问题，是因为他们能够以一种更加客观、全面的视角去看待事情，从中找到积极的因素，并用这些积极因素来激励自己前行。因此，乐观是一种健康、有益的心态，它能够帮助我们更好地面对生活的挑战，享受更加美好的人生。

我们都希望自己变得积极乐观，如何成为乐观者呢？我们先来了解一下"乐观者"

的特点。

1. 乐观者的心理特征

乐观者善于捕捉事物中积极的一面，以愉悦的心态坦然接受现实，乐观者勇于直面困难，敢于迎接挑战。

如果进一步拆解乐观者的心理特点，我们会发现：乐观心理可以从情感和认知层面进一步细分为积极心态、积极面对、积极期望、悦纳现实和豁达心胸这五个维度。在情感层面，乐观者总是能保持"积极心态"，晴空万里是好天气，细雨蒙蒙也别有一番风味，在"积极心态"的加持下，乐观者总是能享受当下的生活。即使与意外情况不期而遇，乐观者也能"积极面对"，用"竹杖芒鞋轻胜马，一蓑烟雨任平生"的胸怀应对挑战。在认知层面，乐观者对现实和未来都持有积极向上的态度，能够"悦纳现实"，对未来抱有"积极期望"，用"豁达心胸"来面对一切不如意。

2. 乐观者的解释风格

情绪感受往往受到想法的影响。乐观的心态是否源于乐观的想法呢？

积极心理学家马丁·塞利格曼从解释风格的角度，深入剖析了想法是如何产生并且影响人们乐观的情绪感受的。详见图5-5。

乐观者与悲观者在面对生活中的失败和挫折时，展现出了截然不同的态度。从时间和空间的维度来看，乐观者往往将困难和挑战视为暂时的和特定的。他们相信困境只是短暂的，而且往往局限于特定领域，不会影响到生活的其他方面。相反，悲观者则容易将失败和挫折看作是永久的和普遍的，认为一旦遭遇不幸，就将永远无法摆脱，且会波及生活的方方面面。面对一次考试失利，在乐观的学生看来，这仅仅是一次考试而已，短暂的失落情绪过后，这个小挫折就水过无痕了；而同样的小挫折，会让悲观的学生想到过去的失败经历，怀疑自己的能力，甚至感觉生活都灰暗了。

此外，乐观者往往能够客观看待问题，不会轻易将责任归咎于自己或他人，而是努力寻找解决问题的方法。悲观者则更容易陷入自责或怨天尤人的情绪中，难以自拔。在悲观者看来，"倒霉"是个人属性，在乐观者眼里，只是发生了一件"倒霉的事"而已。

因此，从解释风格的角度来看，乐观是一种积极的解释风格，他们相信挫折只是暂时的、可以改变的，并且不会将责任过度个人化。这种心态使他们能够更好地应对生活中的挑战，保持积极向上的精神状态。

3. 什么影响乐观的心态？

学生的乐观水平受到遗传特质和家庭教养方式的影响。

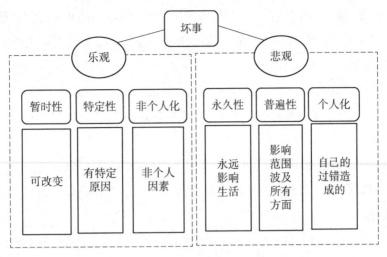

图 5-5　乐观与悲观的解释风格

首先,遗传因素在一定程度上决定了我们的乐观特质。虽然科研工作者至今尚未发现某种基因携带乐观的遗传信息,但是乐观特质却常常在家庭成员中共同体现,这可能表明乐观与某些先天素质存在关联。瑞士的双生子研究表明,乐观特质的约25%可以归因于遗传。乐观与否在一定程度上遗传自父母的性格特质。除了性格特质的遗传之外,其他生理因素的遗传也在起作用。研究者发现,身体条件更好、跑得更快、动作灵活的儿童是同龄人中的佼佼者,这些成功经验的积累促进了日后乐观品格的形成。

尽管先天因素在一定程度上影响着乐观特质的形成,但生活环境更是塑造乐观心态的关键要素。乐观并非完全天生,它既受到我们成长环境的影响,也受到自身思维方式的制约;它既是我们对世界的一种解释系统,也是一项能够增强心理免疫力的技能。

带着"乐观心态"的家庭教养方式能够使儿童学会面对挑战时不退缩、克服困难,并掌握将失败转化为成功的方法。然而,一些父母为了避免孩子承受失败的痛苦,常常采取回避失败的策略,甚至直接代替孩子完成任务。这种做法剥夺了孩子通过亲身经历培养乐观心态的机会。片面强调维护孩子的自尊心却导致孩子无法真正面对挑战和失败。举个例子,一个六岁小男孩,在和姐姐玩积木游戏时,比姐姐动作慢,气得他推翻了积木:"是我太笨,没姐姐做的好。"父亲不愿意看到儿子难过,就跟孩子说:"别哭啦,你是最棒的。"然后亲自上阵,帮助儿子搭了一个漂亮的城堡。但儿子的心情一点都没好起来,甚至父亲的行为还起到了反作用。因为儿子心里很清楚:父亲说的话并不是事实,城堡不是他自己搭建的,即使再给他一次机会他也未必能做好。摆在眼前的客观事实无法说服自己相信"他是最棒的",这样的安慰只能让儿子的自尊心受损。

家庭教养方式对孩子的乐观特质产生了深远的影响。在家庭生活中,孩子听懂了父母的话语,也学会了父母的思考方式。乐观或者悲观的心态,就在家庭生活中传递到了下一代。

在教育中可以通过引导学生积极改变对失败的看法,鼓励他们容忍挫折,奖励他们的坚持和毅力,而不仅仅是成功。这样,学生才能逐渐从悲观转向乐观,从无助感中获得掌控感。

综上所述,遗传因素和教养方式共同影响着个体的乐观或悲观倾向的形成。了解这些因素有助于我们更好地培养学生的乐观心态,帮助他们更好地应对生活中的挑战和困难。

(二) 怎么评估乐观?

1. 乐观主义—悲观主义量表

乐观主义—悲观主义量表包括两个维度[①]:乐观主义和悲观主义。该量表共有 11 个条目,其中乐观主义题目是第 2、5、6、8、9、10 题,悲观主义题目是第 1、3、4、7、11 题。量表采用 5 点计分(1=非常反对,5=非常赞同),乐观主义维度正向计分,悲观主义维度反向计分,总分得分越高,表示受测者越乐观。该量表的部分样题见表 5 - 15。

表 5 - 15　乐观主义—悲观主义量表(样题)

题　　项	非常赞同	有点赞同	既不赞同也不反对	有点反对	非常反对
1. 预期对我不利的事,最后总会变成现实。(悲观主义)	1	2	3	4	5
2. 我对我的未来总是很乐观。(乐观主义)	5	4	3	2	1

---

① 袁立新,林娜,江晓娜. 乐观主义-悲观主义量表的编制及信效度研究[J]. 广东教育学院学报,2007,27(01):55—59.

题　项	非常 赞同	有点 赞同	既不赞同 也不反对	有点 反对	非常 反对
3. 我几乎不敢期望事情会照着我的意愿变化。 （悲观主义）	1	2	3	4	5

2. 青少年乐观量表

青少年乐观量表包括积极心态、积极面对、悦纳现实、积极期望和豁达心胸五个维度[1]，共有 26 个条目。采用 5 点计分（0＝非常不符合，4＝非常符合），正向计分，得分越高，表示青少年越乐观。该量表的部分题目示例见表 5-16。

表 5-16　青少年乐观量表（样题）

题　项	非常不 符合	比较不 符合	不确定	比较 符合	非常 符合
1. 遭遇挫折时，能笑着面对。	0	1	2	3	4
2. 善于从失败中总结经验。	0	1	2	3	4
3. 以欣赏的眼光看待周围的一切。	0	1	2	3	4

3. 习得性乐观的测量——归因风格问卷

归因风格问卷共有 48 个条目。[2] 共 12 个假设事件，积极和消极的事件各占一半，分别包括 3 个人际相关事件和 3 个成就相关事件。每个事件下设 4 个条目，第一个条目是为了引导参与者写出假设事件的原因，其后三个条目是从内外归因、稳定归因和整体归因三个维度来测量归因的。修订的中文版增加了"宿命—现实"维度，修订后每个事件下各有 5 个条目，问卷共 60 个条目。该问卷的部分题目示例见表 5-17。

表 5-17　归因风格问卷（样题）

指导语：

仔细阅读下面的每一个情境并想象你正在亲身经历这些事情。当你处于这样的情境中时，思考你认为造成该情境的一个主要原因。在横线处写下这个原因。1—7 表示你认为与你的情况相

① 余欣欣，李小，郑雪."青少年乐观问卷"的编制[J].广西师范大学学报（哲学社会科学版），2012，48（05）：118—124.
② 彭凯平，孙沛，倪士光.中国积极心理测评手册[M].北京：清华大学出版社，2022：120—127.

符的程度,越靠近1表示与左边的情况越相符,越靠近7表示与右边的情况越相符。在回答需要选择的题目时,用笔在你认为符合自己情况的数字下面画"√"。完成上述步骤后进入下一个情境。

情境:

你遇到一个朋友,他/她称赞你的外表。

写出一个主要的原因:

朋友称赞你的这一原因是由你自己引起的,还是由他人或环境因素引起的?

完全是由他人或环境引起的						完全是我自己引起的
1	2	3	4	5	6	7

1. 以后,当和朋友共处时,这种原因还会出现吗?

不再会出现						总是会出现
1	2	3	4	5	6	7

2. 上述原因是仅仅影响到你和你朋友之间的交往,还是也影响到你生活的其他方面?

只对这种特定情境产生影响						影响我生活的方方面面
1	2	3	4	5	6	7

(三) 如何帮助学生提高乐观水平?

乐观的发展受到了诸多方面的影响,学生成长的家庭环境、所在的班级氛围、校园文化、同伴交往都影响着学生的人格发展,塑造其自尊水平,也影响着学生乐观的发展水平。

1. 教师工作原则

原则1:尊重个体的独特性。每个个体具有不同的性格、经历和需求。因此,在工作过程中应充分考虑学生的个体差异,采用个性化的方法和策略,以满足学生的差异性需求。

原则2:培养乐观的长期性。乐观的培养是一个长期的过程,需要持续的努力和关注。因此,干预应具有长期性,不仅要在短期内取得效果,更要关注学生的长远发展。

2. 实践指导

(1) 提高学生乐观水平,家长可以怎么做?

提高乐观水平,家庭教育扮演着至关重要的角色。

建立积极的家庭环境:在家庭生活中父母自身要展现出乐观的态度,通过家庭生活将积极乐观的人生态度和正能量传递给孩子。

采取正确的批评方式:在批评孩子时,避免使用永久性、普遍性的悲观语言,如"你总是不自觉"或"你永远……",而应使用具体、暂时的表述,强调问题是暂时的、可以改变的。

引导孩子反驳消极想法:当孩子有消极的自我对话时,父母应帮助他们识别并挑战这些想法,提供客观的证据和积极的反馈。比如,"同学们都讨厌我",家长可以问:"班级里的所有同学都讨厌你?"帮助孩子看到自己想法的不合理之处,改变消极想法。

在生活中仔细观察并及时发现、强调孩子的优点:积极发现孩子的优点并给予肯定,这有助于孩子建立自信心。通常家长如果能够具体、确切地描述出孩子的优点,孩子会更加容易接受,甚至欣喜,这也会增加他们对自己的积极的评价和认知。

培养孩子的兴趣和爱好:鼓励孩子坚持自己的兴趣,兴趣爱好会为他们带来快乐和成就感,从而促进乐观态度的形成。

教授乐观的基本技能:家长可以教导孩子一些乐观思考方法,识别在特定情境下自动出现的思维,找到不合逻辑的推理。比如,"全或无"的思维方式、过度概括或个人化等。当面对失败或挫折时,学会进行更积极和现实的归因。例如,将失败视为是特定情境下的结果,而不是个人能力的全面反映。识别和挑战那些极端的、灾难性的预测,这些预测通常是基于最坏情况的假设,而非现实可能性。发展更平衡和现实的思维模式,包括考虑不同的观点和结果,以及认识到大多数情况都有积极和消极两面。当面对挑战时,学会采取积极的解决问题的方法,而不是逃避或被动应对。即使在困难面前,也要学会激励自己,保持对目标的追求和对成功的渴望。使用积极的自我对话来指导自己的行为,如告诉自己"我可以做到"或"我有能力解决这个问题"。学会使用有效的策略来管理情绪,如深呼吸、放松技巧或正念练习。积极建立和维护朋友和家人等人际关系,在困难之中能够求助。

(2)提高学生乐观水平,教师可以怎么做?

积极心理学认为,人之所以会悲观,是因为他们具有习得性无助的经历。同样的,乐观也可以学习,有意识地改变解释风格,可以培养乐观心态。解释风格是如何在我们的心里发生作用,而又如何去调整呢?

美国心理学家艾伯特·艾利斯(Albert Ellis)提出情绪调控的 ABC 理论。A(Activating Event):触发事件,即外部环境中发生的任何事件。B(Belief):信念,指个体对触发事件的解释、评估和信念。C(Consequence):情绪和行为后果,即由于个体对事件的特定评估(信念系统)而产生的情绪反应和行为。

积极心理学家马丁·塞利格曼提出了乐观的 ABCDE 练习[①],参照表 5-18 的范例进行练习,乐观就会渗透到我们的言行中,给我们的生活带来改变,也培养学生的乐观心态。

表 5-18　乐观的 ABCDE 练习

步骤	案例
A 事件:尽量客观地写出实际情况 发生的"不好的事"的相关情形,尽量详尽地描述出来,包括记录人物、时间、事件以及地点。但不要将事情的原因写在这里。	小组活动中,婷婷提出我们可以一起改编一首歌作为组歌,在小组展示时我们可以每人唱一段。我拒绝了,理由是我不喜欢唱歌。其他组展示的时候用了这个创意,大获好评,组员们埋怨我,一直不停地说我。
B 想法:记录关于这个事件的想法 对"不好的事"的解释。但需要区别想法与感受,想法可以记录在此栏,感受则要归入后果栏里。	是我太自私了,因为我不喜欢当众唱歌就断送了大家的展示。如果这样下去我可能就要受到排挤,没人愿意跟我一组了。
C 后果:记录感觉和行为 "不好的事"发生后的感受,或者对事件采取的任何反应,以及其中所经历的每一种感受。	我特别难过,虽然假装不在乎,但其实我好想哭。
D 反驳:对自己的消极想法进行反驳,并记录下来 ◇ 证据:举证,证明想法是不正确的、不符合实际的。 ◇ 其他可能性:事情的发生是多个原因引起的。在众多原因中,忽略"最有杀伤力"的原因,寻找其他可能的原因,把重点放在可以改变的、特定的、非人格化的原因上。 ◇ 暗示:有时候消极想法是对的,但消极想法带来了消极的暗示,寻找合乎情理的积极暗示。	1. 说出自己的真实想法是诚实而不是自私。如果我没有及时说出来,而去做一个我不擅长的表演,也会影响小组的展示。 2. 不是每个小组展示都唱歌,总会有人和我一样不爱唱歌,那么我就不会孤单,总会有人能跟我搭伴儿的。 3. 对于小组展示唱歌,我确实不擅长,但如果是画画,我会为小组争光的。那么,下次他们就不会觉得我拖后腿了。 4. 组员埋怨我只是因为他们觉得这次自己的创意被别的组使用而失望。

---

① 马丁·塞利格曼. 活出最乐观的自己——彻底改变悲观人生的幸福经典[M]. 洪兰,译. 沈阳:万卷出版公司,2010:198—212.

步骤	案例
◇ 用处：有的消极想法，带来了消极暗示进而妨碍生活。这时需要考虑想法是否能助益生活，一些"对"而"无益"的想法需要被摒弃掉。	
E激发：体会自己成功应对悲观思绪，变得乐观积极，进而激发新的想法和产生新的行动。	我感觉好些了，虽然还是觉得有些遗憾，但是下次小组活动我会尽力争取多作贡献的。

二、中学生的幸福感

■ 案例5-8

你幸福吗?

> 班会课上，李老师问大家什么样的人生是幸福的。有的同学说放暑假就是幸福的，有人说考上清华北大就幸福了，有个男孩站起来说："有钱，我就幸福了!"全班哄堂大笑，继而响起了热烈的掌声。等掌声渐渐平息，李老师问："那么你们今天幸福吗?"同学们纷纷摇头，问他们为什么，他们说："因为我们现在还一事无成。"成就、财富固然能带来幸福感，但寄望于达成某个目标来获得幸福却让人忽略了此时此刻的幸福。匆匆赶往未来期许的幸福目标的学生们，感受不到当下的幸福。

如果以"八零、九零后小的时候"的标准来衡量，如今的学生在物质上无疑是幸福的，但越来越多的数据表明今天的学生却未感到幸福。那么，什么是幸福感? 通过哪些方法能够获知学生的幸福感水平? 如何提升学生的幸福感呢?

(一)什么是幸福感?

美美地吃上一餐可口的菜肴带来的愉悦是幸福,踏实而安宁的生活带来的满足感也是幸福。幸福感既是个体直接体验到的快乐、欣喜与愉悦的情绪感受,也可以是个体对其生命质量的评价,而产生的对生活、对自己、对社会关系的满意程度。

1. 幸福感的福祉理论

积极心理学领域的杰出学者马丁·塞利格曼提出了一个具有深远影响的理论框架,用以解析和塑造人们的幸福感。他将幸福细分为五个科学上可量化、可操作的要素,这五个要素分别是:积极情绪(Positive Emotion)、投入(Engagement)、人际关系(Relationship)、意义(Meaning)以及成就(Accomplishment)。这五大元素相互交织,共同构建了 PERMA 模型,为我们理解和追求幸福生活提供了多维度的视角和路径。

(1)积极情绪:是幸福感的享乐维度,包括令人振奋、愉悦的心灵体验,如快乐、满足和喜悦等。它包括对过去的积极回顾,如满意、成就感、自豪和平静,还包含对未来的乐观展望,如希望、乐观、信任以及信心。面对当下,积极情绪涵盖了享受和正念等状态。与消极情绪相比,积极情绪的持续时间虽然较为短暂,但拥有提升心境、拓展思维边界的神奇力量,使我们在创造力上得到显著提升。研究表明,积极情绪能够中和消极情绪的负面影响,而积极情绪的缺失往往也正是抑郁症患者精神病理问题的核心所在。

(2)投入:是一种深度参与活动时的心理状态,是全身心的沉浸和忘我的状态。进入投入状态,我们会感受到时间的流逝变得模糊,自我意识逐渐消退,取而代之的是强烈的满足感和成就感。这种高度集中的心理状态,就是心流体验。心流体验不仅能够驱散无聊,还能帮助我们在面对挑战性任务时,更加聚焦和专注。比如,我们投入地备课,进入到了浑然忘我的状态,完成后还久久沉浸其中。学生完全沉浸在创作作品,或者攻克一道难题中,也会进入投入状态。投入所带来的成就感依然会在我们的记忆中回荡,让我们久久陶醉。

(3)人际关系:在人类漫长的进化之旅中,我们需要依存社会而生存。我们发现,一个幸福的人的人际关系往往是积极和稳固的。而人际关系不佳的学生更容易出现焦虑和抑郁症状。优质的人际关系不仅为我们提供情感上的坚实后盾和温暖陪伴,还赋予我们归属感和社会联系。人际关系,是需要精心呵护的朋友关系,也是彼此承诺的伙伴。遇到困难可以向朋友们求助。朋友间的互帮互助不但能够解决问题,也会提高幸福感。

(4) 意义:是生命的灵魂所在,是我们如何运用自身的独特优势去融入并贡献于比我们个体更宏大的事业。从纳粹集中营里幸存的心理学家维克多·弗兰克尔(Viktor Emil Frankl)曾经指出,幸福并非通过直接追求而得到,而是在追求远大目标过程中的意外收获。换句话说,幸福是我们在为比自己更伟大的目标付出努力时,不经意间收获的美好果实。那些能将个人追求与更广阔目标紧密相连的人,才能真正体验到"有意义的生活"的深邃与满足。

(5) 成就:代表着通过不懈努力与奋斗,终于实现个人目标或取得某种卓越成果所带来的深刻满足感。这种成就既可以是客观、具体的业绩或里程碑,也可以是获得的奖章、奖项等荣誉。成就感的源泉广泛而多样,它可能来自学业上的优异表现,职业生涯的辉煌成就,或是个人成长与自我突破的重要时刻。每当我们取得一项成就时,内心都会涌现出由衷的自豪与自信,同时也会让我们体验到一种难以言喻的深刻幸福感,这是对我们付出与努力的最好回报。

PERMA 模型提供了一个全面而深入的框架来理解幸福感的来源和构成。这五个元素相互作用,共同构成了我们追求幸福生活的不同方面。

2. 什么影响了中学生的幸福感?

(1) 自身因素

中学生的自我认知和情绪调节能力逐渐成熟,这对他们的幸福感有重要影响。积极的自我认知、情绪稳定性和应对压力的能力有助于提升中学生的幸福感。追求自己的兴趣和爱好,能够带来乐趣和满足感,增加中学生的幸福感。中学生正处于青春期,与同龄人的互动和友谊对他们的幸福感至关重要。良好的社交技能和友谊能够为学生提供支持、友爱和归属感,有助于提升他们的幸福感。相反,社交退缩、孤独感或遭受欺凌可能导致学生幸福感受到负面影响。

(2) 环境因素

家庭是学生成长的重要环境,家庭氛围、父母关系、家庭经济条件等都会对中学生的幸福感产生影响。一个温馨、和睦、支持性的家庭环境有助于学生建立安全感和幸福感。相反,家庭冲突、亲子关系紧张或缺乏父母的关爱和支持可能导致学生幸福感受到负面影响。

学校是中学生学习和社交的主要场所,学校的氛围、师生关系、同学关系等都会对中学生的幸福感产生影响。一个积极、支持性的学习环境,包括关心学生、鼓励积极参与和提供适度挑战的教育者,能够激发学生的学习热情和自信心,从而增加他们的幸福感。

中学生所处的文化和社会环境也会对他们的幸福感产生影响。社会价值观、文化传统、社会支持等都会对中学生的幸福感产生积极或消极的影响。

(二) 如何评估幸福感?

1. 心理幸福感量表

心理幸福感量表包含生活目标、自主性、个人成长、环境控制、良好人际关系和自我接纳六个维度①。采用 6 点计分法,1—6 分别表示完全不符合、相当不符合、有点不符合、有点符合、相当符合、完全符合。量表无反向计分,总分越高,表明个体心理幸福感越高。该量表部分题目示例见表 5 - 19。

表 5 - 19　心理幸福感量表(样题)

指导语:请你根据自身经验与以下陈述相符合的情形来勾选,各题由完全不符合到完全符合共 6 种程度,在最符合你情况的一项上画√。

题目	完全不符合	相当不符合	有点不符合	有点符合	相当符合	完全符合
1. 我喜欢与家人或朋友聊天和分享个人话题。	1	2	3	4	5	6
2. 人们形容我是个肯付出的人,愿意花时间在别人身上。	1	2	3	4	5	6
3. 我知道我可以信任我的朋友,而他们也知道可以信任我。	1	2	3	4	5	6

2. 青少年主观幸福感量表

青少年主观幸福感量表共 36 个题,采用 7 点计分法,从"完全不符合"到"完全符

---

① 彭凯平,孙沛,倪士光.中国积极心理测评手册[M].北京:清华大学出版社,2022:120—127.

合"分别计为 1—7 分。[①] 其中,第 4、6、9、10 题为反向计分题。总分越高,表明该个体感知到的情感体验的强度越高。该量表信效度良好。部分题目示例见表 5-20。

表 5-20　青少年主观幸福感量表(样题)
指导语:请你仔细阅读下面的每一个语句,参照你在大多数时间的生活状况,选出最符合你实际的观点,在相应的数字上打"√"。每题只有一个选项,请不要多选或漏选。

题目	完全不符合	相当不符合	有点不符合	不确定	有点符合	相当符合	完全符合
1. 我的朋友们对我很友善	1	2	3	4	5	6	7
2. 我喜欢和我的父母在一起	1	2	3	4	5	6	7
3. 我在学校里感到不舒服(R)	7	6	5	4	3	2	1

(三) 怎么帮助学生提高幸福感?

1. 工作原则

提升幸福感,首先要从帮助学生了解自己的性格优势入手,培养学生在日常生活中运用性格优势的能力,帮助学生提升心理弹性、培养积极情绪、探寻意义、建立积极的社会关系。

2. 实践指导

(1) 提高幸福感,家长可以怎么做?

在积极情绪方面,鼓励学生表达情绪、接纳情绪,对学生的负面情绪做积极引导,从而培养乐观的人格品质。家长可以尝试"爱的五种语言"。这是由心理学家加里·查普曼(Gary Chapman)提出的概念,旨在帮助人们更好地表达和感受幸福。

肯定的话语(Words of Affirmation):使用鼓励和肯定的言语来表达对孩子的欣赏和支持。这可以是赞美、感谢或者简单的正面评论。

精心的时刻(Quality Time):全身心地投入与孩子的互动,一起度过有意义的时间。这可能包括共享一餐、深入交谈或者进行一项共同的活动。

---

① 张兴贵,何立国,郑雪.青少年学生生活满意度的结构和量表编制[J].心理科学,2004(05):1257—1260.

接受礼物(Receiving Gifts)：通过赠送礼物来表达爱，这些礼物可以是物质的，也可以是"时间的礼物"，如陪伴孩子看一场他喜欢的电影。

服务的行为(Acts of Service)：特指满足对方需要的服务。虽然大多数家长每天都在辛苦地服务孩子，但其实家长很少向孩子了解他们真正需要哪些服务。问问孩子需要哪些帮助，再着手去做，可以事半功倍地拉近亲子关系。

身体的接触(Physical Touch)：通过身体接触来传达爱意，包括拥抱、手牵手、抚摸等。身体的接触也可以提升幸福感。

(2) 提高幸福感，教师可以怎么做？

感恩日志①是一种操作简便、效果显著的提高幸福感的方法。我们可以给自己一段空闲时间，每晚写一段感恩日志，提升自己的幸福感，做一个幸福的教师。当然，你也可以把它带给你的学生。

感恩日志

撰写感恩日志，在每晚临睡前，写下三件事(今天发生的好事)。在你列出的每一件好事的旁边，至少写一句话。

为什么今天会发生这样的好事，这对你来说意味着什么？

你从花时间命名这件好事中学到了什么？

你或其他人在哪些方面对这件好事作出了贡献？

(a) 完成上述感恩日志如果有困难，可以更换为回答问题的形式。

今天我注意到了一些美丽的东西：

今天我做了一些很好的事情：

今天我对别人很好(或别人对我很好)：

今天我听到了好消息：

今天我看到了一些鼓舞人心的事情：

(b) 可以变换形式进行感恩日志的记述。

这一周写感恩日志，下一周做口头练习和朋友或家人聊一聊。

使用绘画等艺术形式表达感激之情，比如用摄影、照片拼贴等代替日志写作。

---

① 塔亚布·拉希德，马丁·塞利格曼. 积极心理学治疗手册[M]. 邓之君，译. 北京：中信出版集团，2022：109—129.

周期性地转换领域,比如学校领域的积极事件、发生在自然环境中的积极事件、从媒体中了解到的积极事件、发生在家庭里的积极事件。

撰写感恩日志有助于在内心建立积极的情绪;提升自我价值和自尊;提升应对压力和逆境的能力;感恩情绪还可以促进助人行为,也能提升关心他人的能力;感恩还可以促进人际关系,更为珍惜和善待家人朋友;感恩提升满足感,珍惜当下;减少负面情绪;通过欣赏与回味幸福的体验,让快乐更长久。

感恩日志是一种持续的实践,鼓励学生坚持每天完成这个任务,并建立分享机制,通过分享讨论引导学生关注和记录生活中美好的事物。

参考文献

1. 杰弗瑞·简森·阿内特.阿内特青少年心理学(第6版)[M].郭书彩,刘丽红,胡紫薇,译.北京:人民邮电出版社,2021.

2. 贝蒂娜·霍恩,简·吉尔摩,塔拉·墨菲.不可思议的青少年大脑[M].任静,译.北京:中国青年出版社,2020.

3. 理查德·戴维森,沙伦·贝格利.大脑的情绪生活[M].三喵,译.上海:格致出版社,2019.

4. 莉莎·费德曼·巴瑞特.情绪[M].周芳芳,译.北京:中信出版社,2019.

5. 杨意.我的孩子抑郁了,我却以为他只是不开心[M].北京:机械工业出版社,2023.

6. 刘勤学."瘾"以为戒,网络成瘾背后的心理学[M].北京:中国纺织出版社,2022.

7. 塔亚布·拉希德,马丁·塞利格曼.积极心理学治疗手册[M].邓之君,译.北京:中信出版社,2020.

8. 马丁·塞利格曼.持续的幸福[M].颜雅琴,译.北京:北京联合出版公司,2022.